INTRODUCTION

L'ECONOMIE POLITIQUE COMME SCIENCE DE LA MODERNITÉ

En 1828, jetant un regard sur le chemin parcouru, Say s'épanche dans le « Discours préliminaire » du *Cours complet d'économie politique pratique* : « Quarante années se sont écoulées depuis que j'étudie l'économie politique ; et quelles années ! Elles valent quatre siècles pour les réflexions qu'elles ont fait naître. Cent ouvrages plus ou moins importants ont contribué à mûrir les idées du public ; mais le public a réagi bien plus fortement encore sur les écrivains. Les écrits de ceux d'entre eux qui auront le mieux profité d'un spectacle si imposant, subsisteront pour l'instruction de nos neveux. Les autres tomberont dans l'oubli. La postérité en fera le départ » [J.-B. Say, 1828-1829, I, p. 56].

Cet appel à la postérité est propre à nourrir des interrogations variées sur l'œuvre du grand économiste français. Qu'en est-il de l'impact de son œuvre au début du siècle ? Qu'est-ce qui permet à Say de se montrer assez confiant dans le jugement qu'il peut attendre des générations futures ? On verra que de nombreuses raisons peuvent justifier cette sérénité puisque son œuvre, abondante, bien reçue en France où il incarne l'économie politique, est aussi très largement diffusée à l'étranger. Mais cette première constatation ne peut faire oublier qu'après avoir été amplement diffusée au XIXe siècle, son œuvre subit depuis une érosion marquée en comparaison d'auteurs (comme Thomas R. Malthus ou David Ricardo) qui semblent avoir mieux « profité du spectacle » auquel Say fait référence, ou en comparaison de certains de ceux qui n'y avaient pas même assisté (comme François Quesnay ou Adam Smith). Comment peut-on rendre compte de ces faits ?

Il est difficile d'élucider le destin d'une œuvre, mais en se centrant sur quelques-unes des caractéristiques majeures qui mettent Say à part de ses contemporains anglais — ceux dont les travaux constituent, pour l'essentiel, l'économie politique classique — il est possible de faire apparaître quelques éléments de réponse.

1. Une œuvre importante et la rencontre avec le succès

Quel qu'ait pu être le succès de la première édition du *Traité d'économie politique* (1803) et son impact auprès d'un public éclairé, Say (1767-1832) n'accède à la notoriété qu'au début de la Restauration.

Dans la décennie et demie qui mène de la deuxième édition du *Traité* (1814) à la première édition — la seule de son vivant — du *Cours complet d'économie politique pratique* (1828-1829), Say multiplie les interventions. Sans prétendre ici à l'exhaustivité, on peut retenir les éléments suivants. Les troisième, quatrième et cinquième éditions du *Traité* se succèdent à un rythme élevé (1817, 1819 et 1826) et le *Catéchisme d'économie politique*, avec trois éditions (1815, 1821, 1826), rencontre un large public. Say, dont l'intérêt pour les questions morales a déjà donné lieu à la publication, en 1800, de *Olbie* [1], revient sur le sujet avec son *Petit volume contenant quelques aperçus des hommes et de la société* (deux éditions : 1817 et 1818). Ces publications économiques, mais aussi, plus généralement, de sciences morales et politiques ne consti-

1. L'édition de ce texte qui figure dans les *Œuvres diverses de J.-B. Say* (publiées par E. Daire en 1848) est gravement tronquée : il manque toutes les notes, soit le tiers du texte original.

tuent pas, à elles seules, l'ensemble des prises de position de Say dans la période. Chargé par le gouvernement provisoire qui suit la chute de Napoléon en 1814, de visiter l'Angleterre et de rendre compte de son état économique, Say, à son retour, livre au public une brochure sur un pays qui fascine (et domine) l'Europe (*De l'Angleterre et des Anglais*, 1815 et deux éditions en 1816). Il intervient aussi à propos de la politique d'approvisionnement en blé de la capitale en donnant publiquement un avis joint au projet présenté par le financier Ternaux à la suite de la disette qui frappe la France en 1817 [2] ; de même il intervient lorsqu'il s'agit de la politique d'infrastructure en matière de canaux navigables et il publie coup sur coup deux brochures sur cette question toujours importante pour les libéraux : *Des canaux de navigation dans l'état actuel de la France* (1818), *De l'importance du port de la Villette* (1818).

Say a le souci de la diffusion des vrais principes de l'économie politique à des auditoires divers. Aussi, n'est-il pas surprenant de le voir déployer une importante activité d'enseignant [P. Steiner, 1987]. Il donne des cours publics dans ce cénacle du libéralisme qu'est l'Athénée royal (cours en 1816, 1817 et 1819) [3]. Il est ensuite nommé professeur d'économie industrielle au Conservatoire des arts et

2. Suite à la crise agricole de 1816-1817 qui se prolonge en crise générale jusqu'en 1820 [A. Chabert, 1949], le baron L. G. Ternaux [1818] propose un projet d'approvisionnement de Paris et il consulte Say à ce sujet ; l'avis de ce dernier est imprimé à la suite du projet de Ternaux. Cela vaudra à Say une critique dans la revue libérale, dirigée par Benjamin Constant, *La Minerve* [A. de Lameth, 1819]. Cette prise de position n'est pas purement conjoncturelle, puisque Say introduit des arguments en faveur d'une compagnie d'approvisionnement de Paris en grains dans l'édition suivante de son *Traité* [Say, 1819, I, 270].

3. La datation est quelque peu problématique. Mais les comptes personnels de Say font apparaître des sommes reçues de l'Athénée pour ces années-là ; ce qui est bien sûr une donnée précieuse susceptible de déterminer à peu près définitivement ce qu'il en est sur ce point alors que les informations des biographes sont incomplètes ou contradictoires et que les archives de l'Athénée ont brûlé.

métiers [4] — où il enseigne sans interruption de 1820 à 1832, année de sa mort — et, finalement, il accède au saint des saints, en étant nommé professeur d'économie politique au Collège de France au début de la monarchie de Juillet [5].

La présence de Say ne s'arrête pas là. Continuant une pratique qu'il a peut-être commencée au *Courrier de Provence* du Comte de Mirabeau au début de la Révolution française, et qu'il a développée, cela est sûr, par son intense activité éditoriale dans *La Décade philosophique, littéraire et politique* de l'an II à l'an XII [P. Steiner, 1991], il est aussi actif en tant que « journaliste ». Il donne des recensions à la revue libérale dirigée par Charles Comte (son gendre) et Charles Dunoyer, *Le Censeur européen* (1817-1820) [E. Harpaz, 1959, 1964] ; il donne aussi de nombreux articles ou recensions d'ouvrage dans la *Revue Encyclopédique* de 1819 à 1832.

Du point de vue de l'économie politique, comme de ce qui fonde la renommée initiale de Say, l'ouvrage majeur demeure le *Traité d'économie politique*. Que sait-on de la diffusion du *Traité* en France [6] ? Nous n'avons pu obtenir que des informations partielles en puisant, d'une part, dans les indications fragmentaires de Charles Dunoyer — un proche de Say — sur les tirages du *Traité* en France et, d'autre part, en utilisant ce qui ressort des livres de compte tenus par Say de 1814 à 1823. Dans son compte rendu, assez critique au demeurant, de la cinquième édition du *Traité*, Dunoyer avance les chiffres suivants : 12 000

4. La nomination de Say est publiée dans *Le Moniteur Universel* du 2 décembre 1819 (p. 1521) ; le premier cours a lieu le 2 décembre 1820.

5. La nomination de Say est publiée dans *Le Moniteur Universel* du 16 mars 1831 (p. 541) ; le premier cours a lieu très rapidement, le 4 juin 1831.

6. On sait qu'il existe aussi de nombreuses contrefaçons du *Traité* (1827, 1830, 1834, 1836) et du *Cours complet* (1832-1833) publiées en Belgique (cf. Tableau I, bas de la première colonne). La contrefaçon est un signe supplémentaire du succès de l'œuvre ; nous n'en tenons pas compte ici, même s'il est clair que ces éditions se rajoutent à la diffusion d'ensemble.

exemplaires en huit éditions auxquels se rajoutent 6 000 exemplaires d'abrégés [C. Dunoyer, 1827, p. 63]. Ces indications qui laissent planer beaucoup d'ombres [7], sont toutefois précieuses puisqu'elles fournissent une estimation globale des exemplaires mis en vente. Pour ce qui concerne les informations tirées des archives de Say lui-même, il semble possible d'évaluer le tirage de la deuxième édition du *Traité*, en 1814, à 1 500 exemplaires [8]. Pour le reste, il faut se contenter des informations indirectes provenant des revenus que Say tire de la vente de ses ouvrages. En novembre 1817, il fait ses comptes ; les gains en provenance de la deuxième édition du *Traité* se montent à 7 786 francs ; ceux du *Catéchisme* à 626 francs et, enfin, ceux de la troisième édition du *Traité* (publié en janvier de cette même année) à 5 000 francs. En octobre 1819, les bénéfices sur la quatrième édition se montent à 10 000 francs [9]. De toute évidence, ses ouvrages sont d'un bon débit [10] ; Say est un auteur qui vend, qui fait vendre et il est payé en conséquence. Les annotations insérées dans la traduction française des *Principes*

7. En effet, quelles sont les huit éditions dont parle Dunoyer ? Même en tenant compte de l'édition contrefaite de 1827, nous n'arrivons qu'à un total de six ; y a-t-il eu d'autres contrefaçons ? Par ailleurs que désigne-t-il par abrégé ? Sont-ce les forts résumés du genre de celui que *Le Censeur européen* propose en 1817 à la suite de la publication de la troisième édition du *Traité* ou bien cela désigne-t-il autre chose ? En effet, Say lui-même parle du *Catéchisme d'économie politique* comme d'un abrégé [J.-B. Say, 1821, p. VI]. L'article de Dunoyer ne permet pas de répondre à ces questions.

8. En date du 15 mai 1815, Say écrit : « Economie Politique à Caisse : Payé à Obré acompte sur 500 exemplaires qu'il a brochés (ce sont ceux qui complètent 1 500) ». Ce même chiffre de 1 500 réapparaît dans une écriture passée le 5 septembre.

9. A titre d'éléments de comparaison, indiquons que le *Traité* vaut 12 francs en 1814 et 1817, 15 francs en 1819 ; en tant que professeur d'économie industrielle au Conservatoire des arts et métiers, Say a un salaire mensuel de 416 francs dans les années 1821-1823.

10. Il en va de même de ses brochures sur les canaux de navigation. Les comptes de Say font apparaître qu'en mai 1818, 2 700 exemplaires sont vendus à la Compagnie de Saint Didier et Vassal (lecture incertaine) et 150 au ministère de l'Intérieur.

d'économie politique de Ricardo lui rapportent 600 francs ; il reçoit 1 500 francs de Bossange, l'éditeur des *Lettres à Malthus* (août et septembre 1820) et, finalement, les notes sur le *Cours d'économie politique* de H. Storch lui rapportent 3 000 francs en septembre et décembre 1822. Au vu de ces éléments, il est tout à fait probable que le tirage des trois dernières éditions du *Traité* soit plus important que celui des deux premières, de telle manière que le chiffre avancé par Comte soit une approximation plutôt sous-estimée [11].

Tout ceci ne présente pourtant qu'un volet de la notoriété de Say dans cette période, puisque ces informations concernent exclusivement la France. Le deuxième volet qu'il est indispensable d'évoquer, tient à l'impact de l'œuvre à l'étranger. Cet aspect a souvent été évoqué — et l'auteur lui-même ne dédaignait pas d'en faire état [12] —, mais il n'a jamais donné lieu à une étude précise. Say fait partie de ces rares économistes français qui entretiennent un débat avec leurs homologues étrangers, et sans doute est-ce dû à la publication, dès 1803, de la première édition du *Traité*, puis à la diffusion internationale de ses ouvrages. Indépendamment de la correspondance non

11. En effet, si on suppose que le tirage de la première édition se montait, lui aussi, à 1 500 exemplaires, il reste 9 000 exemplaires pour les six autres éditions que retient Dunoyer, c'est-à-dire seulement 1 500 exemplaires en moyenne chacune. A l'appui de cette hypothèse, on retiendra que le *Censeur européen* indiquait, au moment de la parution de la quatrième édition du *Traité*, des tirages importants : « Etouffé pendant onze ans sous le gouvernement militaire de Bonaparte la réimpression en était défendue. Les exemplaires de la première édition qui se rencontraient par hasard dans le commerce, étaient achetés à des prix exorbitants. Depuis la chute du gouvernement impérial, *trois éditions tirées en un grand nombre d'exemplaires*, ont successivement été publiées » [cité par E. Harpaz, 1964, p. 232 ; nous soulignons].

12. Par exemple, dans la deuxième édition du *Catéchisme*, Say écrit dans l'Avertissement : « Je ne fus point satisfait de cet abrégé [la première édition du *Catéchisme*], et ce fut avec un vrai regret que je le vis traduit en anglais, en allemand, en espagnol, en italien, avant que je fusse parvenu à le rendre moins indigne de cet honneur » [J.-B. Say, 1821, p. VI ; ici pp. 309-310 ; cf. aussi J.-B. Say, 1820, p. 45 ; ici p. 243].

publiée à l'époque [13], il « annote » la traduction française des *Principles of Political Economy and Taxation* de David Ricardo (1819), ainsi que l'édition faite en France du *Cours d'économie politique* de Henry Storch (1823) ; il fait paraître plusieurs comptes rendus sur les ouvrages de Bentham [14] ; il polémique avec Malthus dans ses *Lettres à M. Malthus sur différents sujets d'économie politique, notamment sur les causes de la stagnation générale du commerce* (1820), avec Jean-Charles Simonde de Sismondi au travers d'un article paru dans la *Revue Encyclopédique* (« Sur la balance des consommations avec les productions », 1824) [15] ou

13. Autour de 1824-1825, suite à son irritation croissante devant la montée de l'école ricardienne et les ouvrages de McCulloch en particulier [P. Steiner, 1990, 1995a], Say a pensé donner une forme publique à une partie de sa correspondance. Dans la conclusion de son article consacré à McCulloch, Say laisse en effet entendre qu'il mettra sous les yeux du public la correspondance qu'il a eue avec Ricardo [J.-B. Say, 1825, p. 279]. Une lettre adressée à l'économiste anglais Thomas Tooke nous apprend qu'il avait effectivement entamé des démarches en ce sens : « J'avais prié Francis Place, non de vous consulter sur la traduction qu'il avait entreprise d'un Essai économique et d'une petite correspondance entre David Ricardo et moi, mais de vous demander si vous jugiez que cette brochure pût avoir quelque intérêt pour le public anglais. Je me suis convaincu moi-même que le moment, tout au moins, était fort peu propre à une semblable publication. J'ai renoncé à faire paraître ce morceau en Angleterre » [lettre à Tooke du 14 mai 1825, dans J.-B. Say, 1848, p. 526]. Ce projet, mais en l'état de nos connaissances il s'agit seulement d'une conjecture, est la raison des altérations qui existent entre les lettres qui furent publiées après sa mort par E. Daire et les lettres envoyées par Say à ses correspondants anglais — voir les remarques de Pierro Sraffa sur ce point [dans D. Ricardo, 1952, IX, p. 31, n. 1, 188, n. 1, etc.] — mais pas seulement eux, comme on peut le vérifier avec les lettres envoyées à Pierre Samuel Dupont de Nemours.

14. Parmi ceux-ci on retiendra ceux parus dans *Le Censeur européen* en 1818 *(Plan of Parliamentary Reform* et *Tactique des assemblées législatives)*, puis en 1820 *(Des impôts sur les actes judiciaires)*, ou dans la *Revue Encyclopédique* en 1821 (*On the Liberty of the Press and Public Discussion* et *Three Tracts relative to the Spanish and Portugueze Affairs*). L'article d'E. Schoorl [1982] étudie plus généralement la question des relations Say-Bentham.

15. Il s'agit d'une réponse à l'article publié par Sismondi [1824], sous le même titre, cette même année. Sismondi avait déjà commencé la critique sur ce thème dans un article paru en 1820 dans les *Annales de législation et de jurisprudence* publiées à Genève.

avec John R. McCulloch, un disciple de Ricardo, dans la même revue (« Examen critique du discours de M. Mac Culloch sur l'économique politique », 1825) [16].

Pour donner une image plus précise de l'influence de Say à l'étranger, les traductions de ses ouvrages sont un indicateur commode [17]. En réunissant les informations disponibles sur les traductions de cinq ouvrages dans la période allant de 1803 (première édition du *Traité*) à 1832-1836 (mort de Say et premières traductions du *Cours complet*) [18], on obtient le tableau suivant.

L'importance du total des traductions apparaît très clairement. Si on prend en compte les diverses traductions et les réimpressions dont elles font l'objet, on arrive à un total de 53 publications à l'étranger ; total qui se décompose en : *Traité* (22), *Catéchisme* (17), *Lettres à Malthus* (4), *De l'Angleterre* (4), *Cours complet* (6). Quelques enseignements ressortent de ces données, en matière géographique comme en matière temporelle.

16. Article rédigé comme réponse au *Discourse on the rise, progress, peculiar objects, and importance of political economy* de McCulloch [1824].

17. Voir sur ce point l'article de K. E. Carpenter et F. Redlich [1973]. Bien sûr, comme le soulignent les auteurs, il faudrait prolonger ce travail par une étude des traductions elles-mêmes.

18. Nous laissons ainsi de côté les traductions d'autres ouvrages comme, par exemple : *Olbie* (Coblence, 1800) ; *Epitome de l'économie politique* (Madrid, 1816) ; *Petit volume contenant quelques aperçus des hommes et de la société* (Milan, 1818, 1819 ; Leipzig, 1821 ; Madrid, 1839).

Tableau I.
Aperçu de la diffusion de l'œuvre de Say [19].

date	France	Allemagne	Espagne	Italie	Angleterre	Etats-Unis	Suède	Danemark	Grèce
1803	T								
1804			}						
1805			}						
1806			}						
1807		T[a]	}T						
1808									
1809									
1810									
1811									
1812									
1813			T						
1814	T	T[a]	T[b]						
1815	A K								
1816	A[c]	K	} K		KA[d]A[d]				
1817	T		}T A	T K[e]K[f]		K			
1818		} A[g]					K	T	
1819	T	}T[h]							
1820	L		L						
1821	K		T		T[k]L[i]L[j]	T[k]			
1822			K						
1823							}		
1824				K[l]K[l]		T[k]	}T		
1825				K				K	
1826	T K								
1827	T[m]	T K	L[n]K[n]			T[o]			
1828	}								K
1829	}C	}							
1830	T[m]	}C[p]C[q]				T[o]			
1831		T							
1832	}					T[o]			
1833	}C[m]C[r]	C[p]C[q]	K[s]	}					
1834	T[m] K			}}		T[o]			
1835				}}C[t]K					
1836	T[m]		T[n]	} C[u]		T[o]			

[a] Traduction de Jakob (Halle puis Vienne). [b] Mexico. [c] Il s'agit des 2e et 3e éditions de l'ouvrage publié à Londres et Paris. [d] Il y a deux éditions de la traduction. [e] Milan. [f] Naples. [g] Dans CFE Nebenius *Bemerkungen über den Zustand Grossbritanniens*. [h] Traduction de Morstadt (Heidelberg). [i] Dans *The Pamphleteer*. [j] Sous forme d'ouvrage. [k] Traduction de Princeps, Londres ; Boston. [l] Deux éditions différentes à Milan. [m] Bruxelles. [n] Paris. [o] Philadelphie. [p] Traduction de Morstadt (Heidelberg). [q] Stuttgart. [r] Paris. [s] Saragosse. [t] Florence (1833-1835). [u] Palerme (1834-1836).

Sources : *British Museum General Catalogue of Printed Books ; National Union Museum Catalog Pre-1956 Imprints ; Catalogo dei libri italiani dell'Ottocento (1801-1900) ; Manual del librero Hispano-Americano ; Bücher Lexicon (1750-1840) ; Catalogo della Biblioteca di Luigi Einaudi ; Catalogue of the Goldsmith's Library of Economic Literature.*

19. Les ouvrages sont désignés par les abréviations suivantes : **T** = *Traité d'économie politique*, **A** = *De l'Angleterre et des anglais*, **L** = *Lettres à M. Malthus*, **K** = *Catéchisme d'économie politique*, **C** = *Cours complet d'économie politique pratique*. L'emploi des crochets (}) sert à indiquer que la traduction d'un ouvrage s'est étendue sur plusieurs années.

D'un point de vue temporel, on peut voir apparaître trois périodes dans le flux des traductions. La première (1803-1807), peu fournie, est celle des traductions espagnole et allemande de la première édition du *Traité* ; cette période se prolonge en fait jusqu'en 1814 avec les trois rééditions des deux traductions mentionnées. La deuxième (1814-1821), beaucoup plus fournie, est formée de l'enchevêtrement de quatre séries de traductions concernant respectivement le *Traité* (7 impressions), le *Catéchisme* (8 impressions), les *Lettres* (3 impressions) et la brochure sur l'Angleterre (4 impressions). Cette deuxième période succédant à l'arrêt de l'œuvre et au silence qui tombe avec l'Empire au cours des années 1807-1813, est l'écho à l'étranger de l'éclosion intellectuelle de Say en France dont la première colonne rappelle la force à ce moment-là [20]. A la suite de cette deuxième période qui forme le véritable point de départ de la renommée européenne de Say, intervient un bref moment d'arrêt entre 1822 et 1823 — à l'exception d'une édition du *Catéchisme* en Espagne — avant que n'apparaisse une troisième période (1824-1836), très nourrie, avec de nouvelles traductions et des réimpressions : 10 pour le *Traité*, 8 pour le *Catéchisme*, 1 pour les *Lettres à Malthus* et 6 pour le *Cours complet*. Cette troisième période, qui marque un moment fort de la diffusion de l'œuvre de Say doit être distinguée puisqu'elle s'effectue sur la base de textes où Say laisse apparaître de plus en plus nettement son opposition à l'œuvre de Ricardo et à celle des ricardiens et, à ce titre, elle marque une volonté plus affirmée de la part de l'auteur de prendre place, au sein de l'économie poli-

20. Dans l'Avertissement que Say introduit dans les troisième et quatrième éditions du *Traité*, il déclare que, éliminé du Tribunat (en 1804), il fait porter ses efforts sur la pratique (création d'une manufacture de coton), consacre ses loisirs « à perfectionner ce livre, qu'on ne pouvait plus dès longtemps se procurer dans la librairie » et, enfin, qu'il profite « de l'espèce de liberté qui suivit l'entrée en France des armées de l'Europe entière, pour donner de cet ouvrage une seconde édition, beaucoup moins imparfaite que la première » [J.-B. Say, 1819, I, pp. VI-VII].

tique, comme une alternative possible à l'option que représente le grand économiste anglais.

D'un point de vue géographique, une fois mise de côté la diffusion relativement limitée dans les pays scandinaves (Suède et Danemark) et en Grèce, il est clair que l'Allemagne et l'Espagne (4 textes traduits ; 12 et 13 impressions respectivement) apparaissent comme les pays les plus réceptifs à l'œuvre de Say. La place qu'occupe l'Allemagne s'explique assez bien si l'on prend en compte certaines spécificités de son système universitaire. L'étude très précise de K. Tribe [1988] sur l'économie politique allemande au cours du XVIIIe siècle et au début du XIXe montre combien celle-ci, à la différence de ce qui se passe en Angleterre et en France, est liée à l'enseignement. Or, précisément, au sein de l'école classique Say se caractérise par le fait qu'il est et qu'il se veut avant tout un enseignant attaché à la diffusion de la nouvelle science [21]. Aussi, malgré les différences existant entre l'enseignement des sciences camérales en Allemagne et celui délivré par Say, n'est-il pas surprenant de voir que ses ouvrages sont rapidement traduits et réédités à l'intention du public de langue allemande — la double traduction extrêmement rapide (1830) du *Cours complet* et les deux rééditions de 1833 sont, de ce point de vue, particulièrement significatives. La diffusion en Espagne peut-elle être expliquée de la même manière ? Le caméralisme y a exercé une influence notable (comme d'ailleurs dans certaines parties de l'Italie), mais elle est à coup sûr bien moindre [cf. E. Lluch, 1992]. De fait, il ressort que la diffusion de

21. Smith a été professeur de philosophie morale à l'université d'Edimbourg et ses premières réflexions sur l'économie politique, telles qu'elles nous sont parvenues, sont des cours. Mais, dans son ouvrage, Smith ne s'adresse pas à son public comme à des étudiants. Ricardo semble complètement étranger à une telle pratique. Malthus, lui, est un enseignant au collège de la East India Company ; mais, à la différence de Say, il n'adopte pas un point de vue qui privilégie la diffusion du savoir sur l'approfondissement des points difficiles de la science économique, comme Say suggère de le faire.

l'œuvre de Say en Espagne apparaît marquée d'une moindre continuité puisque, après le moment fort des années 1813-1823, l'élan est quelque peu brisé avec seulement quatre rééditions et aucune traduction du *Cours complet*. Il est vrai que l'Espagne avait largement devancé les autres pays dans la période 1814-1822 avec 4 traductions et 8 tirages. A ces deux cas, où l'intérêt porté à l'œuvre de Say est soutenu sur l'ensemble de la période, s'opposent les cas de l'Angleterre d'une part, des Etats-Unis et de l'Italie d'autre part. En Angleterre, la période des traductions est très brève (1816-1821) et s'interrompt brutalement ; sans doute, comme on le verra plus bas, ceci a-t-il à voir avec l'orientation théorique de l'économie politique anglaise et son rejet de l'approche proposée par Say [22]. Aux Etats-Unis, comme en Italie, les traductions ont démarré tardivement (1817 dans les deux cas), mais elles prennent leur plein essor dans la troisième période avec le début d'une série impressionnante de réimpressions du *Traité* aux Etats-Unis [23], avec la large diffusion du *Catéchisme* et la double traduction du *Cours complet* en Italie.

D'une manière générale, on peut donc penser que la diffusion de l'œuvre de Say s'explique en partie pour des raisons pédagogiques, en partie pour des rai-

22. Il est vrai que deux éléments viennent limiter la portée d'une telle constatation. Premièrement, le public anglais pouvait faire fonds sur les publications en langue anglaise en provenance des Etats-Unis ; deuxièmement, on remarquera que certains ouvrages de Say sont disponibles simultanément (en Français) à Paris et à Londres — c'est notamment le cas des ouvrages publiés chez Bossange (la deuxième édition du *Catéchisme* et les *Lettres à M. Malthus*) et chez Arthus Bertrand (*De l'Angleterre et des Anglais*). D'ailleurs le français est alors une langue de diffusion du savoir : les comptes de Say font apparaître qu'il vend des exemplaires du *Traité* au Portugal dès le mois d'avril 1815 (deux douzaines au libraire Orcel) ; il en fait de même avec des exemplaires du *Cathéchisme* en août 1815 en Angleterre ; il fait aussi parvenir ce même mois 104 exemplaires du *Traité* au libraire londonien John Murray.

23. Les Etats-Unis sont le lieu par excellence de la diffusion du *Traité*, puisqu'on compte 12 éditions de ce texte qui sert de manuel tout au long du XIXe siècle [E. Teilhac, 1928 ; J. Schumpeter, 1954].

sons « idéologiques ». En effet, outre le fait qu'il soigne l'agencement des idées dans un souci de clarification et d'accessibilité [24], Say présente l'économie politique dans un cadre social renouvelé où la classe montante de la bourgeoisie industrielle est clairement identifiée et, tout aussi clairement désignée comme porteuse de l'avenir économique, social et politique de l'Europe industrielle. Associées aux principes propagés par la Révolution française, de telles idées ne pouvaient pas ne pas faire impact sur des penseurs pour qui l'économie politique se présente avant tout comme un discours en prise directe sur les problèmes politiques du moment [25]. Toutefois, pour important et notable qu'ils soient, ces deux aspects n'épuisent pas la question, car les *théories économiques* de Say interviennent aussi dans ce processus, et elles font problème.

24. Dès la première édition de son *Traité*, Say explique qu'il entend mettre de l'ordre dans la *Richesse des nations* de Smith : « L'ouvrage de Smith n'est qu'un assemblage confus des principes les plus sains de l'*Economie politique* appuyés d'exemple lumineux ; et des notions les plus curieuses de la *Statistique* mêlées de réflexions instructives ; mais ce n'est un traité complet ni de l'une ni de l'autre. Son livre est un vaste chaos d'idées justes, pêle-mêle avec des connaissances positives » [J.-B. Say, 1803, I, p. VI]. Un peu plus loin, il revient sur cette question : « Il [Smith] manque de clarté dans quelques endroits, et de méthode presque partout. Pour le bien entendre, il faut être habitué soi-même à coordonner ses idées, à s'en rendre compte, et ce travail le met hors de portée de la plupart des lecteurs, du moins dans quelques-unes de ses parties » [*ibid.*, p. XXIV] ; de là s'explique l'affirmation suivante : « Ce serait donc déjà avoir rendu un service à la science, même quand je ne l'aurais pas fait avancer d'un seul pas, que de l'avoir dégagée des discussions parasites qui empêchent d'en saisir l'ensemble et d'en lier les parties » [*ibid.*, p. XXVI]. Say n'est pas le seul à reprocher à Smith son manque de clarté ; le plan de la *Richesse des nations* est unanimement critiqué chez les économistes français du moment. Les études sur ce point laissent penser que le travail de mise en forme opéré par Say est une des raisons de son succès, comme cela a été relevé par exemple par M. Palyi [1928, pp. 212-213] dans le cas de l'Allemagne. Mc Culloch [1824] se laisse d'ailleurs aller jusqu'à reprendre à Say sa fameuse présentation de l'économie politique en trois domaines (production, distribution, consommation) dans un texte qui soulèvera le courroux de Say qui s'estime pillé et maltraité par l'auteur.

25. Cet aspect des choses est tout particulièrement souligné dans l'article de L. Spoto [1990] sur la diffusion de Say en Sicile.

2. Say face aux Classiques anglais : quelques pistes

Les éléments qui viennent d'être présentés permettent de comprendre la place prééminente que Say occupe dans le développement de l'économie politique française — au point qu'on finirait par croire qu'il n'y avait pas d'autres économistes que lui à l'époque [26] — et dans le processus de diffusion de cette science en Europe. Néanmoins, cette constatation soulève immédiatement une question générale à propos de la place de Say vis-à-vis de ses confrères anglais qui, à la même époque, sont en train d'élaborer le cadre de l'économie classique. Tout en faisant partie, en compagnie de Sismondi, des rares économistes continentaux à être pris en compte dans le cadre des débats théoriques qui ont cours au sein de l'école classique anglaise, Say occupe une place tout à fait étrange puisqu'il ne semble être pris en compte que pour un seul de ses apports, la loi de Say ou loi des débouchés. Pour le reste, les économistes anglais marquent, le plus souvent, un désaveu tel que l'on est

26. Ce qui, bien sûr, est faux. Say domine sans aucun doute la scène, mais des économistes libéraux comme Germain Garnier (traducteur de Smith) ou comme Charles Ganilh ont eux aussi une œuvre notable sinon abondante, œuvre qui se démarque de celle de Say sur de nombreux points. D'autre part, en France, à cette époque, existe un courant d'économistes opposés, en tout ou partie, au libéralisme et qui défendent les vertus du protectionnisme vis-à-vis de l'Angleterre. C'est notamment le cas d'auteurs comme Antoine Chaptal et, surtout, François Ferrier [cf. F. Demier, 1995 ; P. Steiner, 1995 c]. On peut aussi saisir cette diversité en examinant la façon dont Say est critiqué par des libéraux très proches de lui, comme c'est le cas avec C. Dunoyer [1827], sur des points essentiels de sa conception de l'économie politique [cf. P. Steiner, 1995 b] ou par C. Comte [1826-1827] et C. Ganilh [1815] sur l'esclavage et la question coloniale [cf. P. Steiner, 1996]. Remarquons finalement que ces dissentiments sont suffisamment forts pour que Charles Dupin, collègue de Say au Conservatoire, les mentionne dans le discours prononcé lors des funérailles de l'auteur : « Tous les principes établis par ce grand économiste ne sont pas également incontestables ; tous ne sont pas au même degré applicables dans les sociétés qui prospèrent ou qui déclinent. Enfin, tout n'est pas vérité du côté de la théorie économique, erreur du côté de la pratique administrative » [Dupin, *Moniteur Universel*, 1832, p. 1967].

en droit de se demander si *Say n'est pas, finalement, à peu près complètement écarté de l'économie politique classique.*

A un niveau personnel, Say entretient de bonnes relations avec ses confrères d'outre-Manche qu'il a connus dès son voyage en Angleterre à la fin de l'année 1814 [27], et avec qui il a une correspondance suivie [28]. Toutefois, ces relations amicales n'empêchent pas que les désaccords théoriques s'approfondissent à partir de la publication des *Principes d'économie politique et de l'impôt* de Ricardo (1817 pour la première édition), puis des *Principes d'économie politique* de Malthus (1820). Tout particulièrement, les notes que Say ajoute à la traduction française de l'ouvrage de Ricardo marquent un point de rupture ; elles déclenchent le courroux de James Mill et, si Ricardo demeure plus mesuré, il exprime de plus en plus sévèrement son opinion sur l'économie politique de Say [29]. Le fond de l'affaire tient bien sûr dans le fait

27. Francis Place est le médiateur entre Say et le groupe formé par Jeremy Bentham, James Mill, David Ricardo et Thomas Malthus — sur ce point on peut se reporter à l'article que E. Schoorl [1982] a consacré aux rapports entre Say et Bentham.

28. La préservation de ces relations amicales n'est pas du seul fait de l'économiste français. Ricardo, comme on le verra à la note suivante, se tient aussi à cette façon de faire. J.M. Pullen [dans T.R. Malthus, 1820, II, p. 332], indique que Malthus abandonne l'idée d'un compte rendu de la cinquième édition du *Traité d'économie politique*, car il ne pourrait faire ce travail sans offenser l'auteur.

29. Après avoir pris connaissance des annotations de Say à la traduction française des *Principes* de Ricardo, Mill laisse exploser sa colère : « Les notes de Say sont méprisables [...] Il n'y a pas un seul point de vos doctrines dont il ait, même au plus faible degré, compris et mesuré l'impact [...] Elles font considérablement redescendre leur auteur dans mon estime » [lettre du 24 décembre 1818, dans D. Ricardo, 1952, VII, p. 375]. Un mois plus tard, Mill juge Say très durement : « Je crains qu'il ne soit qu'un pauvre type » [lettre du 14 janvier 1819, *ibid.*, VIII, p. 10]. Les jugements de Ricardo sont plus modérés, mais il perçoit très vite, dès le voyage de Say en Angleterre en 1814, les limites de l'économiste français. Sans se départir d'une grande correction vis-à-vis d'un auteur qui ne comprend pas ses thèses, il prend un ton de plus en plus critique : « Je ne suis convaincu par aucune des remarques que Say m'adresse — il ne me comprend pas et il est souvent contradictoire lorsqu'il traite de la question de la valeur » [lettre à Malthus du

que Say n'accepte pas la problématique ricardienne en matière de théorie de la valeur et de la répartition. L'œuvre de Smith laissait la place à des interprétations divergentes et les options de Say, de Ricardo et de Malthus — pour ne citer qu'eux — divergent à partir de ce même texte [30].

Ricardo s'efforce de clarifier le texte de Smith en recherchant à formuler une théorie de la valeur de telle manière que le système de prix relatifs soit indépendant des variations de la répartition des revenus. Pour ce faire, il se saisit de la problématique des prix naturels élaborée par Smith de façon à dissocier la formation de ces derniers (qui dépendent de la « difficulté de production ») des forces de marché (l'offre et la demande). La démarche de Say emprunte une autre voie. Say est dubitatif devant la distinction smithienne entre prix de marché et prix naturel et il ne l'accepte que sous la forme d'une distinction entre les frais de production et le prix de marché. Cette distinction est bien sûr très différente de celle de Ricardo puisque les frais de production sont établis sur la base des prix des services producteurs (qui sont du même coup les revenus des détenteurs de ces services) formés sur le marché de ses services (capital, travail, terre). L'idée d'une distinction entre le prix naturel et les forces de marché n'a pas de sens. Say n'a donc

---

4 septembre 1820, *ibid.*, p. 228] ; ou encore : « Je suis pleinement d'accord avec vous pour penser que les lettres que M. Say vous a adressées ne sont pas très bonnes. Il n'y défend pas même sa doctrine très habilement, et sur quelques autres questions qui y sont rattachées il me paraît les traiter d'une manière très insatisfaisante » [*ibid.*, lettre du 9 octobre 1820, p. 276]. Ricardo finit par lâcher ce jugement : « D'une manière générale, l'œuvre de Say est un mélange de réflexions profondes et de confusions flagrantes » [*ibid.*, lettre du 24 novembre 1820, p. 302].

30. Ainsi, alors que Ricardo approfondit une voie dans laquelle la distinction entre les prix naturels et les prix de marché est centrale, Malthus et Say mettent beaucoup plus l'accent sur les forces de marché (c'est-à-dire le rapport entre l'offre et la demande) dans la détermination des prix. Toutefois, ce premier clivage n'est pas exclusif d'un second où l'on voit Ricardo et Say s'opposer à Malthus sur la question de la loi des débouchés ; les deux premiers l'acceptent, alors que ce dernier la rejette.

aucune raison de suivre Ricardo dans les méandres de sa démonstration sur la valeur et n'a aucun moyen de comprendre les arguments de Ricardo sur la répartition sur deux points essentiels : la relation salaire-profit, la théorie de la rente différentielle.

Aussi, lorsque Ricardo déclare à John McCulloch : « Il [Say] est certainement dépassé dans sa connaissance de l'état présent de la science » [*ibid.*, lettre du 15 avril 1821, p. 374], il faut y voir l'expression de la divergence théorique entre les deux auteurs, et l'indice d'une problématique originale de Say, plutôt que l'expression polie d'une ignorance avérée de la part de Say. En d'autres termes, Ricardo a certainement raison de dire que Say reste largement extérieur aux débats anglais qui sont associés aux propositions théoriques défendues dans les *Principles of Political Economy and Taxation*, mais il serait erroné de croire que, pour autant, Say ne produise rien de son crû. On peut le montrer brièvement en considérant deux éléments qui occupent une place importante dans la réflexion de Say : premièrement, la position qu'il défend sur la place de l'économie politique dans la société moderne et, deuxièmement, la façon dont Say développe des principes théoriques distincts de ceux de Ricardo en matière de répartition et du rôle de l'entrepreneur.

Une première différence entre Say et les économistes anglais tient certainement à la posture méthodologique qu'il adopte en matière des relations entre l'économie politique et la société moderne. Car pour lui, avant toute autre chose, l'économie politique entretient un rapport privilégié avec l'avènement de la société industrielle. Ce point de vue, omniprésent et très tôt affirmé [cf. Steiner, 1991], est énoncé très vigoureusement dans les cours donnés à l'Athénée — notamment à la fin de la dernière leçon, où Say se laisse aller à envisager l'avenir européen du monde. Il apparaît également au sein même de sa polémique avec Malthus lorsque Say affirme, dans la « troisième lettre » : « Tout ce qui rend plus pénible la situation du producteur, de l'homme essentiel des sociétés, tend à détruire le principe de vie du corps social ; à rapprocher un peuple civilisé d'un peuple sauvage ; à amener un ordre de choses où l'on produit moins et où l'on consomme moins ; à détruire la civilisation, qui est d'autant plus grande que l'on produit et consomme davantage » [J.-B. Say, 1820, pp. 103-104 ; ici p. 273]. Or, comme Say attribue, pour une grande part, la crise économique qui suit la fin des guerres napoléoniennes aux errements des Etats en matière fiscale, puisque l'impôt est « une amende sur la production, sur ce qui fait exister la société » [*ibid.*, p. 107 ; ici p. 274], il est clair que la connaissance des lois de la production, de la distribution et de la consommation des richesses [31] est de la plus grande importance pour remédier aux difficultés actuelles et pour permettre le plein développement de la société industrielle. Cette association étroite entre les deux domaines se traduit par des considérations importantes sur la méthode de l'économie politique.

Say estime, et il insiste tout particulièrement sur cet aspect des choses dans ses derniers écrits où il s'oppose plus résolument à l'école ricardienne, que l'économie politique qui est la sienne est une économie politique *pratique*. La signification de ce label ne doit pas tromper ; un savoir pratique n'est en rien associé, selon Say, à la routine, aux méthodes habituelles suivies par les « hommes de terrain » (c'est-à-dire l'administration pour lui). Pratique veut d'abord dire que la science économique est capable de faire se rejoindre le cabinet du savant et l'atelier du manufacturier : « *Têtebleu* ! ce qui, dans les livres, n'est pas pour passer dans la pratique, n'est bon à rien » [J.-B. Say, 1817, p. 22]. Cela explique l'opposition croissante de Say vis-à-vis de la méthode abstraite de

31. La célèbre définition de Say énonce : « L'économie politique montre comment se forment, se distribuent et se consomment les richesses » [J.-B. Say, 1803, I, p. I]. Ce n'est qu'à partir de la deuxième édition que le plan du *Traité* est définitivement établi en trois livres, traitant chacun un des trois domaines de la science.

Ricardo [32]. Ce savoir pratique s'appliquant à la gestion des affaires privées comme à celle des affaires publiques, est destiné à être enseigné le plus largement possible [33]. Il concerne tous les individus dans leur qualité de producteur, mais aussi dans leur qualité de citoyen ; l'économie politique est un savoir indispensable pour juger les actes du gouvernement. En effet, lorsqu'il s'agit des mesures politiques qui ont un impact direct sur l'activité économique ou financière, l'économie politique, en tant que savoir spécialisé, intervient en tout premier lieu pour juger de la validité de la mesure. Mais, par ailleurs, l'économie politique constitue une des trois composantes de la Science morale et politique avec laquelle se forme la raison critique du citoyen moderne pour faire face à la situation nouvelle caractérisée par l'effondrement de l'Ancien Régime, la prédominance du savoir positif et la suprématie des classes industrielles [34]. Ceci donne donc une coloration toute particulière à l'économie

32. Say ne range pas Malthus dans la même catégorie que les ricardiens en ce domaine : « On doit cette justice à l'estimable auteur de ce petit ouvrage [T. R. Malthus, *Definitions in Political Economy*], qu'avec un amour sincère de la vérité, son langage est simple et clair, toutes les fois qu'il n'est point obligé de suivre ses antagonistes dans les abstractions dont ils ont hérissé une science qui devrait consister seulement dans l'exposition des faits et de leurs conséquences immédiates » [J.-B. Say, 1827, p. 496].

33. C'est un point sur lequel Say insiste tout particulièrement dans son enseignement au Conservatoire. Cela ressort, bien sûr, dans le *Cours complet* qui en est issu : « Un des objets essentiels de ce cours, est de perfectionner la gestion des entreprises industrielles » [J.-B. Say, 1828, p. 157] et il poursuit : « Qu'est-ce donc qui fait la différence de succès entre une fabrique, un commerce qui prospèrent et d'autres qui ne vont pas bien ? La différence dans la gestion, dans l'administration de la chose [...] Cela s'apprend par l'expérience, dira-t-on, mais on n'acquiert l'expérience qu'à ses dépens [...] L'économie industrielle expérimentale, telle que je me propose de l'exposer devant vous, n'est que le résultat d'un grand nombre d'expériences, rangées suivant un ordre régulier où l'on a cherché à connaître, par le moyen de l'analyse, pourquoi telle cause a produit tel résultat » [*ibid.*, p. 158].

34. Nous adoptons volontairement un langage qui tient à Say comme à Saint-Simon. Il y a bien sûr des différences importantes entre eux, notamment après 1820 lorsque Saint-Simon s'oriente vers le « Nouveau christianisme », mais il y a aussi de grandes similitudes dans leur jugement sur la situation au début de la Restauration.

politique de Say face à celle de ses interlocuteurs anglais, parce qu'il met tout particulièrement l'accent sur la diffusion de la science économique dans le corps social au détriment de la recherche portant sur quelques points encore obscurs de la théorie : « Nous devons faire en sorte de répandre les notions avérées plutôt que de poursuivre leurs dernières conséquences, et chercher à étendre la base de la science plutôt que d'en élever le faîte » [J.-B. Say, 1826 c, p. 51].

Toutefois, il faut faire attention à deux choses pour ne pas donner à cette différence entre Say et les économistes anglais un statut qui n'est pas le sien. En premier lieu, Say ne leur reproche pas d'être étrangers à la perspective qui est la sienne [35], mais il leur fait grief de ne pas tirer toute les conséquences de cet aspect des choses comme lui-même le fait. D'où cette critique qu'il adresse aux Classiques anglais : « Ces écrivains usent leurs temps et quelquefois d'éminentes facultés, sur des points qui, au fond, ont beaucoup moins d'importance qu'ils ne leur en attribuent ; et ils négligent les plus utiles développements de l'économie des nations » [J.-B. Say, 1828-1829, I, p. 47]. En second lieu, il ne faudrait pas croire que la recherche théorique est absente de l'œuvre de Say. Le *Traité d'économie politique* est là pour prouver massivement le contraire ; d'ailleurs, Say, à partir de la deuxième édition, ne manque pas de le souligner lui-même, lorsqu'il présente les limites de l'œuvre de Smith qu'il a contribué à dépasser : Smith n'a pas étudié d'une manière complète la production, il n'établit pas la théorie des machines et méconnaît ce que Say appelle les biens et services immatériels ; sa théorie de la répartition est lacunaire ; enfin, Smith ne développe

35. Comment le pourrait-il d'ailleurs, lui qui connaît Ricardo et Malthus ? Ricardo est un homme politique influent au Parlement et comme Say, il considère que l'économie politique est un savoir essentiel pour guider le travail de l'homme politique [cf. M. Milgate-S.C. Stimson, 1991]. Malthus, de son côté, insiste sur le caractère pratique de l'économie politique, comme l'indique le sous-titre de ses *Principles of Political Economy Considered With a View to Their Practical Application.*

pas la théorie de la consommation [J.-B. Say, 1814, I, pp. LII-LVI] [36]. D'ailleurs, si les économistes anglais ne s'intéressent guère à Say, il est au moins deux exceptions de taille. Si Ricardo — de même que Malthus — rejette la façon dont Say tient compte de l'utilité dans sa théorie de la valeur, Ricardo accepte la loi des débouchés [37], au point que Say, à ses côtés, fait

36. Say présente la chose ainsi dans sa polémique avec Malthus : « Je révère *Adam Smith* : il est mon maître. Lorsque je fis les premiers pas dans l'économie politique, et lorsque chancelant encore, poussé d'un côté par les docteurs de la balance du commerce, et de l'autre par les docteurs du produit net, je bronchais à chaque pas, il me montra la bonne route. Appuyé sur la *Richesse des nations*, qui nous découvre en même temps la richesse de son génie, j'appris à marcher seul. Maintenant je ne suis plus d'aucune école. [...] Je ne suis soumis qu'aux décrets de l'éternelle raison, et je ne crains pas de le dire : *Adam Smith* n'a pas embrassé l'ensemble du phénomène de la production et de la consommation des richesses ; mais il a tant fait, que nous devons être pénétrés pour lui de reconnaissance » [J.-B. Say, 1820, pp. 42-43 ; ici p. 242].

37. Cette question entraîne une longue controverse entre les économistes anglais tant dans la correspondance entre Ricardo et Malthus où sont aussi mentionnés McCulloch et Robert Torrens, que dans les revues [cf. F. Fetter, 1965 ; B. Gordon, 1965]. La signification théorique de cette loi de Say est abordée dans l'article de W. J. Baumol [1977], d'où il ressort premièrement que la paternité de la loi peut bien être accordée à Say plutôt qu'à James Mill [1808]. Deuxièmement, la loi peut être entendue comme une *identité* ou comme une *égalité* entre le niveau de la production agrégée et celui de la consommation — les deux formulations pouvant être présentes dans les textes de Say comme dans ceux de Mill. Dans le second cas, cela veut dire que la loi énonce une des conditions de l'équilibre économique et que le problème est de définir les forces qui permettent d'y parvenir lorsque se produit un déséquilibre temporaire [cf. T. Sowell, 1972 ; A. Béraud, 1992]. Troisièmement, il faut souligner que Say et Mill laissent ouverte la possibilité d'un désajustement entre le niveau de la production globale et celui du pouvoir d'achat, mais que cette situation possible est peu probable à leurs yeux [cf. A. Skinner, 1967 ; W. J. Baumol, 1977]. Quatrièmement, Say attribue initialement à sa loi une signification causale puisque c'est la production qui détermine le niveau de la consommation et non l'inverse, et il prolonge cette remarque en termes de croissance économique à long terme : cette dernière est tout à fait possible puisque la production, quel qu'en soit le niveau, signifie que des revenus d'une valeur égale ont été distribués dans la société. Finalement, il faut tenir compte du fait que le débat sur cette loi comporte différentes phases, et qu'un tournant est pris, au cours des années 1820, dans la polémique avec Malthus sur la crise qui suit la paix de 1815, et celle avec Sismondi. Un deuxième

partie sur ce point de l'orthodoxie critiquée par Malthus et Sismondi [38].

Une deuxième différence entre Say et les Classiques anglais tient au fait que Say développe une problématique qui leur est largement étrangère avec l'insistance qu'il place sur les phénomènes de marché et avec le rôle qu'il attribue à l'entrepreneur — un personnage qui n'intervient pas dans leurs théories où il est plutôt question du capitaliste.

Say approfondit d'abord le rôle de l'entrepreneur dans la production. L'entrepreneur n'est pas nécessairement détenteur du capital et n'est pas seulement un travailleur parmi d'autres ; en fait, il se distingue des uns et des autres, même s'il peut participer par ailleurs de leur nature en détenant une part des capitaux et en travaillant dans l'entreprise. L'entrepreneur a des fonctions précises et spécifiques qui n'appartiennent qu'à lui ; il coordonne les différents services producteurs [39] et la réussite d'une affaire dépend en grande partie de ses qualités de gestionnaire de la production et de son jugement : « Je vous ferai remarquer que l'entrepreneur d'industrie est l'agent principal de la production. Les autres opérations sont bien indispensables pour la création des

---

tournant viendra, bien plus tard, avec les discussions autour de la *Théorie générale* de J.M. Keynes. Outre l'article de W. J. Baumol [1977], on trouve une excellente présentation de l'essentiel de ces débats dans l'ouvrage de T. Sowell [1972] ainsi que dans l'étude très détaillée que A. Béraud consacre aux débats au sein de l'école classique [A. Béraud, 1992].

38. « Il y a déjà sept ans que je publiai l'ouvrage dont j'offre aujourd'hui au public une deuxième édition. Je ne dissimulerai pas qu'il n'obtint point l'approbation des hommes qu'on regarde aujourd'hui avec raison comme ayant fait faire les progrès les plus signalés à la science [...]. J'ébranlais une science, qui par sa simplicité, par la déduction claire et méthodique de ses lois, paraissait une des plus nobles créations de l'esprit humain ; *j'attaquais une orthodoxie enfin, entreprise dangereuse en philosophie comme en religion* » [J. C. L. Sismondi, 1827, p. 50 ; nous soulignons].

39. « ENTREPRENEURS D'INDUSTRIE. Ils concourent à la production en appliquant les connaissances acquises, le service des capitaux et celui des agents naturels, à la confection des produits auxquels les hommes attachent une valeur » [J.-B. Say, 1819, II, p. 469].

produits ; mais c'est l'entrepreneur qui les met en œuvre, qui leur donne une impulsion utile, qui en tire des valeurs. C'est lui qui juge des besoins et surtout des moyens de les satisfaire, et qui compare le but avec ces moyens ; aussi, sa principale qualité est-elle le jugement. Personnellement, il peut se passer de science, en faisant un judicieux emploi de celle des autres ; il peut éviter de mettre la main à l'œuvre en se servant des mains d'autrui ; mais il ne saurait se passer de jugement » [J.-B. Say, 1828-1829, I, pp. 97-98] [40]. Tout cela est bien connu, mais l'importance que Say accorde à l'entrepreneur ne s'arrête pas là. On peut le montrer au moyen de deux exemples qui portent sur la théorie de la répartition et sur la question du libre-échange.

Lorsqu'il s'agit de la théorie de la répartition, Say — ainsi que le fera plus tard Léon Walras — donne à l'entrepreneur un statut de coordinateur des différents marchés. L'entrepreneur est celui qui se présente comme acheteur sur les marchés de services producteurs et comme vendeur sur le marché des produits. Il prend ainsi connaissance de ce qui se passe sur ces différents marchés, et il est le seul à le faire, dit Say. Cela participe bien sûr de son rôle d'organisateur de la production car, pour mener correctement à bien cette tâche, il lui faut de toute évidence connaître la situation sur les différents marchés. Toutefois, Say poursuit sa réflexion en dotant l'entrepreneur d'une seconde caractéristique dont on n'a pas suffisamment tenu compte jusqu'à présent.

40. Say insiste beaucoup sur le jugement chez l'entrepreneur car il y voit la source où se puisent les bonnes décisions : « Je voudrais que celui qui se voue à la carrière industrielle, et surtout qui veut former une entreprise manufacturière, eût, avant toute autre qualité, un jugement sain. C'est à former le jugement que doivent tendre toutes les éducations industrielles ; et le jugement naît principalement de la connaissance que l'on a de la nature de l'homme et des choses. Il marche devant l'art lui-même ; car on peut acheter les lumières et le talent de l'artiste ; mais rien ne peut suppléer, chez le conducteur d'une entreprise, la prudence et l'esprit de conduite, qui ne sont que du jugement réduit en pratique » [*ibid.*, pp. 299-300].

L'entrepreneur a aussi pour tâche d'affronter l'incertitude inséparable des relations marchandes [P. Steiner, 1995 c]. Au cœur de la théorie de la répartition de Say prend place un élément original avec la différence entre les revenus certains et les revenus incertains. L'entrepreneur, selon Say, affronte l'incertitude due au fait qu'il y a des coûts certains lorsqu'on achète les services producteurs, alors que les revenus que l'on tire de la production sont incertains puisqu'ils dépendent des rapports entre l'offre et la demande dans une période future. Le détenteur du service le vend à un prix certain et abandonne à l'entrepreneur les risques associés au fait que le prix de marché (incertain) futur peut être supérieur ou inférieur à la somme des frais de production (certains). Si le jugement de l'entrepreneur lui a permis de bien anticiper l'état du marché, il pourra obtenir un prix supérieur à la somme des frais de production [41]. Certes, Say n'est pas le premier à avoir développé une distinction entre le certain et l'incertain lorsqu'il s'agit de la structure des prix dont dépend l'entrepreneur car Richard Cantillon, dans son *Essai sur la nature du commerce en général* (1728-1730), avait lui aussi tenu compte de ce phénomène. Toutefois, Say introduit cette distinction au cœur d'une théorie de la répartition fondée sur le fonctionnement d'un ensemble de marchés dont l'entrepreneur est le coordinateur. Par ailleurs, il distingue entre les revenus du capitaliste et ceux de l'entrepreneur, voire même entre les revenus de l'entrepreneur en tant qu'il fournit un service productif qu'il se paye à lui-même et les revenus issus de cette relation à l'incertitude, ceux que l'on peut qualifier, à la suite de Frank Knight [1921], de *profit pur*.

L'importance de la place prise par l'entrepreneur au

41. Dans ce cadre théorique, il faut aussi tenir compte du fait que Say introduit des relations de pouvoir entre l'entrepreneur et les détenteurs des services producteurs. Certaines de ces relations peuvent expliquer pourquoi les prix certains payés par l'entrepreneur sont inférieurs aux profits attendus par lui.

cœur de la théorie économique de Say ne se limite pas à l'aspect purement théorique de son approche. En effet, à y bien regarder, Say entretient une relation ambiguë avec celui qui fait figure de héros de la société moderne et de son économie politique. L'entrepreneur est certes l'agent par excellence de la montée en puissance de la société moderne, car il personnifie pratiquement la production des richesses. Les qualités de l'entrepreneur sont louées sans relâche par l'auteur qui peut, à juste titre, s'enorgueillir d'avoir été un des leurs [42]. Il n'en reste pas moins que les entrepreneurs, en tant que groupe social, sont non seulement vigoureusement critiqués, mais désignés comme un danger potentiel important pour la société industrielle. Sur le premier point on peut se reporter à la façon dont Say introduit la loi des débouchés : il est en effet remarquable de voir que l'auteur prend à partie les entrepreneurs et leurs lamentations sur « le manque d'argent ».

C'est d'abord contre eux que Say développe l'idée que les produits s'échangent contre les produits et que la quantité de monnaie en circulation n'a rien d'essentiel dans cette affaire [43]. On peut facilement se rendre

42. Say, après avoir été éliminé du Tribunat par Bonaparte en 1804, s'établit comme entrepreneur dans l'industrie du coton à Auchy. Ses affaires prospèrent. En 1812, Say vend ses parts à son associé pour une somme importante. Say ne cache pas une certaine fierté sur ce point : « Elevé dans le commerce et pour le commerce, mais appelé par les événements, à m'occuper des affaires publiques, j'y ai porté quelque expérience que n'ont pas toujours les administrateurs et les gens de lettres. On peut donc regarder ce livre comme le fruit de la pratique aussi bien que de l'étude » [J.-B. Say, 1826 c, p. 34].

43. « Les entrepreneurs des diverses branches d'industrie ont coutume de dire que la difficulté n'est pas de produire, mais de vendre ; qu'on produirait toujours assez de marchandise, si l'on pouvait facilement en trouver le débit. Lorsque le placement de leurs produits est lent, pénible, peu avantageux, ils disent que *l'argent est rare* ; l'objet de leurs désirs est une consommation active qui multiplie les ventes et soutienne les prix. Mais si on leur demande quelles circonstances, quelles causes sont favorables au placement de leurs produits, on s'aperçoit que le plus grand nombre n'a que des idées confuses sur ces matières, observe mal les faits, et les explique plus mal encore, tient pour constant ce qui est douteux,

compte aussi que Say a la plus grande méfiance à leur égard lorsqu'il s'agit de la politique des échanges extérieurs, car les entrepreneurs ont un intérêt directement opposé à la nation. Là encore, Say souligne combien il faut être en garde contre les « intérêts sinistres » des entrepreneurs prompts à demander barrières douanières et autres mesures protectionnistes au détriment des consommateurs. Say n'en reste pas à ces admonestations. Il considère, en effet, que les entrepreneurs sont tout particulièrement à craindre lorsqu'il est question de la formation des salaires des travailleurs déqualifiés. Ceux-ci, compte tenu de la situation défavorable qui est la leur sur le marché du travail, ne sont pas en mesure de pouvoir s'opposer à la suprématie économique et sociale de l'entrepreneur dans la convention qu'ils passent avec lui. Il ne s'agit pas là d'un mince problème pour Say car la société industrielle lui paraît préférable à celle qui a été détruite par la Révolution parce qu'elle permet d'améliorer la situation de *tous*. Or tel ne sera pas le cas si la classe la plus nombreuse — les ouvriers déqualifiés — est réduite au salaire le plus bas et à une condition de dépendance opposée au principe même de la société moderne [44]. Devant cette menace, chose tout à fait exceptionnelle, Say se prend à évoquer l'action de l'Etat en faveur d'une protection des ouvriers : « Sans doute le gouvernement, lorsqu'il le peut, sans provoquer aucun désordre, sans blesser la liberté des transactions, doit protéger les intérêts des ouvriers, parce

souhaite ce qui est directement contraire à ses intérêts, et cherche à obtenir de l'autorité une protection féconde en mauvais résultat » [J.-B. Say, 1819, I, p. 148].

44. L'indépendance économique des producteurs vis-à-vis des propriétaires fonciers surtout, des capitalistes dans une moindre proportion, grâce au libre fonctionnement du marché est un argument essentiel de la vision de Say de la société industrielle. Nous renvoyons à notre article sur ce point [P. Steiner, 1995 b]. On peut ajouter ici que l'approche de Say n'est pas sans évoquer celle de Tocqueville dans *La Démocratie en Amérique*, lorsqu'il s'inquiète de cette nouvelle aristocratie, plus dure que l'ancienne, qu'il voit apparaître avec la classe des entrepreneurs.

qu'ils sont moins que ceux des maîtres protégés par la nature des choses [45]. »

Sans doute Say a-t-il rencontré un succès éclatant au début du XIXe siècle ; sans doute aussi ce succès s'est-il estompé pour se transformer en une sorte d'opprobre [46] : n'aurait-il pas été largement diffusé pour la seule raison qu'il exposait clairement des considérations élémentaires sur l'économie politique ? Say se serait perdu lui-même aux yeux des générations futures d'économistes pour avoir privilégié une voie qui met l'accent sur la diffusion du savoir en économie politique. Sans doute cela l'amène-t-il à traiter de questions ardues sans que l'on soit bien sûr qu'il ait compris les difficultés qu'elles recèlent, il n'en reste pas moins, et c'est là une condition nécessaire pour bien le comprendre, qu'il s'est efforcé de poser des questions qui lui soient propres. Des questions qui, comme nous l'avons montré, ne sont pas de celles qui sont tombées dans l'oubli depuis. C'est aussi à cette aune-là qu'il mérite d'être lu.

Philippe STEINER

45. La première édition du *Traité* était encore plus radicale : « Cette rigueur [du gouvernement contre les entrepreneurs], qui serait cependant blâmable, serait bien moins injuste que l'autre, car il est moins invraisemblable que le maître, dont la position est la plus favorable, s'assure une partie des profits attribués à l'ouvrier par la nature des choses, qu'il ne l'est que l'ouvrier s'attribue une partie des profits du maître » [J.-B. Say, 1803, II, p. 244].

46. Mais cela ne peut certainement pas être celle qu'il redoutait lorsqu'il écrivait : « Un écrivain qui veut se faire estimer longtemps et au-delà de sa vie, doit, outre le talent et les lumières, avoir de la conscience et de la probité ; car il lui est difficile, impossible peut-être, de les feindre longtemps avec succès. Qu'arrive-t-il alors ? Il est méprisé avant le siècle révolu... que dis-je ? avant sa vie terminée. Il jouit de sa honte » [J.-B. Say, 1817, p. 15].

NOTE SUR L'ÉDITION DES TEXTES

De l'Angleterre et des Anglais

Say, à la demande du nouveau gouvernement et sans doute par l'intermédiaire de Dupont de Nemours qui est un des conseillers de Talleyrand, fait un voyage en Angleterre pour étudier l'état économique et financier du pays. Le voyage a lieu à la fin de l'année 1814 (septembre à décembre) ; il en profite pour visiter le pays et nouer des contacts avec les économistes anglais — et notamment James Mill, David Ricardo et Jeremy Bentham. Dès le mois de février, Say tente de rendre visite à Dupont pour lui parler de son séjour. Le 15 avril, l'ouvrage est annoncé chez Arthus Bertrand. En janvier, puis en mars 1816 sont annoncées les deuxième et troisième éditions (augmentées) de cette brochure [47].

Ce voyage est important dans la mesure où il permet à Say de visiter à nouveau le pays qui sort grand vainqueur d'un long affrontement avec la France napoléonienne, et qui domine l'économie mondiale. L'ouvrage donne une forme publique au rapport remis par Say au gouvernement (document inconnu à ce jour) ; il lui donne l'occasion de formuler un jugement plus serein sur la situation de l'Angleterre que celui qui ressortait de ses articles parus dans *La Décade philosophique, littéraire et politique* (an II-an XII), même si Say ne brosse pas, loin s'en faut, un tableau idyllique de son objet d'étude.

Cours à l'Athénée de Paris

La datation de ces cours est problématique depuis que les archives de l'Athénée ont brûlé. Le dernier à avoir pu

47. Elles ne sont pas à la Bibliothèque nationale de France et nous n'avons pas pu les consulter.

consulter ces archives, C. Dejob [s.d., pp. 418-436], donne les dates suivantes : 1816-1817, 1818-1819, 1819-1820. D'autres auteurs indiquent des cours dès 1815 [E. Daire, 1848, p. XII ; E. Teilhac, 1927, p. 33]. Les archives de Say ne permettent pas de trancher définitivement, mais elles indiquent à coup sûr que trois séries de cours ont été données par Say puisque à trois reprises, Say fait porter dans son livre de compte les sommes reçues de l'Athénée. Say est payé par l'Athénée en avril 1816 (600 francs), en mars et mai 1817 (800 francs), en mars et avril 1819 (800 francs). En conséquence, il semble possible de s'arrêter à l'opinion suivante : Say a fait cours les années 1815-1816, 1816-1817 et 1818-1819 ; ce qui explique qu'en janvier 1816, lorsque paraît la deuxième édition de la brochure *De l'Angleterre et des Anglais*, il soit fait mention de sa fonction de professeur à l'Athénée, ce qui n'était pas encore le cas en juillet 1815 lorsqu'est publié le *Catéchisme*. Nous serions porté à croire qu'au vu du nombre limité de séances, les enseignements avaient en fait lieu au début de l'année (respectivement 1816, 1817 et 1819) ; ainsi s'explique que Say inscrit la date de 1819 sur un des feuillets de la leçon introductive de la dernière série de cours. Y a-t-il eu un cours donné en 1819-1920 ? Cela semble peu probable : Say est nommé en décembre 1819 au Conservatoire et il doit être suffisamment occupé par la charge occasionnée par ce nouvel enseignement qui débute en décembre 1820. Il est aussi peu probable qu'il y ait eu un cours en 1817-1818. Aucun paiement ne figure dans les comptes de Say ; en revanche, ces derniers indiquent qu'au cours de l'hiver 1817-1818, Say déploie une intense activité de spéculation sur la fécule [48].

Le texte de ce cours est écrit très lisiblement. La seule véritable difficulté d'édition concerne le discours préliminaire du cours. Les manuscrits contiennent les premières pages de trois versions différentes ; en outre, une version (sans doute assez proche de l'original) de l'essentiel de l'une d'entre elles se trouve dans le manuscrit intitulée « Y a-t-il des sciences morales et politiques ? ». Il est possible de concevoir les choses de la manière suivante. Say a rédigé une première leçon intégralement et en a extrait une partie pour la placer en introduction du grand ouvrage sur lequel il travaille alors [49]. Cet extrait est par la suite utilisé par Say lors des deux leçons

48. Il en parle à Ricardo dans sa lettre du 8 décembre 1817 pour lui proposer de se joindre à lui [D. Ricardo, 1952, VII, pp. 224-227].

49. Il s'agit de ses *Essais de politique pratique*. Say ne terminera jamais cet ouvrage qui demeure sous forme d'un vaste rassemblement de notes et de brouillons assez peu élaborés le plus souvent, même si l'auteur ne doit en avoir abandonné le projet que très tardivement.

d'ouverture qui suivent, ce qui expliquerait que les manuscrits ne comportent que les premiers mots d'introduction, et s'arrêtent en annonçant le thème de l'extrait.

Les trois premières leçons qui fournissent un résumé des thèses de l'auteur sur la production (et la valeur), la répartition et la consommation, sont complètes. La quatrième leçon nous est parvenue d'une manière tronquée et seule une moitié demeure ; les leçons cinq et six sont manquantes, on sait seulement que cette dernière portait sur l'histoire de l'économie politique [50]. Les deux dernières leçons, très longues, sur la population sont complètes. Bien sûr, rien ne permet d'affirmer péremptoirement que la rédaction de toutes ces leçons date de 1819 exclusivement.

Lettres à Malthus

L'édition de cet ouvrage, publié au cours de l'été 1820, ne pose pas de problèmes particuliers, notamment parce qu'il n'en existe qu'une seule édition du vivant de l'auteur — l'autre édition est donnée dans le recueil établi par E. Daire [1848]. Nous avons repris l'édition originale qui a l'avantage de renvoyer à la pagination de l'édition de référence du texte de Malthus [51].

Sans doute n'est-il pas inutile de souligner que les rapports de Say et de Malthus ne s'arrêtent pas avec l'ouvrage de 1820. On trouve dans l'édition de 1846 de la traduction française du livre de Malthus, les notes inédites de Say sur son exemplaire personnel de l'ouvrage [cf. T. R. Malthus, 1846]. De même, Say et Malthus croisent une nouvelle fois le fer à propos de l'ouvrage de ce dernier intitulé *Definitions in Political Economy* [T. R. Malthus, 1827]. Malthus, tout en reconnaissant qu'il a parfois puisé chez Say pour son travail [*ibid.*, p. 120], y critique surtout la conception de Say sur l'utilité et la définition vague et incertaine qu'il en tire de la valeur échangeable [*ibid.*, pp. 14-15, p. 116]. Cette même année 1827, Say fait un compte rendu de l'ouvrage dans la *Revue Encyclopédique* où, tout en refusant les raisons de Malthus quant à l'utilité, mais sans répondre sur le fond, il marque une approbation réservée du projet [52] et de l'ouvrage.

50. Sur ce sujet, on peut renvoyer à ce que Say écrit dans les discours préliminaires des quatre dernières éditions du *Traité* et, surtout, dans l'appendice du *Cours complet* consacré explicitement à ce thème [J.-B. Say, 1828-1829, II, pp. 540-574].

51. C'est-à-dire à l'édition « *variorum* » des *Principles of Political Economy* de Malthus, publiée par John Pullen.

52. « Affligé des discussions auxquelles on se livre sur les questions de l'économie politique, discussions propres à faire naître dans

Catéchisme d'économie politique

L'édition retenue est la deuxième édition parue en 1821. Il nous a semblé souhaitable de donner un ensemble de textes homogènes, alors que la pensée de J.-B. Say se modifie, parfois assez considérablement, au cours de la période qui va de 1814 à 1828. Cela nous a donc conduit à choisir cette deuxième édition plutôt que la première — car Say n'a pas encore donné au texte sa forme définitive — ou la troisième qui date de 1826.

La deuxième édition diffère sensiblement de la première parue en 1815. Le texte a été augmenté d'environ un tiers, il est désormais flanqué d'un important appareil de notes (54 notes) et l'index thématique comporte 192 entrées au lieu de 118 précédemment. Ce premier ensemble de changements d'ordre quantitatif est accompagné d'un second, d'ordre qualitatif, tout aussi considérable. Si la première édition comprend 25 chapitres, les deux suivantes adoptent un plan en 30 chapitres et, surtout, cela s'accompagne d'une réorganisation puisque plusieurs chapitres sont éliminés [53] et que de nombreux autres apparaissent [54].

Les différences entre l'édition retenue et la suivante, sont moindres. Le texte ne se gonfle que d'un dixième, le plan, à une exception près [55], ne change plus ; Say modifie deux notes, en supprime une et en rajoute sept nouvelles [56].

---

le public la fausse idée qu'il n'y a rien d'arrêté dans cette science, il [Malthus] nous donne aujourd'hui une série de définitions qu'il croit propres à rallier les opinions divergentes, et qui ne seront peut-être qu'un texte pour de nouvelles polémiques. Au milieu de toutes ces disputes, cependant, des vérités jaillissent ; on rectifie de fausses notions, et la science gagne du terrain » [J.-B. Say, 1827, p. 495].

53. Par exemple « Des colonies », « Des revenus fondés sur les produits matériels », « Du prix réel et du prix nominal des choses ». Bien sûr, la suppression du chapitre ne signifie pas la suppression de la matière, elle signifie seulement une réorganisation de la matière traitée.

54. Il s'agit des chapitres 6, 7, 9, 10, 17, 19, 20, 25 et 29. Say reprend et développe l'expression de sa pensée sur la théorie de la production (qui passe de 5 à 8 chapitres) et sur la théorie de la répartition (qui passe de 3 à 6 chapitres).

55. Le chapitre consacré à la propriété devient le chapitre 17 et se trouve placé après les considérations sur la liberté du commerce au lieu d'être avant.

56. Il s'agit des notes suivantes : « Des progrès que les arts doivent aux sciences », « Restriction à faire relativement au résultat d'un inventaire », « En quoi l'abondance de numéraire est favorable aux affaires », « Sur la proscription du prêt à l'intérêt », « Les nations sont servies comme elles veulent l'être », « L'inutilité de l'Ecole polytechnique », « Les droits d'entrée ne protègent pas l'industrie intérieure ».

BIBLIOGRAPHIE

ALLIX, E. [1910], « J.-B. Say et les origines de l'industrialisme », *Revue d'économie politique*, pp. 303-313, 341-363.
— [1911], « La méthode et la conception de l'économie politique dans l'œuvre de J.-B. Say », *Revue d'histoire des doctrines économiques et sociales*, pp. 321-360.

BAUMOL, W. J. [1977], « Say's (at Least) Eight Laws, or What Say and James Mill May Really Have Meant », *Economica*, pp. 145-161.

BERAUD, A. [1992], « Ricardo, Malthus, Say et les controverses de la "seconde génération" », dans A. BERAUD et G. FACCARELLO (eds), *Nouvelle histoire de la pensée économique*, La Découverte, vol. 1, pp. 365-508.

BÖDECKER, H.E. (ed.) [1995], *Political Economy as Political Theory ?* , Max Plank Institut für Geschichte, à paraître.

BRETON, Y. [1986], « La place de la statistique et de l'arithmétique politique dans la méthodologie de J.-B. Say : le temps des ruptures », *Revue économique*, pp. 1033-1062.

BRETON, Y. et LUTFALLA, M. (eds) [1991], *L'Economie politique en France au XIXe siècle*, Economica.

CARPENTER, K. E. et REDLICH, F. [1973], « Research Possibilities in the History of Political Economy Though a Bibliography of Translations », *History of Political Economy*, pp. 268-283.

CHABERT, A. [1949], *Essai sur le mouvement des revenus et de l'activité économique en France de 1789 à 1820*, Librairie de Médicis.

CHARBIT, Y. [1981], *Du malthusianisme au populationnisme. Les économistes français et la population 1840-1870*, INED-PUF.

COMTE, C. [1826-1827], *Traité de législation ou exposition des lois générales suivant lesquelles les peuples prospèrent, dépérissent ou restent stationnaires*, Sautelet et Cie.

— [1833], « Notice historique sur la vie et les ouvrages de J.-B. Say », dans Say [1833], pp. I-XXVIII.

DAIRE, E. [1848], « Notices sur la vie et les ouvrages de J.-B. Say », dans Say [1848], pp. I-XVIII.

DEJOB, C. [s.d.], *L'Instruction publique en France et en Italie au XIXe siècle*, A. Colin.

DELMAS B., DEMALS, T. et STEINER, P. (éds) [1995], *La Diffusion internationale de la Physiocratie : 18-19e siècles*, Presses universitaires de Grenoble.

DEMIER, F. [1995], « Néo-physiocratie et première industrialisation française », dans B. Delmas, T. Delmas et P. Steiner (eds), pp. 235-253.

DEMIER, F. et DIATKINE, D. (éds) [1996], *Le Libéralisme à l'épreuve : Smith et l'économie coloniale*, Cambridge University Press et Maison des Sciences de l'Homme, à paraître.

DUNOYER, C. [1827], « Compte rendu du "Traité d'économie politique" de J.-B. Say », *Revue Encyclopédique*, vol. 34, pp. 63-90.

FACCARELLO, G. (éd.) [1996], *Studies in the History of French Political Economy : From Bodin to Walras*, Routledge, à paraître.

FACCARELLO, G. et STEINER, P. (éds) [1991], *La Pensée économique pendant la Révolution française, 1789-1799*, Presses universitaires de Grenoble.

FETTER, F.W. [1965], « Economic Controversies in the British Reviews 1802-1850 », *Economica*, pp. 424-437.

GANILH, C. [1815], *La Théorie de l'économie politique fondée sur les faits résultant des statistiques de la France et de l'Angleterre, sur l'expérience de tous les peuples célèbres et sur les lumières de la raison*, Déterville.

GORDON, B. J. [1965], « Say's Law, Effective Demand, and the Contemporary British Periodicals, 1820-1850 », *Economica*, pp. 438-446.

HARPAZ, E. [1959], « Le "Censeur européen" : histoire d'un journal industrialiste », *Revue d'histoire économique et sociale*, pp. 185-218 ; 329-357.

— [1964], « Le "Censeur européen", histoire d'un journal quotidien », *Revue des sciences humaines*, pp. 137-262.

HASHIMOTO, H. [1980], « Notes inédites de J.-B. Say qui couvrent les marges de la *Richesse des nations* et qui la critiquent », *KSU Economics and Business Review*, pp. 53-81.

HOLLANDER, S. [1979], *The Economics of David Ricardo*, Toronto University Press-Heinemann.

— [1987], *Classical Economics*, Basil Blackwell.

JONES, E. [1930], *Les Voyageurs français en Angleterre de 1815 à 1830*, De Boccard.

KNIGHT, F. H. [1921], *Risk, Uncertainty and Profit*, London School of Economics (1933).

KOOLMAN, G. [1971], « J.-B. Say's Conception of the Role of the Entrepreneur », *Economica*, pp. 269-286.

LAMETH, A. de [1819], « Economie politique », *La Minerve*, pp. 164-171.

LANGE, O. [1942], « Say's Law : a Restatement and Criticism », dans O. Lange, F. McIntyre et T.O. Yntema (eds), *Studies in Mathematical Economics and Econometrics*, Chicago University Press, pp. 49-68.

LEVAN-LEMESLE, L. [1980], « La promotion de l'économie politique en France au XIXe siècle (1815-1881) », *Revue d'histoire moderne et contemporaine*, pp. 270-294.

LLUCH, E. [1992], « La difusión del cameralismo y de la fisiocracia a través de Europa y en especial de España durante el siglo XVIII », dans *Economia española, cultura y sociedad. Homenaje a Juan Velade Fuertes*, Eudema, t. I, pp. 461-468.

LUTFALLA, M. [1979], « Jean-Baptiste Say et les siens : une famille d'économistes — trois générations, des Lumières à la IIIe république », *Revue d'économie politique*, pp. 389-407.

— [1991], « Jean-Baptiste Say (1767-1832), le fondateur », dans Y. BRETON et M. LUTFALLA (eds), pp. 13-31.

MCCULLOCH, J. R. [1824], *A discourse on the rise, progress, peculiar objects, and importance of political economy*, A. Constable and Co.

MALTHUS, T. R. [1820], *Principles of Political Economy Considered with a View to their Practical Application*, J. Pullen (éd.), Cambridge University Press (1989).

— [1824], « On Political Economy », dans *The Works of Thomas Robert Malthus*, vol. 7, Pickering, (1986), pp. 257-297.

— [1827], *Definitions in Political Economy*, dans *The Works of Thomas Robert Malthus*, vol. 8, Pickering (1986).

— [1846], *Principes d'économie politique*, trad. française, Guillaumin.

MILGATE, M. et STIMSON, S.C. [1991], *Ricardian Politics*, Princeton UP.

MILL, J. [1808], *Commerce Defended*, Kelley (1965).

O'BRIEN, D. P. [1975], *The Classical Economists*, Clarendon Press.

PALYI, M. [1928], « The introduction of Adam Smith on the continent », dans *Adam Smith : 1776-1926*, Chicago UP, pp. 180-233.

PEACH, T. [1993], *Interpreting Ricardo*, Cambridge UP.

RICARDO, D. [1817], *On the Principles of Political Economy and Taxation*, dans Ricardo [1952] vol. 1.

— [1952], *The Works and Correspondance of David Ricardo*, P. Sraffa et M. H. Dobb (éds), Cambridge University Press.

— [1993], *Des principes de l'économie politique et de l'impôt*, trad. française, G.-F.-Flammarion.

SAY, J.-B. [1800], *Olbie, ou essai sur les moyens de réformer les mœurs d'une nation*, Déterville.

— [1803], *Traité d'économie politique ou simple exposition de la manière dont se forment, se distribuent et se composent les richesses*, 1re éd., Crapelet.

— [1814], *Traité d'économie politique*, 2e éd., Déterville.

— [1815 a], *De l'Angleterre et des Anglais*, Bertrand.

— [1815 b], *Catéchisme d'économie politique ou Instruction familière qui montre de quelle façon les richesses sont produites, distribuées et consommées dans la société ; ouvrage fondé sur les faits, et utile aux différentes classes d'hommes, en ce qu'il indique les avantages que chacun peut retirer de sa position et de ses talents*, 1re éd., Crapelet.

— [1817], *Petit volume contenant quelques aperçus des hommes et de la société*, Déterville.

— [1818 a], « Lettre à Ternaux aîné », dans Ternaux [1818], pp. 33-50.

— [1818 b], *Des canaux de navigation dans l'état actuel de la France*, Déterville.

— [1818 c], *De l'importance du port de la Villette*, Déterville.

— [1819], *Traité d'économie politique*, 4e éd., Déterville.

— [1820], *Lettres à M. Malthus sur différents sujets d'économie politique, notamment sur les causes de la stagnation générale du commerce*, Bossange.

— [1821], *Catéchisme d'économie politique ou Instruction familière qui montre de quelle façon les richesses sont produites, distribuées et consommées dans la société*, 2e éd., Bossange.

— [1824], « De la balance des consommations avec les productions », dans Say (1848), pp. 250-260.

— [1825], « Examen critique du discours de M. MacCulloch sur l'économie politique », dans Say [1848], pp. 260-279.

— [1826 a], *Catéchisme d'économie politique*, 3e éd., Aimé André.

— [1826 b], « De l'économie politique moderne, esquisse générale de cette science, de sa nomenclature, de son histoire et de sa bibliographie », *Encyclopédie progressive*, vol. 1, pp. 217-304.

— [1826 c], *Traité d'économie politique*, 5e éd., Calmann-Lévy (1971).

— [1826 d], « De la crise commerciale », *Revue Encyclopédique*, vol. 32, pp. 40-45.

— [1827], « Compte rendu de Malthus "Definitions in Political Economy" », *Revue Encyclopédique*, vol. 33, pp. 494-496.

— [1828], « Discours d'ouverture au cours d'économie industrielle », dans Say [1848], pp. 148-161.

— [1828-1829], *Cours complet d'économie politique pratique, ouvrage destiné à mettre sous les yeux des hommes d'Etat, des propriétaires fonciers et des capitalistes, des savants, des agriculteurs, des manufacturiers, des négociants et en général de tous les citoyens l'économie des sociétés*, Guillaumin et Cie (1852).

— [1833], *Mélange et Correspondance d'économie politique*, Chamerot.

— [1848], *Œuvres diverses de J.-B. Say*, Guillaumin.

SCHOORL, E. [1980], *Jean-Baptiste Say*, Amsterdam (thèse en hollandais).

— [1982], « Bentham, Say and Continental Utilitarianism », *The Bentham Newsletter*, 6, pp. 8-18.

SCHUMPETER, J. [1954], *History of Economic Analysis*, Allen and Unwin.

SISMONDI, J. C. L. [1827], *Nouveaux principes d'économie politique*, 2e éd. (1re éd. 1819), Calman-Lévy (1971).

— [1820], « Examen de cette question : le pouvoir de consommer s'accroît-il dans la société avec le pouvoir de produire », *Annales de législation et de jurisprudence*, pp. 111-144.

— [1824], « Sur la balance des consommations avec les productions », dans Sismondi [1827], pp. 343-369.

SKINNER, A. [1967], « Say's Law : Origins and Content », *Economica*, pp. 153-166.

SMITH, A. [1776], *La Richesse des nations*, G.-F.-Flammarion (1991).

SOWELL, T. [1972], *Say's Law : An Historical Analysis*, Princeton University Press.

SPOTO, L. [1990], « La diffusione del pensiero di J.-B. Say in Sicilia : note su F. Ferrara e V. Consumano », dans

P. F. Asso, P. Barucci et M. Ganci (éds), *Francesco Ferrara e il suo tempo*, Bancaria editrice, pp. 205-213.

STEINER, P. [1987], « Jean-Baptiste Say et l'enseignement de l'économie politique en France (1815-1832) », *Œconomia*, pp. 63-95.

— [1990], « L'économie politique pratique contre les systèmes : quelques remarques sur la méthode chez Say », *Revue d'économie politique*, pp. 664-687.

— [1991], « Comment stabiliser l'ordre social moderne ? Jean-Baptiste Say, l'économie politique et la Révolution », dans G. FACCARELLO et P. STEINER (éds), [1991] pp. 173-193.

— [1995 a], « Quels principes pour l'économie politique ? Charles Ganilh, Germain Garnier, Jean-Baptiste Say et la critique de la physiocratie », dans B. DELMAS, T. DELMAS et P. STEINER (éds), pp. 213-234.

— [1995 b], « Economie politique et politique chez J.-B. Say », dans H. E. BÖDECKER (ed.), à paraître.

— [1995 c], « J.-B. Say : the entrepreneur, the free trade doctrine and the theory of income distribution », dans G. FACCARELLO (éd.), à paraître.

— [1996], « Jean-Baptiste Say et les colonies ou comment se débarrasser d'un héritage intempestif ? », dans F. DEMIER et D. DIATKINE (éds), à paraître.

TEILHAC, E. [1927], *L'Œuvre économique de J.-B. Say*, Alcan.

— [1928], *Histoire de la pensée économique aux Etats-Unis au XIXe siècle*, Sirey.

TERNAUX, baron G. L. [1818], *Mémoires sur les moyens d'assurer la subsistance de la ville de Paris par l'établissement d'une compagnie de prévoyance*, Ballard.

TIRAN, A. [1993], « Pietro Verri, aux origines de la théorie de la valeur et de la loi des débouchés de Jean-Baptiste Say », *Revue d'économie politique*, pp. 445-471.

— [1995], « Jean-Baptiste Say, Manuscrits sur la monnaie, la banque et la finance (1767-1832) », *Cahiers Monnaie et financement*, pp. 1-229.

TRIBE, K. [1988], *Governing Economy, The Reformation of German Economic Discourse (1750-1840)*, Cambridge University Press.

VALYNSEELE, J. [1971], *Les Say et leurs alliances. L'étonnante aventure d'une famille cévenole*, Paris, chez l'auteur.

DE L'ANGLETERRE
ET
DES ANGLAIS
[1815]

La longue interruption des communications entre la France et l'Angleterre, a rendu bien précieux les moments qui se sont écoulés depuis la paix. On a pu aller chercher de l'autre côté de la Manche l'explication de plusieurs phénomènes dont on ne connaissait que les résultats, et mesurer le levier qui, plus d'une fois, a soulevé l'Europe.

Ce ne sont point les forces militaires de la nation anglaise, ni même sa marine, qui ont exercé une influence majeure sur le continent ; je ne dirai pas même que c'est son or ; car, depuis 1797, elle n'a qu'une monnaie de papier qui ne repose sur aucun gage métallique ; et c'est peut-être, de toutes les nations du monde, celle qui, proportion gardée, possède le moins de métaux précieux ; mais c'est par sa richesse et par son crédit qu'elle a pu agir ; et comme ces armes puissantes sont le résultat de toute son économie, c'est son système économique qui est son trait saillant, et qui mérite de fixer notre attention.

Jusqu'en 1814, la France qui avait l'ascendant sur le continent, et l'Angleterre qui l'avait sur les eaux, n'ont pu sérieusement se prendre corps à corps, et les nombreux combats qu'elles se sont livrés sur l'un et l'autre élément, ne pouvant compromettre leur existence, ni même leur puissance, quelque affligeants qu'ils fussent d'ailleurs pour l'humanité, ne pouvaient, quant à leurs résultats, être considérés que comme des escarmouches. Mais leur effet total a été de priver pendant près de vingt-trois ans l'Angleterre de ses communications faciles et régulières avec le continent, et la France, de presque toutes ses relations maritimes. Les colonies, séparées de leurs métropoles, se sont rendues indépendantes, ou sont devenues la proie des Anglais, et tout le commerce d'outre-mer est tombé entre leurs mains. Sauf un petit nombre de navires aventuriers, dont la plupart même n'ont pu leur échapper, ce n'est que par leurs vaisseaux, ou du moins avec leur permission, que les denrées de l'Asie et de l'Amérique ont pu parvenir dans notre quartier du globe, et que les produits du sol et de l'industrie des Européens ont été portés dans les autres parties du monde. Que cette prépondérance ait été avouée ou non, que ce commerce se soit fait par contrebande ou par des licences, sous des pavillons masqués ou à visage découvert, le fait n'en a pas moins existé.

Quelles ont été les conséquences de ce monopole ?

Les profits commerciaux de l'Angleterre se sont accrus à un point surprenant. Plus de vingt mille navires de toutes nations sont entrés chaque année dans les ports de la Grande-Bretagne. De nouveaux négociants, de nouveaux capitaux, ont voulu prendre part à ces profits. Un plus grand nombre d'agents de toute espèce ont été employés ; et comme les familles s'augmentent en proportion des moyens qu'on leur offre de gagner, la population des villes maritimes anglaises a éprouvé des accroissements remarquables. Londres n'est plus une ville, c'est une province couverte de maisons. Glasgow, qui, en 1791, n'avait que soixante-six mille habitants, en a maintenant cent dix mille [a]. Liverpool, qui, en 1801, avait une population de soixante-dix-sept mille âmes, en contient quatre-vingt-quatorze mille [b]. Bristol, dans le même espace

a. *The picture of Glasgow for 1812*, p. 53.
b. Colquhoun. *On the Wealth of the British Empire*, p. 42.

de temps, est monté de soixante-trois mille à soixante-seize mille âmes.

L'établissement de bassins et de magasins, francs de droits de douane dans tous ces ports [a], facilitait la distribution en Europe, des marchandises qui y arrivaient de tous les coins du monde ; et les *drawbacks*, ou restitutions de droits, encourageaient l'exportation des produits intérieurs. Mais une autre cause, à laquelle on n'avait pas songé, favorisait bien davantage cet immense trafic.

Depuis l'avènement de Napoléon, la prodigieuse activité de ce prince et ses vastes talents, secondés de la bravoure des Français, menaçaient l'indépendance de l'Europe ; mais l'Europe, déjà épuisée par des guerres acharnées et par des tributs que lui avait

a. Les gros droits que paient presque toutes les marchandises à leur entrée en Angleterre, et qui forment une part importante des revenus de son fisc, auraient souvent empêché tout commerce, s'il avait fallu que le négociant fît l'avance de ce droit à l'entrée de son navire dans le port. C'est une grande difficulté que d'être obligé de trouver sur-le-champ, outre les avances que le commerce exige, et avant d'avoir rien vendu, cent mille francs plus ou moins pour payer les droits d'une cargaison qui arrive. Mais quand le Gouvernement admet la marchandise dans un port ou dans un magasin franc, les acheteurs s'y présentent, et à mesure qu'une partie des marchandises est vendue et qu'elle sort de l'enceinte franche, on en paie les droits avec plus de facilité.

D'un autre côté, l'esprit de la législation anglaise, n'imposant que peu ou point de droits sur les marchandises qui arrivent du dehors pour être réexportées, afin que ces marchandises puissent dans l'étranger soutenir la concurrence des autres nations, les négociants, s'il n'y avait pas de magasins francs, seraient dans la nécessité de payer sur ces marchandises le droit d'importation, sauf à se le faire rembourser lorsqu'elles ressortent ; ce qui entraînerait une multitude d'inconvénients. Dans les magasins francs, elles sont déchargées, vendues, rechargées, et expédiées, sans avoir rien à démêler avec les douanes.

C'est dans ce but qu'à Londres, par exemple, on a creusé de main d'hommes trois ports artificiels entourés de magasins et de murs, l'un pour les vaisseaux des Indes, l'autre pour ceux des Antilles, l'autre pour des commerces divers, dont chacun vaut un port de mer considérable, et où, moyennant une modique rétribution, les navires peuvent entrer et ressortir, pourvu que ce soit pour aller à l'étranger, sans payer de droits de douanes. La douane n'exerce ses droits que sur ce qui sort de leur enceinte, pour être versé dans la consommation intérieure.

imposés la République, ne pouvait supporter tous les frais d'une dépense si difficile. L'Angleterre, par ses subsides, pourvoyait à une partie de ces frais. Des agents répandus sur les points accessibles du continent, et dans les armées alliées, en Portugal, en Espagne, en Allemagne, obligés de se procurer, en nature ou en argent, les valeurs que devait fournir l'Angleterre, offraient leurs traites sur Londres, ce qui rendait abondantes sur le continent, les lettres de change payables en Angleterre, et avait avili son change, au point qu'une livre sterling qui dans l'origine valait, en argent de France, 24 francs, a pu, pendant un temps, s'acheter sur le continent, pour 16 à 17 francs [a].

Une dépréciation pareille avait lieu relativement aux monnaies de Hambourg, de Vienne et de Lisbonne.

Qu'en résultait-il ?

Tout spéculateur, de quelque nation qu'il fût, pouvait tirer des marchandises d'Angleterre et se procurer, à un prix avantageux, la monnaie avec laquelle il devait les payer. En effet, s'il achetait à Birmingham une marchandise au prix d'une livre sterling, au lieu de payer 24 francs la livre sterling qu'il était obligé de remettre pour s'acquitter, il ne la payait que 18 francs au plus ; de sorte qu'il pouvait consentir à ne rien gagner ; que dis-je ? à perdre sur la marchandise, puisque sur le change seul, il gagnait 25 pour cent, ou un quart de la valeur à remettre. Il ne faut donc pas

a. On se tromperait si l'on s'imaginait que toute la dépréciation du change sur Londres, avait pour cause le discrédit des billets de banque, seule monnaie avec laquelle une lettre de change sur l'Angleterre peut être acquittée. On a payé dernièrement 22 francs environ une livre sterling qu'on a obtenue pour 16 francs, et cependant on sait fort bien, en 1815, que la banque d'Angleterre n'a pas plus de moyen d'acquitter ses billets en espèces, qu'elle n'en avait en 1813.

Pendant la guerre, avec 93 guinées *en or* sur le continent, on achetait 100 guinées *en or* payables à Londres (*Report to the house of commons on the high price of Bullion*, p. 33). Le discrédit n'était pour rien là-dedans. C'était l'abondance qui dépréciait la monnaie anglaise, la monnaie payable dans Londres, et non le défaut de confiance dans les billets.

être surpris de l'activité des ateliers anglais à de certaines époques, et de l'accroissement qu'on a pu remarquer dans les villes manufacturières, aussi bien que dans les villes commerçantes, quoique à un degré un peu moindre [a].

Telles sont les causes des progrès qu'ont faits le commerce et les manufactures de la Grande-Bretagne, pendant la guerre ; mais ce n'est pas tout.

La population des villes s'accroissant avec les profits de l'industrie, la demande de toutes les denrées alimentaires s'est augmentée aussi. Le blé, dont le prix moyen était, en 1794, de 56 shillings le quarter [b], était monté, en 1813, jusqu'à 136 shillings (plus de cent cinquante francs de notre monnaie).

Ce prix exorbitant, ayant porté très haut les profits des fermiers, par une conséquence nécessaire, le taux des fermages s'est élevé à chaque renouvellement de bail ; et fermiers et propriétaires ont fait des gains considérables.

Mais tandis que la guerre provoquait ce développement forcé de l'industrie anglaise, les Anglais en profitaient peu. L'impôt et l'emprunt leur en ravissaient tous les fruits. L'impôt pesait à la fois sur les productions de toutes les classes et leur enlevait la portion la plus claire de leurs profits ; et l'emprunt absorbait les épargnes de ces gros entrepreneurs, de ces spéculateurs avantageusement posés, qui tiraient le meilleur parti des circonstances.

La facilité que le Gouvernement a eue d'emprunter, c'est-à-dire de pouvoir dépenser un principal, pourvu

a. La population de Manchester était :

	en 1801	en 1811
(Manchester)	de 81 000	de 98 000
Celle de Birmingham	de 73 000	de 85 000
Celle de Leeds	de 53 000	de 62 000
Celle de Sheffield	de 31 000	de 35 000
Celle de Nottingham	de 28 000	de 34 000
Celle de Derby	de 10 000	de 13 000

etc. Voyez Colquhoun, *ibid.*, p. 42.

b. Le *quarter* est une mesure de capacité égale à 285 litres 53 cent. On sait que le setier de Paris égale 152 litres 34 cent. Il faut à très peu de chose 1 7/8 setier de Paris pour faire un *quarter* dont le poids est d'environ 445 livres poids de marc.

qu'il en payât la rente, a favorisé les plus énormes profusions. Les dépenses de la guerre sont plus fortes pour l'Angleterre que pour toute autre nation. En premier lieu, l'administration, pour ses approvisionnements, souffre, comme tous les autres consommateurs, de la cherté des marchandises, dont elle est la première cause. Elle paie non seulement pour ses approvisionnements, mais pour ceux de ses alliés ; non seulement le salaire de ses soldats, mais celui de beaucoup d'autres soldats. Ses forces militaires et navales sont éparpillées sur tout le globe.

Un approvisionnement, un magasin en Asie ou en Amérique, coûtent le double de ce qu'ils coûteraient en Europe ; chaque soldat qu'on y envoie cause une dépense égale à deux soldats, et c'est un grand avantage que les Etats-Unis conserveront toujours dans leurs démêlés futurs avec la Grande-Bretagne.

Je ne parle pas des abus dans les dépenses qui sont scandaleux ; des abus anciens, et qui se sont glissés par degrés, des abus nouveaux introduits de propos délibéré, des abus que relève l'opposition, parce qu'il n'y a que les amis des ministres qui en profitent ; de ceux qu'elle ne relève pas, parce que la vanité nationale les protège [a] ; mais du tout ensemble il est résulté

a. Je ne sais pas jusqu'à quel point la justice politique commande de donner l'argent d'une nation à un citoyen qui n'a jamais rien fait pour elle, et qui ne se rend particulièrement recommandable par aucun talent ni aucune vertu, uniquement parce que le sort l'a rendu frère d'un amiral qui a perdu la vie dans un combat de mer. Voici ce que la famille Nelson coûte à la nation anglaise chaque année à perpétuité.

Au comte Nelson, frère de l'amiral, outre une pairie, une pension de 5 000 liv. st. .... 120 000 fr.

Pour l'achat d'un bien une somme une fois payée de 100 000 liv. st.
(2 millions 400 mille francs) dont l'intérêt annuel coûte à l'Etat .... 120 000 fr.

A la vicomtesse Nelson, sa veuve, 2 000 liv. st. 48 000

A mesdames Suzanna Bolton et Catherine Matcham, ses sœurs 48 000

Total en argent de France .... 336 000 fr.

que, quoique les impositions aient quadruplé depuis 1793, les dépenses ont chaque année progressivement excédé le montant des rentrées, qu'il a fallu pourvoir à ce déficit progressif par des emprunts devenus plus considérables d'année en année [a], et qui ont finalement porté le principal de la dette à la somme effrayante de 18 milliards 649 millions argent de France [b], dont l'intérêt annuel, joint aux consomma-

---

Dernièrement (20 février 1815) le parlement s'est en vain récrié sur un article de 4 000 liv. st. dans les dépenses (96 mille francs) donnés au duc d'Yorck pour l'indemniser d'avoir reçu le roi de Prusse. Ce dîner en effet coûte un peu cher à la nation anglaise.

Le trésor public paie encore au duc de Marlborough qui n'est point descendant du grand Marlborough, mais qui a pris son nom, parce qu'il a épousé une descendante, 120 mille francs de France annuellement outre la magnifique terre de Blenheim dont il a hérité.

Voyez Colquhoun, *ibid.*, p. 244.

a. Voici d'après Joseph Hamilton (*an Inquiry concerning the national debt*) le montant de la dette anglaise au commencement et à la fin de chaque guerre. On voit dans ce tableau ce qu'il y a eu de racheté durant les intervalles de paix, et le déficit occasionné par chaque guerre. Elle était en 1689, époque où Guillaume et Marie montèrent sur le trône, de .... 1 054 925 liv. st.

en 1697 — 21 515 742
en 1701 — 16 394 701
en 1714 — 53 681 076
en 1740 — 46 449 568
en 1748 — 78 293 313
en 1756 — 72 289 673
en 1763 — 133 959 270
en 1775 — 122 963 254
en 1783 — 238 231 248
en 1793 — 227 989 148
en 1802 — 499 753 063
en 1813 — 599 590 197
en 1815 suivant le calcul de la note suivante, — 777 460 000

b. Le chancelier de l'Echiquier, M. Vansittart, dans son discours au Parlement le 20 février dernier, ne la porte qu'à 650 millions sterling, mais il n'entend probablement par là que les capitaux réellement prêtés au gouvernement. Les capitaux qu'il faudrait que le gouvernement payât pour s'acquitter sont plus considérables par la raison qu'*on emprunte au cours de la place*, c'est-à-dire qu'on donne, en intérêts annuels, le moins de millions qu'on peut pour un capital emprunté ; et qu'on *rachète au cours de la place*, c'est-à-dire qu'on rachète le plus d'intérêts qu'on peut avec un capital donné. Or comme on emprunte en temps de guerre où la rente est au plus bas, et qu'on rachète en temps de paix où la rente est plus recherchée,

tions courantes, ont porté en 1813 le total des dépenses publiques faites par les mains du gouvernement central à la somme incroyable de 112 millions 391 mille livres sterling (plus de 2 milliards 697 millions de notre monnaie) [a].

En voyant pour la dépense *d'une seule année*, qui, selon toute apparence, a été surpassée par la dépense de 1814, cet effrayant résultat, on croit se tromper ; mais il est fondé sur des communications officielles, et certifié par des auteurs attachés à l'établissement public.

Sur cette somme de dépense annuelle, 69 millions sterling environ ont été fournis par les contributions de l'année. Le reste a été procuré par des emprunts et des anticipations. En d'autres termes, environ 1 milliard 700 millions de notre monnaie ont été levés sur

---

on ne peut jamais racheter une rente d'un million avec le même capital qu'on a reçu en créant la rente.

Au taux où est l'intérêt en Angleterre, et surtout au taux où il serait si l'on s'occupait sérieusement à rembourser la dette, il est probable que, le fort portant le faible, on ne la rachèterait pas au denier vingt-cinq (25 *years purchase*) ; mais en mettant ce rachat au denier 20 seulement, les 35 millions 973 mille livres sterling de rente avouée par M. Vansittart exigeraient un capital de ....719 millions 460 mille liv. st.

A quoi il faut ajouter pour la dette flottante .... 58 millions.

On aurait donc en calculant au plus bas, à rembourser un principal de ..777 millions 460 mille liv. st., c'est-à-dire un peu plus de 18 milliards 649 millions argent de France.

La caisse d'amortissement est un véritable leurre. Qui ne voit que si, indépendamment de ce qu'on emprunte chaque année pour acquitter l'excédent des dépenses sur les recettes, on emprunte encore le montant de la portion de dette qu'on rachète, c'est comme si on ne la rachetait pas ? Si l'on jouit de l'intérêt composé sur ce qu'on rembourse, on paie l'intérêt composé sur ce qu'on emprunte, puisque l'année prochaine on empruntera de quoi payer l'intérêt de cette année, et l'on paiera par conséquent l'intérêt de l'intérêt.

Quant à ceux qui croient que la dette de l'Etat est une dette de la main droite à la main gauche, et qui s'imaginent en conséquence que le montant de la dette n'est point un capital perdu pour la nation, je les engage à voir dans mon *Traité d'économie politique* (Liv. III, chap. 9) combien ils sont dans l'erreur.

a. Colquhoun, *ibid.* p. 261.

les revenus, ou, si l'on veut, sur les profits annuels de la nation anglaise, et 1 milliard sur ses capitaux ou ses épargnes [a], et cela, indépendamment des contributions qu'elle paie pour les dépenses locales, pour le culte et pour les pauvres, qui se montent, comme on sait, à des sommes considérables. Tellement, qu'on ne s'éloignerait peut-être guère de la vérité, en annonçant que le gouvernement consomme la moitié des revenus qu'enfantent le sol, les capitaux et l'industrie du peuple anglais [b].

En morale comme en physique, les faits naissent les

a. *Ibid.*

b. Rien n'est plus difficile à évaluer que les revenus généraux d'une nation. Si sa population n'est jamais exactement connue, le revenu de chaque personne qu'on peut déguiser plus aisément et qu'on a tant d'intérêt à cacher pour se soustraire au fardeau des charges publiques, est encore plus difficile à connaître. La taxe sur les revenus en Angleterre peut cependant fournir quelques bases. A la vérité la loi accorde un dégrèvement à ceux qui gagnent au-dessous de 150 liv. st. par année, et une exemption complète à ceux qui gagnent moins de 50 liv. st. On peut supposer en outre qu'un grand nombre de gens ont déclaré leur revenu moindre qu'il n'était ; mais aussi il y en a beaucoup qui ont pu difficilement s'écarter de la vérité, tels que les propriétaires fonciers, les rentiers et les fonctionnaires de tous les ordres ; et il y en a beaucoup aussi qui soit par pudeur, soit par vanité, soit dans la vue de soutenir un crédit chancelant, ont déclaré un revenu égal ou supérieur à la vérité.

Or dans une année moyenne sur les trois années qui ont fini le 5 janvier 1813, la taxe sur les revenus a produit 13 millions 281 mille livres st. et comme cette taxe est du dixième du revenu présumé, elle indiquerait pour le total des revenus de la Grande-Bretagne une somme de 132 millions 810 mille liv. st. Colquhoun les évalue beaucoup plus haut. Mais ses bases sont tout à fait vagues et exagérées. Admettons néanmoins qu'ils s'élèvent à 224 millions st. (plus de cinq milliards de France). Cela ne fait encore que le double du montant des consommations du gouvernement qui s'élèvent à 112 millions st., ainsi que nous venons de le voir. Les rentiers doivent être considérés comme des consommateurs agents du gouvernement ; d'ailleurs, si on distrayait leurs consommations de la somme des consommations du gouvernement, il faudrait distraire leurs revenus de la somme des revenus des particuliers, ce qui reviendrait au même. Il demeure donc démontré que le peuple anglais ne jouit que de la moitié de ses produits ; que chaque famille est obligée de produire une valeur double de ce qu'il lui est permis de consacrer à ses besoins. Jamais une nation, et surtout une nation éclairée, n'a été exploitée avec autant d'impudence.

uns des autres. Celui qui est un résultat devient la cause d'un autre résultat, qui sera une cause à son tour. L'énormité des charges supportées par le peuple anglais, a rendu exorbitamment coûteux tous les produits de son sol et de son industrie. Chacune des consommations des producteurs de toutes les classes, chacun de leurs mouvements, pour ainsi dire, étant taxés, les résultats de leur industrie sont devenus plus chers, sans que cette cherté tournât à leur avantage. Dans chaque profession, les gains ne sont pas sensiblement plus forts en vertu du renchérissement de la marchandise produite dans cette profession, parce que ce renchérissement s'en va en frais d'impôts payés par le producteur, et n'ajoute rien à ses profits, et cette cherté générale oblige les producteurs, en leur qualité de consommateurs, à s'imposer de continuelles privations.

Un Anglais qui a un commerce, si le capital qu'il emploie ne lui appartient pas, et s'il est obligé d'en payer l'intérêt, ne peut soutenir sa famille. Une terre, un fonds placé, qui partout ailleurs suffiraient pour procurer de l'aisance sans travail, ne suffisent point en Angleterre pour faire vivre leur possesseur : il faut encore, s'il ne les fait pas valoir lui-même, qu'il exerce un talent, qu'il concoure soit en chef, soit en sous-ordre, à une autre entreprise.

Enfin celui qui n'est pas à portée d'exercer une industrie ou un talent quelconque, celui qui a un revenu modéré, fixe, et qui n'est pas attaché à la glèbe, voyage dans des pays où les objets de consommation sont moins coûteux, et c'est le motif qui a chassé vers la France, la Belgique, la Suisse et l'Italie ces nuées de voyageurs anglais, parmi lesquels il s'en est trouvé aussi quelques-uns que la seule curiosité a mis en mouvement.

C'est aussi la cause de la grande détresse de la classe qui n'est simplement que manouvrière. Un ouvrier, selon la famille qu'il a, et malgré des efforts souvent dignes de la plus haute estime, ne peut gagner en Angleterre que les trois quarts et quelquefois seulement la moitié de sa dépense. La paroisse, c'est-à-dire le produit de la taxe pour les pauvres, est obligée de subvenir au surplus. Un tiers, dit-on, de la population de la Grande-Bretagne est ainsi obligé d'avoir recours à la charité publique. On rencontre très peu de mendiants, parce que les secours sont donnés à domicile, et que, ne suffisant pas pour les faire vivre, il faut encore qu'ils travaillent. Un voyageur anglais, de bonne foi, qui a traversé toute la France en dernier lieu [a], manifeste à chaque pas son étonnement de ce qu'on peut y gagner sa vie par son travail ; et son étonnement découvre bien ce qui se passe en Angleterre.

On y voit sans doute aussi de ces gros capitalistes qui peuvent se croiser les bras et qui n'ont d'autre affaire que leurs plaisirs ; leurs revenus sont si grands qu'ils excèdent tous les besoins et défient toutes les chertés ; mais leur nombre est toujours petit comparé à la totalité d'une nation. La nation anglaise en général, sauf ces favoris de la fortune, est obligée à un travail opiniâtre ; elle ne peut pas se reposer. On ne voit pas en Angleterre d'oisifs de profession ; on y est remarqué dès qu'on a l'air désoccupé, et qu'on regarde autour de soi. Il n'y a point de ces cafés remplis de désœuvrés du matin au soir, et les promenades y sont désertes tout autre jour que le dimanche ; chacun y court absorbé par ses affaires. Ceux qui mettent le moindre ralentissement dans leurs travaux sont promptement atteints par la ruine ; et l'on m'a assuré à Londres que beaucoup de familles, de celles qui avaient peu d'avances, sont tombées dans les derniers embarras pendant le séjour des souverains alliés, parce que ces princes excitaient vivement la curiosité, et que, pour les voir, on sacrifiait quelquefois ses occupations plusieurs jours de suite.

a. Voyez l'ouvrage intitulé *Notes on a journey through France by Morris Birkbeck*. L'auteur paraît avoir imprimé bonnement les notes où il consignait ses premières impressions. Elles sont toujours sévères, souvent curieuses.

Ceux même qui travaillent avec aisance et qui pourraient se reposer à leur gré, travaillent pour être riches, pour se mettre à l'abri de tous les événements, et pour marcher de pair dans toutes les profusions. La plus grande honte en France, c'est de manquer de bravoure : en Angleterre, c'est de manquer de guinées. L'opinion n'est peut-être pas plus raisonnable d'un côté que de l'autre.

Cette position économique exerce un effet déplorable sur les lumières, et fait craindre à l'observateur philosophe que cette patrie de Bacon, de Newton et de Locke, ne fasse bientôt des pas rétrogrades et rapides vers la barbarie. Il paraît certain qu'on lit beaucoup moins qu'on ne faisait ; on n'en a pas le temps, et les livres sont trop chers. Les riches qui peuvent ne songer qu'à jouir, ont d'autres jouissances que celles de l'esprit, et ces autres jouissances rendent inhabiles à ces dernières. Le peu que les gens du grand monde lisent, en général, n'est jamais ce qu'il y a de meilleur : les lectures vraiment utiles exigent une application qui leur pèse ; et quand, par hasard, ils lisent de bons ouvrages, c'est une semence qui tombe dans un sol épuisé, où les bons fruits ne sauraient prospérer. La classe mitoyenne est la seule qui étudie utilement pour la société, et bientôt elle ne pourra plus étudier en Angleterre [a].

Il y a cependant deux sortes d'imprimés qui se lisent, qui sont de nécessité première : la Bible et les journaux. Il reste à savoir ce qu'on peut y puiser d'instruction.

J'ai dit qu'en payant tout plus cher on n'en gagnait pas davantage ; souvent même le producteur d'une

a. On sent que, lorsqu'il est question d'une grande nation comme l'Angleterre, il faut toujours supposer beaucoup d'exceptions. On fait toujours de très bonnes études, quoique un peu gothiques, à Oxford. Il y a quelque chose de plus libéral dans celles de Glasgow. Les professeurs actuels d'Edimbourg soutiennent l'éclat de cette fameuse Université. La philosophie, l'amour du pays, s'y mêlent avec le goût des lettres, et y donnent à la littérature, qui sans cela n'est qu'une faconde puérile, de l'importance et de la solidité. L'*Edinburgh Review* est peut-être le meilleur journal littéraire du monde ; il est lu de Philadelphie à Calcutta.

denrée gagne d'autant moins qu'elle devient plus chère. La cherté diminue le nombre des consommateurs, parce qu'elle met les marchandises, à commencer par les moins nécessaires, hors de la portée de certaines fortunes, ceux qui ne se privent pas tout à fait d'une chose, en réduisent tout au moins la consommation ; dès lors elle est moins demandée qu'elle n'était. La concurrence des consommateurs diminue, quoique la concurrence des producteurs reste la même [a].

C'est ainsi que les producteurs, à mesure qu'ils s'imposent des privations sur les denrées de leur consommation, éprouvent plus vivement le besoin de vendre, même à très petit bénéfice, les denrées qu'ils produisent. Nulle part les efforts faits pour attirer l'attention des acheteurs ne sont poussés plus loin qu'en Angleterre. De là, cette grande recherche des boutiques, ces ornements bizarres, par lesquels on s'efforce de les faire remarquer ; de là, ces annonces multipliées, ces marchandises offertes au-dessous du cours, ce ton de charlatanisme qui frappe les étrangers. Les entrepreneurs des premiers spectacles vantent eux-mêmes, du style le plus pompeux, les applaudissements que leurs acteurs *ont reçus de leur auditoire ravi*, auditoire qu'ils avaient, jusqu'à un certain point, composé eux-mêmes. Pour avertir le public d'une entreprise nouvelle, d'un simple changement de domicile, une affiche immobile postée au coin d'un mur, ne suffit pas, et l'on promène comme des bannières, au milieu de la foule affairée de Londres, des affiches ambulantes que les piétons peuvent lire sans perdre une minute.

Ce besoin de vendre établit une lutte entre les producteurs. C'est à qui vendra meilleur marché ou moins chèrement ; mais comme la production est réellement dispendieuse, à cause des charges dont elle est

a. On voit dans mon *Traité d'économie politique* (liv. II, chap. IV), comment et par quelles raisons le même effet peut avoir lieu sur toutes les denrées à la fois, et n'est pas seulement nominal.

grevée, le producteur économise sur les qualités [a]. Aussi remarque-t-on en Angleterre, comme partout, que les marchandises sont d'autant moins bonnes qu'elles sont plus chères. Des qualités qui, autrefois, étaient excellentes, sont devenues détestables. La bonneterie des Anglais, leurs ouvrages de peau, dont la réputation s'étendait par toute l'Europe, ne valent plus ce qu'ils valaient. Leurs soieries ne sont plus qu'un souffle ; et sous le nom de vins, le peuple qu'on dit le plus riche du monde, est condamné à s'abreuver des plus dangereux poisons [b].

Lorsqu'on voit une nation si active, si noble, si ingénieuse, forcée par un mauvais système économique, à se donner tant de peines, et cependant à éprouver tant de privations, on se demande avec amertume : à quoi sert donc la liberté civile et religieuse, celle de la presse, la sûreté des propriétés et la domination des mers !

Le grand malheur de l'Angleterre vient d'avoir eu, depuis de nombreuses années, des administrations successives qui, en commettant toutes les fautes possibles, n'ont jamais commis celle de manquer aux engagements du gouvernement. Cette régularité passée en principe, jointe à la publicité des comptes et à l'édifice spécieux de la caisse d'amortissement, consolidé par M. Pitt, a élevé le crédit du gouvernement au point de lui permettre de consommer le principal des revenus à venir du peuple anglais, de faire porter aux générations futures le poids des fautes de la génération présente, et de décupler, de centupler l'importance de ces fautes, par les vastes ressources que ce crédit mettait aux mains des directeurs du cabinet politique.

a. Ceux qui exercent les arts industriels savent combien on peut altérer les qualités, en économisant sur les frais.

b. On m'a assuré en Angleterre, que l'importation du vin de Porto n'excède guère le tiers de la quantité de ce vin qu'on y consomme. De sorte que la plupart de ceux qui en boivent sont obligés de se contenter d'une drogue rouge, fort chère, qui ne contient pas un atome de vin. On ne peut boire avec sécurité du vin que dans les bonnes maisons.

Qu'on prenne la peine de combiner cet élément avec l'orgueil d'une nation à qui l'on peut faire commettre toutes les sottises imaginables, pourvu qu'on lui parle de sa gloire et de ses droits maritimes [a].

Il y a sans doute beaucoup de lumières en Angleterre ; mais à quoi servent les lumières, qu'importe qu'on connaisse la véritable nature et la véritable situation des choses, une fois que les passions sont en jeu ? Ne voit on pas perpétuellement les joueurs risquer leur argent sur des chances que le calcul leur démontre défavorables ? Mais on finit toujours par payer avec usure toutes les sottises qu'on fait ; et plus on approche du terme où il faut nécessairement compter, et moins on a de latitude pour commettre impunément de nouvelles erreurs. L'économie politique n'est plus une science de spéculation et de luxe, l'habileté est d'obligation ; et l'on peut hardiment prédire, que tout gouvernement qui en méconnaîtra ou en méprisera les principes, est destiné à périr par les finances.

Revenons à notre sujet.

La nécessité d'épargner sur tous les frais de production a pourtant produit en Angleterre quelques bons

a. Cette opinion n'est point inspirée par un préjugé national contraire ; elle est partagée en Angleterre par tout ce qu'il y a de gens instruits et véritablement amis de leur pays. J'en ai vu et entendu un très grand nombre ; mais ne pouvant citer des conversations, je traduirai ce que dit à ce sujet M. Joseph Hamilton, à qui l'on doit de savantes recherches sur la dette publique, et les plus saines vues pour la prospérité de l'Angleterre.

« Si les nations, dit-il, pouvaient tirer quelque profit de l'expérience, si elles jugeaient de nos guerres actuelles avec le même sang-froid que nous jugeons des guerres passées, on serait généralement bien plus pacifique. On ne peut se dissimuler que nous nous sommes fréquemment engagés dans la guerre pour des motifs peu importants, ou pour gagner des points inatteignables ; qu'en général, les plus grands succès n'ont point produit les fruits que nous nous en promettions ; que, sous prétexte de prévenir des dangers futurs et imaginaires, nous avons encouru des maux présents et réels ; que la colère et l'orgueil national, plutôt que des vues justes et sagement calculées, ont dirigé notre conduite politique ; que nous nous sommes engagés dans la guerre étourdiment ; que nous l'avons soutenue avec obstination, et que nous avons souvent refusé des conditions de paix favorables, pour en accepter ensuite de moins avantageuses », (J. Hamilton, *ibid.*, p. 37).

effets à travers beaucoup de mauvais ; elle a, si l'on peut s'exprimer ainsi, perfectionné l'art de produire, et fait découvrir des moyens plus expéditifs, plus simples, et par conséquent plus économiques de parvenir à un but quelconque. Comme les fabrications en grand sont en général les moins coûteuses, on a fait en grand les plus petites choses. J'ai vu à Glasgow des laiteries de trois cents vaches où l'on vendait pour deux sous de lait. L'éducation du pauvre, qui fait peut-être la seule sûreté du riche, était entravée par la cherté des livres et des instituteurs, et quelques années plus tard on n'aurait pas été, au sein d'une des nations les plus civilisées de l'Europe, plus en sûreté qu'au milieu des Caffres. Tout à coup on s'avise de faire des écoles où un seul instituteur enseigne avec succès et rapidité à lire, écrire et compter, sans livres ni plumes, à cinq cents enfants à la fois [a].

a. Je fais ici allusion à ce qu'on appelle le *nouveau système d'éducation*, d'abord introduit par M. Lancaster, et depuis perfectionné par d'autres. J'en ai vu des effets admirables dans toutes les principales villes d'Angleterre ; et ici, comme dans une infinité d'autres cas, les efforts des particuliers anglais, rachètent et couvrent les fautes de l'administration. Les désastres viennent d'en haut, comme la grêle et les tempêtes ; les biens viennent d'en bas, comme les fruits d'un sol fécond que rien ne lasse. La philanthropie des Anglais va au reste être imitée en ce point par la philanthropie française, qui s'occupe en ce moment de l'établissement d'écoles économiques pour les pauvres, sur le plan de celles des Anglais.

Ce nouveau système d'instruction est fondé sur le parti qu'on peut tirer de l'émulation dirigée vers un bon but, et du petit excédent d'instruction qu'un élève a par-dessus un autre, en faveur de ce dernier. Chaque classe d'une école est divisée par escouade de huit élèves rangés par ordre de savoir, tellement que le plus avancé corrige ce que les autres font de mal. Il est obligé de céder sa place du moment qu'un autre en sait plus que lui, et il passe dans une classe supérieure du moment qu'il peut y figurer, d'abord comme élève, ensuite comme chef d'escouade.

Les mêmes moyens ne sont pas exclusivement applicables aux basses écoles. M. Millans, à Edimbourg, les a appliqués à des écoles relevées ; et dans le collège appelé *High School*, cinq professeurs suffisent pour faire surmonter à sept cents élèves, les difficultés du latin et du grec.

On pourrait vraisemblablement employer dans l'ordre politique, les mêmes leviers avec des succès merveilleux : c'est ce que nos neveux verront peut-être.

Mais c'est principalement l'introduction des machines dans les arts, qui a rendu la production des richesses plus économique. Il n'y a presque plus de grandes fermes en Angleterre où l'on n'emploie, par exemple, la machine à battre le blé, par le moyen de laquelle, dans une grosse exploitation, on fait plus d'ouvrage en un jour, qu'en un mois par la méthode ordinaire.

Enfin le travail humain, que la cherté des objets de consommation a rendu si dispendieux, n'est dans aucune circonstance remplacé aussi avantageusement que par les *machines à vapeur.*

Il n'y a pas de travaux qu'on ne soit parvenu à leur faire exécuter. Elles font aller des filatures, des tissages de coton et de laine ; elles brassent de la bière, elles taillent des cristaux. J'en ai vu qui brodaient de la mousseline et qui battaient du beurre. A New-Castle, à Leeds, des machines à vapeur ambulantes traînent après elles des chariots de houille ; et rien n'est plus surprenant, au premier abord, pour un voyageur, que la rencontre, dans la campagne, de ces longs convois qui s'avancent par eux-mêmes et sans le secours d'aucun être animé.

Partout les machines à vapeur se sont prodigieusement multipliées. Il n'y en avait que deux ou trois à Londres il y a trente ans ; il y en a des milliers à présent. Elles sont par centaines dans les grandes villes manufacturières ; on en voit même dans les campagnes, et les travaux industriels ne peuvent plus se soutenir avec avantage qu'au moyen de leur puissant concours. Mais il leur faut en abondance de la houille, de ce combustible fossile que la nature semble avoir mis en réserve pour suppléer à l'épuisement des forêts, résultat inévitable de la civilisation. Aussi pourrait-on, à l'aide d'une simple carte minéralogique, tracer une carte industrielle de la Grande-Bretagne. Il y a de l'industrie partout où il y a du charbon de terre.

Mais on a beau abréger les moyens de produire, l'impôt, le terrible impôt, qui agit sur la production annuelle précisément de la même manière que tous les autres frais, semblable au cauchemar des rêves qui gagne du terrain malgré les efforts qu'on fait pour lui échapper, atteint, outrepasse les économies des producteurs industrieux ; et loin que la nation jouisse de son admirable industrie et de l'activité soutenue de ses travailleurs, on lui fait payer cher ce qu'elle produit [a] à bon marché ; et la mettant dans l'impossibilité de vendre à aussi bon compte que d'autres nations moins écrasées par les charges publiques, on lui ôte, dans l'étranger, tout moyen de soutenir la concurrence de l'étranger ; on lui ferme tout débouché extérieur : car si le gouvernement a le pouvoir de faire payer aux Anglais les choses au-delà de ce qu'elles valent, il n'exerce pas, Dieu merci, le même pouvoir sur les Français, sur les Allemands, sur les Brésiliens.

Que serait-ce si la longue séparation de la nation anglaise d'avec les terres classiques de l'Europe, avait peu à peu altéré son goût dans les arts ? si ses vases, ses meubles, ses flambeaux n'avaient plus de pureté, de légèreté, d'élégance dans les formes ? s'ils étaient retombés dans ce goût gothique et contourné, dans ces ornements lourds et compliqués qui ne représentent rien ? si les dessins des étoffes, si le choix des couleurs étaient en arrière des progrès de l'Europe, et si l'Angleterre ne pouvait se remettre au courant sans une longue et active communication avec le continent ?

Faut-il s'étonner du peu de succès qu'ont obtenu les marchandises anglaises dans les grands marchés de l'Europe, et peut-on leur en présager davantage à l'avenir, si leur système économique ne change pas ?

a. Ce mot *produire* s'entend ici comme dans toutes les questions d'économie politique, de toute espèce d'action qui concourt, même partiellement, à la complète confection d'un produit. Quand il s'agit d'une mousseline des Indes, par exemple, le cultivateur qui a recueilli le coton, le fabricant qui l'a filé et tissé, le négociant qui a fait venir la mousseline, et même le marchand qui la détaille, en sont les producteurs. L'industrie du négociant, quoique étant en Angleterre plus favorisée, moins chargée que les autres, l'est néanmoins beaucoup encore. Plusieurs nations de l'Europe peuvent transporter des marchandises, soit par mer, soit par terre, à meilleur marché que les Anglais.

Cette position critique que j'ai essayé de peindre et dont j'ai tâché de découvrir les causes, anime des débats qui n'ont pas lieu seulement dans les deux chambres, mais parmi toute la nation, et donne une grande importance aux attaques d'une opposition beaucoup moins redoutable par le nombre de ses partisans que par le poids de ses raisons, et par les grands noms, les grandes fortunes, les grands talents qui figurent au milieu d'elle.

La question des blés et celle du papier-monnaie sont l'occasion des principales discussions. Le gouvernement vient de faire des lois sur ces deux objets ; mais des décrets ne remédient point aux difficultés qui viennent de la nature des choses, et les embarras renaîtront avec une nouvelle vigueur. Pour se faire des idées nettes sur ces questions, quelques explications deviennent nécessaires.

Nous avons vu au commencement de cet écrit, quelles circonstances, en favorisant l'activité du commerce et des manufactures de l'Angleterre, y avaient fait monter le prix du blé. Les contributions du cultivateur, le loyer que le fermier paie au propriétaire, ont monté dans la même proportion : et maintenant ceux qui se mêlent d'agriculture prétendent que pour que le prix du blé puisse rembourser au cultivateur ses avances, il faut que ce prix se maintienne entre 95 et 100 shillings le *quarter*, et que par conséquent, il convient d'en empêcher l'importation du moment qu'il tombe au-dessous de ce prix.

Ils ajoutent, que si la législature ne consacre pas ce principe, il sera impossible aux fermiers de payer aux propriétaires leur fermage, à l'Etat ses contributions, que la culture du grain donnant de la perte, on abandonnera l'exploitation des terres médiocres, qu'on changera la destination des bonnes, que le grain deviendra plus rare, qu'on n'évitera pas son renchérissement, et que la nation anglaise se verra toujours davantage pour sa subsistance à la merci des étrangers.

D'un autre côté, les manufacturiers et les négociants soutiennent, que si les denrées de première nécessité restent à ces prix exorbitants, la main-d'œuvre doit hausser plutôt que diminuer, et que chaque jour ils présenteront leurs produits avec plus de désavantage, dans les marchés de l'étranger.

L'alternative est terrible. Ou c'est l'agriculture et les propriétaires qui sont ruinés, si les grains ne montent pas ; ou bien c'est le commerce et les manufactures, s'ils montent.

Les Chambres du Parlement, en fixant le prix au-dessous duquel on ne pourra pas importer du froment à 80 shillings, viennent de prendre un *mezzo-termine* qui ne satisfera personne.

Mais je suppose que, sans mécontenter les cultivateurs, le Parlement eût trouvé un moyen de faire tomber le froment à 65 shillings, on ne serait pas encore sorti d'embarras. Le blé ne forme, dans les îles Britanniques, qu'une part de la nourriture de la classe ouvrière ; les pommes de terre, la viande, le poisson, forment une autre part considérable de leurs aliments. On estime que chaque personne, l'une portant l'autre, ne consomme pas au-delà d'un quarter de blé par année [a]. Or, le quarter moins cher de 15 shillings ou 18 francs ne procure à l'ouvrier qu'une économie d'un sou de France, par journée.

L'influence en serait faible sur la main-d'œuvre [b], qui ne forme elle-même qu'une partie des frais de production. Quinze shillings de plus ou de moins sur le prix du blé, influeraient donc faiblement sur le prix des produits et sur les ventes à l'étranger.

Ce n'est pas le prix d'une seule denrée, fût-ce même le blé, qui a un grand effet sur le prix des choses qu'on fait ; c'est le prix de tout, et le prix de

a. William Jacob, *Considerations on British agriculture*, p. 18.

b. On dira peut-être que chaque ouvrier ayant sa famille à nourrir, il faut multiplier la dépense de sa consommation de blé par le nombre des individus dont elle se compose ; mais comme en général la femme et les enfants travaillent en même temps que le père, en supposant une économie d'un sou par tête d'ouvrier, on a égard à la dépense en nourriture de la femme et des enfants.

tout est exagéré en raison des charges publiques qui, sous mille formes diverses, atteignent le producteur et se combinent dans toutes ses dépenses [a]. Ce sont les contributions directes ; ce sont même les préjugés et les mœurs du pays qui vous imposent des obligations et des charges auxquelles il n'est pas plus facile de se soustraire qu'aux véritables impôts.

La question des billets de banque, plus épineuse théoriquement, a moins d'inconvénients dans la pratique. Pour la bien entendre, il faut connaître le fonds du système monétaire actuel de l'Angleterre, qui est assez curieux.

La Banque d'Angleterre est une compagnie particulière de capitalistes, qui escompte des lettres de change et se charge, moyennant une rétribution, de plusieurs services publics, comme du paiement des rentes sur l'Etat. Elle a successivement prêté au gouvernement, non seulement une somme égale aux fonds de ses actionnaires, mais des sommes en billets de banque qu'elle a fabriqués pour cet usage, et qui, par conséquent, n'avaient d'autres gages que les obligations qu'elle recevait du gouvernement en échange, obligations qui portent intérêt, mais dont le fonds

a. On est tenté de croire, sur un premier aperçu, que lorsque tout est cher, rien n'est cher, et qu'on se dédommage par le haut prix de ce qu'on vend du haut prix de ce qu'on achète. Il n'en est pas ainsi. On achète avec le revenu qu'on a ; ce revenu est le fruit, soit des terres que vous louez, soit des capitaux que vous avez placés, soit du profit de l'industrie que vous exercez. Or les produits, résultats de toutes ces sources de production, n'augmentent pas en proportion du haut prix des produits qui en résultent. Quand les produits se vendent une fois plus cher, le fermage de la terre qui y concourt, ne double pas. Une manufacture dont les marchandises doublent le prix, ne donne pas dix pour cent d'intérêt, au lieu de cinq pour cent, à ceux qui y ont des fonds placés, ni un salaire double aux ouvriers qui y travaillent. Elle ne pourrait pas soutenir son entreprise, et l'entrepreneur lui-même gagne moins, quand ses produits sont plus chers. Chacun de ceux qui prennent part à une entreprise, sont donc obligés, avec des revenus qui augmentent peu, d'acheter des produits qui augmentent beaucoup. En Angleterre, tous les produits, tous les objets de consommation, peuvent en général être estimés valoir le double de ce qu'ils valent en France, le fort portant le faible. Il y en a qui se vendent le triple ; mais par contre, il y en a quelques-uns qui ne valent pas le double.

n'est pas exigible, et qui, par conséquent, ne peuvent servir à l'acquittement des billets, dont elles ont provoqué l'émission [a].

La Banque d'Angleterre a acheté, à ce prix, la continuation de son privilège, moins sage en cela que celle de France. Celle-ci a bien prêté au gouvernement ce que le gouvernement, par un abus de la puissance, lui a demandé sur ces capitaux. Ses capitaux étaient la propriété de ses actionnaires, qui pouvaient en disposer à leur gré ; mais elle n'a point fabriqué de billets pour les prêter. Aussi, qu'est-il arrivé, relativement à la Banque d'Angleterre ? Que les billets prêtés par elle au gouvernement, et donnés par le gouvernement à ses créanciers, sont revenus plus ou moins promptement, et surtout dans les moments de discrédit, pour se faire rembourser ; et que la Banque, n'ayant pas reçu de valeurs réelles [b] au moment de l'émission de ses billets, n'a pu les rembourser.

Il fallait, dès lors, ou que le gouvernement payât la Banque pour qu'elle pût payer ses billets, ou qu'il l'autorisât à ne pas les payer. C'est ce dernier parti qui fut pris en 1797. La suspension des paiements (en espèces) de la Banque autorisée alors, a été renouvelée plusieurs fois depuis, et vient de l'être encore tout récemment. Ses billets ont acquis par là le caractère d'une véritable monnaie nationale ; on n'a pas pu exiger des particuliers, ce qu'ils ne pouvaient exiger de la Banque. Les dettes, les effets de commerce, n'ont plus été payés qu'en billets, et quand on achète une lettre de change payable en Angleterre, on sait d'avance que les billets de banque sont la seule monnaie dont elle sera acquittée.

Il en est résulté ce qui résulte toujours d'une sem-

a. Voyez Ricardo, *On the high price of Bullion*, p. 64.

b. De bonnes lettres de change qui représentent une portion des capitaux de ceux qui les ont souscrites, sont des valeurs réelles. Avec de telles lettres de change, payables à des termes rapprochés, une Banque bien conduite retire, quand elle veut, la totalité de ses billets, puisque de telles lettres de change sont payées, soit en billets de la Banque, soit en espèces, avec quoi on peut retirer les billets.

blable mesure. La somme des monnaies, soit de papier, soit de métal, devenue par là plus forte, relativement à la somme des autres valeurs en circulation, et ne pouvant pas être réduite par un remboursement de billets qui n'avait plus lieu, a été dépréciée, a perdu de sa valeur comparativement à la valeur de toutes les autres choses, et par conséquent, comparativement à l'or en lingots [a]. Dès cet instant, l'or en monnaie, qui circulait concuremment avec les billets de la Banque, participant à la dépréciation générale de la monnaie [b], a gagné à se mettre en lingots, et les guinées ont disparu [c].

Les directeurs de la Banque ont accru cette dépréciation, en ne refusant jamais d'escompter les lettres

a. Quiconque veut se mettre en état de comprendre et d'expliquer les phénomènes qui peuvent se présenter relativement aux monnaies, doit considérer la monnaie de métal ou de papier, comme une marchandise totalement différente de l'or et de l'argent en lingots. L'une de ces marchandises est susceptible de se transformer en l'autre ; mais tant que la monnaie est en état de remplir les fonctions de monnaie, c'est une autre marchandise que le lingot. Voilà pourquoi leur valeur réciproque est susceptible de varier beaucoup.

b. Le mot *dépréciation* ne veut pas dire *discrédit*, mais seulement abaissement de prix. Le papier-monnaie, de même que le sucre, de même que les étoffes, baisse ou hausse de prix, suivant la quantité qu'on en offre et la quantité que réclament les besoins qu'on en a, et indépendamment de l'opinion qu'on peut se former de la probabilité ou de l'improbabilité de son remboursement définitif en espèces. Les monnaies métalliques elles-mêmes varient dans leur valeur comparée à la valeur des autres choses ; mais leurs variations ne sont pas aussi subites, parce qu'on n'en peut pas verser à la fois d'aussi grandes masses dans la circulation. Voyez plus haut la note de la page 52, qui prouve que la monnaie métallique elle-même était dépréciée en Angleterre, quoiqu'on ne pût pas certainement cesser d'avoir confiance dans la monnaie d'or.

c. Cette quantité de guinées sortant de la circulation comme monnaie et versées dans la circulation comme lingots, soit avant, soit après leur fusion, ont fait baisser en Angleterre la valeur du lingot d'or par rapport à toutes les autres marchandises, excepté par rapport à la monnaie de papier (les billets de banque) qui avait baissé encore davantage. De là les fortunes qui ont été faites pendant un temps (en 1810 et 1811) à extraire des guinées de l'Angleterre et à remettre en retour des lettres de change sur Londres. Les contrebandiers passaient les guinées au risque de leur vie ; et on leur payait ce risque ; mais ce n'étaient pas eux qui faisaient les spéculations.

de change souscrites par les bonnes maisons de commerce, ce qui a porté les spéculations de quelques particuliers au-delà de leurs capitaux réels, aux dépens d'un capital fictif (les billets de banque) dont la valeur réelle et vénale décroissait en proportion de leur augmentation nominale [a].

Maintenant que l'or et l'argent ont disparu de la circulation par la cause expliquée plus haut, et qu'il n'est plus resté pour remplir l'office de monnaie, une seule pièce nationale, une seule pièce frappée par le gouvernement [b], la seule monnaie dont on puisse faire usage se compose des engagements d'une compagnie particulière nommée la *Banque d'Angleterre*, lesquels portent la promesse, qui n'est jamais effectuée, de payer des livres sterling métalliques au titre et au poids déterminés par les lois.

Il n'y a point de billets de la Banque d'une somme inférieure à *une livre sterling* ; et cependant comme on a besoin d'une petite monnaie pour les menues transactions, et que si le gouvernement frappait des pièces légales elles seraient fondues, la Banque est autorisée à mettre en circulation des coupures de ses billets en pièces d'argent, qui ne sont que des médailles et qui ne contiennent guère que les trois quarts de la quantité du métal qu'auraient des pièces légales de même

a. Voyez à cet égard les principes des directeurs de la Banque, dans l'interrogatoire qu'ils subirent le 13 mars 1810, devant le comité de la chambre des communes, et les vrais principes fondés sur la nature des choses, établis dans l'excellente brochure de M. David Ricardo sur le haut prix des matières d'or et d'argent.

b. Il y a dans la circulation de vieux shillings d'argent qui ont été frappés jadis par le gouvernement sous le règne de Guillaume III, mais qui sont tellement usés, qu'ils ne conservent plus aucune trace d'empreinte et ne contiennent pas les trois quarts de la quantité de métal qu'ils devraient avoir ; de sorte qu'en les achetant et en les payant avec des billets de banque, pour les fondre, on n'aurait pas un lingot égal à celui qu'on peut acheter avec les mêmes billets. Il n'y a donc rien à gagner à les fondre. Il en est de même des sous de cuivre : ils ne sont pas fondus parce que, quoique toute la monnaie soit dépréciée, ils valent encore plus en monnaie qu'ils ne vaudraient en lingot. Mais si la monnaie venait à être beaucoup plus dépréciée, alors il pourrait y avoir de l'avantage à fondre tout cela, et l'opération en serait bientôt faite.

dénomination. On ne gagnerait à les fondre qu'autant que les billets de banque, avec quoi on pourrait les acheter, tomberaient au-dessous des trois quarts de leur valeur nominale, puisque alors avec une valeur moindre que les trois quarts d'une livre sterling métallique, on aurait un lingot qui vaudrait les trois quarts de la livre sterling.

Dans cet état de choses, l'hôtel des Monnaies de Londres, le seul qu'il y ait en Angleterre, n'aurait absolument rien à faire s'il ne fabriquait, à façon, pour le compte de la Banque d'Angleterre, les coupures métalliques de ses billets dont il vient d'être question.

Il y a dans chaque comté et même dans chaque ville, des banques provinciales qui mettent en circulation des billets et des coupures métalliques de leurs billets, mais n'ayant point, comme la Banque d'Angleterre, le privilège d'en refuser le paiement lorsqu'on le leur demande, elles les acquittent à présentation en billets de la banque d'Angleterre, qu'on ne peut refuser, comme tenant lieu de monnaie nationale.

La somme totale des billets de la Banque d'Angleterre s'élève à environ 31 millions sterling. On estime que la somme des billets de toutes les banques provinciales, est à peu près égale à celle-là. La somme totale de la monnaie des îles Britanniques est donc environ de 62 millions sterling, qui, au change du jour, de 20 francs pour une livre sterling, fait une valeur d'environ un milliard deux cents millions en argent de France.

Sauf les coupures métalliques, sur le montant desquelles je manque de données, mais qui ne forment qu'une bien petite partie de ce total, cette valeur n'a rien d'intrinsèque, c'est-à-dire n'a aucune valeur comme matière ; mais sa valeur, comme monnaie, est très réelle et ne pourrait être remplacée que par une valeur réelle équivalente.

La valeur de ce *papier-monnaie*, comparée avec la valeur des autres marchandises, ne subit plus de grandes variations, ce qui prouve que la Banque d'Angleterre maintient la somme de ses billets dans la même proportion, relativement aux besoins de la circulation. Si elle réduisait la somme de ses billets, ce qu'elle pourrait faire aisément en laissant écheoir une partie des effets de son portefeuille et en n'en prenant pas de nouveaux à l'escompte, elle ferait probablement remonter ses billets au pair ; c'est-à-dire qu'avec un billet d'une livre sterling on trouverait à acheter une livre sterling en or ou en argent, au poids et au titre des lois.

Je dis que ces billets remonteraient au pair par le besoin indispensable que dans un Etat social compliqué, et avec une grande masse d'affaires, on a de cette marchandise appelée *monnaie*, quelles qu'en soient la forme et la matière.

La question du discrédit n'entre pour rien dans tout cela, parce que le besoin qu'on a de monnaie l'emporte de beaucoup sur la mauvaise opinion qu'on pourrait concevoir des billets de la banque. En effet, dans un pays où il n'y a point de monnaie métallique, que peut faire l'homme le plus méfiant dans ses transactions sociales ? chercher à garder dans ses mains le moins longtemps qu'il peut la monnaie en laquelle il n'a point de confiance. C'est aussi ce que chacun fait. On le fait même pour la monnaie métallique lorsqu'on ne veut pas perdre l'intérêt d'une somme dormante ; mais on a beau se débarrasser le plus tôt qu'on peut des billets qui passent entre vos mains, on a beau suppléer par des virements journaliers de parties [a] à

a. Nulle part on n'a poussé plus loin qu'en Angleterre l'économie qu'on peut faire dans l'emploi de la monnaie (soit qu'elle soit en papier ou en or), c'est-à-dire qu'il est impossible de faire la même quantité d'opérations, de ventes et d'achats, avec moins d'intermédiaire de la circulation. Le but de cette économie est d'employer le moins possible cette portion de capital qui, ne travaillant pas, ne donne point de profit. Les plus riches maisons n'ont presque point d'argent en caisse. Elles n'en avaient pas davantage quand la monnaie était d'or qu'à présent qu'elle est de papier. La plus active défiance ne saurait en garder moins qu'elles n'en gardent. Les banquiers de Londres eux-mêmes qui font toutes les recettes et tous les paiements des maisons de commerce, et chez qui par conséquent il circule journellement une immense quantité de valeurs, n'emploient peut-être pas la vingtième partie de ce qui ailleurs serait nécessaire

des paiements en billets, il n'en est pas moins constant que, dans l'état présent des choses, on ne peut en Angleterre se passer de 62 millions sterling environ de papier-monnaie, au taux de sa valeur actuelle ; que si sa valeur nominale diminuait d'un quart (c'est-à-dire si au lieu de 62 millions en circulation on n'en laissait que 46 ou 47), la valeur vénale de ces 47 millions augmenterait et achèterait autant de denrées que l'on peut en acheter aujourd'hui pour 62 millions.

C'est donc la quotité des billets et non le discrédit qui influe sur leur valeur ; le discrédit, quel qu'il soit, n'a pas la moindre influence sur cette valeur : résultat, fondé sur les faits, fort différent, ce me semble, de l'opinion commune, et qui doit influer sur l'idée qu'on se forme du papier-monnaie d'Angleterre, sur les moyens qu'on propose pour l'acquitter, et sur les craintes qui peuvent résulter de son défaut de remboursement.

Que si l'on me demandait à quelle époque je crois que la Banque d'Angleterre paiera ses billets à bureau ouvert, je répondrais que je n'en sais rien ; mais que ma réponse, en supposant que je fusse en état de la faire, n'aurait aucune importance. En effet, lorsqu'on traite une monnaie précisément de la même manière que si on ne lui accordait aucune confiance, qu'importe sa matière ? c'est comme si l'on demandait quand fera-t-on succéder une monnaie d'or à une monnaie d'argent ?

Ces phénomènes monétaires, entièrement neufs, jettent beaucoup de jour sur la théorie générale des monnaies, et produiront par la suite des faits assez extraordinaires [a].

Il est un autre point qui n'est pas lié aussi intimement avec les circonstances, mais sur lequel il me

---

pour tant de recettes et de paiements. Ils sont convenus de se rassembler tous chaque jour et de se communiquer les mandats dont ils sont porteurs les uns sur les autres. Ils balancent ces mandats par débit et crédit et n'ont à se payer que de légers soldes de compte.

a. Voyez mon *Traité d'économie politique*, liv. I, chap. 21, Sur la nature et l'usage des monnaies.

semble que l'opinion a aussi bien besoin d'être éclairée. C'est sur la puissance qu'on croit que l'Angleterre tire de ses colonies, et notamment de l'Inde, de ce pays où une compagnie de marchands anglais possède une étendue de pays plus vaste que les trois royaumes, et règne sur quarante millions de sujets.

Les Anglais ne peuvent tirer des richesses de l'Inde que comme souverains ou comme négociants ; ils n'en peuvent rapporter que des tributs ou des profits.

Examinons les tributs qu'ils en tirent comme souverains.

On voit dans Colquhoun [a], que les différents gouvernements de l'Inde fournissent un revenu brut de 18 051 478 livres sterling.

Les frais d'administration et de défense du même pays, suivant le même auteur, coûtent ...	16 984 271 liv. st.
Mais il convient d'y ajouter les frais d'entretien et de réparation des établissements de la Compagnie dans l'Inde et en Europe, et ceux de la factorerie de Canton en Chine	355 067
Et de plus les intérêts de sa dette, qui n'est pas moindre de 46 millions st., et qui prend son origine dans les dépenses et dans les pertes qu'elle a dû supporter pour établir sa souveraineté [b] ...	1 691 363
Total des dépenses de la Compagnie	19 030 701 liv. st.

On voit par là que ses dépenses excèdent ses revenus d'une somme de 979 223 liv. st. (plus de 23 millions de francs). C'est donc une souveraineté plus onéreuse qu'utile.

Comme compagnie de commerce, sachons quels bénéfices elle fait. Une année moyenne prise sur les quatre

a. Colquhoun, *ibid.*, Appendix, p. 38.
b. *Ibid.*, p. 55.

années 1807 à 1810, a donné un bénéfice commercial de .... 1 728 958 liv. st.

Sur quoi il a fallu prélever l'excédent de ses dépenses sur ses revenus comme souveraine	979 223	1 015 449
Et les annuités qu'elle touche à la Banque d'Angleterre, qui ne sont pas le fruit d'un profit commercial	36 226	
Il reste de profit net		713 509 liv. st.

Ces profits pour une compagnie qui a six millions st. de capital et 46 millions de dettes, ne sont assurément pas bien considérables. Cependant ils paraissent exagérés ; ils sont pris sur l'indication de quatre années vraisemblablement meilleures que les autres ; plusieurs auteurs respectables affirment que les actionnaires de la Compagnie des Indes, ne gagnent pas comme négociants ce qu'ils perdent comme souverains ; et ce résultat semble confirmé par les emprunts auxquels la compagnie a souvent été obligée d'avoir recours, pour que ses actionnaires ne fussent pas privés de dividende.

N'importe, les partisans de la Compagnie des Indes affirment que, même en perdant, elle est utile à l'Angleterre.

Ils disent qu'une fort grande partie de ses dépenses dans l'Inde, tournent au profit des employés civils et militaires qu'elle y salarie. J'en conviens ; mais ces salaires sont, pour la plupart, gagnés dans l'Inde ; ils y sont consommés et n'ajoutent rien à la puissance de la nation anglaise en Europe [a].

Ils disent que les marchandises anglaises, auxquelles ce commerce procure un débouché, répandent des bénéfices en Angleterre. J'en conviens également ;

a. L'armée indienne est de 140 mille hommes, commandée par 3 000 officiers anglais. L'armée anglaise dans l'Inde, payée par la Compagnie, est de 27 mille hommes, les officiers compris. La Compagnie salarie en outre 25 mille matelots. Elle emploie dans l'Inde comme juges, administrateurs, gens d'église, commis, 1 056 Anglais, et au-delà de 12 mille natifs.

mais les capitaux et l'industrie des Anglais, s'ils ne s'appliquaient pas aux approvisionnements de l'Inde, s'appliqueraient à d'autres objets. Et qui empêcherait les Anglais de trafiquer avec l'Inde, et d'y vendre à peu près les mêmes articles, quand ils n'en seraient pas les dominateurs ? La souveraineté ne fait pas acheter à un peuple ce qu'il n'est pas en état de payer, ou ce qui ne convient pas à ses mœurs ; et quand on lui offre ce qui lui convient, il l'achète sans être assujetti.

Il ne faut pas, au surplus, évaluer trop haut les marchandises anglaises qui s'écoulent dans l'Inde, on sait assez que les pays de l'Orient estiment plus l'argent que les marchandises de l'Europe. Je trouve que dans l'espace de six années, de 1803 à 1808, les exportations de l'Angleterre aux Indes se sont élevées à une valeur totale de 16 306 825 livres sterling, sur laquelle 6 286 344 livres sterling ont été exportées en numéraire ; ce qui laisse pour les exportations en marchandises 10 020 481 livres sterling, et donne pour une année commune 1 670 080 livres sterling d'exportation en marchandises.

Le privilège de la Compagnie des Indes, qui comprend la faculté d'exercer, sous certaines conditions, la souveraineté sur les pays de l'Inde qui ont été conquis à ses frais, ou acquis par les traités qu'elle a conclus, et la faculté exclusive, à de certains égards, de faire le commerce de l'Orient ; ce privilège, dis-je, a été renouvelé plusieurs fois ; et comme à mesure que les nations s'instruisent, elles s'aperçoivent mieux des avantages de la libéralité des principes, à chaque renouvellement du privilège, le sort des sujets dans l'Inde a été amélioré, et une liberté plus grande a été accordée au commerce [a].

a. Le dernier renouvellement a eu lieu le premier avril 1814. En conséquence de cette charte, la Compagnie ne retient le privilège exclusif que du commerce de la Chine et du commerce du thé, de quelque lieu qu'il vienne ; elle fait le commerce des pays situés au-delà du cap de Bonne-Espérance, concurremment avec tous les sujets de l'empire britannique. Les navires particuliers sont pour-

A différents degrés, il en est des autres colonies anglaises comme de l'Inde, avec cette différence, que le gouvernement qui y exerce la souveraineté, mais qui ne fait pas le commerce, n'est point dédommagé par les profits du négoce, des pertes que ces colonies lui occasionnent comme souverain [a]. Le vieux système colonial tombera partout dans le cours du dix-neuvième siècle. On renoncera à la folle prétention d'administrer des pays situés à deux, trois, six mille lieues de distance ; et lorsqu'ils seront indépendants, on fera avec eux un commerce lucratif, et l'on épargnera les frais de tous ces établissements militaires et maritimes qui ressemblent à ces étançons dispendieux, au moyen desquels on soutient mal à propos un édifice qui s'écroule.

Telle est, du moins sous ses principaux points de vue, la situation où les événements de notre époque ont amené la Grande-Bretagne. Je crois n'avoir ni exagéré, ni déguisé les difficultés de sa position, car je me sens exempt de toute prévention. Je forme des vœux pour la prospérité de l'Angleterre, comme pour celle de la France et de tout autre pays. L'une de ces prospérités, loin d'être incompatible avec une autre, ainsi que le commun des hommes l'imagine, lui est au contraire favorable. J'ai voulu consigner des faits curieux et de grandes expériences en économie politique, parce que ces expériences sont rares, et qu'elles coûtent cher. Elles feront peut-être naître dans de

tant obligés de se pourvoir d'une licence de la Compagnie et de se soumettre à quelques autres formalités. En cas de difficultés la commission du contrôle prononce. Les directeurs de la Compagnie sont soumis à cette commission créée par le gouvernement pour tout ce qui a rapport à l'administration civile et militaire de l'Inde. La Compagnie paie les forces de terre et de mer et nomme les fonctionnaires publics sous l'approbation de la commission du contrôle, qui surveille l'emploi des revenus publics, et même l'emploi des profits commerciaux.

a. On peut citer comme un exemple de ce que font perdre les colonies, les frais de gouvernement de l'île de Sainte-Hélène, qui, pour les agents civils et militaires et l'entretien des établissements, coûte annuellement 84 mille livres sterling, et rapporte douze cents livres sterling.

bons esprits d'utiles réflexions. Pour le vulgaire, les événements se succèdent : ils s'enchaînent pour l'homme qui pense. Quelquefois même, il lui est permis d'entrevoir quelques-uns des chaînons qui lient le présent au futur ; il connaît alors de l'avenir, tout ce qu'il est permis d'en savoir, depuis que les pythonisses et l'astrologie judiciaire sont passés de mode.

COURS
A L'ATHÉNÉE
[1819]

Athénée
1re Séance ou discours d'ouverture. Véritable objet de la morale, de la politique et de l'économie politique [a]

Messieurs, appelé à vous entretenir pendant quelques soirées d'Economie politique, est-ce sur des opinions hypothétiques, sur de simples conjectures que j'appellerai vos méditations ? L'Economie politique, et même les autres branches de la philosophie morale, sont-elles ou ne sont-elles pas du domaine des sciences positives ? Telles sont les questions que vous êtes en droit de me faire.

Je ne saurais me le dissimuler. Beaucoup de personnes même parmi le public instruit, prévenues contre un genre de recherches où l'on a si souvent divagué, et n'ayant peut-être pas donné aux faits qui lui servent de base, une dose d'attention suffisante pour saisir les rapports qui les lient, se refusent à rattacher ces faits à un ensemble systématique, à une théorie qu'on doive regarder comme réelle, qu'on puisse étudier avec confiance, dans laquelle il soit possible de classer les phénomènes que nous voyons, et qui nous serve de guide soit pour remonter aux causes, soit pour prévoir des résultats. Révoquant en

a. J'ai repris dans ce discours ce qui avait rapport à la classification des sciences morales et politiques pour en faire le discours préliminaire de ma *Politique pratique*.

doute la réalité des sciences morales et politiques, elles étendent leur préjugé d'incrédulité sur l'Economie politique qui en fait partie ; et elles se trouvent confirmées dans ce préjugé par plusieurs classes de la société qui, trouvant plus commode qu'on adopte sans examen sur la foi de leur autorité, d'autres opinions d'autres systèmes, apparemment plus favorables à leurs intérêts ou seulement plus analogues à leurs habitudes, frappent d'anathème toute tentative faite pour remonter à la source de toute vérité : *la nature des choses.*

Je présume donc qu'il ne vous paraîtra pas inutile que je commence par affermir le chemin sur lequel nous devons marcher, en répondant à cette question préalable : *Y a-t-il des sciences morales et politiques* ? Et, s'il y en a, en cherchant quelles analogies elles peuvent avoir avec toutes les autres sciences ; et quelle est la place qu'on doit leur assigner dans le tableau des connaissances humaines qui s'est tant agrandi de nos jours.

Cette recherche ne saurait paraître déplacée au sein d'une Institution libérale de sa nature et d'un auditoire éclairé, qui sans découragement, comme sans timidité, a fait marcher de front au milieu des orages, tous les genres d'études, et qui peut se glorifier d'avoir plus d'une fois fait naître dans le domaine de l'entendement, des pensées honorables pour la nation et utiles pour l'humanité.

Le fondement de toutes les sciences est la connaissance de ce qui est, ou de ce qui a été [a] ; mais rigoureusement parlant, cette connaissance seule ne constitue pas une science. Pour être savant, ce n'est pas le tout d'avoir beaucoup vu et beaucoup retenu ; autrement il suffirait d'avoir couru le monde avec une bonne mémoire ; et d'avoir vu une multitude d'hommes, et de pays, et de phénomènes, pour être un savant de premier ordre. Il faut en outre connaître la vraie nature des choses par rapport à l'ordre de faits sur lesquels on veut être instruit ; il faut les classer

a. Le passage qui suit est rayé verticalement ; on notera qu'il correspond sur le fond à ce qui est traité dans l'extrait suivant (NdE).

méthodiquement, pouvoir en montrer la liaison, c'est-à-dire les rapports qui font de l'un une cause et de l'autre un résultat.

Un jardinier, un simple paysan, a vu autant de phénomènes de physique végétale que le plus savant botaniste ; mais celui-ci a groupé ces phénomènes ; il en a suivi la marche et l'enchaînement et lui seul est en état de nous apprendre quelles sont les lois que suit la nature dans la fécondation, la nutrition des plantes, etc. Le moindre berger a vu autant de levers et de couchers de planètes que le plus fameux astronome, et même il peut empiriquement prédire leur retour avec une tolérable exactitude, mais l'astronome observe l'analogie qui existe entre la marche de l'une et de l'autre planète, il en déduit une loi commune ; lui seul connaît la vraie nature des choses par rapport à la marche des corps célestes.

Si l'analogie est mal saisie, si un raisonnement rigoureux ne prouve pas la réalité de la chaîne qui lie deux faits, si d'autres expériences faites en sens inverse ne confirment pas la théorie, on peut dire que la science n'est pas encore faite. Qu'un astrologue vienne nous dire que l'apparition d'une comète présage tel grand événement, nous ne devons pas le croire parce qu'il n'assigne aucun rapport raisonnable entre la comète et l'événement ; mais si un physicien à l'aide d'un verre lenticulaire, allume aux rayons du soleil un morceau d'amadou, nous attribuons avec raison cette combustion à l'interposition du verre, parce que le physicien nous prouve que la quantité des rayons qui tombent sur toute [...] [a].

a. Une main, qui n'est pas celle de Say, a marqué sur la couverture du dossier : « pages 1,2, 15 à 24 — Ce sont les pages 3 à 14 de ce discours qui ont été extraites ; elles contenaient un tableau sommaire des sciences morales et politiques [...] ». Une partie de ce qui manque se trouve dans le manuscrit G384 sous l'intitulé « Y a-t-il des sciences morales et politiques ? ». Cet extrait, sans doute légèrement retravaillé, reste extrêmement proche de la table analytique et reproduit une très grande partie de la séance introductive. Pour que le lecteur puisse en juger, nous rapportons la table analytique (de la main de Say) de cette première séance (NdE).

Y a-t-il des sciences morales et politiques ?

Une science ne peut être que la connaissance de ce qui est ou de ce qui a été.

C'est sous ce rapport que l'histoire des temps passés et même que les langues anciennes sont des sciences. Mais dans un sens plus rigoureux la science est la connaissance de la vraie nature des choses relativement à l'ordre de chose dont on s'occupe. La chimie est la connaissance des faits chimiques tels qu'ils se

---

TABLE ANALYTIQUE

L'objet de toute science est de savoir ce qui est ou ce qui a été.

Elles se divisent en sciences mathématiques ; en sciences descriptives ; en sciences expérimentales.

Ces dernières sont les plus utiles parce qu'elles nous enseignent à produire les résultats qui nous conviennent.

Y a-t-il des faits dans la morale et dans la politique et ces faits suivent-ils des lois qu'on puisse connaître ?

Ceux de ces faits qui ne se répètent pas à volonté sont comme les phénomènes astronomiques.

Parce qu'on s'est trompé souvent sur la chaîne qui lie les effets aux causes s'ensuit-il que cette chaîne n'existe pas ?

Il ne faut que du temps et de bonnes méthodes.

Le roi de Prusse cité.

Il y a peu de préceptes à donner.

Des proverbes populaires.

Observer la nature et la marche des choses constitue la méthode moderne.

Résultats qui ont été obtenus par Robert Owen, par Jeremie Bentham.

Différences établies entre la morale, la politique, l'Economie politique.

Avantages d'avoir circonscrit les sciences. Il n'est pas compris par Dupont de Nemours.

On a fait des richesses longtemps avant de savoir comment la richesse se faisait.

Mon cours ne présentera point un système particulier à moi, à Smith ou à tout autre.

Ma doctrine approuvée par tous les genres de pratique.

Mon cours aurait pu être plus long. L'ayant fait concis il supporte d'être entendu deux fois.

Science toute nouvelle, mais qui annonce devoir faire des progrès bien rapides et pourquoi.

passent dans des circonstances données ; l'astronomie est la connaissance de ce qui se passe dans les cieux, la connaissance des faits qui arrivent par rapport aux corps célestes.

Prenons garde cependant que la connaissance de ce qui est, ou de ce qui a été, ne suffit pas pour constituer la science. La nature ne nous présente que des faits isolés, et la connaissance d'une multitude de faits isolés ne fait pas un savant. A ce compte un rustre, un charretier, au bout d'une longue vie et après avoir vu beaucoup d'hommes et de pays et de phénomènes, serait un savant de premier ordre. Il faut de plus, pour être savant, se trouver en état de grouper les faits pour connaître quels sont ceux qui rentrent dans l'ordre de ceux que vous devez étudier et quels sont ceux qui s'en écartent. Il faut surtout en connaître la liaison ; c'est-à-dire savoir quels rapports lient deux faits, en font de l'un une cause de l'autre, un résultat.

Qu'un astrologue vienne vous dire que l'apparition d'une comète présage tel grand événement, nous ne saurions le croire ; car il ne saisit pas et ne peut nous faire saisir aucun rapport raisonnable entre la comète et l'événement, mais si un physicien à l'aide d'un verre lenticulaire, allume aux rayons du soleil un morceau d'amadou, nous attribuerons cette combustion à l'interposition d'un verre, parce que le physicien nous fait comprendre que les rayons solaires qui tombent sur toute surface de verre, étant réunis en son foyer, y produisent une chaleur suffisante pour allumer un combustible. La même expérience répétée à volonté, retournée de cent manières différentes, nous convainc de plus en plus de la réalité du fait et de la réalité de son explication.

Les sciences mathématiques sont tout à fait analogues aux sciences physiques. J'ai la main pleine de jetons ; je les compte : il s'en trouve vingt-cinq. Voilà un fait. J'y joins une autre poignée de vingt et un jetons ; il s'en trouvera en tout quarante-six. J'en ôte la moitié : il en reste vingt-trois. Voilà encore un fait qui est conséquence de ceux qui précèdent.

On voit que toute science consiste non seulement dans la connaissance des faits en eux-mêmes, mais dans la connaissance que l'on a de l'ordre de la règle, des lois que suivent les faits dont on s'occupe.

Il s'agit maintenant de savoir s'il y a des faits dans la morale et dans la politique, et si ces faits suivent des lois qu'on puisse connaître. S'il en est ainsi, il y aura des sciences morales et politiques, et ces sciences seront analogues à toutes les autres.

Qu'il y ait des faits dans la morale et dans la politique, la chose n'est pas douteuse. L'histoire nous présente un grand nombre de faits politiques assez bien constatés ; et chaque jour une multitude d'actions publiques et privées parviennent à notre connaissance. Ce sont des faits, des phénomènes qui peuvent fournir matière à nos observations. Toutes les fois que nous recherchons les causes de ces phénomènes et que nous en épions l'issue pour en constater les résultats, *nous les mettons en expérience*, pour parler comme les chimistes et les physiciens. La seule différence qui se trouve entre ces derniers et le moraliste, c'est que la plupart des faits dont ils s'occupent, se passent parmi des créatures inanimées et sans volonté, ou dont la volonté leur est soumise, ils pourront répéter les expériences aussi souvent que cela leur convient et les varier de manière à pouvoir saisir la vérité qu'ils cherchent.

Mais les expériences en morale pour être quelquefois difficiles, ne sont pas impossibles. Il n'est personne qui n'en ait accompli un grand nombre pour parvenir à son but. Un enfant lui-même fait souvent bien des essais pour obtenir l'objet de ses désirs, jusqu'à ce qu'il ait découvert la meilleure manière d'en venir à bout, celle dont il ne manquera pas dès lors de faire usage dans l'occasion. D'ailleurs lors même que les phénomènes moraux sur lesquels on voudrait fonder la science, ne se répéteraient pas à volonté, ils n'en existeraient pas moins, et seraient analogues à beaucoup d'autres phénomènes qui ne dépendant pas de nous, dont nous avons néanmoins saisi la liaison incontestable, et sur lesquels nous avons fondé des sciences positives. Dépend-il de nous de faire passer la planète de Vénus devant le disque du soleil ? Non ; mais quand cette circonstance très rare se présente, nous l'observons avidement et elle nous sert à déterminer la vraie distance de l'astre le plus important pour nous. Il ne nous est pas possible de pénétrer fort avant dans l'intérieur de notre globe ; nous pouvons à peine écorcher la pellicule qui le couvre ; notre vie comparée aux lentes révolutions des mondes n'est qu'un instant bien court où il ne nous est permis d'observer qu'en courant notre habitation telle que le dernier bouleversement nous l'a laissé, cependant nous n'en sommes souvent pas moins parvenus à reconnaître la succession de diverses révolutions qu'elle a subies et la nature de quelques-uns des habitants de la terre avant qu'elle ne fût sous sa forme actuelle.

Il y a donc des sciences dont les faits sont beaucoup plus rares, plus difficiles à observer que ceux qui servent de base aux sciences morales et politiques, et qui néanmoins nous ont procuré des connaissances systématiques et raisonnées ; incontestables aux yeux de tout homme instruit et de bon sens.

Maintenant soit que nous ayons pu préparer les phénomènes que nous présente l'homme en société, soit que ces phénomènes arrivent sans notre participation, y a-t-il quelque règle, quelque loi, que nous puissions découvrir relativement à la marche qu'ils suivent ?

La réponse à cette question dépend de la réponse à cette autre question : au moral, non plus qu'au physique, arrive-t-il des faits sans cause ?

Si l'on n'hésite pas à reconnaître que tout phénomène est le résultat d'une ou de plusieurs causes, je demanderai si une ou plusieurs causes exactement pareilles n'ont pas dû amener un résultat semblable ; et, par une induction inverse, si deux résultats absolument semblables n'accusent pas deux causes pareilles.

Je ne pense pas qu'on puisse répondre à ces dernières questions autrement qu'affirmativement. Si les mêmes causes accusent les mêmes effets, il y a donc des lois nécessaires qui lient ces effets et ces causes ; et s'il y a des lois nécessaires sur ce point pourquoi n'aspirerions-nous pas à les connaître ? La connaissance de ces lois suivant lesquelles les faits s'enchaînent, quand on peut les découvrir, formera une science importante ; et du moment que des faits affectent constamment un certain ordre dans les cas pareils, il n'est pas impossible de découvrir la raison pour laquelle ils suivent cet ordre plutôt qu'un autre.

Si rien n'arrive sans qu'il y ait une raison suffisante pour cela, nous pouvons connaître ces raisons comme ne pas les connaître. Lorsque nous les connaissons d'une manière sûre, lorsque le raisonnement nous montre la relation qu'il y a entre la cause et l'effet et que de nouvelles observations viennent à l'appui du raisonnement, il en résulte un genre de connaissance aussi solide, aussi positif que tout autre, une vraie science morale qui peut être plus ou moins avancée, plus ou moins étendue, mais qui n'en est pas moins réelle.

Quelle science est complète ! Ne sont-elles pas toutes des trésors d'observation et d'explication qui s'augmentent chaque jour ? Faut-il négliger ce qui est à notre portée parce que, dans le même ordre de fait, il y en a qui se dérobent à nos recherches ? A-t-on abandonné l'étude de la physiologie à cause de l'impossibilité où l'on a été jusqu'à présent d'assigner autrement que par l'énoncé des phénomènes, la différence qu'il y a entre un corps vivant et un corps privé de vie ? A-t-on cessé d'étudier la médecine parce qu'on n'a pas pu savoir pourquoi le quinquina guérit de la fièvre, ni pourquoi la vaccine préserve de la variole ? Faut-il renoncer à la physique parce que nous ignorons la cause cachée qui agit sur l'aiguille aimantée ? Etudions ce qui peut s'étudier ; profitons de nos connaissances acquises, sachons en faire des applications utiles à l'homme ; et laissons le reste au temps.

A quelque genre de recherches qu'on s'adonne, pour ne faire que des pas assurés, il faut toujours commencer par observer la nature des choses, et lorsqu'un phénomène se présente, l'unique soin qu'on doit prendre, est de saisir les rapports qu'il a avec la nature des choses. Si l'on en cherchait ailleurs l'explication, on tomberait dans les opinions systématiques, on manquerait la vérité ou bien on ne la rencontrerait que par hasard.

Dans les sciences morales qui ne sont autres choses que la connaissance des lois suivant lesquelles arrivent les actions des hommes, la nature des choses est principalement la nature de l'homme, en d'autres mots, l'homme tel que la nature l'a fait avec ses facultés, ses appétits, ses défauts. Il est clair que ses actions sont le résultat de ses déterminations, et ses déterminations le résultat de sa nature.

Que si l'on disait que la nature varie d'un individu à l'autre et qu'il faudrait étudier chaque personne en particulier pour connaître l'humanité en général, je nierais cette assertion ; je répondrais qu'il y a un certain nombre de qualités, de propriétés physiques et morales qui tiennent à la nature de l'homme et dont on ne saurait être exempt du moment qu'on est homme. A-t-on cessé de considérer la physiologie, ou l'étude du corps humain vivant comme une science pour la raison qu'il y a des estomacs qui digèrent difficilement les laitages et facilement les aliments solides, et d'autres qui ont des facultés contraires ; parce qu'il y a des yeux myopes qui ne voient nettement que les objets qui sont proches, et des yeux presbytes qui ne distinguent bien que les objets éloignés ? De même faut-il cesser d'étudier l'homme moral parce qu'il y a des penchants qui diffèrent beaucoup les uns des autres ? etc.

Il en est d'autres à la vérité qui ne sont communs qu'à certaines classes, telles sont la couleur de la peau, celle des cheveux, l'aptitude à la guerre, aux arts. Ce n'est point un motif suffisant de ne pas les étudier. A-t-on jamais donné pour motif de ne pas étudier la botanique, les différences qui distinguent la rose du bengale de la rose ponpon ? Buffon, loin de renoncer à l'étude du chien lorsqu'il a remarqué des qualités diverses dans le chien de berger, le lévrier, le barbu, a tiré au contraire de la différence de leurs caractères, les plus belles pages de ses descriptions.

Mais l'homme n'a pas seulement une conduite individuelle ; la nature a voulu non seulement qu'il vécut en famille ; mais qu'il vécut en société ; et la réunion d'un certain nombre de familles forme sous le nom de *société* un certain être moral composé, qui a sa manière d'être aussi qu'il tient de sa nature et de la nature des membres, c'est-à-dire des êtres humains qui le compose.

Il y a donc des sciences politiques aussi bien que des sciences morales ; je dis des sciences au pluriel, car l'homme en société peut être observé sous plusieurs rappors. Veut-on savoir quelle est la nature des choses relativement à la manière dont il se pourvoit des objets de ses besoins ? C'est l'*Economie politique* qu'il faut étudier. Veut-on connaître la nature des choses dans ce qui a rapport à l'organisation sociale et aux relations des diverses sociétés entre elles, il faut étudier la *Politique* proprement dite. Plusieurs genres de connaissances tiennent à ceux-là, tels que le commerce, la géographie, l'histoire et leur ensemble peut porter le nom de sciences morales et politiques.

Et n'oublions pas que dans ces divers ordres de faits, je ne donne pas le nom de science à la connaissance des faits isolés en eux-mêmes ; mais à la connaissance des lois suivant lesquelles ces faits arrivent, à la liaison nécessaire qu'ils ont avec ceux qui précèdent, ou avec leurs *causes* ; et avec ceux qui suivent, ou avec leurs *résultats*.

Si l'importance que doivent avoir les sciences à nos yeux dépend de l'utilité que nous pouvons tirer de leurs applications, nous en attacherons une bien grande aux connaissances morales et politiques. En effet si nous parvenons à savoir avec quelque certitude pourquoi tel événement qui influe sur notre sort, est arrivé, nous pouvons, dans ce qui dépend de nous, préparer des événements heureux et nous garantir d'un grand nombre de maux. Dans l'ordre politique, lorsqu'une nation a généralement des notions plus justes de la vraie nature et de l'enchaînement des choses, les vœux ne s'égarent pas, les opinions ne sont pas divisées ; elles se rallient et se fixent plus aisément sur les véritables besoins du corps social, et sur la meilleure manière de satisfaire ; c'est-à-dire d'y satisfaire de la façon la plus assurée, de la façon qui impose le moins de sacrifices, et qui est la moins exposée à des suites fâcheuses.

Les autorités ont peu de poids pour quiconque s'impose la loi de consulter avant tout la nature des choses ; il en est une cependant qu'on me permettra de citer ici. L'auteur qui me l'a fourni s'exprime ainsi : « Ce qui caractérise la vérité a quelque chose de si simple et de si palpable, que pourvu qu'on n'ait pas l'esprit naturellement bouché ou faux, il faut y adhérer. Tout le monde est obligé de convenir que deux et deux font quatre. Il en est de même de bien des choses dans la politique, qui peuvent se prouver avec une certitude approchante de celle des géomètres. »

Si quelque premier commis répondait que cela peut se soutenir dans un livre, mais que jamais un homme de pratique ne pensera de cette façon-là, je prendrai la liberté de lui répliquer que l'auteur qui a écrit ce passage, était un homme de très grande pratique, attendu qu'il administrait à cette époque-là dans toutes ses branches un grand Etat depuis 39 ans, qu'il avait eu des relations d'amitié ou de guerre avec toutes les puissances de l'Europe, et que rien ne pouvait lui faire craindre de dire sa véritable pensée, attendu qu'il était roi [a] et solidement affermi dans son trône.

Il m'est parvenu dernièrement un prospectus d'ouvrage qui me fournit une autre autorité moins importante, mais qui cependant n'est pas méprisable.

a. Lettre du Roi de Prusse à d'Alembert, *Œuvre de d'Alembert*, t. XVIII, p. 213.

Un M. Robert Owen, juge de paix dans le comté de Lanark en Ecosse, annonce par cahier un ouvrage de sa façon intitulé *Vue nouvelle de la société ou Essais sur les principes qui déterminent les mœurs d'une société et application de ces principes à la pratique* [a]. Il assure avoir prouvé avec une évidence qui exclut l'ombre d'un doute (je traduis ses expressions) que toute espèce de mœurs, depuis les plus grossières jusqu'aux plus civilisées, peuvent être donnée à une nation, petite ou grande, en s'y prenant comme il convient ; que les moyens sont en grande partie à la disposition de ceux qui gouvernent ; qu'ils peuvent prévenir les crimes et les punitions, l'oisiveté et la misère et les maux innombrables qui marchent à leur suite, beaucoup plus complètement qu'on ne le suppose communément ; que cet heureux résultat n'est pas une simple présomption, mais un fait, puisque à la suite d'une expérience morale de quatorze années faites à Lanark, une population qui excède deux mille âmes, a, par l'application de ces moyens, passé d'un état d'immoralité et de misère à un état satisfaisant de bonne conduite, d'aisance et de bonheur.

Cet estimable juge de paix annonce que son ouvrage contient le détail des procédés qu'il a suivis et il les livre à l'examen et à l'expérience de quelque gouvernement et de quelques sociétés que ce soit.

Mon ami, ou plutôt mon maître, le célèbre Jeremie Bentham, encore existant en Angleterre pour le bonheur de l'humanité, a publié il y a plus de 25 ans le projet d'une maison de réclusion, destiné non seulement à la punition des détenus, mais calculé pour produire l'amendement des détenus [b]. Les moyens qu'il proposait étaient fondés uniquement sur la profonde connaissance qu'il a du moral de l'homme, et

a. *A New View of Society : or, Essays on the principle of the formation of the human character, etc.*, Cadwell et Davies, London, 1re éd. 1813 (NdE).

b. *Panoptique. Mémoire sur un nouveau principe pour construire des maisons d'inspection, et nommément des maisons de force*, Imprimerie nationale, 1791 ; réédition dans *Le Panoptique*, Belfond, Paris, 1977 (NdE).

sur ce principe qu'on s'habitue à ne pas faire le mal du moment qu'il n'y a aucun avantage prochain à le faire ; et qu'au contraire on s'accoutume à faire le bien lorsqu'on a toutes sortes de motifs pour le faire. On sait que dans une maison de détention est un édifice circulaire, ou semi-circulaire qu'il appelle *Panoptique* (vue de l'ensemble) où tous les détenus sans exception, peuvent à tous les instants du jour et de la nuit être surveillés du logement du concierge situé au centre. L'édifice est construit de manière qu'il n'y a pour eux aucun moyen de se dérober à la surveillance.

J'ai vu une maison de ce genre à Edimbourg où malgré quelques vices dans la construction et dans l'administration on avait obtenu des succès marqués. Le même philosophe a fait au gouvernement anglais une proposition qui fut adoptée. L'administration fait une dépense d'environ vingt à trente guinées par an pour chaque prisonnier détenu par suite d'une condamnation judiciaire et à l'expiration de leur jugement ces prisonniers rejetés dans la société y rapportent tous les vices qui les en avaient fait exclure, et de plus grands encore. Le respectable philanthrope offrit de garder ces détenus par entreprise moyennant une somme de 12 guinées seulement qu'on lui paierait chaque année par tête de prisonnier, et il y ajouta la promesse de les rendre à la société au bout d'un certain nombre d'années honnêtes gens, sachant un métier, et possédant un petit capital pour faire valoir leur talent. On devine qu'une partie de son plan était de leur donner par de puissants motifs de bien-être, l'habitude de l'ordre et du travail. De nombreuses expériences lui avaient appris les miracles qu'on peut attendre de ces motifs quand ils sont dirigés par une volonté éclairée et ferme, allant constamment au même but. Le projet commençait à s'exécuter et aurait été suivi du succès qu'obtiennent toujours les institutions fondées sur la nature de l'homme et des choses. Une intrigue ministérielle et des intérêts privés ont fait avorter ce plan, et la vicieuse administration de cette partie continue avec la même ardeur que devant.

[Première séance
De la valeur et de la production des richesses] [a]

A prendre le mot *richesses* dans sa signification la plus étendue, les richesses de l'homme se composent de toutes les choses qui étant en sa possession, peuvent satisfaire, de quelque manière que ce soit, ses besoins et même ses goûts.

Dans ce sens l'air que nous respirons, la lumière du soleil quand nous en jouissons, et même l'attachement de notre famille et de nos amis, font partie de nos richesses.

Mais dans un sens plus restreint, et quand il est question des richesses que possèdent un homme riche, une nation opulente, les richesses sont les *choses que nous possédons et qui ont une valeur* ; les choses que nous faisons entrer dans l'inventaire de nos biens quand nous voulons savoir à quoi ils se montent ; dans celui d'une succession, lorsqu'on veut en faire le partage.

Cette valeur est arbitraire et vague tant qu'elle n'est que l'estimation de la chose possédée faite par son

a. Sur la couverture, de la main de Say, on lit : « Second cours que j'ai fait à l'Athénée. *Nota* J'y puise pour mes ouvrages subséquents à mesure que j'y trouve des idées ou des expressions qui peuvent avoir un mérite de tous les temps et de tous les lieux. » La leçon n'a pas de titre, nous en avons suggéré un au vu du contenu (NdE).

possesseur. Une personne en particulier peut estimer très haut la valeur de sa chose, si elle la mesure à la satisfaction qu'elle en retire, ou bien aux difficultés qu'il lui a fallu surmonter pour se la procurer ; cependant sa richesse positive ne se mesurerait pas d'après cette évaluation. Un particulier qui a fait planter un petit jardin avec une recherche extrême, a beau dire qu'il ne donnerait pas ce jardin pour cent mille écus, il n'en résulte pas que cette portion de sa richesse soit égale à 300 mille francs. Nous recevons un présent d'une personne qui nous est chère ; ce présent est *inestimable* à nos yeux ; et il ne s'ensuit pas que nous soyons, en raison de cela, immensément riches.

Mais du moment que d'autres particuliers consentent à donner pour avoir la chose que nous possédons, *une autre chose* qui de son côté a sa valeur, oh ! alors la valeur de celle que nous possédons n'est plus arbitraire. Elle est *égale à la valeur* de la chose que l'on consent à nous donner en échange.

Vous voyez par là, Messieurs, qu'on peut distinguer deux sortes de richesses. Les unes que nous appellerons si vous voulez, *naturelles*, parce que la nature en fait les frais et nous en fait gratuitement le don ; les autres, celles qui ont une *valeur échangeable*, que nous nommerons *richesses sociales*, parce qu'elles ne peuvent exister que parmi les hommes en société. En effet il faut être en société, non seulement pour que ces richesses soient contradictoirement évaluées, mais encore pour que la possession en soit reconnue, sanctionnée par la société. Or, Messieurs, les *richesses sociales*, la connaissance de leur nature, de la manière dont elles peuvent s'acquérir, de la marche qu'elles suivent en se distribuant dans la société, de l'usage qu'on en peut faire et des conséquences qu'on peut tirer de tout cela, compose la science qu'on est convenu maintenant d'appeler *Economie politique*. Nous laissons l'étude des richesses naturelles aux savants qui s'occupent des choses naturelles. On ne peut ni créer, ni se distribuer la lumière du soleil ; on ne saurait l'épuiser. Nous en jouissons lorsqu'elle se montre ; nous nous en passons quand nous ne l'avons pas. Mais c'est à l'*Economiste politique* à nous dire comment se multiplient les choses qui ont une valeur échangeable, et ce qu'elles deviennent.

Jusqu'ici nous n'avons examiné que la valeur échangeable de deux objets que leurs possesseurs ont estimés valoir autant l'un que l'autre. On n'a pas besoin d'en savoir davantage lorsqu'il ne s'agit que de comparer deux choses d'égale valeur, et qu'on veut échanger troc pour troc. Mais lorsqu'on veut connaître à quoi se monte une fortune, ou seulement une portion de richesses composée de plusieurs choses différentes, d'une maison, par exemple, dans laquelle se trouvent, je le suppose, outre le mobilier, deux chevaux, douze milliers de sucre, et un rouleau de 25 pièces d'or, il ne me suffit pas de savoir qu'il est une foule d'objets que je pourrais obtenir en échange de ces diverses valeurs, il faut que je les estime les unes après les autres relativement à un autre objet qui soit de même nature ; que je réduise toutes leurs valeurs pour ainsi dire, à un *dénominateur commun*.

Je dirai donc :

La maison, d'après le prix auquel on pourrait la vendre, vaut autant que	1 000 setiers de blé
son mobilier autant que	200 setiers
les deux chevaux qui sont à l'écurie autant que	32 setiers
les 12 milliers de sucre valent	480 setiers
et enfin le rouleau de 25 pièces d'or qui fait partie de cette même propriété, vaut ...	20 setiers
Le tout additionné vaut	1 732 setiers de blé

Je dis que cela *vaut* cette quantité de setiers de blé après m'être assuré que je pourrais échanger, si je voulais, chacune de ces choses contre le nombre de setiers montant de l'estimation.

On peut aussi évaluer toutes ces portions de richesses en une autre denrée que du blé, pourvu que cette autre denrée ait de la valeur ; en argent, par exemple, frappé en cette espèce de médailles que nous nommons vulgairement des pièces de monnaie.

Alors, je vous ferai le même compte ainsi :

La maison vaut autant que 5 000 médailles qui contiennent chacune 25 grammes d'un métal composé de 9/10 d'argent et de 1/10 de cuivre ; et comme cette locution qui dit tout, est un peu longue et incommode, je dirai : la maison vaut 5 000 pièces de 5 francs, et pour abréger encore,	25 000 fr.
le mobilier vaut	5 000 --
les deux chevaux valent	800 --
les douze milliers de sucre	12 000 --
et enfin les 25 pièces d'or valent	500 --
Total additionné	43 300 --

La maison avec ce qu'elle contient, sont donc des portions de richesses, qui égalent ensemble une somme de 43 300 francs.

Il me semble que j'entends d'ici cette observation : *Pourquoi ne pas commencer dès l'abord par cette dernière évaluation ; nous l'aurions comprise tout de suite.* — Ah ! Messieurs, je le sais bien ; mais j'avais envie que vous comprissiez en même temps quelle est la nature des richesses. J'avais besoin que vous entendissiez que ce qui constitue la richesse, est absolument indépendant de la nature de la marchandise qui sert à en faire l'évaluation.

Vous avez vu en effet que j'ai pu estimer cette maison et son contenu en blé ; que le tout valant 1732 setiers, lesquels en supposant le cours du blé à 25 francs valent autant que 43 300 francs. Ces deux évaluations revenaient exactement au même ; que lors même que nous nous serions passés de la seconde (de celle en argent), la maison et son contenu n'en étaient pas moins une richesse aussi grande que si jamais il n'avait existé de pièces d'argent ; j'ai mis dédaigneusement un rouleau de pièces d'or avec les chevaux et la cassonnade, pour vous montrer que l'or n'était une portion de richesse qu'en raison de sa valeur et jusqu'à concurrence de sa valeur. J'ai voulu enfin écarter de vos esprits cet importun préjugé que la richesse, la fortune, un capital, n'étaient que des sacs d'argent ; préjugé qui vous empêcherait de comprendre un seul mot de tout ce que j'ai à vous dire.

Les écus, comme vous voyez, sont des portions de richesses plus ou moins considérables, comme tout le reste, selon la quantité de choses qu'ils peuvent acheter, ou recevoir en échange. Il est aisé de comprendre pourquoi vous avez une idée plus exacte de leur valeur que de la valeur de la plupart des autres choses ; c'est qu'il n'y a pas de marchandise que vous échangiez plus souvent que celle-là ; puisque chaque fois que vous faites une emplette, vous comparez la valeur de vos écus avec la valeur de toutes les choses que vous achetez. Mais il ne s'ensuit pas que des écus soient des valeurs d'une autre nature que toutes les autres ; chaque marchandise a son usage ; l'usage des écus peut différer de l'usage des vêtements ; mais comme richesses, ils ne diffèrent qu'autant que leur valeur diffère.

Vous pouvez même vous servir de la valeur des écus, qui est la mieux connue, dont la qualité ne varie pas, dont les fractions et les multiples s'expriment aisément, pour estimer la valeur de toutes les autres choses ; mais ce n'est pas à dire que ces autres choses ne *valent* que parce qu'on les estime en *écus*, car vous avez vu qu'on pouvait tout aussi bien les estimer en blé ; on pourrait de même les évaluer en café, en drap, en plumes, si l'on voulait. Leur valeur existe par d'*autres causes* que l'évaluation qu'on en fait.

Or quelles sont les *causes* qui font qu'une chose a de la valeur ? Interrogez-vous vous-même : par quel motif êtes-vous disposé à acquérir un objet ? A donner pour l'avoir, de l'argent ou tout autre chose ? N'est-ce pas à cause de l'usage que vous prétendez faire de cet objet ? Il y a donc une qualité de laquelle vous pouvez faire usage. Donnons-lui un nom à cette qualité, un nom qui ne sera pas bien savant, ni bien difficile à retenir ; nommons-la *utilité*. Seulement convenons que nous appellerons toujours du même nom, *utilité*, la qualité qui fait désirer un objet, qui fait qu'il trouve des acquéreurs, des personnes qui veuillent en user, et qui consentent à donner quelque chose pour l'avoir.

Voilà une circonstance, Messieurs, qui nous avance bien. Car si nous trouvions que cette utilité peut être donnée aux choses, qu'en leur donnant de l'utilité nous leur donnons de la valeur, ayant vu que la valeur est de la richesse, nous acquerrions la certitude que nous pouvons *créer de la richesse*.

J'espère en effet vous montrer par quels procédés on fait tous les jours de la *valeur* et de la *richesse* ; mais n'allons pas trop vite pour aller plus sûrement.

Je pense que nous pouvons tenir pour certain que le *premier fondement* de la valeur qu'on accorde aux choses, du prix qu'on y met, est leur utilité, leur qualité de pouvoir nous servir, de pouvoir satisfaire nos besoins, ou nos goûts, ou notre vanité ; car tout cela sont des besoins : ils ne diffèrent que par leur intensité.

Mais la valeur de chaque chose est-elle proportionnée au degré de son utilité ? Voilà une question que nous devons résoudre et qui si nous la laissions derrière nous, pourrait répandre dans votre esprit du louche sur quelques vérités qui seront mises sous vos yeux.

Observons toujours la nature des choses. C'est un objet infiniment utile qu'un clou, un simple clou, le plus grossier des clous. Il suffit, partout où il y a des hommes agglomérés et bien pourvus de tout ce qui sert aux douceurs de la vie, d'ouvrir les yeux, pour voir une foule de choses qui sont attachées avec des clous, et qui tiendraient fort mal ensemble sans leur secours. Un clou est incomparablement plus utile que l'épingle d'or qui attache notre jabot et dont nous pourrions à la rigueur nous passer sans de graves inconvénients. Cependant la valeur d'une épingle d'or ordinaire, est deux mille fois plus grande que la valeur d'un clou ordinaire, c'est-à-dire qu'on trouverait couramment à échanger une épingle contre 2 000 clous. D'où vient cette différence ? Si la valeur est fondée sur l'utilité, elle n'est donc pas proportionnée à l'utilité ?

Non, certes, Messieurs, la valeur vénale, la valeur échangeable n'est pas proportionnée à l'utilité ; car si cela était, l'eau, l'air même dont nos poumons ont un besoin si indispensable, vaudraient beaucoup d'argent. D'où vient donc cette absence ou cette modicité de valeur ? La raison en est palpable. C'est qu'on ne donne rien pour une chose qu'on peut acquérir sans rien donner ; et que par la même raison, on ne donne pour chaque chose que la somme de peines, de difficultés, qui se trouvent être nécessaires pour acquérir cette chose. Par des raisons que nous n'examinons point encore, un ouvrier, pour se procurer une épingle d'or toute terminée, a eu deux mille fois plus de peine que ce qu'il en a fallu prendre pour terminer un clou ordinaire. Si le fabricant de clous au lieu de faire ses clous, avait voulu avoir une épingle d'or, il aurait fallu qu'il prît cette peine deux mille fois plus grande ; mais il lui convient mieux, à cause de sa position, de ses talents, de faire 2 000 clous qu'une épingle. En conséquence il fabrique ses clous et les offre pour avoir une épingle. Il prend bien toute la peine qui est nécessaire pour terminer une épingle, mais il l'applique à du fer au lieu de l'appliquer à de l'or ; et un simple échange le met en possession de la chose qu'il veut avoir.

En conséquence pour voir de haut et se faire à la fois une idée générale et juste, de la *valeur* et des *richesses*, il faut considérer le monde, toute la nature, comme le vaste dépôt de toutes les richesses, de tout ce qui peut servir à satisfaire les besoins des hommes. De certaines parties de ce dépôt sont accessibles à tout le monde comme la lumière du soleil (admirable quinquet, que notre art ne remplace la nuit que fort imparfaitement et fort dispendieusement). C'est ce que nous avons nommé en commençant les *richesses naturelles*. Si tout ce que nous pouvons désirer, si toutes les choses dont nous aurions envie de nous servir, étaient des *richesses naturelles*, tout le monde serait également riche, infiniment riche.

Mais la nature des choses a voulu que beaucoup d'objets qui nous sont très nécessaires, ne fussent pas d'un accès si facile que la lumière du soleil à midi. Elle a voulu que pour se les procurer, on fût obligé de vaincre de certaines difficultés, qui ont un prix. Dès lors on n'a pu être possesseur de ces portions de richesses sans vaincre ces difficultés, sans prendre cette peine. Et chaque chose qui n'est pas une *richesse naturelle* et gratuite, a eu un prix proportionné à la peine qu'il a fallu prendre pour se la procurer ; de manière cependant que certaines choses fort utiles comme un panier, exigeant peu de peine, ou un travail qu'on peut faire communément et vite, ont eu peu de valeur échangeable et se sont rapprochées en cela d'une richesse naturelle ; tandis qu'un schall de cachemire a demandé beaucoup de peines et un long travail, et s'est par conséquent éloigné d'autant d'être une richesse naturelle. Si malheureusement la plupart des objets et surtout ceux qui sont le plus nécessaires pour vivre, s'éloignaient à ce point d'être semblables aux richesses naturelles, nous serions fort pauvres.

Et (pour vous donner une idée des importantes conséquences que l'on peut tirer de principes si simples) c'est ce qui explique comment une nation s'enrichit par le bon marché des produits, et comment tout ce qui les fait hausser de prix comme les impôts, les monopoles, est funeste à la richesse publique. Mais n'anticipons point.

Nous venons de voir que les choses ont une *valeur* lorsqu'elles ont quelque qualité qui les rend désirables, et cependant lorsqu'il a fallu vaincre une certaine difficulté pour les avoir. Maintenant nous allons voir comment ces deux circonstances vont agir pour déterminer le point fixe où leur valeur va s'arrêter.

Moins une chose coûte de difficultés pour l'avoir, et plus elle est abondante. S'il s'agit par exemple d'une chose dont presque toute la valeur soit en main-d'œuvre, elle deviendra dix fois plus abondante si l'on parvient à faire dans un jour ce qui en exigeait dix. On peut donc offrir en échange dix fois plus de cette chose-là que de celle qui coûte dix fois autant de peine. Je citais tout à l'heure l'exemple des clous dont on peut offrir deux mille, là où l'on n'offre qu'une seule épingle d'or. Vous entendrez donc ce que je vous dirai, Messieurs, quand je vous parlerai de la *quantité offerte* d'une certaine marchandise comparativement à la *quantité offerte* de telle autre.

Je vais vous expliquer à présent ce qu'on entend par *quantité demandée.*

Les fortunes des particuliers, leurs moyens d'acquérir, dont nous examinerons plus tard la source, considérons-les maintenant comme une chose de fait, et sans nous inquiéter des causes. Il est de fait que dans la société les moyens d'acquérir, ou *les fortunes des hommes*, peuvent être représentées par une pyramide, dont la plus grande fortune du pays occupe le sommet, et dont l'immense base représente la multitude des petites fortunes, ou si vous voulez, la classe indigente. En coupant horizontalement cette pyramide, on a des sections dont la surface est d'autant plus grande qu'elles sont plus rapprochées de la base et qui, par leur étendue, représentent le nombre de gens qui se trouvent dans chaque classe. A mesure qu'on s'élève dans la pyramide ou qu'on la tranche plus haut, on passe dans une classe *moins* nombreuse, mais plus *riche*, puisque la hauteur des verticales représente la grandeur des fortunes.

Dans les pays où l'inégalité des fortunes est plus grande, cette pyramide est plus haute à proportion de sa largeur. Elle est fort surbaissée là où les fortunes sont plus rapprochées. Les côtés de cette pyramide sont courbes soit en dehors, soit en dedans, selon que les classes intermédiaires de la société sont plus ou moins riches.

Les fortunes étant ainsi, vous comprenez, Messieurs, que plus les difficultés pour se procurer, pour créer une chose utile, sont grandes, c'est-à-dire plus il faut l'acquérir chèrement, et moins la classe de ses consommateurs est considérable, plus la demande de cette chose est bornée.

De là vient pour chaque chose, l'étendue de la demande, la *quantité demandée.*

Vous savez donc généralement parlant quelles sont les causes qui font la *quantité offerte*, et la *quantité demandée* de chaque chose ayant une valeur échangeable. Or le raisonnement tout seul suffirait pour nous apprendre (si l'expérience ne le confirmait pas constamment) que la valeur de chaque chose (ou *son prix* si vous estimez sa valeur en argent) s'élève d'*autant plus* qu'elle est moins offerte et plus demandée, et que ce même prix s'élève d'*autant moins* qu'elle est plus offerte et moins demandée. Le point où se rencontrent ces deux intérêts contradictoires, est celui où se fixe la *valeur courante*, le *prix courant* des choses qui ont une valeur. Dès lors elles sont une portion de richesse proportionnée *à leur valeur.*

Les variations de valeur qui surviennent dans le cours d'une marchandise, ne proviennent jamais que d'une variation dans la quantité de cette marchandise qui est offerte ou demandée, quelle que soit la cause qui ait occasionné cette variation dans l'offre ou la demande.

Du moment qu'une chose utile ou agréable est créée, elle est demandée ; mais elle est d'autant moins demandée que les difficultés qu'il a fallu vaincre pour la créer, sont grandes, en d'autres termes d'autant moins demandée qu'il faut donner en échange beaucoup de valeurs, beaucoup de choses qui, de leur côté, ont coûté aussi des difficultés.

Et comme la même règle s'applique également à la marchandise qui sert à acquérir, et que le demandeur offre ou échange, il arrive que l'on compare perpétuellement les difficultés qu'il a fallu vaincre pour créer un produit, avec celles qu'il a fallu vaincre pour en créer un autre ; les difficultés, par exemple, qu'il y a pour créer des épingles d'or avec celles qu'on éprouve pour avoir des clous ; et s'il y a moins de peine à prendre, moins de frais à faire, pour avoir deux mille clous de fer que pour avoir une épingle d'or, et si en même temps on peut avoir une épingle d'or pour deux mille clous de fer, alors on se porte de préférence vers la fabrication des clous ; car après les avoir échangés contre une épingle, on a celle-ci à meilleur marché, à moins de frais que si on l'avait fabriquée directement. Mais lorsqu'on se porte en conséquence vers la fabrication des clous pour s'en servir à acheter des épingles, celles-ci deviennent de plus en plus rares, et les clous de plus en plus abondants et offerts, jusqu'à ce que la valeur courante des épingles ayant haussé, et l'autre valeur ayant baissé, il devienne plus avantageux quand on veut avoir des épingles d'or, de faire des épingles que des clous.

Je vous demande pardon, Messieurs, de vous arrêter sur ces considérations délicates et qui ont jusqu'ici présenté, qui présentent encore, de fort grandes difficultés à ceux qui écrivent tous les jours sur l'Economie politique. Je les rends aussi peu abstraites qu'il est possible en les fixant autant que je peux sur des objets sensibles. Il fallait bien, après vous avoir dit que les richesses se composaient de la valeur courante des choses, que je vous fisse remarquer sur quelles bases reposait cette valeur.

La valeur, ou *le prix* de chaque chose si c'est en argent que vous l'appréciez, fixé de cette manière après toutes les fluctuations qu'il vous plaira d'imaginer, et cette valeur étant une portion de richesse, on conçoit que si je parviens à faire ou à modifier une chose de telle façon qu'elle acquière cette valeur, je parviens à créer de la richesse. C'est en effet ce que font tous les hommes qui de quelque manière que ce soit, donnent une valeur à une chose qui n'en a point ou qui augmentent celle qu'elle a. On les nomme des *producteurs* et la chose qui a acquis de la valeur, un *produit*.

Vous attendez de moi, Messieurs, que je vous dise quelles sont les diverses manières dont on s'occupe de la *production*, ou dont on donne aux choses l'*utilité* qui est le fondement de leur valeur. Telle est en effet mon intention. Mais auparavant, je vous ferai remarquer que l'utilité de certaines choses n'est pas immédiate et qu'alors nous les apprécions par l'utilité dont elles peuvent nous procurer l'usage. Une pièce de monnaie elle-même, bien qu'elle soit une portion très réelle de richesse, ne peut immédiatement nous servir à rien. Nous apprécions en elle l'utilité de la chose que nous pourrons acquérir par son moyen.

De même, dans une action de la Banque de France, nous apprécions les utilités que nous pourrons acquérir par le moyen de son dividende ; dans un champ qui n'a pour nous aucune utilité immédiate, aucun agrément, nous apprécions l'utilité de ses produits ; dans un métier à filer, dans une paire de meules à moudre le grain, nous apprécions l'utilité qui en sortira, utilité que nous pourrons à notre gré consommer par nous-mêmes, ou échanger. Toujours est-il vrai que les choses n'ont de valeur que par l'utilité qu'elles ont ou qu'elles procurent, et qu'il n'y a aucun moyen de créer une richesse nouvelle, une valeur *nouvelle*, si ce n'est en créant une utilité *nouvelle* ou ce qui peut procurer une utilité nouvelle.

Eh bien, Messieurs, ces vérités si palpables, et si simples que je rougis presque d'occuper vos moments à les entendre, ces vérités qui sont le fondement de l'Economie politique et desquelles dérivent de si vastes conséquences, ces vérités sont récemment trouvées, elles ne sont encore connues que d'un petit nombre de personnes ; et la plupart de celles qui se vantent de les connaître, parlent et agissent comme si elles ne les connaissaient pas, tant sont puissants le pouvoir des habitudes et la force des impulsions !

Toutes les manières de donner de l'*utilité*, ou d'augmenter celle que les choses ont déjà, se réduisent à l'art de leur faire subir une modification quelconque ;

car nous ne créons aucune matière. Tout ce que nous pouvons faire c'est de les transformer, réunir, diviser, mêler, changer de place, pour les rendre propres à l'usage des hommes. Nous employons pour cela diverses espèces d'outils. Quelquefois c'est un fonds de terre. La manière de manœuvrer cet outil, compose l'art du cultivateur. Outre son outil principal, un champ, il en emploie encore quelques autres, comme une charrue, une herse, un bœuf, un cheval. A la suite de ses opérations, il changera quelques portions de ses semences de ses engrais en trèfle, en sainfoin ; à l'aide d'un autre outil que j'appellerai *un mouton*, ou une *brebis*, il modifiera les particules qui composent son herbe, et il en fera de la laine.

Vous pouvez être assurés qu'à chaque période, à chaque transformation, les matières qu'il emploie, auront un degré d'utilité et de valeur de plus ; car c'est là ce qui fait son gain ; et s'il n'y avait pas de gain à faire son métier, il n'en prendrait pas la peine.

Un marchand de laine qui parcourt le pays, entre dans sa ferme quand la tonte de ses brebis est achevée ; il marchande sa laine ; l'achète, en envoie une partie à Sedan, l'autre à Louviers, et la vend à des fabricants de draps. J'appellerai cet homme un *commerçant* si vous le permettez. La façon qu'il fait subir à la matière, n'est pas tout à fait si remarquable, car je suppose qu'il l'a revendue dans le même état où il l'a achetée. Cependant il a fallu qu'il employât pour la transporter des outils ou machines qu'on appelle des *charrettes*, qu'il fît manœuvrer ces machines par des ouvriers qu'on appelle des *charretiers*. Il a incontestablement donné une façon à la laine ; il lui a fait subir une modification, car de la laine qui est à Melun a moins de prix aux yeux du fabricant de Sedan que lorsqu'elle est à Sedan. Le commerçant par la seule situation où il a mis la marchandise, a donc augmenté sa valeur. La richesse de la France a été un peu plus grande, lorsque la laine s'est trouvée à Sedan, qu'au moment où elle était encore dans une ferme de la Brie. Le commerçant lui a peut-être donné même quelque façon de plus, s'il l'a nettoyée, s'il l'a triée, pour l'approprier aux besoins des diverses fabriques.

Enfin le fabricant a augmenté sa valeur encore davantage, en transformant cette matière en drap. Il a même exécuté des opérations fort analogues à celles du cultivateur, lorsque par exemple il a mélangé dans une chaudière divers ingrédients tels que de l'eau, de l'alun, de l'indigo et d'autres et que son étoffe en est sortie d'un beau bleu de blanchâtre qu'elle était.

Toutes ces opérations multipliées composent ce qu'on appelle l'*industrie humaine*, et mon but a été de vous montrer comment de cette industrie naissaient toutes nos richesses. Pour notre commodité et pour désigner plus facilement les sujets de nos études, nous avons divisé l'industrie en trois branches principales : l'*industrie agricole*, ou l'agriculture ; l'*industrie manufacturière*, ou les manufactures ; et l'*industrie commerciale*, ou le commerce.

Mais ces divisions ne sont bonnes qu'à faciliter nos études. Elles n'existent pas dans la nature ; pas plus que les familles des plantes que nous avons groupées pour étudier plus commodément l'histoire naturelle. Il y a une multitude de manières de transformer les choses pour les approprier à notre usage, et ces manières se fondent les unes dans les autres, par des nuances imperceptibles. Le cultivateur est manufacturier quand il presse sa vendange pour en faire du vin. Le jardinier est négociant quand il porte ses légumes au marché. Chaque ménage a un fond de terre dans son jardin, et un atelier de manufacture dans sa cuisine, puisque, dans l'un, on fait pousser des légumes, et que dans l'autre on les apprête. Il y aurait auprès du ministre de l'Intérieur dix bureaux de statistique au lieu d'un, qu'ils ne pourraient jamais nous apprendre toutes les transformations qui s'opèrent dans un royaume tel que la France, et toutes les augmentations de valeur qui en sont la suite.

Lorsqu'on veut pousser plus loin l'étude de la production et se faire des idées plus complètes de l'influence que chacune des opérations de l'industrie exerce sur la production des richesses, on trouve que les principaux agents de ce grand œuvre sont les *entrepreneurs d'industrie*, ces hommes qui réunissent les moyens que leur offrent la nature et les arts, pour parvenir au but de créer et de multiplier *les utilités*. Il y a une foule de degrés dans l'importance et le talent des entrepreneurs d'industrie, depuis le rémouleur qui porte sa manufacture sur son dos, et ne pousse pas son art au-delà du léger amendement qu'il donne à nos couteaux, jusqu'au négociant qui, du fond de son comptoir, combine que des étoffes grossières, et quelques armes pourront être utiles aux habitants de la côte nord-ouest de l'Amérique ; qui juge ensuite que les fourrures qu'il y achètera, se vendront bien en Chine ; et qui pour ses retours importe de Chine en Europe du thé et du nankin après avoir fait faire *le tour du monde* à ses capitaines et à ses subrécargues.

L'entrepreneur d'industrie peut n'avoir que fort peu de connaissances ; mais il lui faut beaucoup de jugement pour se servir à propos des connaissances et des talents qui circulent dans la société, et pour les appliquer à des créations d'utilité.

Le dépôt et le perfectionnement des connaissances qui prêtent leur secours aux entrepreneurs d'industrie sont entre les mains des savants. Les voyageurs, les géographes leur apprennent la situation, le climat, les circonstances des différents peuples de la terre. Les moyens que leur offrent les mers, les rivières, les vents.

L'astronome indique la manière de se diriger dans l'immensité des mers.

Le mécanicien met à la disposition du manufacturier toutes les puissances de la mécanique.

Le chimiste lui ouvre tous les miracles de la chimie.

Le physicien lui prête toutes les forces de la nature. Par le moyen de la machine à vapeur, la pesanteur de l'atmosphère vaut seule à l'Angleterre autant que plusieurs millions d'ouvriers.

Quant aux *Académies des inscriptions et belles-lettres* qui remplacent sous de certains gouvernements les *classes de Sciences morales et politiques*, je vous assure que j'ai eu de la peine à démêler jusqu'à ce moment en quoi elles peuvent servir à la production.

Enfin l'industrie compte parmi ses plus utiles coopérateurs, ces multitudes d'ouvriers en divers genres qui, quoique bornés à l'exécution des indications qui leur sont données, sont néanmoins appelés à mettre dans leurs modestes fonctions une intelligence et une adresse manuelle qui excite souvent l'admiration de ceux qui ont fréquenté les ateliers de l'industrie.

Voilà, Messieurs, le véritable Potose qui répand ses richesses sur l'univers. C'est par le moyen de l'industrie qu'une livre de laine de 40 sous devient une aune de drap de 40 francs. Calculez si vous pouvez, les valeurs ainsi créées par l'industrie sur la surface d'un vaste pays bien cultivé, sur ses navires, ses canaux, ses routes, dans ses ateliers, dans ses boutiques, dans l'intérieur de ses maisons et jusque dans ses greniers. Pour en faire un essai entre mille, essayons par plaisir de compter la valeur créée par une seule profession, par une des plus modestes, celle qui s'occupe exclusivement de nos chaussures. La France actuelle contient 28 millions d'habitants pour le moins ; supposons que plus d'un tiers de ce nombre ne mette jamais de souliers, ce qui sans doute paraîtra trop fort aux provinces du nord où l'on n'use pas de sabots et où personne ne va nu-pieds. Il restera toujours 18 à 19 millions de personnes petites ou grandes qui portent des souliers. Admettons encore qu'elles en usent, le fort portant le faible, 4 paires dans l'année. Ce sont 75 millions de paires de souliers qu'il faut trouver chaque année ; et je ne crois pas exagérer en estimant que dans chaque paire de souliers, le cordonnier augmente la valeur de son cuir ou de son étoffe de 2 francs par paire, toujours le fort portant le faible.

Voilà pourtant une valeur égale à 150 millions de nos francs qui se trouve annuellement produite et répandue dans la société par les seuls cordonniers de France. Or quelle valeur pensez-vous que produise la plus riche mine du monde connu ?

Celle de Guanaxato, au Mexique, qui fournit à elle seule le sixième des métaux précieux de l'Amérique entière, donne par an 5 à 6 cent mille marcs d'argent (c'est-à-dire une valeur égale à celle de 30 millions de francs), le *cinquième* environ de la *valeur produite* par nos *cordonniers* !

Je continuerai dans la prochaine séance l'exposition des *principes généraux.*

Deuxième séance
Manière dont les richesses se distribuent et se consomment

Messieurs, dans la dernière séance j'ai cherché à vous donner de justes idées sur la nature des richesses. Vous avez vu qu'elles se proportionnent à la valeur des choses qu'on possède, quelle que soit la substance des choses possédées. Vous avez vu que la valeur des choses s'élève d'autant plus qu'elles sont *plus demandées* et moins *offertes*. Vous avez vu que le motif qui les fait demander est leur *utilité*, l'usage qu'on peut en faire ; que c'est l'industrie humaine qui donne cette qualité aux choses qui ne l'ont pas naturellement ; enfin vous avez pu vous former une idée générale de la nature des modifications que les choses subissent pour devenir utiles, et de la classification générale qu'on peut faire des procédés de l'industrie.

Nous allons nous occuper de ses *moyens*.

Quelque intelligence, quelques connaissances que vous supposiez à l'être humain, quelque talent qui le distingue, représentez-le à votre imagination dénué de tout, n'ayant que son esprit et ses doigts : pourra-t-il accomplir une seule des fonctions de l'industrie ? Pourra-t-il modifier quelque chose pour lui donner de la valeur ? Non, sans doute ; il périrait avant d'avoir pu terminer un produit à son usage.

Si nous recherchons quelles sont ces choses qu'il faut qu'il possède d'avance, afin de pouvoir exercer une industrie quelconque, nous reconnaîtrons qu'elles peuvent se distinguer en trois sortes de choses :

C'est d'abord la matière sur laquelle s'exerce son industrie. Le menuisier qui fait un meuble, doit avant de le commencer avoir le bois sur lequel il va travailler ; le tisserand doit avoir son lin, ou son fil ; l'imprimeur en toiles peintes, doit avoir sa toile et ses couleurs. Dans l'industrie commerciale, le marchand qui veut mettre un schall de l'Inde à votre portée, pour que vous puissiez l'acquérir si vous voulez, doit d'abord se procurer ce schall, auquel il donne ensuite la *façon commerciale*, pour ainsi dire la translation, qui le met sous votre main.

En second lieu, ce qui est nécessaire à l'industrie, ce sont les *outils* dont elle se sert ; les *machines*, qui ne sont autre chose que des outils un peu plus compliqués que les autres. Que pourrait faire le fermier sans sa charrue, sa herse, ses bœufs ? Que pourrait faire le forgeron sans son enclume ? le roulier sans sa voiture et ses chevaux ? le teinturier sans ses chaudières ?

Enfin l'industrieux a besoin d'un certain approvisionnement pour s'entretenir, lui, ses ouvriers, sa famille, pendant qu'il travaille ; car son produit ne pourra l'indemniser par sa valeur, qu'au moment où cette valeur sera donnée, où le produit sera terminé. C'est ainsi que ceux de nos braves compatriotes que les tempêtes de la politique ont jetés sur la côte déserte du *Champ* d'azile, ont dû nécessairement y arriver avec quelques approvisionnements pour subvenir à leur consommation, jusqu'au moment où les fruits de leurs labeurs suffiront pour les conduire jusqu'à la production suivante.

Or, Messieurs, toutes ces choses sans lesquelles je vous défie d'imaginer aucun travail industriel ; ces choses ou plutôt la valeur qui réside en elles, se nomment un *capital productif*.

Je vous prie ici, messieurs, de vous tenir en garde contre une erreur trop commune. On ne regarde un *capital* que comme une somme d'argent ; tandis que la somme n'est que la forme passagère sous laquelle on a mis, par l'échange, une *valeur*, afin de la transmettre, de la passer à une autre personne, à titre de don ou de prêt.

Vous voyez un négociant liquider ses affaires. Il avait la majeure partie de sa fortune en toutes sortes de marchandises qui remplissaient ses magasins ou ceux de ses correspondants, ou qui roulaient sur les chemins, ou qui voguaient sur les mers. Il veut se retirer des affaires ; il liquide, il vend successivement les objets de son commerce, et il fait rentrer par supposition, une somme de 300 mille francs. Il en emploie la moitié à acheter une terre ; et il prête l'autre moitié. C'est un manufacturier qui l'emprunte : un fabriquant de *blanc de céruse*, par exemple ; aussitôt avec cet argent il achète du plomb, d'autres ingrédients, des ustensiles, des approvisionnements ; et les écus *sortent* de ses mains par suite de tous ces achats, et vont servir à d'autres personnes, à d'autres usages. Leur valeur ne fait plus partie de celle du capital qui nous occupe : elle ne nous regarde plus.

Le capital que nous avons observé était une *valeur* résidante dans des cafés, des sucres ; elle a résidée ensuite dans des écus ; elle réside maintenant en des chaudières et autres ustensiles et cependant c'est bien toujours la même valeur, appartenant au même propriétaire, quoique mise en œuvre par d'autres mains.

Si le capital consistait dans les écus que le capitaliste a prêtés, ce capital ne serait plus la propriété du prêteur ; il ne serait plus employé par l'emprunteur, puisque les écus sont maintenant la propriété d'un troisième ; enfin si tous les capitaux d'un pays, n'étaient que les valeurs en écus qui s'y trouvent, ils n'excéderaient pas la somme de ces écus ; tandis qu'il est bien constant qu'il y a beaucoup plus de capitaux que d'écus, et que pendant que l'argent dont nous venons de parler, va circuler je ne sais où, le capital reste, est employé, et travaille à la production entre les mains du fabricant de céruse.

Ces mêmes écus que nous avons vus tout à l'heure faire l'office d'un capital, il y en a peut-être quelques-uns qui, dans cet instant même, font l'office d'un *revenu*. En effet supposons que quelques-uns d'entre eux ont été payés en salaires à une famille d'ouvrier, qui s'en est servi pour aller au marché acheter un boisseau de pommes de terre ; le fermier qui a vendu ce légume, a ajouté les écus qu'il en a tirés, à la somme qu'il est allé porter à son propriétaire en paiement de son fermage et voilà des écus formant une portion de revenu, eux, qui, la veille, faisaient partie d'un capital.

Vous sentez donc la nécessité de voir en tout le *fond des choses*, la *nature des choses*, et de ne pas donner à chaque chose un nom tiré uniquement d'une apparence extérieure et momentanée. Toute personne qui voit un capital dans n'importe quelle somme d'argent, et qui parlant d'un capital n'a en vue qu'une somme d'argent, ne sait donc pas l'Economie politique. Et cependant combien ce préjugé n'est-il pas répandu dans la société ! On entend dire : *l'argent est rare, l'argent est abondant*, lorsqu'on veut dire que ce sont les capitaux disponibles qui sont rares. On dit *l'intérêt de l'argent*, comme si notre manufacturier pouvait payer l'intérêt d'un argent qui n'est plus en ses mains, l'intérêt d'un argent qui n'est déjà plus un capital !

Faut-il être très surpris qu'on s'entende si peu dans les conversations sur l'Economie politique ? Aussi je vous avoue que j'en parle fort peu. Il faudrait trop souvent avant d'entamer une discussion, entrer dans toutes les explications que je viens de vous donner ; et alors seulement on serait en état de la commencer, pourvu toutefois qu'on n'eût aucun besoin d'explications sur aucune autre partie de la science.

Si vous me demandez maintenant, Messieurs, de vous dire ce que j'entends par un capital, je vous dirai que ce mot signifie des *valeurs*, des choses ayant une valeur, *qui servent actuellement, ou qui sont destinées à servir, entre les mains de l'industrie, à la création d'une nouvelle valeur.* Je vous dirai que la substance sous laquelle se trouvent les *valeurs capitales*, qu'on emploie à produire, peut varier et varie même perpétuellement dans l'œuvre de la production, sans que toutes ces valeurs diverses en soient moins *toujours le même capital.*

Ces transformations des valeurs capitales sont plus nombreuses et plus variées qu'on ne l'imaginerait, si l'on ne se donnait la peine de le remarquer. Le savonnier commence par avoir une partie de son capital en huile, une autre partie en soude ; il mêle tout cela, et il en tire une matière qui n'est ni de la soude ni de l'huile, mais du savon, et qui sous cette forme commence par lui rendre la valeur de tous les ingrédients qu'il y a mis, et de plus une valeur additionnelle qui lui sert à payer un intérêt, un loyer de l'instrument appelé *capital* pour tout le temps qu'il a employé cet instrument. Quand on nourrit l'ouvrier qui fait de la mousseline, ou, ce qui revient au même, quand on lui paie de quoi faire la soupe dont il se nourrit, que fait-on dans la réalité ? *On change de la soupe en mousseline.* L'émailleur qui s'éclaire d'une lampe ou qui en souffle la lumière du bout de son chalumeau, que fait-il ? *Il change de la fumée en bijoux.*

Si à la campagne, à la ville vous jetez les yeux autour de vous, ils sont à chaque instant frappés de quelques portions de capitaux qui subissent des transformations, qui sont à l'œuvre, ou qui attendent le moment de s'y mettre. Ce traiteur qui ramène de la halle des hottées de légumes, de beurre, de poissons, a transformé une partie de son capital en ces denrées, qu'il va transformer en toutes sortes de mets ; la valeur de ces mets va bientôt être transformée en argent, pour être changée demain en d'autres denrées, et reparaître sous des formes sans cesse renaissantes. Son capital n'en est pas altéré, c'est-à-dire diminué. Au contraire il l'augmente, et chaque année son inventaire présente une plus forte somme. Non que cette somme existe en argent, elle est seulement une *évaluation* ; il pourrait faire cette évaluation en setiers de blé aussi bien qu'en pièces de 5 francs. Sa fortune n'en serait pas pour cela composée de setiers de blé. Il est vrai que si son inventaire est exact, il peut mettre s'il veut toute sa fortune en écus, ou bien en setiers de blé. Je veux seulement vous dire qu'elle se compose indifféremment de la valeur des choses qu'il possède, et non de leur forme substantielle.

Ceci vous fait sentir, j'espère, l'inutilité de toutes ces mesures générales qui ont pour objet de multiplier l'or et l'argent d'un pays, afin, nous dit-on, d'y multiplier les capitaux, afin d'avoir un capital durable, au lieu d'un capital périssable. Les choses les plus périssables forment un capital durable pourvu qu'on n'en altère pas la valeur par de mauvaises affaires, par des affaires qui donnent de la perte au lieu de gain. Je connais un fabriquant d'allumettes qui s'est formé un solide capital en faisant une chose fort périssable, car une allumette ne sert pas longtemps.

Ceci me conduit à vous parler de la manière véritable dont se forment les capitaux et de la manière véritable dont ils se détruisent.

Pour savoir comment ils se forment, il suffirait de le demander à mon marchand d'allumettes. En effet comment s'y est-il pris ? Il a acheté la première année pour cent écus de bois propre à sa fabrique, et pour autant de soufre. Il a dépensé dans son année, en main-d'œuvre et en combustible pour faire fondre son soufre et pour sécher ses allumettes, 2 000 francs. Il a eu pour frais de loyer, pour impositions et pour intérêts des sommes empruntées, 1 400 francs à payer ; ce qui fait en tout une dépense de 4 000 francs. Pour faire ce commerce vous voyez qu'il fallait qu'il eût de quoi faire une avance de 4 000 francs, qu'il eût la disposition d'un capital de 4 000 francs. Il a vendu dans l'année pour 6 000 francs d'allumettes. L'excédent de sa vente a donc été de 2 000 francs. Sur quoi sa dépense, à lui, a été de 1 500 francs qu'on peut regarder comme un salaire qu'il s'est payé à lui-même pour son talent et ses travaux. Cette dépense de 1 500 francs sur 2 000 francs lui a laissé 500 francs qui ont formé pour cette première année l'augmentation survenue dans son capital.

A-t-il enfermé dans son coffre ces 500 francs ? Il n'a eu garde. Il ne les a peut-être jamais eus en espèces. Cette valeur se trouve dans sa fabrique, en matières premières, en matières fabriquées. L'année suivante ses économies se sont élevées à 1 000 francs ; l'année d'après à 2 000 francs. Et finalement (toutes les avances qu'on lui avait faites étant bien remboursées) je pense qu'il ne donnerait pas actuellement son avoir pour *cinquante mille écus*. Tel est le montant de ses épargnes, de ses accumulations, car c'est là ce qu'on appelle *accumulation*. Et la manière dont celle-ci s'est faite va détruire un autre gros préjugé qui arrive dans les argumentations, *fort* de plusieurs siècles d'antiquité, et *grimpé* sur plusieurs centaines de volumes. Ce préjugé est que les accumulations nuisent aux consommations ; et par conséquent à l'industrie, au travail, à la prospérité publique.

Qu'a-t-il fait, cet honnête manufacturier, de ses sommes accumulées ? Il en a augmenté son commerce, c'est-à-dire qu'il en a acheté une plus grande quantité de matières premières, qu'il a entretenu un plus grand nombre d'ouvriers. Il a dépensé chaque année *la totalité* de ce qu'il épargnait ; mais au lieu d'en acheter des valeurs qui n'auraient servi qu'à ses plaisirs, il en a acheté des valeurs susceptibles de se reproduire, c'est-à-dire de fournir, en allumettes, une valeur supérieure à ce qu'il a dépensé en frais de production. Et s'il veut se retirer du commerce, cette valeur qui est en allumettes dans ce commerce, ou en ustensiles propres à les faire, se changera en bonnes maisons, en bons prés, et si, au moment de l'achat et de la vente, ces valeurs se trouvent un instant sous la forme substantielle d'écus d'argent, ce ne sont pas les écus qui seront le capital : ce sera la *valeur* avec laquelle on aura acheté les *écus* d'abord, puis les maisons, puis autre chose, pourvu que cette valeur ne se soit pas détériorée, qu'elle ait toujours conservé sa faculté d'acheter.

Lorsque avec un capital mobilier on achète un immeuble, il y a deux capitaux à considérer là-dedans :

D'abord la valeur de l'immeuble qui est bien un capital aussi, et qui passe entre les mains de l'acquéreur, pour y conserver, quoique sous un propriétaire différent, tous ses mêmes usages ; et ensuite la valeur du capital mobilier, du capital qui après toutes les transformations de Protée, s'est montré sous la forme de sacs d'argent pour consommer l'acquisition.

Le nouveau possesseur de ce dernier capital ne change rien à sa nature mobilière. Lui-même ou celui à qui il le prêtera, sous peine d'en perdre l'intérêt, vont le faire travailler, c'est-à-dire lui faire subir de nouvelles transformations, au travers desquelles il conservera toujours sa même *valeur capitale*.

Quel sera donc le terme de ce capital ? Quand finira-t-il ? — Il ne finira point, Messieurs ; chaque année indépendamment de sa reproduction, il rapportera un nouveau loyer qu'on appellera *intérêt*, jusqu'à ce qu'il se trouve entre les mains d'un dissipateur, alors il s'évanouira d'une façon contraire à celle par le moyen de laquelle on l'a amassé. Chaque année une portion de cette valeur sera échangée contre un objet de consommation non reproductive. Cette portion de valeur sera détruite et non remplacée. Mais je dois réserver cette description pour le moment où je vous entretiendrai de la *consommation*.

Nous en sommes encore aux moyens de produire et jusqu'à présent nous avons trouvé qu'on pouvait ajouter aux choses de la valeur (qui est de la richesse) par le moyen de l'*industrie* et de ses instruments, qui sont les *capitaux*.

Nous avons vu même comment se formaient les capitaux. Quant à la nature de la substance dans laquelle se trouve fixée la *valeur* capitale, nous avons vu que ce sont ou des *outils* ou des *approvisionnements*, c'est-à-dire des choses qui sont elles-mêmes *des produits de l'industrie humaine accumulés*.

Il y a cependant un de ces instruments de l'industrie, qui n'est pas un *produit*, qui ne provient pas de nos accumulations : ce sont les *fonds de terre*.

Les fonds de terre, de même que les mers, les vents qui servent de véhicules à nos vaisseaux ; de même que la chaleur du soleil, la pesanteur de l'atmosphère qui nous sert dans les machines à vapeur, les fonds de terre, dis-je, font partie de ces agents naturels dont nous tirons un si grand parti dans les arts.

Vous voyez que parmi ces agents naturels, les uns sont devenus des propriétés, les autres comme la mer et l'atmosphère, sont restés à l'usage de tout le monde. J'en prendrai occasion de jeter en passant un coup d'œil sur ce qui constitue le droit dans la propriété.

Quand la nature m'a donné un talent industriel d'où je tire un revenu, elle l'a incontestablement donné à moi. Elle peut avoir donné un pareil talent à une autre personne, mais le mien reste le mien. Voilà une propriété incontestable ; personne ne saurait avoir sur elle plus de droits que moi.

Lorsque j'épargne sur mes revenus acquis, et que je consacre cette épargne à servir comme *capital*, soit entre mes mains, soit entre les mains de celui à qui je la prête, cette épargne, ce capital est encore une propriété incontestable. Je pouvais consommer les produits de mon industrie, à ma volonté ; les épargner, ne pas les épargner, les détruire, les brûler. Personne ne pouvait s'en plaindre. Voilà donc encore une propriété naturelle, incontestable, que je dois à la nature comme je lui dois ma personne ; une propriété sur laquelle aucun homme n'a les mêmes droits que moi, et qui ne l'empêche point d'en avoir une pareille de son côté.

Il n'en est pas ainsi d'un fonds de terre. Je possède un champ. On peut me demander à quel titre. — Mes ayeux me l'ont transmis. — Mais de qui le tenaient-ils ? — Ils l'avaient acquis à titre onéreux. — Mais celui des mains de qui ils l'ont acheté comment en était-il propriétaire ? N'a-t-il point vendu un droit qu'il n'avait pas ? Il faut donc remonter à son titre ; et ce titre à moins que ce ne soit celui de premier occupant, constaté par procès-verbal, ne peut être qu'une spoliation, car on ne peut originairement posséder un champ que de ces deux manières. Et celle des deux qui est la plus irréprochable (la première occupation) constitue-t-elle proprement un droit ?

Vous voyez, Messieurs, que la plus sacrée des propriétés après celle que chacun a de sa personne, n'est pas la propriété foncière ; mais bien celle d'un capital, d'une valeur accumulée par l'épargne, dont on peut se servir soi-même ou qu'on peut prêter à d'autres.

Mais la propriété foncière serait encore moins sacrée, qu'il est de l'intérêt de la société toute entière de la maintenir inviolable, et d'admettre la prescription pour la rendre plus assurée, car un champ ne rapporte que lorsqu'on l'a semé ; et on ne le sème que lorsqu'on est assuré de jouir de ses produits. Ceux qui ne sont pas propriétaires mêmes y sont intéressés comme les propriétaires, car si les terres restaient en friche (comme elles y resteraient si quelqu'un n'avait pas un droit exclusif sur leurs produits), les capitaux et les talents resteraient en friche aussi. En voulant empêcher les propriétaires fonciers de toucher leur revenu, on s'interdirait à soi-même la possibilité de s'en faire un.

Cela me conduit, Messieurs, à vous décrire la manière dont les revenus se distribuent dans la société.

Toute société se compose d'hommes qui reconnaissent une loi commune. La première de ces lois, la seule même qui soit indispensable pour constituer la société, c'est la garantie du droit de propriété. Nous venons d'en voir la raison.

Les propriétés d'hommes rassemblés en société, sont d'abord leurs facultés industrielles qui se composent de leur force musculaire, de leur intelligence, et de leurs talents acquis.

Ensuite leurs capitaux, c'est-à-dire les produits qu'ils ont épargnés et qui peuvent être employés à la production.

Enfin de leurs fonds de terre et autres agents naturels, tels qu'une mine, un cours d'eau qui, bien qu'ayant originairement été donnés gratuitement par la nature, sont néanmoins, je n'examine pas comment, devenus des propriétés.

Permettez-moi d'appeler tout cela des *fonds productifs*, puisque vous avez vu, lorsque j'ai parlé de la production, comment ces choses concouraient toutes à donner de nouvelles valeurs.

De certaines parties de ces fonds productifs, se mêlent et se confondent fréquemment. Le talent d'un médecin ajouté à ses facultés purement naturelles, n'est autre qu'un *capital accumulé* ; puisque pour faire son éducation il a fallu, pendant plusieurs années, sacrifier des produits très réels, et les changer successivement en cette espèce de talent qui fait un bon médecin.

Il en est de même des améliorations répandues sur un fonds de terre. C'est par des épargnes successives qu'on a changé divers produits, en murs, en haies, en bâtiments d'exploitation, en tout ce qui ajoute à la valeur du fonds.

Je vous répéterai ici ce que je vous ai dit au sujet des diverses opérations de l'industrie. Les êtres naturels ne se lient que par des nuances ; c'est nous qui en faisons des classes pour notre commodité. Il n'y a à vrai dire qu'une *grande masse* de fonds productifs dans la société ; c'est afin de la connaître, cette masse, de l'étudier que nous la décomposons.

En la décomposant, nous trouvons que les propriétaires de fonds productifs tirent *tous* leurs revenus, de quelque entreprise industrielle. C'est ce qui deviendra sensible par des exemples.

Un manufacturier élève une fabrique de papiers peints. Il loue un local. Le propriétaire du local est *propriétaire* foncier pour toute la valeur du sol, et *capitaliste* pour la valeur des bâtiments qui sont des produits accumulés. Le loyer de cet emplacement paie donc un revenu foncier et un revenu capital ou intérêt.

Le manufacturier est en même temps propriétaire d'une partie de son capital dont il trouvera l'intérêt parmi les profits de son entreprise. Mais ce capital ne lui ayant pas suffi, il a trouvé quelques avances dans sa famille et parmi ses amis qui sont capitalistes aussi, jusqu'à concurrence des fonds qu'ils lui ont prêtés. Ces fonds n'ont point encore suffi. Il a acheté à terme une partie de ses matières premières, qui sont des papiers bruts et des couleurs ; c'est donc une avance de valeurs que lui ont faite le marchand de papier et le marchand de couleurs, avance qu'ils ont faite sur leurs capitaux, et dont l'intérêt se trouve payé soit par l'escompte, soit par le prix auquel ils auront en conséquence vendu leur marchandise.

Notre entrepreneur a consulté des savants, soit directement, soit dans leurs livres. Les honoraires qu'auront reçus les savants, ou les profits qu'ils auront retirés de la vente de leurs livres, contribuent à former leur revenu.

Il en est de même du travail des artistes et des dessinateurs qui ont fourni les dessins, et des ouvriers qui ont fourni leur main-d'œuvre.

Tout cela compose des portions de revenu dont le manufacturier fait l'avance et qui lui sont remboursées par la vente qu'il fait de son produit, de ses papiers pour tentures.

Cette vente doit lui laisser à lui-même un profit qui est le salaire de la portion d'industrie, et l'intérêt de la portion de capitaux qu'il a fournie.

Vous voyez par là de quelle manière la valeur de plusieurs milliers de rouleaux de papier s'est distribuée parmi une multitude de personnes, dont j'ai passé un bien grand nombre sous silence, pour ne pas vous fatiguer. Il m'importe seulement de vous faire observer qu'au bout d'une année employée à faire marcher cette fabrique le fonds territorial sur lequel elle est établie, le fonds capital qui a servi à son exploitation, et le fonds de facultés industrielles qui l'a fait marcher, que tous ces fonds, dis-je, peuvent être aussi grands, c'est-à-dire *valoir tout autant* à la fin de l'année qu'ils valaient au commencement et que cependant le tout ensemble a fourni des portions de revenus à des artistes, à des savants, à des ouvriers, et à l'entrepreneur lui-même ; que ces portions de revenus ont été par ces diverses personnes échangées contre des aliments qui ont contribué à les nourrir, contre des vêtements, des meubles, des plaisirs, contre toutes les choses enfin qu'on se procure avec son revenu.

C'est ainsi que le revenu se compose de *nouvelles valeurs* incessamment produites par les fonds productifs, sans les altérer, et qui se répandent et se partagent entre les propriétaires, de ces diverses portions de fonds. Nous pouvons considérer les propriétaires, quels qu'ils soient, des fonds productifs, comme *producteurs* puisqu'ils concourent à la production soit directement par leurs propres travaux, soit indirectement par la coopération de leurs fonds.

Le fabricant de blé, le fabricant de viande, forment leurs produits de leur côté par des procédés analogues.

Un entrepreneur prend à loyer un herbage dans la Basse-Normandie ; il va en Bretagne acheter des bœufs, leur fait passer dans ses pâturages les plus heureux mois de leur vie ; après quoi il les fait conduire à Poissy où se rencontrent Messieurs les bouchers de Paris, etc.

Vous voyez dans ce dernier commerce un service productif foncier, vendu à l'entrepreneur à tant par an, sous le nom de fermage. Un capital quelconque sert à l'achat de ces pauvres animaux ; le capital du boucher y est occupé ensuite et finalement la vente du produit rembourse les avances et paye les diverses portions de revenu qui ont été distribuées par suite de cette industrie. Ces portions de revenus étant une valeur nouvelle, *créée de toutes pièces*, après qu'elles sont distribuées, le capital, la terre, les facultés industrielles sont encore les mêmes qu'ils étaient, et le même jeu recommence avec les mêmes avantages.

Mais, me dira-t-on, tout cela est fort bien tant qu'on gagne ; mais si, dans ces diverses entreprises on est en perte, il n'y a point de revenu ; que deviennent les moyens d'existence de la société ?

Messieurs, chacun de nous est possesseur d'un fonds productif quelconque. Nous avons tous soit des fonds de terre, soit des capitaux placés, soit des facultés industrielles ; et probablement plusieurs personnes ici présentes, possèdent à la fois une partie de ces trois sources de revenu. Vous avez constamment songé à les occuper non seulement avec sûreté (c'est-à-dire en courant le moins possible le risque de les perdre) mais encore de manière qu'ils vous rapportassent le profit annuel que vous êtes fondés à en attendre. Eh bien, tout le monde en fait autant, et plus on fait de telles combinaisons avec sagacité et prudence, et moins on court le risque de perdre son revenu, ou ce qui est encore pis, une portion du fonds. La sagacité et la prudence consistent à employer son fonds dans une production qui non seulement en rétablisse la valeur, mais qui fournisse en sus un profit ; et quand par malheur on n'en vient pas à bout, qu'arrive-t-il ? On manque de recevoir son revenu, quelquefois on y perd une partie de son capital. C'est que l'industrie au lieu de produire plus qu'on n'a consommé, a produit moins. Il y a eu *plus* de valeurs détruites que de valeurs créées. Dans ce cas, si l'entrepreneur d'industrie est un homme probe et solvable, lui seul supporte la perte extraordinaire car la chance du gain était pour lui. Le propriétaire qui lui loue, ne perd point son loyer, le capitaliste ses intérêts, l'ouvrier ses salaires. L'entrepreneur supporte la perte qui résulte d'une opération qu'il a mal conçue ou mal conduite. Il résulte de là peut-être une atteinte portée à sa fortune, mais il n'en résulte aucune atteinte aux principes qui président à la formation et à la distribution des richesses.

Il y a des fonds productifs plus exposés que d'autres aux mécomptes des entreprises industrielles. On peut perdre une portion de son capital, hypothéquer même ses terres, parce que ces objets sont aliénables de leur nature ; mais on ne risque pas autant de perdre l'aptitude au travail, le talent ; ce que le bon sens de La Fontaine exprime si bien :

> Travaillez, prenez de la peine ;
> c'est le *fonds* qui manque le moins.

Cette distribution des revenus dans la société ne vous donne peut-être pas une explication assez satisfaisante de quelques-uns des revenus qui frappent vos regards. A quelle production, me demanderez-vous, prend part cet acteur qui se fait 30 ou 40 mille francs par an, sans compter ses tours en province ? — Je vous répondrai en langage d'Economie politique (qui ne ressemble guère à celui des coulisses) :

Un spectacle est une entreprise où l'on fabrique un certain délassement, une jouissance que l'on vend tous les soirs à deux ou trois mille personnes réunies. Les spectateurs donnent dans cet échange une portion de leurs revenus qu'ils tirent chacun de leurs fonds productifs. L'acteur de son côté tire de son fonds productif (qui se compose de ses facultés naturelles, accrues du capital placé pendant plusieurs années à fonds perdu sur sa tête pour l'acquisition de son talent), il en tire, dis-je, des services productifs desquels résulte une représentation théâtrale qui est le produit que les spectateurs achètent.

C'est ainsi que vous achetez le service d'un secrétaire, d'un valet ; c'est ainsi même que vous achetez le temps et les soins de tous les fonctionnaires publics sur quelque échelon de l'échelle administrative qu'ils se trouvent placés. Ainsi lorsque nous avons vu sous l'Ancien Régime un garde des Sceaux parvenir à son éminente fonction à cause du talent particulier avec lequel il jouait en société les Crispins, la disparité n'était peut-être pas aussi grande que la représentèrent les libéraux du temps.

Vous voyez, Messieurs, que l'on peut faire rentrer dans l'un ou l'autre des principes de l'Economie politique, tous les phénomènes que vous présente la société ; et une fois que vous savez classer les faits, l'explication vous en est donnée tout naturellement. C'est ce que je pourrai vous montrer par des milliers d'exemples, si je n'étais pas avare de vos moments et des miens, car le temps est une richesse que nous pouvons le moins réparer, quand par malheur nous venons à la perdre.

Nous sommes donc tous producteurs de richesses soit directement, soit indirectement. Les richesses produites font nos revenus. Ces revenus se montrent sous diverses formes ; c'est la valeur des substances et non leur volume qui fait le revenu. Par le moyen des échanges nous mettons cette valeur sous la forme qui nous convient pour la consommer. Chacun ne concourt qu'à la création d'un petit nombre de produits ; et ces produits qu'il crée en quantité fort supérieure à ce qu'il peut employer, il en échange la majeure partie contre les produits de quelque autre personne suivant ses besoins.

Vous vous plaindrez peut-être que je parle toujours d'échanges de certains produits contre d'autres, tandis que la société ne vous offre que des ventes ou des achats. J'insisterai et je vous dirai qu'à la bien observer, elle ne vous présente *que des échanges*. En effet on ne vend pas son produit pour garder l'argent de cette vente, mais bien pour l'employer, soit à des objets nécessaires à son commerce, ou bien nécessaires à sa consommation. Un manufacturier de drap, avec l'argent de ses draps, achète soit de la laine pour en faire d'autres, soit des meubles pour sa maison, des comestibles, des vêtements pour sa famille, que fait-il en réalité, si ce n'est un échange de ses draps, contre les divers objets dont il a besoin ?

La monnaie n'est point un objet de consommation, mais un intermédiaire d'échange, un moyen de troquer une grosse valeur contre plusieurs petites ; comme lorsqu'on vend une balle de café pour racheter de la salade ou des almanachs. Ou bien un moyen de troquer de petites valeurs contre une grosse, comme font les marchands en détails qui vendent une once de poivre ou une aune de ruban, pour racheter de grosses parties de marchandises.

Cette observation que les ventes et les achats se réduisent à des échanges, est plus importante qu'elle ne semble au premier coup d'œil. Elle prouve qu'on n'achète les *produits* qu'avec des *produits* ; et il suit de là une vérité bien curieuse, c'est que ce qui favorise le plus la vente d'un objet de fabrique, c'est la production de beaucoup d'autres. On dit : *la vente ne va pas parce que tout le monde fabrique et que personne ne consomme* ; il faudrait dire : la vente ne va pas parce qu'on ne fabrique pas assez de ces objets avec lesquels on pourrait acheter ceux que je produis. Autrement quand l'industrie d'un pays s'étend et que les valeurs qui sont produites dans ce pays, viennent à doubler, à tripler, à décupler, qui est-ce qui pourrait les acheter ? On les achète avec les autres valeurs qui y sont produites en même temps. Bien que la quantité de choses produites en France du temps des Druides fut de beaucoup inférieure à ce qu'il s'y produit actuellement, il est probable qu'on y avait autant et plus de difficultés à les vendre qu'à présent. C'est dans les lieux les mieux fournis, les plus abondants en toutes sortes de marchandises qu'on risque moins de rester chargé de celles dont on veut se défaire.

C'est à quoi n'a pas fait attention M. *Ecrement*, vérificateur des douanes à Lille, qui a fait il y a quelques mois un livre in 12 pour pulvériser toute ma doctrine [a]. Il veut qu'on multiplie les prêtres, les moines, les soldats, et tous les gens qui consomment sans produire, car des producteurs, dit-il, nous en avons toujours assez. Il croit que les fabriquants vendront bien plus aisément leur marchandise quand il n'y aura pas tant de fabriquants. Cependant comme il faut que

a. A. L. Ecrement, *Entretien et vues sur l'économie politique*, A. Bertrand, Paris, 1817 ; le titre de la deuxième édition est modifié : *Entretien et vues sur l'économie politique, dans lesquels on réfute MM. Ganilh et Say, où l'on indique les vraies causes de la misère de la France*, A. Bertrand, Paris, 1818 (NdE).

quelqu'un paie ces prêtres, ces soldats et ces moines, qui auraient la bonté de nous prêter leurs estomacs pour consommer nos fruits et leurs épaules pour consommer nos draps, M. le vérificateur des douanes propose en même temps de doubler la somme des impôts que nous payons, de manière que nos cultivateurs et nos artisans fourniraient une moitié de leurs produits afin qu'on eût de quoi leur acheter l'autre moitié. Cette découverte rend M. Ecrement si fier, qu'il s'écrie dans un saint enthousiasme :

« Vains docteurs qui, sous prétexte d'économies, versez encore à des esprits crédules, la haine qu'une secte de sophistes a distillée contre les prêtres au feu d'un brillant génie, venez à moi ; je vous démontrerai *arithmétiquement* que ces hommes sacrés élèvent un peuple au faîte de sa destinée. Ou, si vous voulez, depuis vos trépieds, jetez les yeux sur les nations où les arts ont acquis quelques développements et vous ne serez pas lents à vous assurer qu'ils concourent plus à la prospérité publique comme consommateurs qu'ils n'y concourraient comme producteurs » (p. 297).

Tout confondu que je suis par ce terrible adversaire, je me hasarderai pourtant encore, pour terminer l'esquisse que je me proposais de mettre sous vos yeux des principes généraux de cette abominable science, je me hasarderai, dis-je, de vous exposer la manière dont s'opère la communication des richesses.

Si les richesses ne consistaient qu'en des pièces d'or ou d'argent, nous n'en ferions pas un grand dégât, car elles s'usent fort lentement. Aussi n'est-ce pas là que se fait la consommation des richesses. Nous avons vu dans la dernière séance que la richesse se fait en donnant aux choses de la valeur ; ce qu'on opère en leur donnant une *utilité* quelconque qui les fait rechercher, qui en établit la demande. Eh bien, la consommation des richesses s'accomplit par le procédé opposé. C'est une destruction de *valeurs*, qui s'opère en détruisant *l'utilité*, la faculté de pouvoir servir, que la production avait donnée aux choses.

Mon revenu se forme quand les valeurs dont il se compose sont créées ; il est mangé, il est détruit, quand ces valeurs n'existent plus. Ce n'est pas à dire que j'aie consommé en nature les choses mêmes dont se compose mon revenu. Si c'était du froment, ce n'est point ce froment dont j'ai détruit la valeur. Le grain qui a composé mon revenu, a été échangé, peut-être par un fermier ; l'objet obtenu en échange, l'argent, a été échangé de nouveau, mais sans que sa valeur ait encore été altérée par ce nouvel échange. Mais elle a commencé à être consommée, lorsque j'ai commencé à faire usage de la substance sous laquelle se montrait cette valeur. Car alors la valeur de la chose consommée a été détruite au point qu'il lui aurait été impossible de s'échanger contre une autre chose.

La consommation peut être lente ou rapide. La consommation d'une pêche est plus prompte que celle d'une bougie ; celle d'une bougie plus prompte que celle d'un cheval ; celle-ci plus prompte que celle d'une maison ; et une maison s'use plus vite qu'un diamant ou même qu'un plat d'argent.

La consommation peut être partielle. Lorsqu'on achète un cheval 600 francs et qu'après s'en être servi deux ans, on le revend 400 francs, on a consommé pour 200 francs de *valeur chevaleresque*, si l'on peut s'exprimer ainsi

Il y a des objets dont la consommation est si lente, comme par exemple celle de la vaisselle d'argent, que l'on regarde leur valeur, comme une valeur capitale, c'est-à-dire comme une valeur qui ne s'altère point ou qui se reproduit à mesure qu'elle s'altère.

Dans toutes ces différentes sortes de consommation remarquez que l'effet est toujours de même nature et précisément opposé à la production. Quelle que soit la chose que l'on consomme ; quels que soient les gens qui consomment, la consommation est toujours *une destruction de valeur* ; et la destruction de valeur est une destruction de richesses. Je prends la liberté de vous faire remarquer cela, parce que les conséquences en sont importantes.

Bien des auteurs, notamment M. le comte de Lauderdale en Angleterre, et M. le marquis Germain Garnier en France [a] ont voulu établir que les consommations que font les gouvernements, sont d'une autre nature que les consommations que font les particuliers ; que les unes enrichissent l'Etat et que les autres ruinent les familles. C'est une des mille hérésies qu'on entend journellement soutenir dans les sociétés et qui se mettent sous la sauvegarde de quelques grands noms. Mais un comte, un marquis, et même un duc ne sauraient ébranler une vérité. Du moment qu'il y a destruction de valeur, il y a *perte* de valeur, *perte* de richesse. La consommation ne saurait donc enrichir personne, ni l'Etat ni les particuliers.

Toutes les considérations qui se présenteront dans la suite de ce cours, toutes les études que vous ferez par vous-mêmes de l'Economie politique, vous confirmeront ce principe fondé sur la nature mieux observée de la production. Il n'y a pas deux arithmétiques diverses pour les gros nombres et pour les petits. De même il n'y a pas deux Economies politiques. C'est une des vérités les mieux établies maintenant ; et nous la devons à cette bien heureuse méthode de remonter toujours à la nature des choses.

a. James Maitland, 8 th Earl of Lauderdale, *An Inquiry into the Nature and Origins of Public Wealth and into the means an causes of its increase*, Edimborough, 1804 ; traduction française : *Recherches sur la nature et l'origine de la richesse publique, et sur les moyens et les causes qui concourent à son accroissement*, Dentu, Paris, 1808. Germain Garnier, *Abrégé élémentaire des principes de l'économie politique*, Agasse, Paris, 1796, (NdE).

3e séance [a]
De l'objet des consommations et comment elles contribuent au bien-être de la société ou du principe de vie dans le corps social

Messieurs, vous avez vu dans nos deux premières séances, que les *richesses*, ce que tout le monde entend par *richesses*, étaient non pas seulement des écus, mais toutes les choses qui ont une valeur ; puisque au moyen d'une chose qui a une valeur, on obtient des écus, et tout ce qu'on peut désirer pour satisfaire ses goûts et ses besoins.

Vous avez vu que ces choses avec lesquelles on obtient, si l'on veut, des écus, sont des *produits*, des résultats de l'industrie humaine, aidée du concours des capitaux et des fonds de terre ; que cette industrie parvenait à donner de la valeur aux choses, en leur créant une *utilité*, c'est-à-dire en leur donnant la qualité de pouvoir servir aux besoins de l'homme. Je vous ai dit en passant que l'on ne devait jamais craindre que les produits, vus en masse, excédassent les besoins et surpassassent ce qu'on peut en acheter, par la raison qu'on achète les produits les uns avec les autres. Le producteur d'étoffes achète des meubles avec ses étoffes ; le producteur de sucre achète du thé

a. En haut de la page, de la main de Say, il est porté : 1819 (NdE).

avec son sucre, et réciproquement, et ainsi de tous les autres produits. Si une marchandise en particulier est trop abondante sur la place et se vend difficilement, ce n'est pas parce qu'il y a trop de producteurs en général, mais parce qu'on a trop produit de cette marchandise-là en proportion des autres ; et le meilleur moyen de lui procurer un écoulement est de favoriser la production de toutes les marchandises qui manquent, car c'est avec celles-ci qu'on achètera l'autre. C'est ce qu'accomplit avec un merveilleux succès la *libre concurrence* dont on ne jouit presque nulle part, grâce aux restrictions, aux prohibitions, fruits encore subsistant des siècles peu éclairés.

Nous occupant ensuite de ce que deviennent les *valeurs*, c'est-à-dire les *richesses* produites, nous avons vu qu'elles se distribuent en *revenus* aux propriétaires des *fonds productifs*, c'est-à-dire aux propriétaires des facultés individuelles, soit mentales, soit corporelles ; aux propriétaires des valeurs capitales, des valeurs employées à la reproduction ; et aux propriétaires des fonds de terre qui sont des espèces d'outils, de capitaux.

Nous avons observé comment se forment et s'entretiennent les capitaux. Vous avez vu que les produits dont ils se composent, modifiés, changés, tourmentés durant le grand œuvre de la production, se remontrent (après la production terminée) en une masse de valeurs, accrue d'un profit qui sert à en payer le loyer, l'intérêt.

Finalement nous avons vu que la consommation des richesses était la destruction (par l'usage que nous en faisons) de cette même utilité que la production avait créée. Je vous ai fait remarquer que cette consommation pouvait être lente ou rapide, complète ou partielle.

Nous nous sommes arrêtés là ; et quelque envie que j'eusse d'embrasser dans ces deux premières séances tous les principaux phénomènes de la production, de la distribution et de la consommation des richesses, afin que vous puissiez en saisir plus aisément l'ensemble, je me suis vu forcé de renvoyer à aujourd'hui les plus importants phénomènes de la consommation.

Toute espèce de consommation, lente ou rapide, partielle ou complète, soit que l'on consomme une *maison* qui est un produit, ou bien un *habit* qui est un produit, ou bien encore une *pomme* qui est un produit, toute espèce de consommation, dis-je, ne peut avoir que deux objets. C'est ou de se procurer un plaisir, de satisfaire un besoin (ce qui est la même chose) ou bien de reproduire une valeur nouvelle.

La première de ces consommations (celle qui détruit une utilité pour nous procurer une satisfaction quelconque) est celle que j'ai eue principalement en vue jusqu'ici ; mais il est important que je vous fasse remarquer que l'autre genre de consommation (celle qui a pour objet la reproduction d'une nouvelle valeur), a également pour effet immédiat une destruction de valeur produite quoique son résultat ultérieur soit la création d'une nouvelle valeur.

Un riche manufacturier, le même soir, a une salle de bal bien éclairée, et des ateliers bien éclairés aussi, où il entretient un grand nombre d'ouvriers. L'huile qu'il consomme, dont il détruit la valeur dans l'atelier, est aussi complètement consommée que celle qui brûle sur les candélabres de la salle de bal. Mais l'effet suivant n'est pas le même. Il sort une *valeur* de l'atelier. On y fabrique quelque chose dont la valeur a payé (en même temps que les matières premières et les salaires d'ouvriers) la valeur de l'huile brûlée. Si cette valeur reproduite n'avait pas payé la valeur de l'huile, on n'aurait pas fait travailler les ouvriers à la lumière. Dans la salle de bal les danseurs n'ont rien produit.

Voilà ce que c'est que la consommation *reproductive* et la consommation *improductive*.

Les aliments comme les combustibles peuvent être consommés productivement ou improductivement. Un fermier qui traite ses amis consomme improductivement un dîner ; quand il met la marmite au feu pour le dîner de ses moissonneurs, il le consomme productivement, bien véritablement productivement, car au moyen du dîner des moissonneurs, il obtient que ses gerbes soient rentrées dans sa grange.

Je me flatte que ces exemples vous feront comprendre en même temps que ce qu'on épargne est consommé tout aussi bien que ce qu'on dissipe.

En effet que le manufacturier dont il était question tout à l'heure soit qu'il ait éprouvé un accès de mauvaise humeur, ou bien qu'une de ses spéculations ait tourné moins heureusement que les autres, dise tout à coup : « J'allais donner un bal ; mais toute réflexion faite, je vais en faire l'économie. » Il fait verser alors l'huile du bal dans la provision de sa fabrique ; et voilà l'huile épargnée. Est-ce à dire qu'elle ne sera pas brûlée ? Point du tout. Elle sera brûlée, mais non pas pour un plaisir ; elle sera brûlée pour une reproduction.

Il en est de même de tous les autres produits. Quand au lieu d'employer son argent à un objet d'agrément, on l'emploie dans un but utile, on ne le dépense pas moins ; on le dépense autrement ; voilà tout.

L'avare même qui entasse son or, ne fait que suspendre la consommation de cette valeur ; tôt ou tard ses successeurs l'échangent contre des produits qui se consomment. Et s'il a caché son trésor si bien, que personne n'ait pu le trouver, alors les doublons dont il se compose, sont une valeur consommée improductivement, perdue, comme la cargaison d'un navire qui a sombré sous voiles. De toute manière tout ce qui se produit se consomme, reproductivement ou non ; et la raison en est simple : on ne fait pas des frais de production pour confectionner une chose qui n'aurait pas de valeur ; et si elle a une valeur, c'est qu'on a besoin de son utilité, c'est-à-dire de consommer son utilité, productivement ou non.

Que deviennent, Messieurs, je vous le demande toutes ces déclamations contre les gens qui épargnent, plutôt que de dépenser leur bien ? Quand elles seront répétées en votre présence rappelez-vous, je vous prie, l'exemple du manufacturier qui épargne la valeur de son huile en la faisant brûler dans ses ateliers au lieu de la faire brûler dans sa salle de bal.

Cela décide la question du luxe. Un riche propriétaire au lieu de galonner les chapeaux de son cocher et de ses laquais, va faire bâtir une bergerie pour avoir un troupeau. Le fabricant de galons fera un peu moins d'affaires ; mais les maçons, les charpentiers qui travailleront à la bergerie, en feront un peu plus.

Il n'est plus possible quand une fois on sait l'économie politique, je ne dis pas de soutenir l'utilité du luxe, mais même d'en discuter la question. Elle est résolue d'avance. Vous croyez utile, dirais-je à un avocat du luxe, de dépenser pour encourager la reproduction : eh bien, à la bonne heure, mais du moment que la somme épargnée est une somme dépensée, que voulez-vous de plus ? Il ne se formera pas autant d'ateliers de galons ; mais il se formera un peu plus d'ateliers de charpentiers. Il y aura un peu moins de boutiques de comestibles recherchés, mais un peu plus de boutiques de bouchers et de boulangers, car les producteurs se forment d'après les demandes de la consommation. La consommation est *autre*, voilà tout. Elle satisfait moins de besoins de vanité, de sensualité, mais plus de besoins réels ; elle nourrit moins de laquais fainéants, et les remplace par des ouvriers laborieux. Sur quel motif m'intéresserais-je aux uns plutôt qu'aux autres ?

Economisez donc sans scrupule, Messieurs, assurés que vous êtes que ce que vous accumulez, ce que vous prenez sur vos revenus, pour ajouter à vos capitaux, est dépensé, encourage des producteurs, tout aussi bien que la plus futile des consommations.

Dès lors à quoi servent les centaines de volumes écrits sur la nécessité du luxe dans les grands Etats ? — Ils servent, Messieurs, à peu près autant que les milliers de volumes qu'on a faits sur la *grâce efficace* et sur la *grâce suffisante*. Et c'est ainsi que plus les connaissances humaines se perfectionnent, plus le nombre des livres doit se réduire. Il ne se réduira pas dans le fait ; mais il se réduira virtuellement, car tous les livres qu'on ne pourra lire sans dégoût, ne serviront plus qu'à meubler les tablettes de nos bibliothèques publiques, comme pour attester notre ignorance antique, et les tâtonnements par lesquels l'esprit humain est parvenu à des idées un peu plus exactes de la vraie nature des choses.

L'épargne, l'accumulation des revenus ne sont donc pas suivies d'une moindre consommation, mais d'une consommation différente. Jusque-là l'une fait le même bien que l'autre, elle fait travailler autant d'ouvriers, provoque des achats égaux en valeur. Mais dans les résultats ultérieurs, l'avantage, quant à la richesse des particuliers et de l'Etat, est tout entier du côté de la consommation reproductive.

En effet lorsqu'une consommation improductive est terminée, la valeur consommée est détruite et n'est pas remplacée ; dans la consommation reproductive elle est remplacée. On a satisfait des besoins par cette consommation ; et cela n'empêche pas qu'on ne puisse en satisfaire encore, car de nouveaux produits se sont remontrés qu'on peut consommer à leur tour, et ainsi de suite à l'infini.

C'est pour cela que Smith compare l'homme qui économise sur ses revenus, pour former un capital, au fondateur d'un établissement pieux où un certain nombre de personnes trouvent à travailler et à vivre à perpétuité.

Vous voyez aussi par-là, Messieurs, que, contre l'opinion commune, un capital est une certaine quantité de produits voués à la consommation aussi bien que les provisions de nos ménages ; mais voués à une consommation où la valeur détruite se remplace à mesure par une autre valeur susceptible d'être consommée à son tour. Ce qui fait que dans l'Epitôme que j'ai placé à la fin de mon *Traité d'économie politique*, pour réunir en un faisceau tous les principes fondamentaux de la science, j'ai pu définir l'*épargne* ou l'*accumulation*, une soustraction que l'on fait à la consommation improductive, de valeurs que l'on consacre à la consommation reproductive.

De tout cela, Messieurs, s'ensuit-il qu'il ne faille rien consommer pour son agrément ? A Dieu ne plaise ! Je trouve fort bon quand on a 25 mille francs de revenu, quelle qu'en soit la source, soit qu'on les tire de son industrie comme un négociant, ou de ses capitaux placés, ou de ses terres, je trouve fort bon qu'on les consomme en totalité chaque année ; mais je ne veux pas que l'on se croie utile à la chose publique *parce qu'on les consomme*. On est utile à soi ou aux siens, ou à ses amis par les besoins qu'on satisfait, et c'est tout.

Or comme toute consommation de ce genre est une perte de produits qui n'est compensée absolument que par la jouissance qu'on en retire, il n'y a de consommation improductive *judicieuse* que celle qui procure une jouissance *équivalente* à la perte supportée.

Me promenant un jour auprès du lac de Genève, qui, dans cet endroit, était fort profond, je vis une société d'anglais qui s'amusaient à faire des ricochets sur l'eau avec des écus de six livres. Je ne sais combien d'écus passèrent à ce jeu l'onde noire ; mais je doute que le plaisir recueilli à chaque ricochet, pût valoir celui qu'aurait pu procurer le même écu judicieusement employé.

C'est bien pis quand celui qui consomme, détruit ainsi des valeurs qui ne lui appartiennent pas. C'est pour cela que les ravages de la guerre sont singulièrement affligeants pour le philosophe. Lorsqu'on incendie des récoltes, des habitations uniquement pour ne pas les laisser à l'ennemi, non seulement on opère une consommation sans compensation, mais on l'opère après une spoliation, un vol fait à l'homme qui était le propriétaire de la chose détruite. Aussi je ne vous cache pas que je regarde ceux qui ordonnent une guerre qui n'est pas purement défensive, comme des *criminels* plus coupables que ceux que l'on fait figurer en place publique.

Vous avez bien conçu les deux genres de consommation : celle qui est destinée à fournir un nouveau produit, une nouvelle valeur sous une autre forme ; et celle qui est destinée à procurer la satisfaction d'un besoin. J'ai vu des personnes bien en état de distinguer ces deux genres de consommation, qui cependant étaient sujettes à les confondre. L'ouvrier, le commis qui rendent des services productifs et qu'on nourrit en conséquence, font quant à leur maître une consommation reproductive et quant à eux une consommation improductive ; voilà donc, peut-on me dire, une consommation qui est à la fois improductive et reproductive ; cela implique contradiction. Voici, Messieurs, la manière d'analyser ce fait.

L'ouvrier est propriétaire d'un *fonds productif* qui est sa force corporelle et son talent. Son véritable revenu se compose des *services* qu'il peut tirer de cette force, de ce talent. Que fait-il en travaillant pour un maître ? Il échange chaque jour, ou chaque semaine, son revenu du jour, de la semaine, ses services productifs, le fruit de son fonds, contre une certaine quantité de monnaie. Le maître qui a acheté ce service, l'a consommé, non pas pour satisfaire un besoin, mais *reproductivement*. Quant à l'argent qui a été le prix de ce service, l'ouvrier en a acheté des choses à son usage, ou à l'usage de sa famille, et ce sont ces choses qui ont été consommées improductivement. Il y a eu, comme vous voyez, dans cette opération, deux consommations : *l'une reproductive*, l'autre *non*. L'ouvrier et le maître ont fait ensemble un échange où le premier a donné ses services ; le second un salaire. Les services achetés par le maître ont été consommés par lui reproductivement. Le salaire, ou ce qui a été acheté avec le salaire, a été consommé improductivement.

Pour satisfaire des besoins renaissants l'ouvrier est obligé de tirer de son fonds de nouveaux services qu'il vendra, et dont il achètera de nouveaux produits qu'il consommera de la même façon.

Il me semble que ces exemples communs, que chacun peut modifier à son gré, selon les circonstances sociales dont il se trouve entouré, doivent vous faire pénétrer sans beaucoup de peine jusqu'aux vérités les plus abstraites de l'Economie politique ; et que vous devez pouvoir discerner en toute occasion, la *consommation improductive*, de la *consommation reproductive*.

Maintenant je vais abandonner cette dernière. Nous n'en aurions plus besoin que dans le cas où nous voudrions nous occuper encore de la production que nous avons maintenant laissée derrière nous. Quant à présent en vous parlant de consommation je ne vous parlerai plus que de celle qui a pour objet de satisfaire immédiatement à nos besoins ; de celle où nous détruisons une valeur, et de laquelle il ne résulte rien que la satisfaction qui naît de cette destruction même.

On l'a comparée fort justement à une combustion. La chimie nous apprend que dans la combustion les éléments du corps brûlé ne sont pas détruits. Ils se retrouvent, mais sous une forme à ne pouvoir être brûlés de nouveau. De même dans la consommation les éléments des corps se retrouvent, car nous ne pouvons rien tirer du néant, ni rien y replonger ; mais ils se retrouvent sans *utilité,* et par conséquent sans *valeur*, sans pouvoir être *consommés de nouveau*. Si certaines choses, comme un vieux chapeau, conservent quelque valeur après avoir été consommées, c'est que la consommation n'a pas été complète. Elle n'est complète que lorsque le produit ne conserve plus aucune espèce de valeur.

Que si l'on s'imaginait que le talent du musicien, de l'acteur, ne perdent rien par l'usage qu'on en a fait, et peuvent se consommer de nouveau, je ferais remarquer que leur talent est un *fonds* qui peut fournir un produit annuel ou journalier, sans s'altérer. C'est un fonds viager qui se détruit quand l'artiste meurt. De ce fonds il sort un *revenu* qui est le *service productif* de chaque jour. C'est ce revenu qui est vendu par l'artiste aux amateurs qui le consomment à mesure ; et le consomment si bien que lorsque vous avez joui d'un concert, par exemple, je vous défie de jouir une seconde fois du même concert, si ce n'est en souvenir. Un second concert, composé des mêmes morceaux, est un autre *produit*, un résultat de nouveaux services productifs ; de même que lorsque après avoir mangé une pêche qui vous a fait plaisir, si vous voulez en manger une autre toute pareille, fût-elle venue sur le même arbre, sur la même branche, elle est un autre produit.

Cette combustion que nous avons appelée *consommation*, fait vivre le corps social ou politique, de même que la combustion qui s'opère dans notre estomac ou dans nos poumons, fait vivre le corps individuel. Le grand but de la société est d'alimenter cette combustion par la production et d'en vivre ; car la société ne vit, n'a ses besoins satisfaits, que par la consommation improductive qu'elle fait de ses propres produits. Quand les produits sont abondants, ils favorisent la multiplication des consommateurs, et chaque consommateur est mieux approvisionné ; a une plus grande provision à consommer et comme la nature a attaché du plaisir à cette consommation pourvu qu'elle soit judicieuse, il en résulte que le bonheur des nations dépend principalement de l'abondance des produits qu'elle ont à consommer ; et du jugement qu'elles mettent dans leurs consommations. Le même aliment restaure les forces ou donne une indigestion, selon qu'il est pris à propos.

On m'a accusé, je ne sais pourquoi dans un ouvrage publié il n'y a pas longtemps de soutenir une doctrine dont il résulte qu'il ne faut rien consommer si ce n'est reproductivement. Vous ne commettrez pas envers moi, Messieurs, la même injustice et vous rendrez témoignage que je vous ai dit que tous les besoins de la société étaient satisfaits par des consommations improductives, et qu'il ne fallait accumuler que parce que c'était un moyen de produire davantage, d'avoir plus de valeurs à consommer improductivement, c'est-à-dire une plus grande somme de jouissances.

Après avoir ainsi, Messieurs, mis sous vos yeux les sources où la société puise ses moyens d'existence, permettez-moi de m'arrêter un instant et de vous faire remarquer quel avantage les saines idées en Economie politique donnent pour juger le but et les moyens de la société. On la voit de très haut comme cet astronome qui se place hors de notre système planétaire, pour juger la marche et les rapports de ces corpuscules arrondis qui nagent dans l'espace et que nous appelons *des mondes*.

Et d'abord nous nous demanderons : comment la société est-elle alimentée ? De quoi subsiste-t-elle ? De ses produits. A qui les doit-elle ? Aux *individus* qui la composent. A qui doivent-ils eux-mêmes les moyens de produire ? A la nature d'abord qui leur a donné la force musculaire et l'intelligence dont la réunion forme ce qu'il nous a plu d'appeler l'*industrie*. A qui doivent-ils leurs capitaux qui sont leurs instruments ? A eux-mêmes ; à leurs propres économies, à la précaution qu'ils ont eue de ne pas détruire pour en jouir, ce qui devait leur servir à créer de nouveaux produits.

Ces produits, fruits de leur intelligence et de leurs peines, comment se rendent-ils dans les mains de ceux qui doivent en user ? Par une multitude d'échanges. Tandis que le cultivateur fait pousser du grain et élève des bestiaux pour le négociant, le négociant fait venir des épiceries pour le cultivateur. Tandis que le fabricant de drap prépare l'étoffe qui doit vêtir le médecin, le médecin étudie la structure du corps, et se met en état de soulager le fabricant dans ses maladies.

Avons-nous jusqu'ici trouvé le gouvernement de la société dans tout cela ? Non. Et la raison en est que le gouvernement n'est point une partie essentielle de l'organisation sociale. Remarquez bien que je ne dis pas que le gouvernement *est inutile* ; je dis qu'il n'est point *essentiel* ; que la société peut exister sans lui ; et que si les associés voulaient bien faire leur affaire et me laisser faire la mienne, la société pourrait à la rigueur marcher sans gouvernement. L'autorité publique est donc un accident ; un accident rendu nécessaire par notre imprudence, par notre injustice qui nous porte à empiéter sur les droits de notre semblable.

La société va si bien par elle-même, que dans trois ou quatre circonstances très graves survenues en France depuis une trentaine d'années, tous les ressorts de l'autorité se sont trouvés rompus tout à coup (et ce sont là de ces grandes expériences qui rendent l'époque où nous sommes, si remarquable, et si favorable aux progrès des sciences morales et politiques). Dans ces moments critiques, il n'y avait plus aucun gouvernement ; ceux qui tenaient auparavant les rennes étaient cachés ou en fuite, loin de prétendre à donner aucun ordre, ils auraient voulu faire oublier qu'ils s'étaient jamais arrogés le droit d'en donner. Eh bien, dans aucun temps les fonctions essentielles du corps social ne se sont mieux faites. Tout a marché comme à l'ordinaire, mieux qu'à l'ordinaire. Les plus grands maux que nous ayons éprouvés sont arrivés pendant que nous étions gouvernés, trop gouvernés ; soit par des conseils de commune, soit par un comité de salut public, soit par des Préfets, soit par une autorité centrale et militaire.

Il y a dans le Kentucky, dans cette nouvelle province qui s'est formée au-delà des monts Alleganys aux Etats-Unis, il y a des cantons où une famille vient d'abord s'établir ; puis une autre dans le voisinage de la première ; puis une troisième ; finalement des villages se forment, on y fait des maisons et des enfants ; on les habille, on les nourrit, très bien, mieux que beaucoup de ménages ne peuvent se nourrir dans la rue *Jean-Pain-Mollet*, et pourtant, oh ! malheur ! il n'y a point de Gouvernement.

Quoi ! me dira un homme d'Europe, né, nourri, grandi sous la paternelle administration des espions et des récors, *point de gouvernement ! Il y a bien toujours une espèce de Maire qui correspond avec le gouvernement.* — Non, M. il n'y a point de Maire, personne qui *correspond*, attendu que l'établissement est à peine ce que les Américains appellent un *territoire*, et n'est point encore un *Etat* propre à être admis dans la *Confédération*.

Je ne me suis donc point trop hasardé en vous disant que l'on pouvait concevoir une société sans gouvernement ; on peut faire plus que la *concevoir* ; on peut la *voir* : il n'y a d'autre difficulté que celle du voyage.

C'est fort bien, me dira-t-on ; cela peut être puisque cela est, mais cela ne peut se rencontrer qu'aux lieux où on le rencontre à présent, dans des forêts où l'on n'a *que des ours* à redouter. Mais dans notre vieille Europe, avec nos vices, avec des voisins ambitieux et armés, je vous défie de concevoir une société sans gouvernement.

Eh, Messieurs, croyez-vous que la situation des habitants des bords de l'Ohio soit beaucoup plus rassurante que la nôtre ? S'ils ont des *ours*, nous avons des *loups*, et même nous en avons beaucoup depuis que pour flatter une vanité provinciale, on a rétabli des louvetiers, de grands louvetiers qui pour se rendre longtemps utiles et se ménager les plaisirs de la chasse, ont singulièrement protégé leurs administrés.

Nous avons des vices, ajoute-t-on ; mais n'en ont-ils pas au-delà des mers puisqu'ils sont des hommes aussi. Nous avons des ennemis... ; eux aussi puisqu'ils ont les Cherokees qui, toute proportion gardée, ne leur font pas courir moins de risques que ceux qui nous donnent des leçons de morale si touchantes et si désintéressées.

Enfin l'on me dira que si de très petites réunions d'hommes peuvent se passer d'administration, il est impossible que de grandes nations puissent exister sans cela. J'en conviendrai, Messieurs, et je vous dirai moi-même à quoi un gouvernement peut être bon, et quel sacrifice il convient de faire pour en avoir un. Tout ce que j'ai prétendu, c'est de vous montrer que par la nature même des choses, l'impulsion, la vie sociale n'est pas dans le gouvernement, mais dans les gouvernés, que ces vieux emblèmes qui représentent l'Etat comme une famille et le chef de l'administration comme un père, n'ont aucune justesse [a]. Dans la famille c'est le père qui nourrit les enfants. C'est de lui que viennent toutes les idées qui peuvent faire prospérer la famille. C'est lui qui fournit les capitaux, qui travaille, et qui gagne pour toute la maison. C'est lui qui pourvoit à l'instruction de ses enfants que la nature a créés faibles et ignorants ; c'est lui qui les établit ; tous les biens viennent de lui.

Dans l'Etat c'est tout le contraire. L'instruction est dans la classe des *gouvernés* ; c'est là que l'on connaît les lois de la nature, les procédés des arts, la constitution physique et morale de l'homme ; heureux quand ils peuvent faire entrer quelques parcelles d'idées justes dans la tête des gouvernants !

Toutes les entreprises productives sont des conceptions des gouvernés. Ce sont eux qui font les applications des forces de la nature aux besoins de la société, qui enfantent tous les produits, tous les revenus sur lesquels la société subsiste. C'est sur eux que repose le soin d'élever et de perpétuer les familles dont se compose la société. Et si les administrateurs de tous grades subsistent, c'est à leurs dépens.

Vous voyez, Messieurs, qu'il n'y a que des hommes tout à fait retardés qui puissent encore représenter l'Etat sous l'emblème de la famille, et l'autorité politique comme l'image du pouvoir paternel. Le pouvoir paternel est réel ; c'est la nature qui l'a fait. Les parents ont le pouvoir sur leurs enfants non seulement

a. Les principales idées qui se trouvent ici dans les f°s 31 à 38, ont été employées par moi dans le morceau que j'ai fait pour l'*Encyclopédie progressive.* [Il s'agit de l'article (présenté sous le chapeau « Economie politique ») dont le titre est *De l'économie politique moderne : esquisse générale de cette science, de sa nomenclature, de son histoire et de sa bibliographie* ; il paraît dans l'*Encyclopédie progressive ou collection de Traités sur l'histoire, l'état actuel et les progrès des connaissances humaines avec un manuel encyclopédique*, Ponthier et Cie, Paris, mai 1826, pp. 217-304 (NdE).]

parce qu'ils ont engendré leurs enfants, mais parce que l'être qui est fort a le pouvoir sur l'être qui est faible ; l'être qui crée les choses nécessaires sur l'être qui ne sait encore rien créer et qui a besoin de tout ; l'être qui a le savoir et l'expérience sur celui qui en est dépourvu.

Dans la société, non seulement la force morale est dans ceux que l'on nomme si souvent et si niaisement *les enfants*, mais la force physique y est aussi par la raison que 25 millions d'hommes sont plus forts que 2 ou 300 mille.

Il n'est pas plus exact de représenter ceux qui gouvernent comme des *pasteurs*, et nous comme des *brebis*. On renverra bientôt ces bergeries politiques avec les contes de sorcier et les miracles de la légende.

Il est convenu parmi la bonne compagnie, que toutes les fois que la conversation roule sur des sujets délicats, les personnes présentes sont toujours hors de la question. On ne dirait presque aucune vérité, si chacun pouvait croire qu'elle est dite pour servir de reproche. Je supplie qu'on écarte de même de mes propos, l'idée de tous les gouvernements de l'Europe ; et qu'on sache une fois pour toutes que je respecte infiniment tout prince qui commande à de gros bataillons, sans compter les gendarmes ; à 50 mille commis sans compter les espions, et qui peut chaque année dépenser des centaines de millions à tort ou à raison.

Cependant comme la vérité a ses droits, aussi bien que la force, je continuerai à la dire, si vous m'y autorisez ; mais sans prétendre faire la satire de personne. Nous puiserons notre instruction dans l'expérience du passé, pour l'usage de l'avenir :

Le temps présent est l'arche du Seigneur.

De cette idée que la pensée du gouvernement devait animer la société, devait donner l'impulsion au corps politique, de même que la pensée humaine doit diriger nos actions, sont nées les plus funestes conséquences. Un homme a beau être gouvernant, il n'en a pas moins une foule de petites passions, de prétentions, beaucoup de préjugés, fruits d'une éducation hostile à toute vérité, et par conséquent, une instruction cent fois pire que l'ignorance. Tel prince se figurera qu'on l'a insulté, au dehors, ou que des victoires lui feront grand honneur ; et voilà la *pensée du gouvernement* qui arrache des jeunes gens à leurs études, à leurs travaux, à une famille qui les chérit ; qui rassemble à grands frais des armes, des munitions, ravage des provinces ; elle réussit enfin à donner des lois à un autre pays, c'est-à-dire à y faire exécuter les mêmes pensées et moi je me demande si mon appartement en est plus grand ou plus commode, ou mieux chauffé en hiver ? Si ma table en est mieux servie ? Ma nourriture plus saine ?

Notre gouvernement exercera, dira-t-on, une influence qui sera favorable à votre commerce. — Eh, qu'il me laisse tranquille. Quelle influence me sera plus favorable que mon repos et ma liberté !

Quand la *pensée du gouvernement* se déploie dans l'intérieur, quand la manie de réglementer, d'influer sur les actions, sur les opinions, s'en mêle, quel enfer ! C'est alors qu'on voit l'inquisition de Philippe II ! Les dragonades de Louis XIV ! Et remarquez bien que les politiques à bonnets rouges partageaient ce préjugé avec Louis XIV et Philippe II.

J'en demande pardon à notre grand, à notre bon Fénelon ! Il fut persécuté pour avoir blâmé *la pensée du gouvernement* de Louis XIV, l'orgueil inhumain de ce monarque, son faste, et ses guerres ; mais voyez combien le préjugé était enraciné et soutenu en l'absence de toute notion d'Economie politique ! Il trouve tout simple que le gouvernement donne l'impulsion ; tout ce qu'il veut, c'est qu'il en donne une meilleure ; et pour donner cette impulsion, qu'est-ce qu'il conseille à Idoménée ? De se mêler de tout ; de partager ses sujets en sept classes ; de régler la couleur de leurs habits, d'obliger les négociants à rendre compte à ses magistrats de leurs recettes et de leurs dépenses ; de leurs profits et de leurs pertes [a].

Ce préjugé est tellement enraciné que nous le retrouvons dans tous les auteurs qui ont écrit depuis Fénelon sur l'administration publique. Je lis dans un ouvrage récent, et d'ailleurs estimable, le passage suivant : « La science de l'administration doit embrasser tous les détails ; guider le citoyen partout où il se trouve dans une relation quelconque avec le Gouvernement. Elle est sa compagne de tous les jours et de tous les instants. Nous vivons dans l'administration comme dans l'air. Elle nous touche de toutes parts. »

Et ces paroles qui devraient être une critique, ne sont que l'expression de *ce qui est*, de ce qu'on regarde comme *devant être*, comme ne pouvant *pas être autrement*. Heureusement que nous avons toujours cet exemple vivant des Etats-Unis pour nous montrer que les perfectionnements de l'ordre social ne sont pas de vaines théories comme disent de certaines personnes, et qu'il est beaucoup de ces perfectionnements qui réussissent fort bien dans la pratique. L'*Utopie* de Morus, et l'*Océana* d'Harrington ont fait beaucoup de mal, parce qu'à l'époque où ces auteurs ont écrit, les fondements de l'ordre social n'étaient point assez connus ; dès lors au lieu d'appuyer leurs réformes sur la nature des choses, ils les ont tracées d'imagination. C'était le temps des systèmes. On mettait ce qu'on souhaitait à la place de la réalité ; on rêvait un type idéal ; l'on cherchait à y ramener les faits qui ne s'en accommodaient point ; et cela faisait passer tout perfectionnement pour un être de raison.

Mais du moment qu'on a su par l'observation et par la connaissance intime qu'on a prise de chaque chose, que les faits s'enchaînent et arrivent attirés les uns par les autres ; que tel inconvénient est le résultat nécessaire, inévitable, de telle opération, que le bien qu'on se propose ne peut naître que de telle ou telle combi-

a. Ici s'arrête le passage repris par Say pour son article de l'*Encyclopédie progressive* (NdE).

naison, oh ! alors, on n'a plus rêvé des républiques de Platon. On a su ce qu'on peut se flatter d'obtenir et par quels chemins on y peut arriver.

Je disais donc que les Etats-Unis nous montrent combien peu il est nécessaire de gouverner. Le gouvernement ne s'y fait sentir nulle part. On le rencontre à l'entrée du pays, dans la personne de quelques douaniers, car il faut bien payer de modiques contributions ; mais ensuite on n'est guère incommodé. On circule librement d'un état dans l'autre sans être obligé de décliner son nom. On ne vous fait point monter la garde ; on ne vous oblige pas à perdre votre temps dans les bureaux ; vous faites le métier que vous voulez, pourvu que vous ne fassiez tort à personne. Enfin un Européen récemment arrivé aux Etats-Unis trouvait si étrange, et probablement si dur de ne jamais sentir le fouet ni l'éperon, qu'il demandait à un ami : « Où donc est le gouvernement dans ce pays-ci ? — Vous venez de le coudoyer », lui répondit-on ; en effet, le premier magistrat venait de passer, à pied, à côté de lui, dans la rue.

Si une vue élevée de la société nous montre le gouvernement comme ne formant pas une partie *nécessaire*, il ne s'ensuit pas, ainsi que j'en suis déjà convenu, qu'il soit une partie *inutile*. Sans doute le *principal* lien de la société est le besoin que toutes les classes productives ont les unes des autres. Elles font spontanément l'échange des produits de leurs facultés. Voilà ce qui suffit à la rigueur pour qu'une société *puisse exister*. Mais il se peut qu'un membre de la société veuille s'approprier le résultat de la production d'un autre membre. Comme la première condition de l'état social est la propriété, puisqu'elle seule engage à produire, et que ce n'est qu'en produisant qu'on peut exister, cette atteinte à la propriété, est une atteinte portée au corps social tout entier. Dès lors, il est naturel que le corps social tout entier s'élève contre l'infracteur de cette loi ; loi tellement naturelle, tellement nécessaire, que ne fût-elle exprimée dans aucun code, elle serait respectée par la masse et exécutée.

Mais est-il nécessaire qu'un peuple entier se lève contre un infracteur, ou un petit nombre d'infracteurs des propriétés ? Non ; ce serait un effort disproportionné avec le but qu'on se propose. Que fait-on en conséquence ? On charge quelques personnes de poursuivre les infracteurs de la loi fondamentale de toute société : la propriété. Et remarquez que ce mot comprend non seulement les biens, mais les personnes. Nos personnes ne sont-elles pas la plus incontestable des propriétés ? La personne comprend les facultés de l'individu ; car qu'est-ce que l'être humain dépouillé de ses facultés ? *Nous* ne sommes *nous* que par nos facultés. La défense des propriétés comprend donc, non seulement la défense des biens, mais la défense des personnes et des facultés, ce qui embrasse la liberté elle-même.

Or je dis que la principale *utilité* des gouvernements est de défendre les propriétés des citoyens ainsi définies. C'est à nous de voir, non par esprit de critique, mais pour notre instruction, jusqu'à quel point les gouvernements dont nous entretiennent l'histoire ou les voyageurs, se sont acquittés de ce devoir duquel résulte leur principale utilité, et si quelquefois il n'est pas arrivé aux peuples de payer un peu cher les services qui leur ont été rendus.

Les personnes et les propriétés, ou plutôt les *propriétés dans leur sens le plus étendu*, peuvent être menacées par des ennemis du dedans qui sont ce qu'on appelle vulgairement des *voleurs* et des *assassins* ; ou bien par des ennemis du dehors qu'on appelle vulgairement des *conquérants*. Observons séparément ces deux races de perturbateur, et d'abord ceux du dedans.

Les premiers n'ont jamais une force bien redoutable. Il suffit ordinairement de quelques gendarmes, ou même de quelques officiers de police pour les dissiper. En Angleterre où l'énormité des contributions et la difficulté de vivre rendent les crimes beaucoup plus communs que partout ailleurs, il suffit d'un assez petit nombre de *constables*, pour arrêter les délinquants. On ne met en jeu aucun uniforme militaire pour cela. La société en masse peut donc se faire remplacer pour la protection des propriétés par des hommes peu nombreux, et d'une qualité qui n'est pas très chère.

Il convient d'instruire avec soin le procès de ceux qui ont porté atteinte au corps social dans la personne de quelqu'un de ses membres, car il ne faut pas risquer de condamner un innocent ; des juges sont donc nécessaires ; mais dans les pays où le jury est établi pour protéger les prévenus contre l'arbitraire, une partie des fonctions des tribunaux étant exercée gratuitement par les citoyens eux-mêmes, cette portion du gouvernement qui a rapport à l'administration de la justice criminelle, pourrait se réduire à assez peu de chose. Douze juges font en ce genre tout le service de l'Angleterre, et il n'est pas peu considérable.

Monsieur Comte, l'un des auteurs du *Censeur européen* qui vient de nous donner une traduction de l'ouvrage anglais de Phillips sur le jury, nous fait remarquer dans l'excellent *discours préliminaire* qu'il a placé en tête de cet ouvrage [a], par quels abus, dans un pays voisin de l'Angleterre, six mille juges ne font pas autant d'ouvrage et ne font pas tout à fait aussi bien que les douzes dont nous venons de parler.

Et si par hasard pour entretenir le bon ordre et réprimer environ 2 000 délinquants, il fallait ajouter aux 6 000 juges, 28 à 29 mille gendarmes et un nombre proportionné d'officiers judiciaires, geôliers, etc. S'il fallait y joindre encore les frais de prétoires, de prisons, les sacrifices de temps et d'argent que font les jurés, etc., que résulterait-il de ce calcul ? Que l'on emploie une vingtaine de personnes pour chaque scélérat dont on veut faire justice ; et qu'afin de prévenir une perte annuelle de 5 à 600 mille francs, à quoi se seraient montées leurs déprédations, on dépense

a. Richard Phillips, *Des pouvoirs et des obligations des jurys*, Paris, 1819 (NdE).

annuellement environ 30 millions ! Je ne prétends pas traiter ce sujet ; je n'ai d'autre ambition que de vous donner un aperçu de la lumière que de saines notions d'Economie politique répandent sur les questions d'intérêt social.

Dira-t-on que 28 mille gendarmes ne servent pas seulement à contenir les assassins et les voleurs, mais les perturbateurs qui, sans en vouloir aux propriétés du peuple, en veulent à son gouvernement.

J'avouerai qu'en thèse générale un gouvernement doit être respecté afin de pouvoir remplir plus efficacement les fonctions dont il est chargé. Cependant il ne peut être précieux pour une nation qu'en raison des services qu'il lui rend ; et s'il rendait peu de services et qu'il les fît payer cher, sans en être moins respectable, on ne peut disconvenir qu'il paraîtrait moins précieux ; et que quelques calculateurs humoristes pourraient se plaindre qu'on les met en dépense pour préserver une institution qui déjà leur coûte trop cher.

Quant à la défense du territoire contre les ennemis du dehors, je vous engagerai à vous défier de mes idées sur ce point. Elles sont fort peu diplomatiques. Je ne crois point à la nécessité d'attaquer pour se défendre. Je soupçonne que le danger ne menace que ceux qui vont le chercher, que rien n'expose plus un pays qu'une armée permanente, et qu'une grande nation qui n'est pas constituée de manière à troubler le repos des autres, n'est jamais attaquée, lorsqu'on sait d'ailleurs qu'elle est disposée à se défendre avec courage. Or comme les citoyens-producteurs dont se compose une nation, ne sont jamais intéressés à porter le ravage en pays étranger, les risques qu'ils courent de la part des pays étrangers, ne leur viennent presque jamais que des fautes et des passions de leurs propres gouvernements. J'ai beau parcourir l'histoire moderne, je ne trouve pas d'exemple d'une nation un peu considérable qui ait été attaquée si ce n'est par la faute de son gouvernement. Mais une nation fût-elle souvent dans le cas d'être attaquée ainsi, je maintiens qu'elle ne peut guère compter pour sa défense que sur elle-même. L'utilité de son gouvernement, s'il est national, si ses intérêts sont absolument identiques avec ceux de la nation, consiste alors à diriger des efforts qui lorsqu'on a la ferme résolution de se défendre, sont toujours couronnés du succès.

Tels sont, Messieurs, les services réels que, dans la société, peut rendre le corps gouvernant. Toute autre action, toute autre puissance au lieu de s'exercer en faveur de la société s'exerce contre elle.

Je ne pousserai pas plus loin cet examen ; mais il suffira, j'espère, pour faire sentir que plus ces principes entièrement fondés sur la nature des choses, sont connus et mis en pratique, et plus le bon ordre est respecté par le sentiment même de son utilité, plus il y a de douceur dans l'exercice de l'autorité, et plus il y a communément de repos et de bonheur pour les nations.

1819
4e séance
Suite des consommations publiques [a]

Messieurs,

La dernière fois, nous avons examiné la nature de nos consommations. Nous avons vu que les produits de notre industrie pouvaient encore exister comme matière, mais n'existaient plus comme valeur, comme richesse, du moment que leur valeur était détruite ? Nous avons vu que la consommation a deux objets : celui de reproduire une autre valeur qui remplace avec profit (c'est-à-dire avec une valeur additionnelle) la valeur consommée ; ou bien qu'elle a pour objet de nous procurer la satisfaction d'un besoin, une jouissance. Nous avons vu que l'épargne ne consiste pas à ne pas consommer une valeur, mais à la consommer reproductivement au lieu d'improductivement ; car on ne peut faire valoir un capital sans le consommer. Ce qui fait tomber tout à fait la question du luxe : car si un capital épargné, accumulé, est nécessairement consommé, on encourage la production en épargnant comme en dissipant son bien.

Passant de là à quelques applications, nous avons remarqué combien une juste conception des princi-

a. Cette leçon a été supprimée et remplacée par la 5e qui est devenue la 4e.

pales vérités de l'Economie politique donnait des facilités pour juger sainement du but et des moyens de la société. Vous avez senti, je l'espère, la fausseté de cet emblème qui représente l'*Etat* par la *famille*, et qui fait du *chef de* l'Etat un *père* ; emblème qui en faussant les idées, a nui singulièrement aux progrès de l'art social. Nous nous sommes convaincus que la société subsiste par elle-même ; que le gouvernement en est une partie *utile*, mais non pas *essentielle*, et qu'un grand perfectionnement est de ne pas payer cette utilité au-delà de ce qu'elle vaut.

Je me propose aujourd'hui de suivre cette dernière idée et de vous mettre sur la voie de quelques applications ; car, encore un coup, je n'ai pas la prétention et le temps de faire un cours complet de sciences sociales, mais seulement de semer quelques idées qui fructifieront soutenues par d'autres vérités corrélatives. Nous avons beaucoup de jeunes talents qui étudient les sciences morales et politiques comme il convient de les étudier, pour qui rien n'est perdu et qui feront entrer dans les beaux

[...] [a]

On ne se doute pas à quel point il serait possible de simplifier l'administration des Etats, même des grands Etats, et par conséquent de réduire leurs dépenses. La manie de gouverner tout, de se mêler de tout, de centraliser tout, c'est-à-dire de décider au centre ce qu'il faudrait laisser à la décision des localités, sous couleur de simplifier l'administration, la complique à un point dont on se fait difficilement une idée, et ramène à l'anarchie par l'excès de l'organisation.

M. de la Borde dans son écrit sur *l'Esprit d'association* qui est l'ouvrage d'un bon citoyen et d'un écrivain élégant [b], en cite un exemple frappant qui malheureu-

a. Il manque ici les feuillets 4 à 16 (NdE).

b. A. L. J. comte de Laborde, *De l'esprit d'association dans tous les intérêts de la communauté ; ou Essai sur le complément du bien-être et de la richesse de la France par le complément des institutions*, Gide fils, Paris, 1818 (NdE).

sement a beaucoup d'analogues [a]. Tandis qu'il était maire du bourg de Méréville, l'église s'écroula faute d'une dépense bien entendue qu'il aurait fallu faire pour la réparer ; mais pour cette dépense il fallait une autorisation du gouvernement, et l'église se lassa d'attendre.

La commune demanda l'autorisation de vendre les bois de démolition provenant de l'église parce qu'ils se détérioraient. L'autorisation arriva... lorsque les bois se trouvèrent entièrement pourris.

Il fallut chercher d'autres moyens de rebâtir une église, et l'on demanda au gouvernement la permission de s'imposer extraordinairement. Le devis qu'il fallut donner demeura *un an* à parvenir au ministère de l'Intérieur par la filière de la sous-préfecture d'abord, de la préfecture ensuite. Il resta encore un an au bureau des bâtiments civils, fut renvoyé deux fois à la commune pour des raisons frivoles, telles que de prétendues erreurs dans l'estimation des matériaux et des frais de journées : mais il fallait bien que tous ces administrateurs eussent l'air de gagner leur argent en se faisant supposer nécessaires. Enfin le devis fut approuvé ; mais on refusa à la commune l'autorisation de s'imposer une contribution extraordinaire pour cet objet, *parce que cela pouvait nuire à la perception des impôts*.

La commune qui voulait absolument avoir une église se détermina à faire le sacrifice de sa promenade publique qui, le dimanche, faisait le bonheur des jeunes filles et des jeunes garçons du lieu. Il fallut de nouvelles autorisations. Il se passa encore un an avant que cette demande fût prise en considération. Il fallut qu'elle traversât l'administration forestière qui envoya ses agents visiter les arbres. Leur rapport dut à son tour passer par la hiérarchie de leur administration et du ministère des Finances dont elle dépend, pour revenir au ministère de l'Intérieur duquel dépendent les communes. La vente des arbres de la promenade

a. Dans la marge Say a marqué : employé (NdE).

fut ordonnée enfin ; mais comme elle ne s'éleva qu'au quart de la somme nécessaire pour bâtir l'église et qu'il n'y avait pas encore de décision de l'*autorité* sur les moyens de pourvoir au surplus, on fut obligé de verser en attendant à la caisse d'amortissement l'argent de la promenade publique. Qu'arriva-t-il ? Sous prétexte des *besoins urgents* de l'Etat, ce dépôt fut dissipé avec d'autres semblables ; et voilà la commune de Méréville sans église, privée des matériaux de l'ancienne et dépourvue de sa promenade publique.

Notez bien que tout cet échafaudage d'administration a pour objet de *protéger les communes*, qui sont, d'après les maximes des bureaux, en état de minorité et qui ont besoin de tuteurs.

Notez encore que tout cela n'entre point dans le Budget des dépenses de l'Etat, ni dans celui des dépenses départementales, pour lesquels la contribution des communes ne fournit pas moins sa quote-part ; car il faut qu'elles paient l'avantage d'être protégées, *comme vous venez de le voir.*

Lorsque les rouages de l'administration sont trop multipliés, lorsque par suite de l'ignorance où l'on est, du véritable but et des moyens de la société, on gouverne ce qui ne devrait pas être gouverné, par une conséquence naturelle chaque fonctionnaire dans sa sphère, fait ce que l'administration fait en grand : il cherche à augmenter ses attributions et l'importance de sa place ; et l'on ne se fait aucun scrupule de cet esprit d'envahissement ; parce que en général on a de droites intentions et l'on ne se propose que le bien. On ne se doute pas que c'est un mal de mal faire le bien, parce que alors le bien ne se fait pas, et qu'il n'y a de réel que les sacrifices auxquels on a dû se résoudre pour l'obtenir.

Vous venez de voir comment dans le système d'une administration compliquée, les communes sont protégées, voulez-vous savoir comment le même système protège la circulation intérieure des marchandises, bases essentielles de la richesse commerciale ?

Les canaux sont le plus puissant des moyens de communication intérieure, et l'on ne peut rien ajouter au zèle de l'administration pour procurer à la France les avantages de cette navigation. Eh bien, en conséquence de l'intérêt qu'on lui porte, elle est soumise à trois autorités, ou plutôt à trois systèmes d'autorités : l'autorité du *génie militaire*, celle des *ponts et chaussées*, et celle de la *police des rivières* ; le navigateur souffre de leur concert et de leurs jalousies. Pour amener des charbons de terre, des frontières [de la] Belgique à Paris, ils passent sous la couleuvrine de quatre places de guerre, et sous l'administration d'autant d'ingénieurs des ponts et chaussées, d'autant d'inspecteurs de la navigation qu'il y a de département. Enfin, pour venir par les canaux de Condé à Chauny, et pour parcourir un espace que le roulage ordinaire peut franchir en huit jours, on demeure *trois mois*. Et tous, ou presque tous ces agents sont des hommes capables dans leur partie ; ils ont les meilleures intentions du monde ; mais chacun veut étendre les attributions de la partie gouvernante de la nation au grand préjudice de la partie gouvernée.

On convient quelquefois des abus ; on en gémit, mais on recule devant les inconvénients, devant les maux particuliers qui résulteraient de l'amélioration et de la simplification du système. Cette réserve est louable ; et même elle est juste. Toutes les fois qu'on a laissé s'établir une administration compliquée, on a offert à un grand nombre d'individus, un appât pour se jeter dans une carrière où ils sont à charge à leurs concitoyens, et qu'ils ne peuvent ensuite abandonner, sans en éprouver pour eux-mêmes de grands dommages.

Telle est la désagréable alternative dans laquelle on s'est trouvé placé. Il a fallu à la fois dépenser comme si l'on avait une excellente organisation quoiqu'elle n'aille point à son but, qui est le bien-être et la liberté des communes et des familles ; ou bien si l'on s'est déterminé à porter la hache au travers des abus, il a fallu frapper des hommes qui n'avaient rien fait pour mériter cela, et qui d'ailleurs sont en général animés de bonnes intentions et éclairés dans leur partie.

Quelque fâcheuse que dut être une réforme subite, un orage politique épouvantable avait tout balayé. Des hommes qui ne tenaient nul compte des intérêts individuels, comme si le bonheur public ne se composait pas des satisfactions privées, avaient taillé dans le vif et détruit toute superfétation. Mais tous les abus ont été rétablis graduellement, de propos délibéré, sans autre motif que d'augmenter les attributions d'un seul homme, de multiplier le nombre de ses créatures et des emplois lucratifs à distribuer. Et l'on était si peu avancé dans l'art social que, frappé d'admiration à l'aspect de cette multiplicité de rouages on a nommé cela le rétablissement de l'ordre, on a été satisfait parce qu'on s'est senti bien bridé.

Qui pouvait s'y opposer, dira-t-on ? On a beau savoir quelles sont les institutions qui concourent le plus simplement, le plus rapidement et avec le moins de frais, au bonheur des nations, que peut-on opposer aux volontés d'un despote et de ses agents intéressés à se partager leurs dépouilles ? Je réponds que l'opinion publique éclairée oppose aux entreprises de ce genre, même quand elles sont appuyées de la force des baïonnettes, une force d'inertie insurmontable. Les fautes des gouvernements ne s'accomplissent jamais que parce qu'elles sont protégées par l'opinion du public, ou du moins d'une partie considérable du public, qui lorsqu'un abus s'introduit, n'y attache pas une grande importance, et dit : « Cela fera toujours vivre quelques milliers de personnes », comme si ces moyens d'existence étaient de nouveaux moyens d'existence donnés à la société ; comme s'il ne fallait pas retirer à une partie des citoyens précisément autant de jouissances qu'on en donne aux autres.

J'ose affirmer que si ces principes étaient une fois bien connus, bien répandus, s'ils entraient dans la conviction de chacun, ou du moins de ce qui fait la masse de la société, le pouvoir le plus abusif n'oserait pas les enfreindre. Eh, Messieurs, si ce n'était la force de l'opinion, qui défendrait les nations contre la coalition de ceux qui les pillent ? Ils s'entendent parce que leurs intérêts sont communs. Le roi d'Angleterre gagne par des pensions, des emplois, des décorations, du pouvoir, la majorité des membres du parlement ; ceux-ci en conséquence sanctionnent toutes les lois, tous les impôts que les ministres proposent au nom du roi. On paie les troupes avec l'argent du peuple, et le peuple est comprimé par les troupes. On s'empare par tous les moyens possibles des institutions du petit nombre d'institutions formées pour défendre les intérêts généraux ; on nomme les présidents de toutes les réunions de citoyens ; on leur interdit de s'occuper de leurs intérêts communs ; on interdit jusqu'aux assemblées paisibles où le nom de la patrie pourrait être prononcé ; les nations n'ont point de forces militaires à leur disposition ; il n'existe pas un magistrat institué par elles, qui tiennent d'elles et leurs honoraires et leur pouvoir. On a pris toutes les précautions imaginables pour qu'elles ne fussent *rien*. Eh bien, Messieurs, elles sont *tout*. Leur volonté est encore la loi suprême. Mais il faut qu'elle soit ferme et bien prononcée. Une mesure repoussée par l'opinion est une mesure honteuse qui n'ose se montrer. Si par une sotte opiniâtreté on persiste à la mettre en avant, elle est sifflée. Elle ne trouve ni avocat pour la défendre, ni fonctionnaire pour l'exécuter, ni obéissance, ni résultats. Lorsqu'une fausse honte empêche qu'on ne la retire franchement et qu'on ne se fasse honneur d'une honorable condescendance, on la laisse tomber dans une équivoque désuétude qui avilit l'autorité et détruit la confiance dans les hommes et dans les institutions. Mais d'une ou d'autre manière, et en dernière analyse, c'est l'opinion qui fait la loi.

Tâchons donc que cette opinion soit toujours éclairée, qu'elle ne soit jamais fougueuse, car, comme dit Beaumarchais, *la colère n'est bonne à rien*. Sachons quelles sont les réformes qu'il est sage, qu'il est utile de réclamer. Réclamons-les avec une tranquille et infatigable persévérance, et nous pouvons être certains que cette persévérance, un peu plus tôt ou un peu plus tard, sera suivie du succès.

Quelques exemples que j'ai mis sous vos yeux ont dû vous convaincre qu'en général on gouverne trop, et qu'il serait à désirer que personne ne sentît l'action du gouvernement qu'au moment où elle entreprendrait une action attentatoire à la propriété de quelqu'un. La perfection de l'administration est d'administrer peu. Une machine compliquée, comme la machine de Marly, annonce l'enfance de l'art.

Mais de quelle manière, comment s'y prendre pour simplifier une machine administrative compliquée où les intérêts privés ont gagné du terrain sur l'intérêt public ; comme une gangrène qui s'avance dans un corps humain lorsqu'elle n'est pas repoussée par le principe de vie qui tend à le conserver ? Pour guérir cette maladie, il faut observer comment s'étend la gangrène administrative. Tout homme qui exerce un emploi tend à augmenter l'importance de ses fonctions, soit pour faire preuve d'un zèle qui lui procure de l'avancement, soit pour rendre son emploi plus nécessaire et mieux payé, soit pour exercer plus de pouvoir, augmenter le nombre des personnes obligées d'avoir recours à lui et de solliciter sa bienveillance. Le remède doit suivre une marche contraire et tendre à diminuer les attributions. Telle action n'était pas permise, ou bien il fallait se pourvoir d'une autorisation ; qu'on ne s'en mêle plus. — Il en naîtra tel ou tel inconvénient. — Cela peut être ; il y a des inconvénients à tout. Mais si le remède que vous apportez à l'inconvénient est pire que l'inconvénient même ! Songez à la commune de Méréville qui a perdu son église et sa promenade par le soin qu'on veut prendre de protéger les propriétés des communes. Laissez les communes à elles-mêmes ; sans doute il y aura dans le nombre quelques sottises qui seront commises, cependant il y en aura peu parce que chaque localité sent bien mieux que le gouvernement, l'inconvénient des sottises qu'on lui fait commettre, mais y en eût-il, il vaut mieux s'y exposer. Donnerez-vous un tuteur à chaque père de famille pour l'empêcher de dissiper son bien qui est nécessaire à l'entretien de sa famille. C'est pourtant là que conduirait l'abus du système administratif, et je suis persuadé qu'on pourrait, si ce n'était la crainte du ridicule, trouver des raisons très plausibles pour réglementer la manière dont je mets mon pot au feu.

C'est toujours d'après le même principe qu'on renouvelle périodiquement la prétention d'enrégimenter ceux qui gagnent leur vie par les arts industriels, en vantant les bienfaits des jurandes et des maîtrises. On veut réglementer la manière de faire un peigne ou de la gaze, et je vous assure qu'on donne pour cela des raisons dont peuvent aisément être ébranlés les esprits qui ne sont pas avertis que toute violation de la liberté est une violation de la propriété ; et toute violation de la propriété une atteinte portée à la production qui, après tout, est ce qui fait vivre les nations.

Tels sont, Messieurs, les avantages qu'on peut retirer des saines connaissances en Economie politique [a], et par *saines connaissances* j'entends celles qui font *connaître la vraie nature des choses*, et *l'enchaînement* des faits entre eux ; tellement qu'on puisse lorsqu'on est témoin d'un fait, en assigner les causes et en pressentir les résultats. C'est ainsi qu'on a pu dire qu'on savait l'astronomie, lorsqu'on a su prévoir et annoncer les éclipses. Remarquez que la connaissance de l'enchaînement des faits entre eux dépend essentiellement de la connaissance de la nature des choses dont l'action et la combinaison font les faits. Pour prévoir que la lune s'éclipserait, il a fallu savoir que la lune était un corps opaque et sans lumière propre ; que la clarté qu'elle nous réfléchit vient du soleil ; que lorsqu'un autre corps opaque, comme la terre, s'interpose entre eux, le soleil cesse d'éclairer la lune. De là on a vu que pour prévoir cette position, il

a. A restituer dans la 4e séance du 2e cours d'Athénée. Employé.

fallait étudier la marche de ces trois corps ; cette marche est un fait qui suit des lois qu'on a étudiées, etc.

On a prétendu que dans les choses morales et politiques on ne pouvait parvenir à une égale certitude. Je ne sais jusqu'à quel point on parviendra à connaître la nature du moral et du physique de l'homme, d'où l'on pourra déduire jusqu'à un certain point ses actions. Ce que nous savons dès à présent, c'est qu'en morale et en politique de même qu'en physique tout *fait* a une cause, a pour cause *ce qui le fait arriver*. Dire qu'on ne la sait pas, ce n'est pas prouver qu'elle n'existe pas. Dire qu'on ne la saura jamais est imprudent. On disait aussi avant Torricelli qu'il était impossible de peser l'air, et maintenant le poids de l'air et de tous les autres gaz est au nombre des choses les mieux connues.

En Economie politique il y a également des vérités qui étaient tout à fait inconnues et qui sont connues maintenant. Locke, cet excellent esprit, ne savait pas d'où naissaient les variations dans ce qu'on appelle mal à propos *l'intérêt de l'argent*. Hume que les anglais appelle *Hioume*, a montré que l'intérêt qu'on paie, n'est pas le loyer de la somme d'argent qu'on emprunte, mais le loyer de la valeur dont on acquiert la faculté de se servir ; que cette valeur fait partie du fonds capital de la société ; que l'abondance ou la rareté de la chose qu'on emprunte, n'était donc pas celle de la *monnaie* mais celle des capitaux disponibles de la société, dont la monnaie ne forme qu'une petite partie.

Cette vérité est actuellement hors de l'atteinte du doute ; toute personne qui ne la connaît pas, qui n'est pas en état de se la prouver à soi-même et aux autres, n'est pas au courant de la science, ne sait pas tout ce qu'on sait actuellement en Economie politique. Voilà la nature d'une chose, les capitaux, qui est bien connue, qui a été analysée dans toutes ses parties, qu'on a vue sous toutes ses faces, et qui nous dévoile la cause et les résultats d'une foule de phénomènes qui pouvaient étonner nos pères, de même que les éclipses les étonnaient.

[...]

4e séance
Analyse sommaire

— Ce n'est pas réformer que de changer
— L'utilité est ce qui procure à la société la subsistance et les agréments
— On échange les utilités selon le besoin qu'on en a
— Pour chaque échange il faut qu'il y ait au moins deux utilités produites qui sont consommées ensuite
— Il en est ainsi pour les services rendus au public
— Pour savoir si l'échange est équitable, il faudrait avoir une mesure de l'utilité
— Dans les transactions libres et privées, la valeur accordée aux choses peut en mesurer l'utilité
— Mais la vente des services publics n'est pas une transaction libre
— Là il faut donc apprécier l'utilité par elle-même
— Le salaire des fonctionnaires n'est pas restitué au public
—⋆ Bentham fait connaître l'utilité à nous faire un bien quelconque ou à nous préserver d'un mal
—⋆ Sectes et sophismes qui attaquent le principe de l'utilité : le principe de l'*ascétisme* et le *principe arbitraire*
—⋆ Développement du système des ascétiques et sur quelles considérations il se fonde
—⋆ Développement du système arbitraire ou de la conscience
—⋆ Dans le système de l'utilité, il faut prendre en considération la question *utile à qui ?*
— Il faut créer de l'utilité et non la déplacer
— La justice est ce qu'il y a de plus utile
— Nos devoirs envers nous-mêmes qui n'ont pas pour objet notre plus grand bien sont des niaiseries dignes du calendrier
—⋆ Il n'y a pas de différence entre la morale publique et la morale privée
—⋆ Que l'utilité n'est pas l'opposée de l'honnêteté : exemple de Thémistocle et d'Aristide
—⋆ L'accusation d'épicuréisme repoussée
— Qui sera juge de l'utilité ?

—* Les lois suppléent aux lumières et elles ne sont bonnes qu'autant qu'elles sont conformes au principe de l'utilité
—* Ce principe est ennemi des querelles sanglantes
—* Mme de Stael combattue
—* Le principe de l'utilité élève l'âme et met le sort de l'humanité dans ses propres mains

1819
Suite des principes de l'utilité
Table analytique de la 5e séance

2. Résumé de la dernière séance. Apologie des considérations de morale et de politique
2ter. Rien ne distingue mieux l'homme de la brute que le pouvoir de se diriger par des principes plutôt que par des appétits
3bis. La vertu ainsi que l'économie privée consiste à sacrifier un bien présent à un bien à venir plus désirable et plus assuré
6. Aussi plus on est éclairé sur les résultats et plus on est vertueux
9. Exemple de Washington cité
12. La propriété exigée pour les fonctionnaires publics. Mais a-t-on vu la propriété là où elle est réellement ?
18. Une vue imparfaite de l'utilité est dangereuse
20*. La presse est utile pour discuter les questions
20. Entre les mains d'un tyran c'est un flambeau qui égare
Examen de l'utilité de telle instruction publique qui n'est bonne que pour les tyrans (supprimé par prudence)
Examen de l'enseignement dans telle école de droit
22*. Madame de Stael citée sur la pompe des religions en Italie
24*. Sismondi cité sur l'effet démoralisant de l'édifice religieux en Italie
31*. L'utilité, s'il y en a, n'est pas pour les peuples
32*. L'Epitre de Chénier citée

*. Les thèmes indiqués par ce symbole se retrouvent dans l'*Essai sur le principe de l'utilité*, publié de manière posthume dans Say [1848, pp. 717-739] (NdE).

7e séance
De Matlhus et de la population

Messieurs,

J'imagine que ceux qui me font l'honneur de venir m'entendre, s'intéressent un peu à l'Economie politique. Voilà pourquoi, dans notre dernier entretien, j'ai cru pouvoir vous parler de quelques hommes qui ont servi cette science par leurs travaux, par leur génie, et même par leurs erreurs ; de Quesnay, de Turgot, de Dupont de Nemours, de Hume, d'Adam Smith.

Il me reste à vous entretenir d'une doctrine fort importante relative à la population des Etats ; doctrine fondée sur l'observation des faits, comme toute bonne doctrine ; mais dont les conséquences n'ont été tirées dans toute leur étendue, et avec la rigueur de raisonnement qui caractérise les modernes, que par Malthus, professeur d'Economie politique au collège de la Compagnie anglaise des Indes, dans le comté d'Hertford. C'est une espèce d'Ecole polytechnique dont les élèves passent au service de la Compagnie des Indes.

Beaucoup d'auteurs ont écrit sur la population des Etats. Presque tous partent d'un principe qui est également celui de Malthus ; c'est qu'en tout pays, la population s'élève toujours au niveau des moyens d'existence, quels qu'ils soient. Quelques auteurs même, comme Chastellux dans son livre *De la félicité publique* [a], ont tiré de cette vérité des conséquences applicables à la condition des peuples ; mais il fallait, je crois, pour que le sujet fût embrassé dans toute son étendue et dans toutes ses conséquences, pour que ces conséquences fussent bien tirées, que l'ouvrage fût de notre siècle et que l'Economie politique eût fait plus de progrès qu'elle n'en avait fait lorsque Chastellux a écrit.

Bien que j'aie proclamé moi-même (dans la première édition de mon *Economie politique* qui parut presque en même temps que le livre de Malthus, et avant que j'eusse pu en avoir connaissance) les principales vérités auxquelles il arrive, je ne fais nulle difficulté de reconnaître qu'il est à la tête de cette matière, non seulement parce qu'il a écrit avant d'avoir pu lire mon ouvrage, mais parce que le sien embrasse des recherches historiques fort étendues, des applications nombreuses, et résout toutes les objections qu'on a opposées ou qu'on peut opposer à sa doctrine. D'ailleurs je ne considérais le sujet que d'une manière accessoire, et j'en ai fait deux chapitres ; tandis que Malthus l'a traité comme son objet principal, et en a fait trois volumes [b].

Parmi les moyens que la nature a employés pour assurer la perpétuité des espèces animales et végétales, le plus puissant et celui sur lequel elle paraît avoir le

a. F.-J. de Chastellux, *De la félicité publique ou considération sur le sort des hommes dans les différentes époques de l'histoire* [1re ed. 1772], Publication de la Sorbonne, Paris, 1989 (NdE).

b. T. R. Malthus, *An Essay on the principle of population, as it affects the future improvement of society, with remarks on the speculation of Mr Godwin and other writers*, London, J. Johnson, 1798. La deuxième édition, très sensiblement modifiée, date de 1803 ; elle est traduite (en trois volumes auxquels Say fait référence) en 1809 sous le titre *Essai sur le principe de population, ou Exposé des effets passés et présents de l'action de cette cause sur le bonheur du genre humain, suivi de quelques recherches relatives à l'espérance de guérir ou d'adoucir les maux qu'elle entraîne*, J. J. Paschoud, Paris, Genève ; elle est rééditée dans la présente collection (NdE).

plus compté, a été de multiplier les germes avec une profusion telle que tout ce qui s'en perd, soit par les accidents qui les empêchent d'éclore, ou qui les détruisent étant éclos, il en subsiste toujours un nombre plus que suffisant non seulement pour réparer l'espèce ; mais pour la multiplier et l'étendre avec une progression rapide.

C'est une observation de Franklin qu'il n'y a aucune limite à la faculté productive des plantes et des animaux et que leur nombre n'est borné que parce qu'ils se dérobent mutuellement l'espace et la subsistance. Si la face de la terre, dit-il, était dépouillée de toute autre plante, une seule espèce, le fenouil, par exemple, suffirait pour la couvrir de verdure en peu d'années. Il en est de même des animaux. Il en est de même des hommes, avec les seules différences qui tiennent à la différence des natures.

Avec de si puissants moyens de reproduction, la nature semble s'être peu inquiétée des destructions. Il lui suffit que dans la multitude des êtres organisés qu'elle répand à foison, quelques-uns tombent sur un terrain ou dans des circonstances où ils pourront se développer assez pour qu'ils viennent au point de pouvoir se reproduire ; du reste qu'ils soient saccagés, qu'ils souffrent, qu'ils périssent, peu lui importe.

Voyons quel parti une créature intelligente peut tirer de ces données qu'une expérience irrécusable nous fournit.

Nous observerons d'abord que la destruction des végétaux, soit dans leur germe, soit après leur développement n'est vraisemblablement accompagnée d'aucune douleur. Il y a eu quelques systèmes sur la sensibilité des plantes ; mais ils ne paraissent pas fondés sur des preuves suffisantes.

Quant aux animaux, s'ils ne souffrent pas dans leur germe, ils souffrent incontestablement dès que l'organisation a eu lieu, toutes les fois qu'ils ne trouvent pas les moyens de se développer et de s'entretenir, et toutes les fois que la destruction les atteint. Or la souffrance est un mal. La somme du mal, des maux soufferts, est donc plus grande lorsque la borne nécessaire que la nature a mise à la multiplication des espèces, agit en retranchant l'animal organisé, que lorsqu'elle agit en détruisant le germe, en l'empêchant d'éclore.

Il résulterait de ce principe que nous ferions un acte assez immoral en multipliant les troupeaux de brebis et de bœufs, pour les tuer ensuite lorsqu'ils ont acquis leur entier développement et le maximum de leur sensibilité. Mais en premier lieu et dans l'alternative où nous sommes, de souffrir de la faim ou de faire périr d'innocents animaux, il est assez naturel que nous nous intéressions de préférence aux maux de notre espèce. En second lieu, les animaux ne paraissent pas souffrir de l'appréhension de la mort, qui est un fort grand mal pour nous ; et si nous pouvions réduire pour eux la mort à n'être que la cessation de la vie, sans qu'elle fût accompagnée de douleurs physiques, nous ne leur ferions réellement aucun tort en les privant de la vie. Il ne me semble pas impossible que nos connaissances et le sentiment de nos devoirs envers les bêtes, étant plus perfectionnés qu'ils ne sont, nous ne parvenions à faire entrer les animaux au nombre de nos aliments, sans avoir à nous reprocher leurs souffrances. Alors il arriverait qu'en élevant des troupeaux, nous augmenterions même pour les animaux la proportion du bien, car c'est un bien pour eux que de vivre, que d'exercer leurs facultés, de satisfaire leurs besoins ; et ce ne serait pas un mal dont ils pussent s'apercevoir, que de cesser d'exister. Nous leur aurions donné les jouissances de la vie sans y joindre les angoisses de la mort. C'est en vérité (fussent-ils raisonnables) tout ce qu'ils seraient en droit de prétendre.

Ces considérations acquièrent pour nous un très haut intérêt quand nous les appliquons à l'homme. Soumis à la loi commune les hommes peuvent se multiplier à l'infini ; mais leurs *moyens d'exister* sont bornés. Nous les avons beaucoup étendus en ajoutant aux richesses naturelles que nous fournit spontanément la nature, nos richesses acquises, nos produits. Remarquez, je dis *nos produits* et non pas seulement *nos aliments* ; en effet, quoique le besoin de nourriture soit pour nous un des plus impérieux, et de ceux qui se renouvellent le plus souvent, quoique la valeur des produits alimentaires qui se consomment, soit de beaucoup supérieure à celle de tous les autres produits mis ensemble, la possibilité que nous avons et qui est particulière à notre espèce, de pouvoir les transformer par la voie des échanges, les égalise tous à nos yeux pourvu que la valeur en soit égale. Un homme qui se trouve avoir une glace ou un lit qui valent cent francs, et qui ne possède pas autre chose a, dans une disette, autant de moyen de se nourrir, que l'homme qui a par exemple cent pains de quatre livres lorsqu'ils valent vingt sous chacun. Je suppose les valeurs égales, et le prix courant de ces deux sortes de marchandises bien établi, le propriétaire du meuble aura quand il voudra cent pains, et le propriétaire de cent pains aura quand il voudra le meuble. Ils échangeront tout ou partie de leur avoir. L'essentiel est d'avoir à soi une valeur de cent francs dans l'exemple cité ; une valeur quelconque dans tous les cas possibles, à pouvoir consacrer aux besoins qu'on a, à commencer par les plus impérieux ; et faute de posséder cette valeur, on est forcé de se priver d'abord des choses moins essentielles à l'existence, puis ensuite de celles qui le sont un peu plus, et finalement de celles qui sont tout à fait indispensables, puis on meurt.

J'aurais pu vous exprimer cela en termes vulgaires et vous dire : on vit d'autant mieux qu'on a plus de revenu, une plus grande somme de valeurs à consommer dans l'année, et faute de revenus, on vit d'aumônes, ou l'on ne vit plus. Mais il me semble que cette manière d'énoncer la même idée aurait fait moins bien entendre la nature intime de la chose ; et aurait donné lieu, par exemple, de reproduire beaucoup d'arguments qui embarrassent toutes les discussions sur la population ; comme par exemple, les arguments qui admettent les aliments, comme le seul moyen d'entretenir la population, d'où résultent souvent des lois et des règlements où le commerce et les arts sont, dans les disettes, sacrifiés à la production de ce qui se mange. Pour nous, Messieurs, et pour tous ceux qui savent l'Economie politique, nous ne nous mêlons pas d'estimer les choses plus ou moins que ceux qui les consomment et qui savent mieux que nous les estimer d'après l'usage qu'ils en tirent. Nous jugeons un meuble tout aussi utile que cent pains, si l'on consent librement à donner une de ces choses pour l'autre.

Quand il n'y a pas disette de subsistances et qu'il y a disette de meubles, il est possible que le même meuble vaille 150 francs et le pain 10 sous les quatre livres. Dans ce cas on peut échanger son meuble contre trois cents pains ; j'en conclus qu'un meuble de ce genre est alors aussi utile, aussi indispensable à l'existence de la société telle qu'elle est, que peuvent l'être trois cents pains ; pourquoi changerais-je mon opinion lorsque la valeur relative de ces deux produits vient à varier ? Lorsque le prix courant sera de cent pains pour un meuble, je dirai donc toujours que l'un paraît aussi utile que l'autre, puisque pour la même valeur on peut à volonté avoir l'un ou l'autre.

Cependant, dira-t-on, il est impossible de croire que la population d'un pays peut s'accroître indéfiniment par la raison que ses produits manufacturés peuvent s'accroître indéfiniment. Je ne le pense pas non plus ; mais voici comment la balance de la nature des produits avec la nature des besoins s'établit naturellement.

Quand les produits manufacturés se multiplient au-delà d'un certain point par rapport aux produits alimentaires, ceux-là baissent de prix par rapport à ceux-ci. Le producteur manufacturier obtient moins d'aliments en retour de ses produits ; cela équivaut pour lui à une diminution de revenu qui met une borne à cette portion de la population ; qui la retient dans un certain rapport avec la quantité de produits alimentaires qu'on peut se procurer dans le pays, par le moyen de l'agriculture ou du commerce.

On peut donc sans risquer de se tromper, appliquer à l'espèce humaine la loi générale qui tend à multiplier les êtres organisés toujours jusqu'aux bornes de leurs moyens d'exister, en disant que la population s'accroît par tout pays en proportion de la somme des valeurs produites en ce pays, ou, ce qui est la même chose, *en proportion de ses revenus généraux*. Elle tend à s'accroître davantage, mais tout ce qui excède ce que les revenus peuvent entretenir périt inévitablement, car jamais on n'existe par-delà les moyens d'exister. Il est affligeant de penser, mais pour qui veut s'instruire, il est impossible de se le dissimuler : en tout pays, même dans le plus prospère, une partie de la population périt tous les ans de besoin.

Ce n'est pas que tous ceux qui périssent de besoin, meurent positivement du défaut de nourriture, quoique ce malheur soit beaucoup [plus] fréquent que l'on ne le suppose. N'est-ce pas périr du défaut de nourriture que d'être graduellement affaibli par une dose d'aliments de mauvaise qualité, peu nutritive, et ne suffisant pas complètement à l'entretien d'un corps, qui dès lors succombe au moindre choc ?

Quelquefois c'est un malade qu'un peu de repos remettrait ; ou bien à qui il ne faudrait que la consultation du médecin, et un remède fort simple ; mais l'infortuné ne peut ni prendre le repos, ni consulter le médecin, ni faire le remède. D'autres fois c'est un petit enfant qui réclame les soins de sa mère ; mais sa mère est forcée au travail par l'indigence. L'enfant périt ou par accident, ou par malpropreté, ou par une maladie qui résulte de tout cela. C'est un fait constaté par tous ceux qui s'occupent d'arithmétique politique, que sur un égal nombre d'enfants pris dans la classe aisée et dans la classe indigente, il en meurt dans cette dernière deux fois autant que dans l'autre pour le moins. L'impossibilité de changer souvent de linge, de se vêtir plus chaudement, de se sécher, de se chauffer au besoin, affaiblissent la santé, altèrent la constitution, exposent beaucoup d'êtres humains à un dépérissement plus ou moins rapide ; et l'on peut dire que tous ceux qui périssent à la suite d'un besoin que leur fortune ne leur permet pas de satisfaire, meurent de besoin.

On voit que des produits très variés, parmi lesquels il y en a qu'on peut nommer *immatériels* comme le conseil du médecin, et par conséquent incapables de servir d'aliment, sont nécessaires à l'existence de l'homme, surtout dans les grandes sociétés. On comprend que ce sont les besoins qui déterminent la nature de la production, parce que les produits dont on a le plus besoin sont ceux auxquels on met le plus haut prix. On peut donc dire en thèse générale, que la population des Etats se proportionne toujours à la somme de leurs produits ; lesquels, étant répartis dans la société, composent les revenus de chaque famille.

Sans doute il y a des familles où cette multiplication des individus n'est pas exactement en proportion des revenus. Mais ce sont des exceptions à la loi générale ; et la loi générale tend toujours à reprendre son empire. La fortune se partage par des successions, par des héritages, par des dispositions quelconques ; et si la famille qui en était d'abord propriétaire, ne s'est pas pas multipliée en proportion de ses revenus, les mêmes revenus, coulant bientôt dans d'autres canaux, ne tardent pas à y porter des principes de vie.

De même toutes choses étant d'ailleurs égales, un pays où par l'effet des mauvaises lois (comme celles qui ont rapport aux substitutions et aux majorats) les fortunes deviendront et resteront fort inégales, un tel pays, dis-je, nourrira proportionnellement moins d'habitants qu'un autre, parce qu'une grande fortune tend à diriger une partie plus considérable de la production vers des superfluités, ce qui est d'autant de ravi à la production des choses indispensables au soutien de la vie. Et cependant on aurait tort de croire que les gros revenus ne servent pas eux-mêmes à favoriser une nombreuse population. Lorsqu'un homme riche consacre une partie de son revenu à l'entretien de ses cochers, cuisiniers, concierges, etc., il faut considérer son revenu comme se partageant en plusieurs revenus, dont l'un devient celui du cocher et de sa famille, l'autre celui du cuisinier et de sa famille, l'autre celui du concierge, etc. Et toutes ces familles se multiplient d'autant plus que ces revenus qui deviennent les leurs, sont plus considérables.

Vous voyez donc que malgré des anomalies et des modifications, la population se multiplie toujours en raison des revenus, ou des valeurs perpétuellement produites dans la société.

Lorsque de ces principes généraux auxquels on pourrait être conduit par le simple raisonnement pourvu toutefois que l'on connût la nature de l'homme et des choses, on passe à l'étude des faits, de tous ceux du moins qui ont pu parvenir à notre connaissance relativement à ce sujet, non seulement on y trouve constamment la confirmation du principe ; mais on l'y trouve pour ainsi dire avec exagération, de manière à exciter la surprise et à nous faire supposer que la force qui tend à multiplier les êtres humains (comme tous les autres êtres organisés) jusqu'au terme le plus éloigné de leurs moyens d'exister est bien plus active encore qu'on n'aurait pu le supposer.

C'est la conviction qui résulte des recherches de Malthus.

Il fait mention de plusieurs circonstances où des fléaux destructeurs ayant moissonné un grand nombre de personnes sans avoir détruit les moyens d'avoir des produits, la population est promptement remontée au point où la retient la quantité de produits qu'on peut consommer.

Un auteur allemand nommé *Süssmilch* [a], nous a conservé des tables très exactes du nombre des naissances, des décès, des mariages, en Prusse durant une

a. Johann Peter Süssmilch, *Die göttliche Ordnung in den Veränderungen des menschlichen Geschlechts*, Berlin, 1761 ; traduction française : « *L'Ordre divin* » *aux origines de la démographie*, INED, Paris, 1979 (NdE).

période de plus de 60 ans, depuis 1692 jusqu'en 1757, dans lesquelles on peut faire des observations assez curieuses.

En 1709 et 1710, il y eut en Prusse une peste qui enleva le tiers de la population. On aurait pu croire que l'année qui suivit la peste, les deux tiers restant durent faire moins d'enfants qu'auparavant. Point du tout. L'année qui avait précédé celle de la peste, il y avait eu, en nombre rond, 26 mille naissances ; et l'année qui suivit la peste, il y en eut 32 000.

Vous seriez peut-être tentés de vous imaginer que dans la profonde tristesse, dans le découragement que dut causer ce fléau et lorsque chaque famille avait ses pertes à déplorer, on dut avoir du moins peu de goût pour le mariage. Détrompez-vous : en 1708 (année qui précéda la peste), il y avait eu en nombre rond 6 000 mariages. En 1711, année qui suivit la peste, combien pensez-vous qu'il y en eût ? 12 000 ! et remarquez que ces 12 000 nouveaux mariages ne durent contribuer que faiblement aux 32 mille naissances qui eurent lieu la même année, quelque bonne volonté qu'on y mît.

En même temps le nombre des décès tomba de 16 mille à 10 mille, car sur une population réduite aux deux tiers, la mort ne peut pas exercer les mêmes ravages. De sorte que le rapport des naissances aussitôt après le fléau, fut de 320 naissances pour 100 décès, proportion qui excède les progrès des pays neufs et florissant comme les Etats-Unis.

Le nombre des mariages tomba bientôt, soit parce que toutes les personnes en état de pouvoir contracter ce lien s'étaient mariés dès les premières années, et qu'il ne resta pour les suivantes que les personnes qui atteignaient l'âge nubile, ce qui ne pouvait regarder encore les nouveaux venus après la peste ; soit parce qu'à mesure que la population approchait de nouveau des moyens de vivre que pouvait offrir le pays, les mêmes motifs n'existaient plus de travailler aussi efficacement à réparer les pertes qu'un fléau destructeur avait occasionnées.

Ce n'est point ici un effet particulier à une certaine époque ou à un certain pays. Il y eut une peste affreuse à Londres, en 1666 et si l'on en croit les écrivains du temps, il n'y paraissait plus 15 ou 20 ans après.

Des calculs très curieux de Messance prouvent qu'après la peste de Marseille en 1720, les mariages furent en Provence bien plus féconds qu'auparavant. L'abbé d'Espilly a trouvé les mêmes résultats [a]. Les traces des famines les plus destructives à la Chine, dans l'Inde, en Egypte, sont, au rapport de tous ceux qui en ont été témoins, effacées en très peu de temps. Enfin les convulsions de la nature, les éruptions volcaniques, les tremblements de terre, quand ils n'altèrent pas les sources de la reproduction des valeurs, n'opèrent sur la population qu'un effet entièrement passager. Rien n'empêche la race humaine, comme toutes les autres espèces organisées de remonter bientôt au point que lui assignent, en chaque lieu, ses moyens d'exister, parmi lesquels la possibilité d'avoir des aliments, soit par l'agriculture, soit par le commerce, joue le principal rôle.

Certes notre époque a vu l'une des guerres les plus longues et les plus destructives qui jamais aient surchargé les annales des nations. Un conquérant de nos jours a surpassé le crime de Cambyse. Ce persan par une colère et une imprudence coupable avait perdu une armée de 50 mille hommes dans les sables de la Lybie ; le moderne a perdu une armée de 500 [mille] hommes dans les glaces du nord. Nulle précaution n'avait été prise. Jamais le mépris de l'espèce humaine ne fut affiché avec une semblable impudence. La France avec dix autres nations étaient mises en coupe réglée. L'humanité crie encore vengeance, mais la population n'en a pas souffert. Le nombre des habitants de la France qui avant la Révolution n'excédait

a. Messance, *Nouvelles recherches sur la population de la France avec des remarques importantes sur divers objets d'administration*, Les frères Périsse, Lyon, 1788. Abbé d'Expilly, *Tableau de la population de la France* s.l.n.d. (NdE).

pas 24 à 25 millions, s'est trouvé être d'après le dernier dénombrement de 28 à 29 millions.

D'après cela j'ai peur que vous ne trouviez bien ridicules les efforts qu'à toutes les époques, ont fait divers gouvernements pour accroître la population de leurs Etats en favorisant les naissances, soit dans le but de multiplier les contribuables, soit dans le but de recruter leurs armées, ou pour faire croire qu'ils s'occupaient efficacement de la prospérité du pays. Les hébreux frappèrent de honte les célibataires et les femmes stériles. A Rome les censeurs regardaient comme une partie essentielle de leurs fonctions de faire marier les personnes nubiles. Louis XIV par son édit de 1666, donna des récompenses à ceux qui auraient dix enfants. Chaque fois qu'il naît quelque petit prince dans les monarchies, on a soin d'ajouter à ce *bonheur*, celui de marier des jeunes filles qui feront de petits infortunés destinés à lutter plus ou moins longtemps contre la faim et la malpropreté.

Tout cela ne sert absolument à rien, si ce n'est à augmenter les misères de l'humanité. Qu'on ne s'inquiète pas de la population ; la nature s'en charge. Elle viendra du reste là où il y aura de quoi la nourrir. Si vous voulez voir pulluler les hommes, multipliez les produits ; or comment les produits se multiplient-ils ? C'est ce que j'ai eu l'honneur de vous détailler lorsque je vous ai dit comment les richesses se formaient.

Mais ce qui ne saurait nous être indifférent, c'est le sort, la condition des hommes. Or ils jouissent d'un sort plus heureux, lorsque chacun a plus de produits à consommer, parce que alors il a de quoi satisfaire un plus grand nombre de besoins. Et ce n'est pas la multitude ou la paucité des hommes, qui fait qu'ils ont moins ou plus de produits à consommer. C'est l'étendue de la production, comparée au nombre des consommateurs. L'Asie Mineure, l'Egypte ont été fort populeuses jadis, et l'on y vivait bien mieux qu'aujourd'hui où les habitants y sont fort au large. Malgré la gêne actuelle du peuple en Angleterre qui provient de l'exagération des impôts, on y vit probablement mieux que du temps d'Elisabeth quoique alors il y eût dans cette île la moitié moins d'habitants. Notre classe ouvrière en France est mieux accommodée qu'avant la Révolution. Sa nourriture est plus substantielle et plus saine ; elle a des habits un peu meilleurs ; et quelques meubles de plus dans l'intérieur des ménages ; et cependant elle vit moins au large, puisqu'il y a plus d'habitants. Il faut donc que les produits du pays aient augmenté plus encore que la population. Si celle-ci a augmenté d'un sixième, les produits ont peut-être augmenté d'un cinquième au-delà de ce qu'ils étaient. Et remarquez que ce n'est point ici une valeur nominale exprimée en argent. La somme en argent pourrait paraître plus forte parce que la valeur des écus pourrait être moindre par rapport aux denrées. Je crois bien en effet que la valeur des consommations évaluée en argent est beaucoup plus considérable qu'elle n'était ; mais indépendamment de cette circonstance la consommation est véritablement plus forte suivant les relevés faits à la Préfecture de police. Le nombre des traiteurs, restaurateurs, limonadiers de Paris, est décuplé de ce qu'il était ; le nombre des porcs qu'on y consomme a décuplé aussi ; et la population n'est pourtant, y compris les étrangers, augmentée que d'un cinquième au plus.

On voit donc que la destruction d'un certain nombre d'individus n'est point une raison pour que ceux qui restent soient mieux pourvus. Quand un certain nombre de consommateurs sont retranchés d'une population, les denrées et tous les produits en général diminuent en partie par la raison même qu'on ne peut pas retrancher des *consommateurs* sans retrancher des *producteurs*. Mais en supposant, ce que je crois vrai, que la production ne diminue pas autant que les producteurs, les survivants ne sont pas mieux accommodés pour cela. Les lacunes laissées dans une classe ne procurent pas plus d'aisance aux autres familles. Dans celles mêmes où des décès ont laissé des lacunes, on ne fait guère d'autres consommations que celles qu'admettent les habitudes du pays pour cette classe. Le besoin de peupler l'emporte toujours sur celui d'améliorer sa position ; et les vides laissés sont bientôt remplis par des hommes qui ne vivent pas mieux que leurs devanciers.

Rien n'est donc plus faux qu'un raisonnement barbare que nous n'avons que trop entendu faire dans ces époques déplorables où le démon révolutionnaire, et celui des batailles [...] [a] avec la tranquillité du calcul ou nos pères, ou nos fils, ou nos frères : *la France est trop peuplée*, disaient certains cannibales ; *quand il y aura quelques habitants de moins, le reste sera plus à l'aise*. Cette assertion est fausse comme toutes celles qui sont barbares, lorsqu'on vient à les examiner de près. Ce sont toujours des aperçus incomplets, ou de faux raisonnements qui viennent à l'appui d'une politique coupable.

Le fait est que par tout pays on peut être *nombreux* et cependant *bien pourvu*, bien nourri comme en Hollande, à Genève, sur l'ancien territoire vénitien ; ou bien qu'on peut être *nombreux* et *mal pourvu*, comme en Chine. Le fait est qu'on peut être *rare* et *mal pourvu* comme en Pologne et dans le patrimoine de Saint Pierre, ou bien *rare*, peu en nombre, et *bien pourvu* comme dans les nouveaux Etats de l'Amérique septentrionale.

Quand j'ai dit que la population s'élevait toujours en proportion des moyens d'exister, je n'ai pas prétendu que les moyens d'exister fussent les mêmes pour toutes les nations ; de même qu'ils ne sont pas les mêmes pour toutes les espèces animales. Les chiens ne multiplieraient pas dans les pays de pâturages, ni les brebis dans les pays de pêche abondante. De même le défaut de chauffage empêcherait les hommes de multiplier en Suède, et cette raison-là n'arrêterait pas les progrès de la population de Naples. Eh bien, par une extension des mêmes motifs dans un

a. Mot indéchiffrable (NdE).

pays où l'on est accoutumé à manger de la viande et à se montrer vêtu de drap, ces objets font partie de ce que j'appelle *moyens d'exister.* Il faut qu'ils se multiplient pour que la population puisse s'étendre.

Or ce sont ces moyens d'exister, ainsi définis qu'une portion survivante de la population n'a pas en plus grande abondance quand on moissonne une autre partie de la population. Les causes qui font qu'on vit mieux dans un pays que dans l'autre qu'on y est mieux pourvu, ne tiennent pas au plus ou au moins grand nombre des cohabitants, qu'on y a — comme les exemples que je vous en ai cités le prouvent. Ces causes sont autres. Voulez-vous les connaître ? C'est dans l'Economie politique que vous pouvez les trouver.

Vous savez que les sources de nos revenus sont de plusieurs sortes. Nous pouvons faire des profits par notre industrie ; nous en pouvons faire par nos capitaux. Or la même famille peut réunir plusieurs sources de revenus. Quand on a su épargner et placer au moins un petit avoir, rien n'empêche qu'on ne tire en même temps des profits de son travail et de ses talents. C'est pour cela que, toutes choses d'ailleurs égales, un peuple qui est laborieux et économe et qui tandis qu'il travaille, a des capitaux productifs qui travaillent aussi, est mieux pourvu que celui qui a le goût de la dissipation et de l'indolence et qui trouve son plus grand plaisir à gaspiller et à voir gaspiller les ressources qu'il a.

En second lieu les institutions politiques influent sur la part que chaque producteur peut prétendre dans les produits généraux. Le fermier peut prétendre davantage de son propriétaire, l'ouvrier de son maître, si les lois sont égales pour tous ; si chaque personne est également protégée dans ses droits et dans sa propriété ; et surtout si sous le prétexte de la défense commune, ou de l'honneur de la nation, ou de l'éclat dont on prétend qu'il faut entourer les hauts emplois, il n'est pas permis de s'emparer du sixième, ou du quart des produits généraux, d'ôter par là à la classe nombreuse des producteurs, une partie importante de ses moyens de jouir et d'épargner. Or par quels moyens une nation peut-elle se réserver les avantages qui sont de sa propre création ? Comment parvient-elle à défendre ses revenus contre le fisc ? En faisant de bonnes élections ; en ayant des représentants qui prennent en main ses intérêts.

C'est en partant de ces principes, Messieurs, que nous nous formerons des idées précises de ce qui fait la population des Etats et que nous trouverons la clé de la félicité ou des souffrances qu'on y éprouve. Ces principes nous mettent à portée de lire l'histoire avec plus de fruit, d'y démêler les causes des événements, d'apercevoir quelquefois des rapports qui ont échappé à l'historien, moins instruit, qui nous fait faire des réflexions qu'il n'a jamais faites lui-même. Ces principes enfin nous mettent à portée d'apprécier les actes des gouvernements et d'en présager les suites ; et ils nous montrent combien il est peu sage désormais d'écrire sur l'histoire et l'administration avant d'avoir étudié l'Economie politique.

Il suffira de quelques applications pour nous en fournir des exemples.

Combien n'a-t-on pas dit et répété que la découverte de l'Amérique avait dépeuplé l'Espagne ? Il semble que si tous ceux qui allèrent s'établir dans le nouveau monde étaient restés dans la péninsule, elle serait aussi populeuse que la France. Or d'après l'étude d'une multitude d'autres faits éclairés par l'Economie politique, nous pouvons prononcer hardiment que lors même il ne serait pas allé un seul Espagnol au Mexique ou bien au Pérou, il n'y en aurait pas un de plus en Espagne. Il faut donc chercher ailleurs la cause de la dépopulation de ce pays que sa position et son climat appelleraient à jouer un rôle important et qui effectivement a perdu beaucoup de ses habitants depuis l'époque où l'Amérique fut découverte sous Ferdinand et Isabelle. Et nous trouverons non pas une cause, mais dix causes de son déclin.

Les Maures beaucoup plus civilisés que les chrétiens d'Espagne, ne purent jamais extirper complètement ces derniers qui s'étaient retirés dans les montagnes du nord de la péninsule. De là ces chrétiens endurcis aux fatigues, exaltés par un fanatisme religieux, toujours d'autant plus puissant que les peuples sont moins éclairés, faisaient des incursions dans la partie mauresque du pays, et finirent après plusieurs siècles par expulser complètement les descendants des conquérants arabes. Ce fut le moment brillant de l'Espagne. Les vainqueurs dans les vicissitudes de cette lente conquête, avaient conquis les arts et la civilisation des vaincus, parce qu'ils n'étaient pas encore assez puissants pour les persécuter et les exiler. En même temps les chrétiens vainqueurs avaient conservé cet esprit d'entreprise et de liberté que leur vie errante et aventureuse leur avait donné et qu'une expérience de tous les temps montre favorable aux plus grands développements des facultés de l'homme. C'est ainsi que la plupart de leurs chefs étaient électifs, et que chaque peuplade s'établissait indépendante des autres. De là ces royaumes de Castille, de Murcie, d'Aragon, de Valence, de Grenade, dont les chefs n'obtenaient la direction, qu'autant qu'ils juraient d'obéir aux lois et de respecter les états du pays.

Mais on n'était pas assez éclairé encore pour trouver dans le système représentatif un contrepoids suffisant à l'autorité royale. Celle-ci à l'aide de la déception, des promesses éludées, des alliances qui réunissaient plusieurs principautés, acquit par degrés une prépondérance qui devint irrésistible sous Philippe II. Mais jusque-là je vois pour l'Espagne beaucoup de causes de prospérité et de population. Une agriculture et des arts introduits par les Maures, ainsi que quelques notions des sciences, les seules qu'il y eut jusque-là ; une liberté assez grande d'industrie et des contributions fort légères ; car on voit que Charles Quint si puissant dans le reste de l'Europe, était obligé de ménager les autorités nationales quelque imparfaites qu'elles fussent. Elles le laissaient constamment dépourvu d'argent ; et ses armées d'Allemagne et d'Italie vivaient en général à discrétion dans le pays qu'elles occupaient ; ce qui était fort fâcheux sans doute pour les Allemands et les Italiens ; mais ce qui ménageait l'Espagne. Aussi voit-on dans les romans espagnols du temps, et notamment dans les nouvelles de Cervantes et dans *Don Quichotte*, qui bien que écrits à une époque où le déclin commençait, indiquent encore un pays beaucoup plus prospère que nous ne l'avons vu.

Mais aussi depuis ce temps que de causes de ruine ne trouvons-nous pas ? Les derniers Maures expulsés pour éviter les bûchers et les tortures de l'Inquisition, emportèrent ce qu'ils purent de leurs capitaux et une partie de leurs connaissances et de leurs arts industriels ; comme plus tard les protestants persécutés par Louis XIV ; comme à présent ceux de Nismes [a] dispersés par le fanatisme et la réaction au point que cette ville industrieuse a déjà perdu un quart de sa population, et de son industrie.

L'Inquisition brûla aussi ou bannit les *juifs* et avec eux leur industrie, et cette industrie, quoiqu'un peu usurière, ne laissait pas d'être utile, car enfin les relations commerciales rendaient les courtiers nécessaires, et des avances quoique payées un peu cher par la faute des lois, plutôt que par celles des prêteurs, ne laissaient pas que de rendre de fort grands services.

La destruction de l'industrie et par conséquent de la production, ne s'arrêta pas là. On voit dans l'histoire de l'Inquisition que M. Llorente [b] a publiée dernièrement quelle sombre méfiance l'Inquisition répandait, même entre chrétiens et Espagnols, dans les relations sociales qui sont un des fondements de l'industrie et de la production. On n'osait pas réclamer une dette, de peur que pour éviter de l'acquitter le débiteur

a. Lecture incertaine (NdE).

b. Juan Antonio Llorente, *Histoire critique de l'Inquisition d'Espagne, depuis l'époque de son établissement, par Ferdinand V jusqu'au règne de Ferdinand VII*, trad. française, Treuttel et Wurtz, Paris, 1818, (NdE).

n'allât faire une dénonciation secrète ; on n'osait pas renvoyer un commis, un ouvrier inapte ou prévaricateur dans la crainte qu'il ne se vengeât de la même manière. Du reste les dénoncés n'avaient nulle connaissance de leurs accusateurs, ni même du crime dont ils étaient chargés. Les intentions et les pensées interprétées au gré des juges, et les malheureux prévenus s'accusant quelquefois eux-mêmes pour abréger leurs tourments ; et punis, non plus pour les dénonciations faites contre eux, mais en conséquence de leurs propres aveux.

Du reste des détentions prolongées sans aucune communication ne permettaient plus à un accusé de diriger ses affaires. Sa famille était ruinée comme sa fortune. Et même lorsqu'un malheureux parvenait à sortir des griffes des dominicains, il ne pouvait plus rien faire d'utile pour lui, ni pour le pays ; car les prêtres par de tels moyens, et par la confession, et par l'administration des sacrements, s'étaient tellement rendus maîtres d'un peuple abruti par degrés, que ce pauvre peuple regardait comme des réprouvés ceux qui avaient pu seulement être soupçonnés par l'Inquisition de n'être pas bons catholiques, même après que ce tribunal religieux les avait absous !

Pendant ce temps l'autorité royale (qui favorisait le despotisme des prêtres parce qu'il accoutume à la soumission et à l'obéissance passive) avait fait assez de progrès pour pouvoir établir partout le régime réglementaire et prohibitif et des impôts graduellement croissants ; entre autres cet absurde impôt appelé *alcavala*, établi sur toutes les transactions, petites ou grandes, auquel Ustaritz [a] attribue la ruine de toutes les manufactures d'Espagne, car toutes les industries ne peuvent agir que par une suite de transactions. Chaque produit pour être achevé doit passer par les mains de plusieurs producteurs. La matière première

a. Geronimo de Uztariz, *Théorie et Pratique du commerce et de la marine*, traduction libre de François Véron de Forbonnais sur la deuxième édition espagnole (1747), Veuve Estienne, Paris, 1753 (NdE).

passe du cultivateur au négociant, du négociant au fileur ou au teinturier, de celui-ci à un fabricant, du fabricant au marchand, au détailleur, au consommateur enfin. S'il faut payer un impôt sur chaque vente, le même produit peut payer dix impôts.

Je ne pousserai pas plus loin cette énumération de causes de ruines et par conséquent de dépopulation de l'Espagne, quoiqu'elle soit bien loin d'être finie. Je m'abstiendrai de parler des nouveaux malheurs déversés sur ce beau pays par l'incapacité et le despotisme des petits-fils de Louis XIV. Car en voilà déjà assez pour expliquer par des inductions tirées de la nature des choses, comment une nation vaillante et généreuse a pu perdre sa richesse, sa population et son bonheur.

Vous voyez, Messieurs, que l'influence mortifère d'un mauvais gouvernement agit défavorablement sur la population d'un pays et sur la condition de ses habitants, non pas directement, mais en agissant sur la production des revenus, des richesses, laquelle règle définitivement le nombre des habitants. Si le gouvernement détruisait directement une partie de la population, il agirait comme font les fléaux, la famine, la peste. L'effet serait passager ; et au bout d'un petit nombre d'années, il n'y paraîtrait plus. Bonaparte, comme une peste, enlevait trois cent mille hommes à la France chaque année, et chaque année la population croissait. Cependant je dois vous dire que dans les dernières années de ce régime-là, j'ai des raisons de croire qu'elle ne croissait plus ; mais ce ne sont point les levées d'hommes qui en étaient cause ; c'est que le gouvernement attaquait violemment les sources de la reproduction. Rien n'est plus mortel pour l'industrie que cette manie qu'il avait de se mêler de tout. Il aurait voulu devenir l'unique commerçant, l'unique manufacturier et ne regardait déjà les vrais manufacturiers, les vrais négociants, que comme des exploitants subrogés à son droit, de même que les entreposeurs de tabac. Qui sait même s'il n'avait pas le projet de se faire reconnaître comme l'unique maître du sol.

Alors les vrais propriétaires des terres n'auraient plus été que des espèces de métayers auxquels on aurait laissé par grâce quelques droits sur leurs produits. Si tous ces beaux projets avaient pu recevoir leur exécution, une direction arbitraire et pleine d'abus aurait été établie sur toutes les routes de l'industrie. Plus de libre développement dans les conceptions industrielles des particuliers ; l'activité, l'économie, le talent auraient dû entrer en partage de leur succès. Le premier et le plus assuré de tous les encouragements aurait manqué. Ç'aurait été un vaste couvent gouverné par un sabre, au lieu de l'être par un crucifix. Ce n'est point une inculpation gratuite. En vérité je vous le dis : nous avons vu commencer l'exécution de ce plan.

Mais revenons à nos autres fléaux. Si la famine, si la peste, ne peuvent altérer que très passagèrement la population des Etats, est-ce avec raison que l'on considère ces fléaux comme si redoutables ? Oui, Messieurs, mais la bonne raison, la voici.

J'ai eu l'honneur de vous dire au commencement de cette séance, que la nature a voulu que les êtres doués de sentiment, fussent d'autant plus capables de jouir et de souffrir, qu'ils sont plus développés. Un être adulte qui est la proie d'une famine, souffre longuement et cruellement avant de périr. Il est douteux qu'un embryon souffre du défaut d'aliment ; et s'il souffre, cette souffrance est incontestablement beaucoup moindre que celle de l'être développé. Or c'est sur des êtres plus ou moins développés que portent les fléaux. Ce n'est pas tout : chaque homme complètement développé qui est emporté par les contagions, les famines et les guerres, laisse dans la souffrance des survivants, veuves, orphelins, sœurs ou vieillards. Et si le crime dont on se rend coupable est proportionné au mal qu'on fait, celui auquel on peut reprocher la mort d'un homme, est incalculablement plus coupable que celui auquel on ne peut reprocher que la perte d'un embryon.

Les fléaux sont funestes non seulement par les maux particuliers qui en sont la suite, mais par les vertus et les talents qu'ils moissonnent. Les talents et les vertus d'un seul homme peuvent influer sur le sort d'un peuple durant plusieurs générations. Franklin et Washington sont sans doute pour beaucoup dans l'excellente direction qu'ont prise leurs compatriotes. Supposez Franklin emporté à 30 ans par la fièvre jaune, et Washington tué dans la guerre du Canada, je n'oserai pas trop décider quel eût été le sort de la révolution américaine.

Enfin une grande perte d'hommes faits est une grande perte de richesse acquise ; car un homme adulte est un capital accumulé qui représente toutes les avances qui ont été nécessaires, pendant plusieurs années, pour le mettre au point où il est.

Par une autre conséquence de tout ce que j'ai établi aujourd'hui, les progrès de la médecine, tous les moyens curatifs et préservatifs ne sauraient exercer aucune influence sur la population. Quand la production reste la même, nulle petite vérole ne peut empêcher la population de se soutenir. Si la production diminue, mille Boerhave donnant gratuitement les secours de leur art n'empêcheraient pas la population de tomber. Le bien que font les médecins habiles et en général tout régime diététique conservateur de la vie des hommes, le voici : la population d'un pays quelle qu'elle soit, se conserve au point où elle est, de deux manières ; ou par la durée du même individu, ou par son renouvellement. Pour entretenir une population de 30 millions de personnes dont la vie moyenne est, par supposition, de 30 ans et dont par conséquent il meurt un million chaque année, il faut annuellement un million de naissances. Mais si, par un régime plus salubre, moins de petite vérole ou de toutes autres maladies, la vie moyenne au même lieu vient à se prolonger jusqu'à 60 ans, il ne mourra plus que 500 mille personnes par année ; et par conséquent 500 mille naissances suffiront pour entretenir une population de 30 millions qui n'aurait pu être soutenue que par le double de naissances si la vie moyenne y avait été de moitié plus courte.

Or je dis qu'il y a une plus grande somme de bonheur et une moindre somme de malheur dans un pays où il y a moins de naissances et de décès, parce qu'il y a moins de ces souffrances qui accompagnent toujours plus ou moins la naissance et la mort des individus de notre espèce. Je dis souffrances morales, aussi bien que souffrances physiques. Chaque décès occasionne des maux qui résultent du déchirement des liens de famille, des liens moraux, des liens d'amitié, de besoins réciproques qui attachent chaque personne à beaucoup d'autres. Chaque homme lorsque la vie est plus prolongée profite mieux des connaissances, de l'expérience qu'il a acquises, toujours plus ou moins à ses dépens et aux dépens d'autrui. Il vit proportionnellement plus longtemps dans la plénitude de sa vie et de ses facultés. Dans une durée moyenne de 30 ans, à peine est-on parvenu à remplir sa place dans la société qu'il faut songer à la quitter. Quand la durée est plus grande on peut remplir longtemps cette place avec honneur et satisfaction.

Ce n'est donc point sous le rapport de la population qu'il faut considérer les préservatifs, comme la vaccine, c'est sous le rapport du sort, de la condition de l'espèce humaine. Par les mêmes raisons des tables où les naissances figurent en grand nombre, n'indiquent pas une population plus nombreuse ni plus heureuse que celle des pays où les tables sont moins surchargées. Cette vue quoique nouvelle n'en est pas moins la seule véritable, ou bien toutes nos observations sur les faits, toutes les conséquences rigoureuses que nous en avons tirées sont fausses.

Faudrait-il par hasard, Messieurs, que je fisse quelque apologie pour vous avoir entretenus de sujets dont l'intérêt, je crois, ne saurait se révoquer en doute, mais qui ne laissent pas de porter à la mélancolie, comme toutes les réflexions qui ont pour objet la condition des hommes. Dans le voyage de la vie, le bien n'est pas sans mélange. Nous ne pouvons pas nous occuper de nous-mêmes sans nous occuper de nos maux ; cependant il le faut bien si nous voulons améliorer notre sort. Il y a un *mélange nécessaire* de bien et de maux ; mais il n'y a pas une *proportion nécessaire*. La somme du mal peut dans toutes les situations être considérablement diminuée ; la somme du bien considérablement accrue. Ceux qui s'étourdissent sur leur situation ne remédient à rien. Ceux qui étudient la vraie nature des choses peuvent seuls trouver les moyens d'en tirer parti. C'est l'étude qui convient le mieux à la portion la plus avancée du genre humain. Vous ne me ferez donc pas un crime d'avoir cru que c'était la plus digne d'être soumise à vos méditations.

8e séance
De la population des villes et des campagnes, de la mendicité, de la colonisation

Messieurs, nous avons observé dans notre dernière séance, les lois que suit la population des Etats ; ce qui fait qu'elle s'accroît, s'entretient, ou décline. Ces considérations nous procureront l'avantage, dans nos lectures, dans nos voyages, d'observer avec plus de fruit ce qui a rapport au nombre et à la condition des hommes. Les principes que je vous ai exposés (de même que tous ceux que j'ai eu l'honneur de mettre sous vos yeux jusqu'à ce jour) ne sont pas hypothétiques ; ils sont les fruits des observations suivies des meilleurs investigateurs de l'homme en société ; et les conséquences que nous en avons déduites sont celles des écrivains les plus judicieux.

Nous avons vu que dans quelque pays qu'on veuille désigner, et par conséquent avec un climat, des mœurs et des besoins donnés, la population se proportionne toujours à la somme des produits, sans s'attacher aux produits alimentaires plus qu'à tout autre, parce que la facilité des échanges approprie à chaque homme en particulier, ce qui lui est le plus nécessaire pour subsister.

Nous en avons conclu que rien n'influe d'une manière efficace et durable sur la population, que ce qui influe sur la production ; que les fléaux, tels que la peste, la guerre et la famine ne la diminuent pas ; et que les préservatifs de la vie et de la santé, tels que la vaccine, ne sauraient l'accroître ; mais nous avons observé, en philosophes, et en hommes d'Etat l'influence très marquée que ces causes destructives ou préservatrices exerçaient si ce n'est sur le nombre des hommes, au moins sur leur sort, leur condition.

Aujourd'hui j'appellerai votre attention sur quelques autres phénomènes relatifs à la population et c'est par là que je terminerai nos cours de cette année, non sans éprouver un vif regret que d'autres occupations m'aient forcément privé de m'entretenir plus longtemps avec vous, Messieurs ; ni sans vous témoigner une vive reconnaissance de la faveur avec laquelle vous avez bien voulu m'écouter jusqu'ici.

Si la *quotité* des produits détermine le nombre des habitants d'un pays, la *nature* de la production décide de la distribution qui s'en fait sur le territoire. L'industrie agricole veut que ceux qui s'y livrent soient répandus sur toute la surface d'un pays. L'industrie manufacturière affecte certaines localités. Ainsi une grosse forge se placera là, où il y a du minerai ; une verrerie là, où le combustible est abondant. En général le combustible étant un agent principal dans presque tous les arts, il semble difficile qu'il s'établisse un grand foyer de manufacture partout où il n'est pas abondant ; pour cette raison que le combustible est indispensable dans presque tous les arts, je ne serais pas éloigné de penser que tous les efforts qu'on aurait faits il y a 20 ans pour naturaliser les arts en Egypte, auraient été superflus par cela seul que cette contrée manque actuellement de combustibles. Toutes les villes de la Grande-Bretagne dont les progrès des manufactures ont triplé et quadruplé l'importance depuis 60 ans, Birmingham, Sheffield, Manchester, Newcastle, Glasgow, sont pour ainsi dire assises sur des mines de charbon de terre. Ce n'est pas au son de la lyre d'Amphion que les briques dont elles sont bâties sont venues s'arranger en maisons : c'est à la fumée du charbon de terre ; ce qui n'est pas tout à fait si poétique.

D'autres motifs déterminent la formation et l'accroissement des villes qui deviennent le foyer d'un grand commerce. Si les villes de Tyr, d'Alexandrie d'Egypte, de Palmyre, ont été considérables, c'est parce qu'elles se trouvaient sur des routes par lesquelles la Perse et l'Inde communiquaient avec l'Europe. Les grands progrès que la navigation a faits depuis qu'on se sert de la boussole, ont permis d'établir de grands entrepôts de commerce loin des routes directes et partout où se sont rencontrés de grands capitaux en même temps qu'une grande industrie. Or de *grands capitaux* peuvent se rencontrer partout où l'esprit d'épargne est favorisé par les institutions ; et une *grande industrie* partout où les hommes peuvent développer avec quelque succès leur intelligence et leur activité. Tant qu'on naviguait avec timidité, la situation de Venise, celle de Constantinople, étaient précieuses pour communiquer avec l'Orient. Depuis qu'on sillonne l'océan dans tous les sens et avec beaucoup de rapidité, les marchandises de l'Inde ont pu nous arriver par Amsterdam et Londres qui sont à l'opposé de l'Inde.

Néanmoins il y a des ports qui acquièrent de l'importance par leur situation. Ce sont ceux que leur proximité d'une grande production manufacturière et par conséquent d'une grande consommation de produits étrangers, rend des intermédiaires que nul autre ne saurait suppléer. En Angleterre la plupart des produits manufacturés de Manchester et de Birmingham s'embarquent à Liverpool ; et à ce port aboutissent les produits des autres parties du monde que Birmingham et Manchester achètent avec leurs produits. En France et par la même raison, Le Havre de grâce a pris beaucoup d'augmentation depuis que les manufactures de la Normandie, et depuis surtout que Paris comme ville de commerce et de manufacture, ont acquis une grande importance.

Cependant on aurait tort d'attacher une trop

grande importance aux ports de mer comme étant les uniques canaux du commerce. Dans les pays qui exportent le plus, la valeur des produits exportés est peu de chose comparée à la valeur des produits qui se font pour la consommation intérieure. Le marché de l'intérieur est toujours et presque pour tous les genres de marchandises le plus important. M. Louis de Boislandry [a] qui a publié en 1815 un ouvrage *Sur les progrès du commerce*, estime que le commerce extérieur de la France, n'est que la seizième partie de son commerce intérieur. J'ai lieu de croire que cette estimation est encore beaucoup trop forte, et que toutes les valeurs créées et consommées en France, sont peut-être relativement aux valeurs exportées dans le rapport de 32 à 1. Autrement les guerres et les mauvaises lois qui viennent quelquefois interrompre les communications de peuple à peuple, feraient une bien plus fâcheuse impression encore. Je pourrais entrer dans de grands calculs pour vous prouver cette assertion, mais je suis obligé ici de me borner à des indications ; dont je tirerai néanmoins cette conséquence, c'est que la liberté et la facilité des communications intérieures sont bien plus importantes pour une nation que ses ports de mer. L'abolition des lignes de douane de province à province est une des causes, trop peu aperçue, des grands progrès que la France a faits durant la Révolution, et si elle avait des canaux navigables en toutes saisons, et qu'on pût en garantir l'usage de la gangrène administrative, ce serait bien autre chose. La fureur d'administrer comprime toute espèce de développement. L'administration ne sert jamais l'industrie, qu'en protégeant les propriétés et en répandant l'instruction.

Nous avons peu de notions sur ce qu'étaient nos villes sous la domination romaine, c'est-à-dire depuis César jusqu'au règne d'Honorius ; mais nous savons qu'elles déclinèrent rapidement sous la domination

a. Louis de Boislandry, *Examen des principes les plus favorables aux progrès de l'agriculture, des manufactures, et du commerce de la France*, A. Renouard, Paris, 1815 (NdE).

des Francs. Le régime féodal leur était fort contraire. Le seigneur habitait dans son château fortifié, ordinairement situé dans un lieu élevé, c'est-à-dire peu commode ; et n'avait besoin que d'avoir autre chose que des vilains, des paysans attachés à la glèbe pour cultiver ses terres. Les affranchissements personnels que le temps avait amenés, en donnant quelques propriétés et quelque indépendance à des vilains, leur avaient permis de se rassembler en bourgades, où ils étaient soumis, non à des vexations légales de la part du seigneur, mais à des avanies, des spoliations injustes à peu près comme les villageois et les marchands dans les pays de la domination des Turcs en supportent de la part des pachas et des janissaires.

Nos villes n'avaient pas d'autre apparence que celle que nous avons pu voir encore de nos jours à de gros bourgs dans le fonds des campagnes. Des maisons mal bâties de bois et de boue, rarement de briques ; point de boutiques, si ce n'est celle du maréchal-ferrant et peut-être d'un méchant épicier qui était à la fois quincaillier et mercier. Les objets manufacturés ne s'achetaient guère que des mains des porte-balles ambulants, et surtout dans les foires où les marchands se rendaient de préférence parce qu'ils y étaient un peu plus protégés par leur nombre et par la solennité de l'occasion.

Les villes s'améliorèrent beaucoup lorsque Louis le Gros vers l'époque des premières croisades eut affranchi les communes de ses domaines, c'est-à-dire leur eut accordé le droit de nommer leurs magistrats, (droit que Bonaparte leur a ravi et qui ne leur est pas encore rendu) et le droit de s'armer pour repousser les brigandages des seigneurs et de leurs gens d'armes qui jusque-là avaient été les seuls hommes armés.

C'est de cette époque que nos villes firent des progrès remarquables ; mais ce furent uniquement celles où l'esprit d'épargne qui seul forme des capitaux, et une industrieuse activité soit pour les arts manufacturiers, soit pour le commerce, purent se développer. Les autres restèrent dans l'état grossier et demi-sauvage, dont nous ne voyons encore que trop de restes, surtout dans les parties de la France qui ne se trouvent pas sur le chemin des grandes communications.

Les villes mêmes qui ont le plus prospéré ont retenu de fortes marques de leur ancienne barbarie. Il n'y a pas cent ans que beaucoup de leurs rues n'étaient pas pavées ; à cette heure même, plusieurs de nos villes de huit à dix mille habitants ne sont pas éclairées la nuit. Je me rappelle très bien le temps où les boulevards à Paris n'étaient pas pavés et n'avaient point de réverbères. Aujourd'hui encore une maigre lanterne suspendue de loin en loin au milieu de ce beau cours, en éclaire si mal les bas-côtés, que le soir en se retirant, on s'y heurte contre des poteaux qu'on n'aperçoit pas.

Nos rues ont été tracées et bâties à une époque où il n'y avait point de carrosses. Les charrettes pour l'approvisionnement et les autres encombrements étaient beaucoup plus rares parce qu'il y avait moins d'habitants à pourvoir et que ces habitants étaient moins riches. Et c'est dans ces rues tracées et bâties pour d'autres temps, que les nouveaux habitants qui ont établi successivement leurs domiciles à la circonférence viennent se croiser au cœur de la ville. Je ne sais ce qu'il en adviendra pour Paris, mais je sais que les accidents des rues sont beaucoup plus fréquents qu'ils n'étaient et se multiplient tous les jours davantage ; surtout depuis que des cochers qui, comme tant d'autres, se croient des personnages parce qu'ils sont des valets, mettent leur vanité à brûler le pavé ; tellement que la sortie de nos spectacles ressemble à une déroute.

Dans des pays que nous plaignons de tout notre cœur parce que la police y est mal faite, les voitures ne peuvent dans les rues des villes aller qu'au petit trot ; dans ces pays-là chaque passant est convaincu qu'on doit respecter en lui la dignité d'homme, et les magistrats s'y croient obligés de protéger le citoyen lorsque sa sûreté est menacée ; ils n'oublient point que si c'est le gouvernement qui les nomme, c'est le citoyen qui les paie ; et qu'il est un peu dur d'être écrasé pour son argent.

Lorsque les villes ont acquis une certaine importance, leur embellissement rencontre une grande difficulté ; j'entends leur embellissement utile, des rues élargies, des percées et des communications nouvelles. En effet quelle est l'époque où ces embellissements se font vivement désirer ? Lorsque les progrès des richesses et de la population rendent nécessaires plus de communications et plus d'espace. Or ces progrès mêmes élèvent le prix du terrain et de l'espace, au point que l'indemnité qu'il faudrait payer aux possesseurs des terrains pour l'élargissement d'une rue un peu marchande, telle que la rue Saint-Denis, par exemple, serait tellement énorme que les ressources communales les plus vastes n'y suffiraient pas pour en faire l'acquisition dans l'intérêt du public. Il semble que le public pourrait du moins exiger que dans nos rues et nos passages, qui tous sont par cette raison déjà beaucoup trop étroits, les étalages ne s'avançassent pas au-delà de l'affleurement des maisons. L'intérêt du public est ici sacrifié à l'intérêt particulier du marchand. La voie publique appartient aux passants qui devraient la réclamer tout entière. On ne verrait pas alors le marchand de vin étaler ses tonneaux dans la rue ; l'épicier y brûler son café ; le maréchal y ferrer ses chevaux, etc. Ce sont ces petites améliorations qui s'obtiennent à mesure qu'on approche d'une civilisation plus complète.

Les économistes du XVIIIe siècle estiment qu'en général les produits de l'agriculture peuvent faire vivre non seulement ceux qui cultivent les terres, mais encore autant de monde par-delà ; et ils en concluent que dans un pays prospère, une moitié des habitants peut vivre dans les villes, et une moitié dans les campagnes. A ce compte la France serait loin d'avoir la population qu'elle peut nourrir. Un des voyageurs qui l'ont le mieux examinée, Arthur Young, porte en nombres ronds la population des campagnes et villages de France, à 20 millions et demi d'habitants et la population des villes à 5 millions et demi. Si le nombre des cultivateurs était égalé par les citadins, la France actuelle aurait 41 millions d'habitants.

Mais c'est encore peu. D'après un dénombrement mis sous les yeux de la chambre des communes d'Angleterre en 1811, le nombre des familles d'agriculteurs s'élevait en Angleterre et en Ecosse, à près de 900 000 familles, et le nombre total des familles des mêmes pays était de 2 millions et demi. Le nombre des agriculteurs était donc au nombre des citadins comme 9 est à 25. Ce qui montre qu'avec 20 millions et demi d'agriculteurs la France pourrait avoir 57 millions d'habitants.

Ce n'est pas tout, M. William Jacob [a], un des écrivains anglais les plus récents et les mieux informés, dans ses *Considerations on british agriculture*, prétend que l'agriculture de son pays est susceptible de beaucoup d'améliorations et pourrait donner un tiers plus de produits que ce qu'elle donne ; ce qui probablement favoriserait la population de cette île en proportion. Or si l'agriculture de la France dont le sol est plus fertile atteignait seulement le degré de production dont M. Jacob croit l'Angleterre susceptible, elle pourrait nourrir 76 millions d'habitants, puisqu'elle en aurait 57 millions, si son industrie en général était seulement au point de l'Angleterre.

Je ne vous donne point, Messieurs, ces spéculations comme des bases sur lesquelles on puisse invariablement compter, mais seulement comme des aperçus qui peuvent, avec toutes les restrictions qu'on croira prudent d'y mettre, diriger jusqu'à un certain point nos jugements. Ils me semblent suffisants, ces aperçus, pour nous faire supposer que la France est loin d'avoir la population qu'elle peut entretenir à l'aise ; qu'elle est loin surtout d'avoir un nombre de villes proportionné à la richesse de son sol, à son étendue, au génie

a. William Jacob, *Considerations on the protection required by British agriculture and on the influence of the price of corn on exportable productions*, J. Johnson and Cie, Londres, 1814, (NdE).

et à l'activité de ses habitants. Les étrangers remarquent qu'on y rencontre peu de monde sur les routes ; ce qui est une suite du petit nombre de ses villes ; car les routes sont peuplées par les habitants des villes qui communiquent entre elles. Les gens de la campagne fréquentent plutôt les chemins vicinaux, et ceux qui mènent dans les champs.

Ce défaut de villes est très fâcheux pour les produits agricoles. Les cultivateurs sont pauvres là où les villes manquent, parce que les villes leur offrent des débouchés et mille objets d'échange au moyen desquels ils sont mieux accommodés. On m'a fréquemment indiqué dans mes voyages des cantons dont les produits agricoles n'ont aucun débouché parce qu'ils sont dépourvus à la fois de villes et de routes pour sortir leurs produits de leurs localités ; lorsqu'on vient ensuite leur demander les impôts comme s'ils vendaient bien leurs produits, ils sont fort à plaindre.

Mais il ne faut pas croire que pour avoir des villes, il suffise d'en marquer l'emplacement sur la carte et d'en tracer le plan sur le papier. Il faut, outre une localité commode, qu'il y ait dans le pays le goût d'améliorer son sort par son industrie, en y consacrant ses épargnes avec lumière et discernement. Remarquez que je dis *avec lumière et discernement* : car autrement on y perd le capital qu'on y emploie et ce sont ces mauvais succès qui dégoûtent de suivre le même exemple. Un petit bourgeois de province hors d'état de juger ce qui fait les succès industriels, aime mieux dès lors se contenter de son chétif revenu, ou du moins il ne l'augmente que par de sordides économies. Il achète une charge ou une rente foncière, il ne sait que vivoter dans le désœuvrement avec un revenu borné que n'accroît aucun travail productif. Rien n'est plus funeste au développement de plusieurs de nos provinces. L'augmentation du revenu vient de l'industrie, de la peine, du talent avec lequel on fait valoir soi-même son argent ; ce qui ne se voit que dans quelques villes industrieuses et commerçantes assez clairsemées sur le territoire de cette belle France.

Un gouvernement n'encourage point les arts industriels et la population des villes, en multipliant le nombre de ses suivants, en faisant faire de belles tentures, et de beaux meubles dans les villes de manufactures, en brûlant beaucoup de bougies et en galonnant sa livrée, militaire ou civile. Mais en mettant peu d'impôts, ce qui permet de faire des épargnes, en n'accordant point de primes et de récompenses au désœuvrement et à l'intrigue, ni de distinctions et d'honneurs aux gens qui vivent *noblement*, c'est-à-dire à ceux qui sont hors d'état de rien faire. En ayant égard à ces éléments nécessaires de toute prospérité, on favorise l'établissement et la prospérité des villes beaucoup plus sûrement que n'a fait l'impératrice Catherine II qui, dans son voyage de la Tauride, crut avoir fondé une ville qui porterait son nom, en posant la première pierre d'*Ecatherinoslaw*. L'Empereur Joseph II qui la suivait dans ce voyage, fut appelé à poser la *seconde* pierre. Il appréciait assez tout cela à sa juste valeur ; et quand la cérémonie fut achevée, il rentra fort fatigué dans ses quartiers et dit : *J'ai fini en un jour une grande affaire avec l'impératrice de Russie. Elle a posé la première pierre d'une ville, et moi... la dernière*.

Les considérations générales que je vous ai présentées dans la dernière séance et dans celle-ci, sur les lois que suit la population, nous fournissent des lumières relativement aux secours que l'on peut, avec le plus de fruits, donner aux classes indigentes. Ce sont même les contributions pour le soutien des pauvres, qui furent la première occasion des recherches que fit Malthus relativement à la population et qui le conduisirent à approfondir ce sujet. On remarquait avec surprise et inquiétude en Angleterre que plus on étendait les secours de la bienfaisance et plus le nombre des personnes à secourir allait en augmentant. D'après une loi rendue sous le règne d'Elisabeth, et qui a, depuis ce temps passé dans les habitudes et dans l'opinion de la nation anglaise, toute paroisse est dans l'obligation de pourvoir aux besoins de ses pauvres. Il en est résulté pour chaque commune une contribution communale, indépendante de ce qu'on paie au gouvernement et qui a pour but de donner des secours aux indigents de la paroisse. On donne aux pauvres invalides de quoi subsister ; on donne aux pauvres valides un supplément à ce qu'ils peuvent gagner, et à proportion du besoin qu'ils en ont et de leur bonne conduite. Tellement qu'une famille d'ouvriers, chargée de beaucoup d'enfants, reçoit davantage que la famille qui a moins de personnes à nourrir. Quand l'ouvrage ne va pas, ils reçoivent plus que lorsque les gains sont passables. Mais en général les impôts qui ont été toujours croissants et qui ont obligé ceux qui font travailler des ouvriers, à économiser sur les frais de main-d'œuvre, ont aggravé le sort des pauvres et nécessité de plus grands secours. En même temps la crainte qu'éprouve chaque paroisse de voir s'augmenter ses charges, fait qu'on se renvoie impitoyablement les familles indigentes d'une paroisse l'autre ; ce qui blesse la liberté dont chacun devrait jouir de se transporter où bon lui semble, et où il suppose pouvoir tirer un meilleur parti de sa force et de ses talents.

Il est fort difficile de savoir à combien se monte pour toute l'Angleterre cette contribution pour les pauvres, qu'on appelle, *Poor tax*, parce qu'on n'en rend point un compte général. Chaque administrateur de la taxe en rend compte à sa commune, et il est difficile de réunir en un total le résultat de ces comptes partiels. Tout ce que je peux vous dire, c'est que cette contribution qui à son origine se bornait à une faible rétribution de quelques sous pour chaque fermier ou propriétaire, est estimée par milord Landsdowne s'élever actuellement à plus de 12 millions sterling (environ 150 millions de notre monnaie).

En même temps les établissements de bienfaisance, les hospices entretenus soit par le gouvernement, soit par des souscriptions volontaires sont innombrables ;

la bienfaisance des particuliers et les secours privés s'étendent fort loin ; et néanmoins, il reste beaucoup plus de pauvres à secourir que lorsque la contribution pour les pauvres fut établie pour la première fois.

Mathus a montré que c'était une suite inévitable de la nature des choses et que le mal irait en croissant tant que les mêmes lois, soutenues des mêmes préjugés, subsisteraient.

En effet lorsque l'on consacre une partie du revenu des propriétaires, des manufacturiers, des commerçants et des fermiers à soutenir des pauvres, que fait-on ? On distrait une partie du revenu des personnes aisées, pour le donner aux personnes malaisées. Il en résulte pour les uns *diminution de revenu*, et pour les classes pauvres *augmentation de revenu.*

De la diminution de revenu, il résulte pour les chefs d'industrie qui sont la portion la plus importante, la plus enrichissante de la nation, si je peux m'exprimer ainsi, soit une diminution de jouissances, soit une diminution d'épargnes, de capitaux accumulés ; ou plutôt ces deux effets résultent à la fois. De la diminution des capitaux, ou de leur moindre augmentation, il résulte que les valeurs produites annuellement s'augmentent dans une moindre proportion qu'elles ne feraient sans cette circonstance.

Et d'un autre côté il résulte que la classe indigente se multiplie plus qu'elle ne ferait sans cela, car les êtres humains comme tous les êtres organisés, se multiplient toujours, ainsi que vous l'avez vu, jusqu'au dernier terme de leurs moyens de subsister ; et même un peu au-delà.

Ces arrangements en faveur des pauvres occasionnent donc nécessairement une multiplication plus rapide dans les pauvres consommateurs, que dans les moyens de les faire subsister.

Ce n'est pas tout, dit Malthus ; le secours qu'on donne à une famille, supposez-le de cinq francs par semaine, n'augmente pas la masse des produits du pays. Il augmente seulement la demande générale des produits ; car la famille indigente qui a 5 francs de plus à dépenser, demande dans la semaine pour 5 francs de marchandises quelconques, que sans cela elle n'aurait pas pu demander. Or s'il y a augmentation de demande, sans qu'il y ait augmentation de production, les contribuables de la taxe des pauvres sont obligés de payer plus chèrement eux-mêmes les objets de leur consommation, et de dépenser plus par cela même qu'ils ont été bienfaisants.

Telle est une des causes de l'état de gêne qu'on éprouve en Angleterre, indépendamment de la cause bien plus puissante encore des impôts généraux. Or ce mal est de nature à s'étendre sans cesse. Il n'a point de terme assignable. Si l'on persiste à suivre le même système, il faudra que tous les habitants de l'Angleterre finissent par se demander l'aumône les uns aux autres. Et cela par un préjugé louable dans son principe et qui donne aux pauvres un droit sur les produits de ceux qui ne sont pas au même degré d'indigence qu'eux. La vérité, la sévère vérité est au contraire que personne n'a de droits réels que sur ce qu'il produit par son industrie, ses capitaux et ses terres ; que l'on distribuerait même aux indigents, les capitaux et les terres de ceux qui en ont, qu'on ne remédierait à rien ; les mêmes capitaux et les mêmes terres ne rapporteraient pas davantage : au contraire. On ne ferait que déplacer le mal, et ôter le potage à celui qui a eu selon toute probabilité, le plus de talent et qui a pris le plus de peine, pour le donner à celui qui en a eu moins.

Tous ceux qui se sont occupés d'Économie politique en Angleterre, après avoir bien vu quel était l'état de la question, ont été effrayés. Chacun a proposé son remède. Mais il n'y en a qu'un bon ; c'est de ne pas encourager la multiplication des enfants par-delà les moyens que chaque père de famille a de les élever par ses propres fonds productifs (c'est-à-dire par son industrie, ses capitaux ou ses terres) jusqu'à l'âge où ils pourront se tirer d'affaire par eux-mêmes. Ricardo, l'un des écrivains les plus récents et les plus judicieux, après beaucoup de recherches sur les meilleurs moyens de prendre soin des pauvres dit nettement : « Aucun plan pour secourir les pauvres ne mérite attention, si ce n'est celui qui met les pauvres en état de se passer de secours. »

Vous voyez, Messieurs, que la charité ne suffit pas ; que pour que vos bienfaits n'aient pas pour résultat d'augmenter le nombre des misérables, votre humanité a encore besoin d'être diligente et éclairée. Je ne prétends point diminuer les obligations que l'humanité nous impose ; je prouve au contraire qu'elles vont plus loin qu'on ne croit ; qu'on n'est point quitte envers sa conscience lorsqu'on a fait un don, si l'on ne l'a fait avec discernement ; qu'il faut acheter de quelque peine l'inexprimable plaisir d'obliger. Autrement on ne procure qu'un palliatif ; on ne satisfait des besoins renaissants que par des secours passagers ; et on pousse un peu plus loin le mal que l'on voudrait détruire et qui se manifeste alors avec d'autant plus de violence.

Si l'étude de la bienfaisance doit être de chercher les moyens de mettre les pauvres en état de se passer des secours, de se tirer d'affaire par eux-mêmes, de vivre de leurs propres revenus, de leurs propres efforts, on trouvera, je crois, que la bienfaisance la plus éclairée est celle qui fournit à titre de prêt, à l'indigent les moyens d'exercer un talent, d'accomplir un travail dont le produit puisse le nourrir ainsi que sa famille ; mais il faut que le prêt se fasse avec le moins de risque possible pour le prêteur, autrement il devient un don qui une fois consommé laisse les nécessiteux dans le même embarras ; et s'il est répété périodiquement, c'est un revenu que vous extrayez de votre propre revenu et qui met dans la société une famille de plus sans y mettre aucun produit de plus.

Les bienfaits dont l'objet est de donner une instruction, ou un talent utile, qui puisse faire vivre la personne qu'on en gratifie, sont encore des avances bien placées, parce qu'en mettant un être de plus dans la société, on lui fournit en même temps *un fonds* dont il pourra tirer sa subsistance. Sous ce point de vue, les personnes qui ont de l'aisance font une œuvre très méritoire en faisant des sacrifices pour l'enseignement mutuel, et une œuvre très peu méritoire en faisant des sacrifices pour faire vivre des fainéants comme ceux qui peuplent les congrégations et communautés religieuses.

Parmi les ressources qui sont offertes contre les inconvénients d'une population surabondante, il faut placer les émigrations, les colonisations ; mais qu'on y prenne garde : elles n'offrent point tous les soulagements qu'on s'est plu à leur attribuer.

Et d'abord on aurait tort d'imaginer que ceux qui émigrent laissent plus d'espoir à ceux qui restent. Vous vous rappelez ce que j'ai eu l'honneur de vous dire relativement aux mortalités, aux contagions. Les transplantations agissent de la même manière ; elles laissent un vide qui est bientôt rempli par des hommes nouveaux, jusqu'au point précisément où ils ne peuvent plus subsister (selon ce que les habitudes, le climat et les lois ont rendu nécessaire à leur existence). La Grèce ne fut jamais plus populeuse que lorsqu'elle eut peuplé l'Asie Mineure, l'Italie méridionale et la Sicile, de ses colonies. Ustaritz a fait la remarque que les provinces d'Espagne qui envoyaient le plus de monde aux colonies, étaient les plus peuplées. Et l'Angleterre a vu constamment s'accroître sa population, à mesure qu'elle faisait des émissions d'hommes vers l'Amérique septentrionale, vers les Antilles et vers les Indes. Il ne faut donc pas s'exagérer l'utilité des colonies pour se débarrasser d'une population surabondante. C'est la ponction que l'on fait à un hydropique, laquelle le laisse néanmoins sous l'action de la maladie. Ce qui est bon et utile, c'est de favoriser la production et en même temps d'avoir de bonnes institutions, pour que les valeurs produites fassent profit ; pour qu'elles payent et récompensent ce qui fait du bien à la société et jamais ce qui lui fait du mal.

Quant à la ressource que les colonisations offrent aux émigrants, aux colons eux-mêmes, il ne faut pas se l'exagérer non plus. Sont-ils dépourvus d'*industrie*, de facultés industrielles ? C'est-à-dire d'intelligence, de connaissances, d'activité, de force corporelle ? La colonie ne les leur donnera pas. Or nulle part au monde, dans un pays neuf, comme dans un pays vieux, on n'a des produits, on n'a de quoi vivre, *sans industrie* ; ceux qui vivent sans leur industrie vivent sur celle de leur père, ou de quelque autre qui leur a fait un don, ou qu'ils ont dépouillé.

Les nouveaux colons sont-ils dépourvus de *capitaux*, c'est-à-dire d'outils, de maisons ou de quoi en faire, de meubles et d'ustensiles et d'approvisionnements jusqu'aux premières récoltes ? La colonie ne leur en donnera pas. Or nulle part au monde, dans un pays neuf, comme dans un pays vieux, on n'a des produits, on n'a de quoi vivre sans des capitaux, des avances qui sont nécessaires à toute espèce de production aussi bien que l'industrie. Or si des capitaux et de l'industrie sont nécessaires pour former des établissements lointains, on doit s'attendre au sort le plus défavorable si l'on cherche à les former lorsqu'on est dépourvu de ces moyens, fût-ce pour aller au pays d'Eldorado.

Et si l'on a des capitaux et de l'industrie, on peut produire chez soi et sans aller si loin. Je sais que dans un vieux pays, on rencontre plus de concurrence, mais on y rencontre aussi plus d'acheteurs, plus de moyens d'échange, plus de ressources en tous genres.

Ce que l'on rencontre de plus dans un pays neuf, ce sont des ressources naturelles plus vierges et plus fécondes, des terrains moins épuisés et plus étendus, des forêts qui sont des espèces d'approvisionnement, de capitaux amassés par la nature ; mais quand on a étudié l'Economie politique on sent que cela ne suffit pas et que rien ne peut remplacer les premiers éléments de la production : les capitaux et l'industrie.

C'est faute d'avoir suffisamment pesé ces difficultés, faute d'avoir pris des précautions *plus* que suffisantes (car il faut bien obvier aux obstacles, aux inconvénients, aux maladies, aux événements *imprévus*), c'est faute, dis-je, d'avoir pris des précautions *plus* que suffisantes, que l'on a vu tant de colonisations présenter le spectacle des plus tristes infortunes.

On me dira peut-être : si la formation de nouvelles colonies présente de si grandes difficultés, d'où vient le rapide succès de tant de colonies anciennes et modernes ?

Ces succès, Messieurs, confirment les principes que j'ai établis. Citera-t-on parmi les colonies anciennes les progrès remarquables de Carthage, de Syracuse, de Marseille. Carthage fut une colonie de Tyriens, c'est-à-dire de gens très industrieux, très entreprenants et très riches. Je pense bien que ceux des citoyens de Tyr qui allèrent s'établir sur la côte d'Afrique, n'étaient pas les plus riches d'entre eux. Toujours sera-t-il constant qu'ils étaient riches en facultés industrielles, car je ne présume pas qu'il fût plus facile de trouver un paresseux à Tyr qu'à Amsterdam. Quant aux capitaux, on doit supposer que des hommes aussi industrieux que ces Phéniciens, et qui savaient certainement qu'on ne pouvait rien faire sans capitaux, soient allés fonder Carthage et s'y établir successivement, sans y porter des épargnes ou des capitaux d'emprunt.

Je ferai le même raisonnement de Syracuse qui fut une colonie de Corinthe, l'une des villes les plus industrieuses de la Grèce.

Les Phocéens qui fondèrent Marseille et quelques autres colonies en Espagne, étaient des Grecs fort industrieux qui s'étaient établis sur les côtes de l'Asie Mineure et qui, inquiétés par des voisins trop puissants (les rois de Lydie et de Perse), emportèrent leurs capitaux, leurs talents et leurs habitudes du travail, sur des plages lointaines que leur navigation leur avait fait connaître. Nous voyons donc qu'ils avaient avec eux tous les moyens de succès. Le même examen de toutes les colonies anciennes nous donnerait la même satisfaction.

Chez les modernes les mêmes effets ont dépendu des mêmes causes. Quels établissements ont prospéré en Asie ? Ceux des Hollandais et des Anglais, nations économes, et judicieusement actives. Les Portugais ont commencé, et ils y ont eu le succès des braves : ils ont vaincu les gens du pays et au moyen de leurs riches dépouilles, ont formé des établissements qui ont eu d'abord un certain éclat, éclat qui n'a pas duré. Tandis que Goa et Macao ont été en déclinant, Batavia et Calcutta ont pris un accroissement colossal. On y va, j'en suis d'accord, pour amasser des richesses plus aisément qu'on ne peut le faire en Europe, mais les Hollandais et les Anglais sont trop avisés pour y aller avec les mains entièrement vides. Ils savent qu'on ne fait rien de rien ; et dans tous les cas ils y portent leurs connaissances et leur amour du travail.

En Amérique quels établissements ont prospéré ? Ceux de Pennsylvanie, de Massachussets, de New York. Par qui ont-ils été formés ? Par des quakers, des puritains tous gens industrieux, qui persécutés par la féroce Marie, et par cette imbécile famille des Stuart, émigrèrent avec leurs enfants et ce qu'ils purent emporter de leurs capitaux. Mais jamais vous n'avez vu des indigents, des guerriers, et des nobles former une colonie qui ait prospéré ; les uns manquent d'avances ; les autres n'ont ni l'économie, ni l'habitude du travail. Ils peuvent détruire ; ils ne savent pas édifier.

Il se forme, je le sais, avec une merveilleuse rapidité des peuples nouveaux dans l'Amérique septentrionale sur le revers des monts Allegany et sur les bords de ces nombreuses et grandes rivières qui versent leurs eaux dans le Mississipi. Des territoires où l'on ne voyait il y a peu d'années, que d'immenses forêts où quelques chasseurs sauvages poursuivaient quelques animaux moins sauvages qu'eux, se couvrent maintenant de cultures, d'habitations, que dis-je ? de villes, de grandes villes. Mais ne croyez pas, Messieurs, que ce progrès soit dû aux émigrants d'Europe quoique certainement ils y aient quelque part. On m'a communiqué dernièrement un tableau des étrangers de tout âge et de tout sexe qui sont venus se fixer aux Etats-Unis pendant le cours de l'année 1817 qui est l'année où il y en a eu le plus en raison du mécontentement ou des persécutions qu'on éprouvait en Europe. Je vois dans ce tableau qu'en 1817 il est arrivé dans toute l'étendue des Etas-Unis

De France	1 245 individus
Des îles Britanniques (en nombres ronds)	12 000 d°
Des possessions anglaises dans l'Amérique septentrionale	3 000 d°
De Hollande et d'Allemagne..............	4 000 d°
Des Antilles	1 569 d°
D'Italie	58 d°
De tout autre pays..........................	321 d°

En nombre total 22 240 immigrants qui se sont fixés aux Etats-Unis dans toute l'année 1817. Or qu'est-ce que cela sur une population de 10 millions d'habitants qui s'augmente de près de 400 mille habitants tous les ans ? Qu'est-ce qu'une augmentation de 22 mille sur 400 mille ?

Vous voyez, Messieurs, que l'augmentation de la population a lieu par les naissances et non par les immigrations ou arrivées. Un auteur américain, M. Adam Seybert [a], qui a écrit tout récemment sur ces matières, a calculé que maintenant la population de son pays double tous les 22 ans et demi et que s'il n'y avait aucune arrivée, il lui faudrait un peu plus de 23 ans au lieu de 22 ans et demi.

Quant à la population des provinces ou états, qui sont à l'ouest de la chaîne des monts Allegany, elle double dans les uns au bout de 10 ans, dans les autres au bout de 8 ans et même de 6 ans. Quoique les naissances y soient plus multipliées à proportion que

a. Adam Seybert, *Statistical Annals : embrassing views of the population, commerce, navigation, fisheries, public lands, post-office establishments, revenues, mint, military and naval establishments, expenditures, public debt and sinking fund, of the United States of America*, Philadelphie, 1818 ; trad. française *Annales statistiques des Etats-Unis*, Librairie constitutionnelle, Paris, 1820 (NdE).

dans les états les plus anciens qui bordent la mer atlantique, cependant cette rapide augmentation ne vient pas uniquement des naissances. Beaucoup de familles des états atlantiques viennent se fixer dans ces nouveaux états. Leur nombre n'est pas compris dans les nombres que je vous ai dits tout à l'heure, parce que ce ne sont point des personnes qui arrivent aux Etats-Unis ; mais des personnes qui passent d'une partie de la fédération dans l'autre.

Un Anglais qui s'est fixé il y a deux ans dans le territoire des Illinois, M. Birkbeck [a], nous dit dans un voyage qu'il vient de faire imprimer en Angleterre et dont j'ai vu la traduction française annoncée ces jours-ci, que sur la principale route qui mène aux bords de l'Ohio et qui passe à Pittsburgh, il y a constamment une espèce de procession de familles qui vont s'établir dans le Kentucky, l'état d'Ohio, dans les territoires d'Indiana et des Illinois [b]. Quand une famille des vieux états s'agrandit trop, on fait une provision à l'un des jeunes ménages, et ils vont se faire cultivateurs ou marchands dans les nouveaux établissements. On leur achète 2 ou 300 acres de terre à 2, 4, ou 6 dollars l'acre suivant la position. On leur confie un petit capital afin de pouvoir vivre jusqu'à leur prochaine récolte. Ils prennent des lits, des couvertures, des instruments aratoires ; et avec l'intelligence de la chose et l'amour du travail, ils parviennent à se loger, à cultiver, à élever des bestiaux, d'abord pour leur consommation, et bientôt après pour l'exportation. Alors les succès sont rapides : ils deviennent en peu de temps de gros propriétaires, qui à leur tour lancent des essaims dans les parties qui sont un peu plus loin.

Quelques familles d'ouvriers forgerons, charpentiers, maçons, menuisiers, y passent aussi avec leurs outils. D'autres y passent en qualité de marchands

a. Morris Birkbeck, *Letters from Illinois*, Carey and son, Philadelphie, 1818 ; *Lettres sur les nouveaux établissements qui se forment dans les parties occidentales des Etats-Unis d'Amérique*, L'Huillier, Paris, 1819 (NdE).

b. En marge, Say a marqué 1817 (NdE).

avec une petite pacotille achetée à New York, à Boston, à Baltimore. Tous ces gens-là sont producteurs les uns pour les autres. Les exportations des produits du pays et les importations des produits de l'Europe et de l'Asie dont le pays a besoin, se font par les rivières qui vont se réunir dans le golfe du Mexique après avoir baigné les quais de la Nouvelle-Orléans, qui est destinée à devenir un des plus vastes entrepôts du globe, et peut-être une ville de 4 à 500 mille habitants avant la fin de ce siècle.

Tous ces faits, Messieurs, sont absolument conformes aux principes qui vous ont été exposés ; ou plutôt ils en sont le fondement.

Lorsqu'on est appelé à les étudier, on ne peut s'empêcher de rêver sur ce que doit devenir l'espèce humaine à la suite de l'immense révolution politique et morale que notre époque voit se développer. Il serait sans doute téméraire de hasarder des présomptions sur ce qui doit arriver, même en nous appuyant sur les connaissances que nous pouvons avoir de la nature et de la marche des choses ; mais on peut du moins se rendre compte de la situation générale actuelle et de la tendance actuelle ; c'est-à-dire de la direction que prennent les événements présents.

Nous remarquons d'abord dans les peuples d'Europe ou qui sortent d'Europe, un caractère moral, très particulier, qui les distingue de tous les autres habitants de la terre. Je veux dire une sorte d'inquiétude qui les porte à changer leur position, et une capacité qui leur permet en général de la changer pour le mieux, de l'améliorer.

Les peuples indigènes de l'Amérique et de l'Asie, au contraire, paraissent être arrivés depuis longtemps aux bornes de leur intelligence. Ils ont découvert quelques arts et ils les cultivent presque sans aucun perfectionnement depuis les plus anciens temps historiques ; semblables aux abeilles et aux castors qui exécutent des travaux admirables, mais toujours les mêmes depuis que nous les connaissons. Les étoffes de soie et de coton que les anciens tiraient de la Chine et de l'Inde, paraissent avoir été exactement les mêmes que celles que nous en avons tirées de nos jours. Ce que le voyageur vénitien *Marc-Paul* rapporte des usages de la Chine, il y a 700 ans, est tout à fait semblable à ce qu'en rapportent les derniers voyageurs.

Le besoin de perfectionnement qui tourmente les Européens et qui provient peut-être d'une supériorité d'intelligence qui leur laisse entrevoir le *mieux* en tout genre et les bons moyens d'y parvenir, ce besoin de perfectionnement, dis-je, ne se porte pas seulement sur les sciences et les arts libéraux et industriels, il se porte sur les relations sociales des hommes entre eux, soit des hommes de la même nation, soit des hommes et des nations qui leur sont étrangers. Il en résulte qu'ils doivent toujours gagner du terrain sur les peuples stationnaires ; et comme toute espèce de population se multiplie en proportion des moyens qu'elle a d'exister, à mesure que les Européens gagnent du terrain sur les peuples d'Amérique et d'Asie, cette race européenne se multiplie ; tellement qu'à présent la race européenne est en Amérique bien supérieure en nombre à la race américaine indigène. Dans les îles d'Amérique tout est européen ; il n'y a plus d'indigènes ; dans l'Amérique du Nord, les indiens de quelque nation qu'ils soient diminuent tous les jours. M. Galatin, actuellement ambassadeur des Etats-Unis à Paris, estime qu'ils ne sont plus qu'au nombre de 60 mille. Qu'est-ce que ce nombre auprès de 10 millions d'Européens qui peuplent les Etats-Unis et qui dans 22 ans seront au nombre de 20 millions ; et, ne vous y méprenez pas, *toujours européens*, ayant l'intelligence, l'activité, les arts de l'Europe.

Au Mexique et au Pérou il y a un peu plus d'indigènes ; mais ils sont dominés par la race européenne et leur nombre n'augmente pas dans une proportion aussi forte que les Européens. Lorsque l'inévitable affranchissement de toutes les colonies espagnoles sera consommé, la race européenne fera des progrès encore bien plus rapides ; mais dès à présent on peut la considérer comme ayant remplacé la population des deux Amériques, puisqu'elle y domine partout et s'y augmente rapidement.

Or calculez si vous pouvez ce que deviendra cette race européenne se déployant dans des contrées grandes comme cinq à six fois l'Europe, neuves et fécondes en ressources et s'organisant sans être embarrassée de toutes ces vieilleries politiques et religieuses qui nous retiennent dans des langes dont nous ne nous débarrassons que par degrés et par supercherie !

Du côté de l'Asie, la race européenne gagne plus difficilement. Elle a rencontré des peuples plus nombreux, plus avancés et par conséquent mieux pourvus de moyens de défense. Cependant comparez la figure que font les Européens en Asie, avec celle qu'ils y faisaient il y a cent ans, où ils n'avaient encore que quelques comptoirs tolérés comme est encore celui de Canton en Chine. Ils possèdent exclusivement un grand nombre d'îles. Ils sont souverains dans l'Inde. Lorsque pour maintenir cette souveraineté, ils croiront pouvoir se passer des secours de l'Europe, ce qui ne tardera pas, ils se déclareront indépendants ; et la race européenne placée au centre de l'Asie, prospérera comme elle a fait partout, par cela seul qu'elle avance toujours et que les indigènes n'avancent pas. La marine de l'Inde européenne embrassera bientôt les autres Etats de l'Asie ; elle y plantera des colonies qui gagneront du terrain à leur tour. Du côté de l'Europe, la Russie qui est de la race européenne a déjà européanisé une partie de la Tartarie et les revers du Caucase du côté de la Perse. Astracan devient chaque jour plus européen. Sa principale rue ressemble aux plus belles rues de nos capitales.

La Turquie, l'Egypte et la Syrie ne se maintiennent dans l'état où elles sont, que par une jalousie mal entendue des autres puissances ; mais cet état est contre la nature des choses et cédera au premier moment favorable.

L'Afrique qui est la partie du monde la plus proche de nous, sera la dernière qui deviendra européenne ; mais elle subira infailliblement le sort commun. Déjà les établissements du cap de Bonne-Espérance prennent un accroissement rapide et formeront une grande nation, indépendante, avant la fin de ce siècle. Successivement les autres côtes se peupleront de nos établissements et ce n'est qu'alors qu'on poussera des colonies vers toutes les parties de l'intérieur qui en seront susceptibles.

Tous ces progrès sont de nature à suivre une marche accélérée, parce que chaque pas que fait la race européenne, lui donne le moyen de faire plus rapidement le pas suivant. La lenteur de cette marche par le passé ne peut donc nous donner aucune idée de sa rapidité dans l'avenir.

Les conséquences en seront immenses. Au lieu de cette séparation de mœurs et d'habitudes qui jusqu'à présent a isolé les grandes familles du genre humain, il y aura des communications fréquentes et faciles. On va déjà aux Antilles, et dans toutes les parties de l'Amérique méridionale malgré l'état de guerre et de révolution qui travaille encore plusieurs de ces contrées, plus aisément qu'on n'allait il y a cent ans dans certains ports de la Méditerranée. Les productions d'une portion du globe deviendront communes à toutes les autres. Les denrées alimentaires de la zone torride nourriront le nord. Plusieurs grandes villes où l'on parlera les langues d'Europe ; plusieurs grands Etats où l'on formera des institutions sur les idées nouvelles, réagiront sur les vieilles nations et amélioreront bien certainement leur sort. Rien n'est plus favorable aux développements de l'homme et des sociétés, que ces centres multipliés de civilisation. Lorsque tout marche, personne ne peut plus demeurer trop en arrière. Les enfants des Européens corrigeront leurs pères. Les prétentions diverses se réduiront à leur juste valeur ; et les progrès d'un pays influeront sur tous les autres.

Ce ne sont point là, Messieurs, des chimères, des hypothèses. Tout cela est commencé, tout cela marche, nous jouirons chaque année des pas qui se feront ; nous avons quelquefois à regretter des pas rétrogrades ; mais ce ne sera jamais pour longtemps ; et de même que notre sort est évidemment meilleur que celui de nos devanciers, le sort de nos enfants (on est en droit de l'espérer) sera plus heureux que le nôtre.

LETTRES A M. MALTHUS,

SUR DIFFÉRENTS SUJETS D'ECONOMIE POLITIQUE,

NOTAMMENT SUR LES CAUSES DE LA STAGNATION GÉNÉRALE DU COMMERCE

[1820]

AVERTISSEMENT DES LIBRAIRES

M. *Malthus*, professeur d'économie politique, au collège de la Compagnie des Indes, s'est placé très haut dans le monde littéraire par son *Essai sur la population*, qui a été traduit dans toutes les langues de l'Europe. Depuis deux ans il annonce qu'il prépare de nouveaux *Principes d'économie politique, considérés par rapport à leurs applications pratiques*. Cet ouvrage, qui était attendu avec impatience, a paru à Londres il y a peu de mois. M. J.-B. Say, qui a rendu chez nous de grands services à cette science, et que nous pouvons opposer avec orgueil aux noms les plus célèbres de l'Angleterre, n'a pas attendu qu'on en eût publié une traduction française [a], pour combattre des opinions qui sont en opposition avec les siennes. Cette discussion entre deux hommes qui ont fait leurs preuves, et sur un sujet qui touche maintenant aux intérêts de tous les commerçants du monde, nous a paru devoir fixer l'attention publique, non seulement dans les circonstances où nous sommes, mais dans tous les temps.

a. La traduction de ces *Principes d'économie politique* de M. le professeur Malthus, faite par M. F.-S. Constancio (traducteur de l'ouvrage de M. Ricardo), est sous presse, et paraîtra dans le courant du mois d'août, chez J.-P. Aillaud, libraire, quai Voltaire, n° 21. Elle formera 2 vol. in-8° d'environ 400 pages chacun.

Elle servira de plus à faire connaître l'ouvrage de M. Malthus aux personnes qui ne le possèdent pas.

LETTRE PREMIÈRE

MONSIEUR,

Tous ceux qui cultivent cette belle et nouvelle science de l'économie politique voudront lire l'ouvrage dont vous venez de l'enrichir. Vous n'êtes point de ces auteurs qui adressent la parole au public sans avoir rien à lui apprendre ; et, lorsque à la célébrité de l'écrivain se joint l'importance du sujet, lorsqu'il ne s'agit de rien moins pour les hommes en société que de savoir où sont leurs moyens d'exister et de jouir, on conçoit que la curiosité des lecteurs doit être doublement excitée.

Je n'entreprendrai point, monsieur, de joindre mon suffrage à ceux du public, en faisant remarquer tout ce qu'il y a d'ingénieux à la fois et de juste dans votre livre : j'aurais trop à faire. Je n'entreprendrai pas non plus d'entrer en discussion avec vous sur quelques points auxquels vous me semblez attacher une importance qu'ils ne méritent guère : je ne veux ennuyer ici le public ni vous, monsieur, par de lourdes controverses. Mais, je le dis avec douleur, il se rencontre dans votre doctrine quelques principes fondamentaux, qui, s'ils étaient admis sur une autorité aussi imposante que la vôtre, pourraient faire rétrograder une science dont vous êtes si digne d'aider les progrès par vos vastes connaissances et par vos talents.

Et d'abord, ce qui fixe mon attention, parce que tous les intérêts du moment y sont attachés, d'où vient cet encombrement général de tous les marchés de l'univers, où l'on porte incessamment des marchandises qui se vendent à perte ? D'où vient que dans l'intérieur de chaque Etat, avec un besoin d'action propre à tous les développements de l'industrie, d'où vient, dis-je, cette difficulté universelle qu'on éprouve à trouver des occupations lucratives ? Et, la cause de cette maladie chronique une fois connue, quels moyens de la faire cesser ? Voilà des questions d'où dépendent le repos et le bonheur des nations. Je n'ai donc pu croire indigne de votre attention et de celle du public éclairé, une discussion qui tend à les éclaircir.

Tous ceux qui depuis *Adam Smith* se sont occupés d'économie politique, conviennent que nous n'achetons pas, dans la réalité, les objets de notre consommation avec le numéraire, avec l'agent de la circulation, au moyen duquel nous les payons. Il faut qu'auparavant nous ayons acheté ce numéraire lui-même par la vente de nos produits. Pour un entrepreneur de mines, l'argent est un produit dont il achète ce qui lui est nécessaire ; pour tous ceux entre les mains de qui cet argent passe ensuite, il n'est que le prix des produits qu'ils ont créés eux-mêmes par le moyen de leurs fonds de terres, de leurs capitaux, de leur industrie. En les vendant ils échangent d'abord leurs produits contre de l'argent ; ils échangent ensuite cet argent contre des objets de consommation. C'est donc bien réellement avec leurs produits qu'ils font leurs achats ; il leur est donc impossible d'acheter, de quelque objet que ce puisse être, pour une valeur plus considérable que celle qu'ils ont produite, soit par eux-mêmes, soit par le moyen de leurs capitaux et de leurs terres.

De ces prémisses j'avais tiré une conclusion qui me semble évidente, mais dont les conséquences paraissent vous avoir effrayé. J'avais dit : puisque chacun de nous ne peut acheter les produits des autres qu'avec ses propres produits ; puisque la valeur que nous pouvons acheter est égale à la valeur que nous pouvons produire, les hommes achèteront d'autant plus qu'ils produiront davantage. De là cette autre conclusion que vous refusez d'admettre, que si certaines marchandises ne se vendent pas, c'est parce que d'autres ne se produisent pas ; et que c'est la production seule qui ouvre des débouchés aux produits.

Je sais que cette proposition a une physionomie paradoxale qui prévient contre elle ; je sais qu'on doit beaucoup plutôt s'attendre à être soutenu par les préjugés vulgaires, lorsqu'on maintient qu'il n'y a trop de produits que parce que tout le monde se mêle d'en faire ; qu'au lieu de produire toujours, on devrait multiplier les consommations stériles, et manger ses anciens capitaux au lieu d'en accumuler de nouveaux. Cette doctrine en effet a pour elle l'apparence ; elle peut être appuyée par des raisonnements ; elle peut interpréter les faits en sa faveur. Mais, monsieur, quand Copernic et Galilée enseignèrent pour la première fois que le soleil, quoique nous le voyions chaque matin se lever à l'orient, monter pompeusement au-dessus de nos têtes à midi, et se précipiter le soir vers l'occident, ne bouge cependant pas de sa place, ils avaient aussi contre eux le préjugé universel, l'opinion de l'antiquité, le témoignage des sens : durent-ils néanmoins renoncer aux démonstrations tirées d'une saine physique ? Je vous ferais injure de douter de votre réponse.

Au surplus, quand j'avance que ce sont les produits qui ouvrent un écoulement aux produits ; que les moyens de l'industrie, quels qu'ils soient, abandonnés à eux-mêmes, se portent toujours vers les objets les plus nécessaires aux nations, et que ces objets nécessairent créent à la fois, et de nouvelles populations, et de nouvelles jouissances pour ces populations, toutes les apparences ne sont pas contre moi. Reportons-nous seulement à deux cents ans en arrière, et supposons qu'un négociant eût conduit, sur l'emplacement où s'élèvent maintenant les villes de New York et de Philadelphie, une riche cargaison : l'aurait-il vendue ? Supposons que, sans tomber victime des naturels, il fût parvenu à y fonder un établissement d'agriculture ou de manufacture : y aurait-il vendu un seul de ses produits ? non, sans doute. Il aurait fallu qu'il les consommât tous lui-même. Pourquoi voyons-nous le contraire aujourd'hui ? Pourquoi, lorsqu'on porte, lorsqu'on fabrique une marchandise à Philadelphie, à New York, est-on assuré de la vendre au cours ? Il me paraît évident que c'est parce que les cultivateurs, les négociants, et même à présent les manufacturiers de New York, de Philadelphie, et des provinces environnantes, y font naître, y font arriver des produits au moyen desquels ils acquièrent ceux qu'on leur offre d'un autre côté.

Ce qui est vrai d'un Etat nouveau, dira-t-on, ne l'est pas d'un Etat ancien. Il y avait en Amérique de la place pour de nouveaux producteurs et de nouveaux consommateurs ; mais dans un pays où il y a déjà plus de producteurs qu'il n'en faut, ce sont des consommateurs seuls qui sont nécessaires. Permettez-moi de répondre que les seuls vrais consommateurs sont ceux qui produisent de leur côté, parce que seuls ils peuvent acheter les produits des autres ; et que les consommateurs stériles ne peuvent rien acheter, si ce n'est au moyen des valeurs créées par les producteurs.

Il est probable que, dès le temps de la reine Elisabeth, où l'Angleterre n'avait pas la moitié de la population qu'elle renferme aujourd'hui, on trouvait déjà qu'elle avait plus de bras que d'ouvrage ; je n'en veux pour preuve que cette loi même faite alors en faveur des pauvres et dont les suites sont une des plaies de l'Angleterre. Son principal objet est de fournir de l'ouvrage aux malheureux qui ne trouvent pas d'emploi. Ils n'avaient pas d'emploi dans un pays qui depuis a pu en fournir à une quantité d'ouvriers double ou triple ! D'où vient, monsieur, d'où vient, quelque fâcheuse que soit la position de la Grande-

Bretagne, [qu'on] y vend maintenant beaucoup plus d'objets divers qu'au temps d'Elisabeth ? A quoi cela peut-il tenir, si ce n'est à ce qu'on y produit davantage ? L'un produit une chose qu'il échange avec une autre produite par son voisin. Ayant plus de quoi s'entretenir, la population s'est accrue ; et, malgré cela, tout le monde a été mieux pourvu. C'est la faculté de produire qui fait la différence d'un pays à un désert ; et un pays est d'autant plus avancé, d'autant plus peuplé, d'autant mieux approvisionné, qu'il produit davantage.

Cette observation, qui saute aux yeux, n'est probablement pas récusée par vous ; mais vous blâmez les conséquences que j'en tire. J'ai avancé que, s'il y a un engorgement, une surabondance de plusieurs sortes de marchandises, c'est parce que d'autres marchandises ne sont pas produites en quantité suffisante pour pouvoir être échangées avec les premières ; que si leurs producteurs pouvaient en faire davantage, pouvaient en faire d'autres, les premières alors trouveraient l'écoulement qui leur manque ; en un mot, qu'il n'y a trop de produits en certains genres, que parce qu'il n'y en a pas assez dans d'autres ; et vous prétendez qu'il peut y avoir une quantité surabondante dans tous les genres à la fois ; et vous citez aussi des faits en votre faveur. Déjà M. *de Sismondi* s'était élevé contre ma doctrine ; et je suis bien aise de rapporter ici ses plus fortes expressions, afin de ne vous priver, monsieur, d'aucuns de vos avantages, et pour que mes réponses servent à tous deux.

« L'Europe, dit cet ingénieux auteur, est arrivée au point d'avoir, dans toutes ses parties, une industrie et une fabrication supérieures à ses besoins [...] ». Il ajoute que l'encombrement qui en résulte commence à gagner le reste du monde. « Que l'on parcoure les rapports du commerce, les journaux, les récits des voyageurs ; partout on verra les preuves de cette surabondance de production qui passe la consommation, de cette fabrication qui se proportionne, non point à la demande, mais aux capitaux qu'on veut employer ;

de cette activité des marchands qui les porte à se jeter en foule dans chaque nouveau débouché, et qui les expose tour à tour à des pertes ruineuses dans chaque commerce dont ils attendaient des profits. Nous avons vu les marchandises de tout genre, mais surtout celles de l'Angleterre, la grande puissance manufacturière, abonder sur tous les marchés de l'Italie, dans une proportion tellement supérieure aux demandes, que les marchands, pour rentrer dans une partie de leurs fonds, ont été obligés de les céder avec un quart ou un tiers de perte, au lieu de bénéfice. Le torrent du commerce, repoussé de l'Italie, s'est jeté sur l'Allemagne, sur la Russie, sur le Brésil, et y a bientôt rencontré les mêmes obstacles.

« Les derniers journaux nous annoncent des pertes semblables dans de nouveaux pays. Au mois d'août 1818, on se plaignait, au cap de Bonne-Espérance, que tous les magasins étaient remplis de marchandises européennes, qu'on offrait à plus bas prix qu'en Europe, sans pouvoir les vendre. Au mois de juin, à Calcutta, les plaintes du commerce étaient de même nature. On avait vu d'abord un phénomène étrange, l'Angleterre envoyant dans l'Inde des tissus de coton, et réussissant par conséquent à travailler à meilleur marché que les habitants demi-nus de l'Indoustan, en réduisant ses ouvriers à une existence plus misérable encore ! Mais cette direction bizarre donnée au commerce n'a pas duré longtemps ; aujourd'hui les produits anglais sont à meilleur marché aux Indes qu'en Angleterre même. Au mois de mai, on était obligé de réexporter de la Nouvelle-Hollande les marchandises européennes qu'on y avait portées en trop grande abondance. Buenos-Ayres, la Nouvelle-Grenade, le Chili, regorgent de même déjà de marchandises.

« Le voyage de M. *Fearon* dans les Etats-Unis, terminé seulement au printemps de 1818, présente d'une manière plus frappante encore ce spectacle. D'une extrémité à l'autre de ce vaste continent si prospérant, il n'y a pas une ville, pas une bourgade, où la quantité de marchandises offertes en vente ne soit infiniment supérieure aux moyens des acheteurs, quoique les marchands s'efforcent de les séduire par de très longs crédits et des facilités de tous genres pour les paiements qu'ils reçoivent à terme et en denrées de toute espèce.

« Aucun fait ne se présente à nous, en plus de lieux, sous plus de faces, que la disproportion des moyens de consommation avec ceux de production, que l'impossibilité où sont les producteurs de renoncer à une industrie parce qu'elle décline, et que la certitude que leurs rangs ne sont jamais éclaircis que par des faillites. Comment se fait-il que des philosophes ne veuillent pas voir ce qui de toutes parts saute aux yeux du vulgaire ?

« L'erreur dans laquelle ils sont tombés tient tout entière à ce faux principe, c'est que la production est la même chose que le revenu, M. *Ricardo*, d'après M. *Say*, le répète et l'affirme : "M. *Say* a prouvé de la manière la plus satisfaisante, dit-il, qu'il n'y a point de capital, quelque considérable qu'il soit, qui ne puisse être employé, parce que la demande des produits n'est bornée que par la production. Personne ne produit que dans l'intention de consommer ou de vendre la chose produite ; et l'on ne vend jamais que pour racheter quelque autre produit qui puisse être d'une utilité immédiate, ou contribuer à la production à venir. Le producteur devient donc consommateur de ses propres produits, ou acheteur et consommateur des produits de quelque autre personne." Avec ce principe, continue M. *de Sismondi*, il devient absolument impossible de comprendre ou d'expliquer le fait le plus démontré de tous dans l'histoire du commerce, c'est l'engorgement des marchés [a]. »

Je ferai d'abord observer aux personnes à qui les faits dont M. *de Sismondi* s'afflige avec raison paraîtraient concluants, qu'ils sont concluants en effet, mais qu'ils le sont contre lui-même. Il y a trop de marchandises anglaises offertes en Italie et ailleurs,

a. Sismondi, *Nouveaux principes d'économie politique*, t. I, p. 337 s.

parce qu'il n'y a pas assez de marchandises italiennes qui puissent convenir à l'Angleterre. Un pays n'achète que ce qu'il peut payer ; car, s'il ne payait pas, on se lasserait bien vite de lui vendre. Or, avec quoi les Italiens paient-ils les Anglais ? Avec des huiles, avec des soies, avec des raisins secs ; et, passé ces articles-là et quelques autres, s'ils voulaient acquérir plus de produits anglais, avec quoi les paieraient-ils ? avec de l'argent ! mais il faudrait acquérir l'argent lui-même dont ils paieraient les produits anglais. Vous voyez bien, monsieur, que pour acquérir des produits, il faut qu'une nation, comme un particulier, ait recours à ses propres productions.

On dit que les Anglais vendent à perte dans les lieux qu'ils inondent de leurs marchandises. Je le crois bien : ils multiplient la marchandise offerte, ce qui l'avilit ; et ils ne demandent, autant qu'ils peuvent, que de l'argent, ce qui le rend plus rare, plus précieux par conséquent. Devenu plus précieux, on le donne en moins grande quantité dans chaque échange ; voilà pourquoi l'on est obligé de vendre à perte. Mais supposez pour un instant que les Italiens eussent plus de capitaux, qu'ils tirassent un meilleur parti de leurs terres et de leurs facultés industrielles, qu'ils *produisissent* davantage, en un mot ; et supposez en même temps que les lois anglaises, au lieu d'avoir été modelées d'après les absurdités de la balance du commerce, eussent admis à des conditions modérées tout ce que les Italiens auraient été capables de fournir en paiement des produits anglais, pouvez-vous douter qu'alors les marchandises anglaises qui encombrent les ports d'Italie, et bien d'autres marchandises encore, ne trouvassent facilement à se placer ?

Le Brésil, pays vaste et favorisé de la nature, pourrait absorber cent fois les marchandises anglaises qui s'y engorgent et ne s'y vendent pas ; mais il faudrait que le Brésil produisît tout ce qu'il peut produire ; et comment ce pauvre Brésil y réussirait-il ? Tous les efforts des citoyens y sont paralysés par l'administration. Une branche d'industrie promet-elle des bénéfices, le pouvoir s'en empare et la tue. Quelqu'un trouve-t-il une pierre précieuse, on la lui prend. Le bel encouragement pour en chercher d'autres, et s'en servir à acheter les marchandises d'Europe !

De son côté, le gouvernement anglais repousse, par le moyen de ses douanes et de ses droits d'entrée, les produits que les Anglais pourraient rapporter de leurs échanges avec l'étranger, même les denrées alimentaires dont leurs fabriques ont tant de besoin ; et cela parce qu'il faut que les fermiers anglais puissent vendre leurs blés au-dessus de quatre-vingts shillings le quarter, afin d'être en état d'acquitter des contributions exagérées. Toutes ces nations se plaignent d'un état de souffrance où elles se sont mises par leur propre faute. Je crois voir des malades qui se fâchent contre leurs maux, et qui ne veulent pas se corriger des excès qui en sont la première cause.

Je sais qu'on ne déracine pas un chêne aussi facilement qu'on arrache une mauvaise herbe ; je sais qu'on ne renverse pas de vieilles barrières, toutes pourries qu'elles sont, lorsqu'elles se trouvent appuyées par les immondices qui se sont amoncelées sous leur abri ; je sais que certains gouvernements, corrompus et corrupteurs, ont besoin des monopoles et de l'argent des douanes pour payer le vote des honorables majorités qui prétendent représenter les nations ; je ne suis point assez injuste pour vouloir que l'on gouverne dans le sens de l'intérêt général, afin d'obtenir toute les voix sans les payer... mais en même temps pourquoi serais-je surpris que tant de systèmes vicieux aient des suites déplorables ?

Vous conviendrez aisément avec moi, monsieur, du moins je le présume, du mal que se font mutuellement les nations par leurs jalousies, par l'intérêt sordide ou par l'impéritie de ceux qui se donnent pour leurs organes ; mais vous soutenez que, même en leur supposant de plus libérales institutions, les marchandises produites peuvent excéder les besoins des consommateurs. Eh bien, monsieur, je consens à me défendre sur ce terrain. Laissons de côté la guerre que les nations se font avec leurs douaniers ; considérons chaque peuple dans ses relations avec lui-même ; et sachons une fois pour toutes, si l'on est hors d'état de consommer ce qu'on est en état de produire.

« M. *Say*, M. *Mill*, et M. *Ricardo*, dites-vous, les principaux auteurs de la nouvelle doctrine des profits, me paraissent être tombés dans des erreurs fondamentales à ce sujet. En premier lieu, ils ont considéré les marchandises comme si elles étaient des signes algébriques au lieu d'être des articles de consommation, qui nécessairement doivent se rapporter au nombre des consommateurs et à la nature de leurs besoins [a]. »

Je ne sais, monsieur, au moins pour ce qui me concerne, sur quoi vous fondez cette accusation. J'ai reproduit sous toutes les formes cette idée, que la valeur des choses (seule qualité qui en fasse des richesses) est fondée sur leur utilité, sur l'aptitude qu'elles ont pour satisfaire nos besoins. « Le besoin qu'on a des choses, ai-je dit [b], dépend de la nature physique et morale de l'homme, du climat qu'il habite, des mœurs et de la législation de son pays. Il a des besoins du corps, des besoins de l'esprit et de l'âme, des besoins pour lui-même, d'autres pour sa famille, d'autres encore comme membre de la société. Une peau d'ours et un renne sont des objets de première nécessité pour un Lapon ; tandis que le nom même en est inconnu au *lazzarone* de Naples. Celui-ci, de son côté, peut se passer de tout pourvu qu'il ait du macaroni. De même les cours de judicature, en Europe, sont considérées comme un des plus forts liens du corps social ; tandis que les indigènes de l'Amérique, les Arabes, les Tartares, s'en passent fort bien...

« De ces besoins les uns sont satisfaits par l'usage que nous faisons de certaines choses que la nature nous fournit gratuitement, telles que l'air, l'eau, la lumière

a. Malthus, *Principes d'économie politique*, p. 354. (Je cite sur l'édition anglaise, n'ayant pas encore vu de traduction.)

b. J.-B. Say, *Traité d'économie politique, ou Simple exposition de la manière dont se forment, se distribuent et se consomment les richesses*, 4e éd., t. II, p. 5.

du soleil. Nous pouvons nommer ces choses des *richesses naturelles*, parce que la nature seule en fait les frais. Comme elle les DONNE indifféremment à TOUS, personne n'est obligé de les acquérir au prix d'un sacrifice quelconque. Elles n'ont donc point de valeur échangeable.

« D'autres besoins ne peuvent être satisfaits que par l'usage que nous faisons de certaines choses auxquelles on n'a pu donner l'utilité qu'elles ont, sans leur avoir fait subir une modification, sans avoir opéré un changement dans leur état ; sans avoir, pour cet effet, surmonté une difficulté quelconque. Tels sont les biens que nous n'obtenons que par les procédés de l'agriculture, du commerce ou des arts. Ce sont les seuls qui aient une valeur échangeable. La raison en est évidente : ils sont par le fait seul de leur production, le résultat d'un échange dans lequel le producteur *a donné* ses services productifs pour *recevoir* ce produit. On ne peut dès lors les obtenir de lui qu'en vertu d'un autre échange, en lui donnant un autre produit qu'il puisse estimer autant que le sien.

« Ces choses peuvent être nommées *richesses sociales*, parce qu'aucun échange n'est possible sans qu'il y ait une relation sociale, et parce que c'est seulement dans l'état de société, que le droit de posséder exclusivement ce qu'on a obtenu par la production ou par l'échange, peut être garanti. »

J'ajoute : « Observons en même temps que les richesses sociales sont, en tant que richesses, les seules qui puissent devenir l'objet d'une étude scientifique, 1° parce que ce sont les seules qui soient appréciables, ou du moins les seules dont l'appréciation ne soit pas arbitraire ; 2° parce qu'elles seules se forment, se distribuent, et se détruisent suivant des lois que nous puissions assigner. »

Est-ce là considérer les produits comme des *signes algébriques*, en faisant abstraction du *nombre des consommateurs et de la nature de leurs besoins* ? Cette doctrine n'établit-elle pas, au contraire, que nos besoins seuls nous engagent à faire les sacrifices au moyen desquels nous obtenons les produits ? Ces sacrifices sont le prix que nous payons pour les avoir ; vous appelez, d'après Smith, ces sacrifices, du nom de travail (*labour*), expression insuffisante, car ils comprennent le concours des terres et des capitaux. Je les nomme *services productifs*. Ils ont partout un prix courant. Lorsque ce prix excède la valeur de la chose produite, il en résulte un échange désavantageux, dans lequel on a consommé plus de valeur qu'on n'en a créé. Lorsqu'on a créé un produit qui vaut les services, les services sont payés par le produit, dont la valeur, se distribuant entre les producteurs, forme leurs revenus. Vous voyez bien que ces revenus n'existent qu'autant que le produit a une valeur échangeable, et qu'il ne peut avoir une telle valeur qu'en vertu du besoin qu'on en a dans l'état actuel de la société. Je ne fais donc pas abstraction de ce besoin, et je ne lui donne pas une appréciation arbitraire : je le prends pour ce qu'il est, pour ce que les consommateurs veulent qu'il soit. J'aurais pu vous citer au besoin la totalité de mon liv. III, qui détaille les différentes manières de consommer, leurs motifs et leurs résultats ; mais je ne veux point abuser de votre attention, ni de vos moments : avançons.

Vous dites : « Il n'est nullement vrai, en fait, que les marchandises s'échangent toujours contre des marchandises. La plus forte partie des marchandises est directement échangée contre du travail, productif ou non-productif ; et il est évident que cette masse de marchandises toute entière, comparée au travail contre lequel elle doit être échangée, peut tomber de valeur par sa surabondance, tout aussi bien qu'une seule marchandise en particulier peut, par sa surabondance, tomber de valeur par rapport au travail ou à la monnaie [a]. »

Permettez-moi de remarquer, en premier lieu, que je n'ai pas dit que les marchandises (*commodities*) s'échangeassent toujours contre des marchandises,

a. Malthus, *ibid.*, pp. 353-354.

mais bien que *les produits ne s'achètent qu'avec des produits*.

En second lieu, que ceux-mêmes qui admettraient cette expression de *marchandises* pourraient vous répondre que, lorsqu'on donne des marchandises pour payer du travail, on échange en réalité ces marchandises contre d'autres marchandises, c'est-à-dire contre celles qui résultent du travail qu'on a acheté. Mais cette réponse est insuffisante pour ceux qui embrassent d'une vue plus étendue et plus complète, le phénomène de la production de nos richesses. Permettez-moi de le remettre sous vos yeux par une image frappante. Le public qui nous juge, y trouvera, j'espère, de grandes facilités pour bien saisir la valeur de vos objections et de mes réponses.

Pour voir agir l'industrie, les capitaux et les terres dans l'œuvre de la production, je les personnifie ; et je découvre que chacun de ces personnages vend ses services, que j'appelle *services productifs*, à un entrepreneur qui est un commerçant, un manufacturier, ou bien un fermier. Cet entrepreneur, ayant acheté les services d'un fonds de terre, en payant un loyer à un propriétaire foncier ; les services d'un capital, en payant un intérêt à un capitaliste ; et ayant acheté des services industriels à des ouvriers, à des commis, à des agents quelconques, en leur payant un salaire, consomme tous ces services productifs, les anéantit ; et de cette consommation sort un produit qui a une valeur.

La valeur du produit, pourvu qu'elle soit égale aux frais de production, c'est-à-dire au prix qu'il a fallu avancer pour tous les services productifs, suffit pour payer les profits de tous ceux qui ont concouru, directement ou indirectement, à cette production. Le profit de l'entrepreneur au compte duquel l'opération a été faite, en faisant abstraction de l'intérêt du capital qu'il peut y avoir employé, représente le salaire de son temps et de son talent, c'est-à-dire ses propres services productifs à lui-même. Si sa capacité a été grande et ses calculs bien faits, son profit est considérable. Si, au lieu de talent, il a mis de l'impéritie dans son affaire, il a pu ne rien gagner, il a pu perdre. C'est l'entrepreneur que tous les risques atteignent ; mais c'est lui, par contre, qui profite de toutes les chances favorables.

Tous les produits qui frappent journellement nos yeux, tous ceux que notre imagination peut concevoir, ont été formés par des opérations qui, toutes, rentrent dans celles que je viens d'indiquer, mais combinées d'une infinité de manières différentes. Ce que des entrepreneurs font d'un côté pour un produit, d'autres le font d'un autre côté pour d'autres produits. Or, ce sont ces divers produits qui s'échangeant entre eux, offrent réciproquement un débouché l'un à l'autre. Le besoin plus ou moins grand qu'on a d'un de ces produits comparé aux autres, détermine à donner pour l'avoir un prix plus ou moins grand, c'est-à-dire une quantité plus ou moins grande de tout autre produit. Le numéraire n'est là-dedans qu'un agent passager qui, une fois l'échange complété, n'y est plus de rien, et court s'employer à d'autres échanges.

C'est avec le fermage, les intérêts, les salaires, qui forment les profits résultant de cette production, que les producteurs achètent les objets de leur consommation. Les producteurs sont en même temps consommateurs ; et la nature de leurs besoins, influant à différents degrés sur la demande des différents produits, favorise toujours, quand la liberté existe, la production la plus nécessaire ; parce qu'étant la plus demandée, c'est dès lors celle qui donne à ses entrepreneurs le plus de profits.

J'ai dit que pour mieux voir comment l'industrie, les capitaux et les terres agissent dans les opérations productives, je les personnifiais et les observais dans les services qu'ils rendent. Mais ce n'est point ici une fiction gratuite : ce sont des faits. L'industrie est représentée par les *industrieux* de tous les ordres ; les capitaux, par les *capitalistes* ; et les terres, par leurs *propriétaires*. Ce sont ces trois ordres de personnes qui vendent l'action productive de leur instrument, et qui stipulent ses intérêts. On peut blâmer mes expressions ; mais alors il faut en présenter de meilleures, car on ne peut nier que les choses se passent ainsi que je l'ai dit. J'ai peint des faits. On peut critiquer la manière du peintre ; mais qu'on ne se flatte pas d'ébranler les faits : ils sont là, et sauront se défendre.

Reprenons maintenant votre accusation. Vous dites, monsieur, que beaucoup de marchandises doivent être achetées avec du travail ; et moi je vais plus loin que vous-même, je dis qu'elles doivent toutes être achetées ainsi, en étendant cette expression de *travail* au service que rendent les capitaux et les terres [a]. Je dis qu'elles ne peuvent être achetées qu'ainsi ; que c'est toujours par de tels services qu'on donne de l'utilité et de la valeur aux choses ; et qu'ensuite deux partis se présentent à nous : celui de consommer nous-mêmes l'utilité et par conséquent la valeur que nous avons produite ; ou bien de nous en servir pour acheter l'utilité et la valeur produites par d'autres ; que dans les deux cas nous achetons des marchandises avec des services productifs, et que nous pouvons en acheter d'autant plus que nous mettons dehors plus de services productifs.

Vous prétendez qu'il n'y a point de *produits immatériels* [b] : Eh, monsieur, originairement il n'y en a point d'autres. Un champ lui-même ne fournit à la production que son service, qui est un produit immatériel. Il sert comme un creuset dans lequel vous mettez du minerai, et d'où il sort du métal et des scories. Y a-t-il quelques parcelles du creuset dans ces produits ? Non ; le creuset sert à une nouvelle opération productive. Y a-t-il quelques portions du champ dans la moisson qui en est sortie ? Je

a. Ce qui rend souvent obscurs les auteurs anglais, c'est qu'ils confondent, à l'exemple de Smith, sous le nom de travail (*labour*), les services rendus par les hommes, par les capitaux et par les terres.

b. Malthus, *ibid.*, p. 49.

réponds de même, non ; car si un fonds de terre s'usait, il finirait, au bout d'un certain nombre d'années, par être consommé tout entier ; un fonds de terre ne rend que ce qu'on y met, mais le rend après une élaboration que j'appelle le *service productif* du champ. On pourra me chicaner sur le mot ; je ne crains pas les chicanes que l'on pourrait me faire sur la chose, parce que la chose est, qu'elle sera, et que partout où l'on étudiera l'économie politique, on reconnaîtra le fait, quel que soit le nom qu'on juge à propos de lui donner.

Le service que rend un capital dans une entreprise quelconque, commerciale, agricole, ou manufacturière, est, de même, un *produit immatériel.* Celui qui consomme improductivement un capital détruit le capital lui-même ; celui qui le consomme reproductivement consomme le capital matériel, et, de plus, le service de ce capital, qui est un *produit immatériel.* Lorsqu'un teinturier met pour mille francs d'indigo dans sa chaudière, il *consomme* pour mille francs d'indigo, produit matériel ; et, de plus, il consomme le temps de ce capital, son intérêt. La teinture qu'il en retire lui rend la valeur du capital matériel qu'il a employé, et, de plus, la valeur du service *immatériel* de ce même capital.

Le service de l'ouvrier est encore un produit immatériel. L'ouvrier sort de sa manufacture, le soir, avec ses dix doigts, comme il y est entré le matin. Il n'a rien laissé de matériel dans ses ateliers. C'est donc un service immatériel qu'il a fourni à l'opération productive. Ce service est le produit journalier, annuel, d'un fonds que j'appelle ses *facultés industrielles*, et qui compose sa richesse : pauvre richesse ! surtout en Angleterre ; et j'en sais la raison.

Tout cela forme des *produits immatériels* que l'on appellera comme on voudra, et qui n'en seront pas moins des produits immatériels qui s'échangeront entre eux, qui s'échangeront contre des produits matériels, et qui, dans tous ces échanges, chercheront leur prix courant fondé, comme tous les prix courants du monde, sur la proportion entre l'offre et la demande.

Tous ces services de l'industrie, des capitaux et des terres, qui sont des produits indépendants de toute matière, forment les *revenus* de tous tant que nous sommes... Quoi ! tous nos revenus sont immatériels ! ! ! — Oui, monsieur, TOUS : autrement il faudrait que la masse des matières qui composent le globe, augmentât chaque année ; il le faudrait pour que chaque année nous eussions de nouveaux revenus matériels. Nous ne créons, nous ne détruisons pas un seul atome. Nous nous bornons à en changer les combinaisons ; et tout ce que nous y mettons est immatériel ; c'est de la VALEUR ; et c'est cette valeur, immatérielle aussi, que nous consommons journellement, annuellement, et qui nous fait vivre ; car la consommation est un changement de forme donnée à la matière, ou, si vous aimez mieux, un dérangement de forme, comme la production en est l'arrangement. Si vous trouvez une physionomie de paradoxe à toutes ces propositions, voyez les choses qu'elles expriment, et j'ose croire qu'elles vous paraîtront fort simples et fort raisonnables.

Sans cette analyse, je vous défie d'expliquer la totalité des faits ; d'expliquer, par exemple, comment le même capital est consommé deux fois : *productivement* par un entrepreneur, et *improductivement* par son ouvrier. Au moyen de l'analyse qui précède, on s'aperçoit que l'ouvrier apporte sa peine, fruit de sa capacité ; il la vend à l'entrepreneur, rapporte chez lui son salaire qui forme son revenu, et le consomme improductivement. De son côté l'entrepreneur, qui a acheté le travail de l'ouvrier en y consacrant une part de son capital, le consomme reproductivement, de même que le teinturier consomme reproductivement l'indigo qu'il a jeté dans sa chaudière. Ces valeurs, ayant été détruites reproductivement, reparaissent dans le produit qui sort des mains de l'entrepreneur. Ce n'est point le capital de l'entrepreneur qui forme le revenu de l'ouvrier, ainsi que le prétend M. *de Sismondi*. C'est dans les ateliers, et non dans le ménage de l'ouvrier, que se consomme le capital de l'entrepreneur. La valeur consommée chez l'ouvrier a une autre source : elle est le produit de ses facultés industrielles. L'entrepreneur consacre à l'achat de ce travail une partie de son capital. L'ayant acheté, il le consomme ; et l'ouvrier consomme de son côté la valeur qu'il a obtenue en échange de son travail. Partout où il y a échange, il y a deux valeurs créées et troquées l'une contre l'autre ; et partout où il y a deux valeurs créées, il peut y avoir, et il y a en effet, deux consommations [a].

Il en est de même du *service productif* rendu par le capital. Le capitaliste qui le prête, vend le service, le travail de son instrument ; le prix journalier ou annuel qu'un entrepreneur lui en paie, se nomme *intérêt*. Les deux termes de l'échange sont, d'une part, le service

a. Un domestique produit des services personnels qui sont en totalité consommés improductivement par son maître aussitôt que produits. Le service du fonctionnaire public est de même consommé en totalité par le public, à mesure qu'il est produit. Voilà pourquoi ces différents services ne donnent lieu à aucune augmentation de richesses. Le consommateur jouit de ces services, mais ne peut les accumuler. C'est ce qui est expliqué en détail dans mon *Traité d'économie politique*, 4e éd., t. I, p. 124. On ne conçoit pas, après cela, comment M. *Malthus* a pu imprimer, p. 35, que « l'on ne peut expliquer les progrès que l'Europe a faits depuis les temps féodaux ; si l'on considère les services personnels comme aussi productifs, que le travail des marchands et des manufacturiers ». Il en est de ces services comme du travail du jardinier qui a cultivé des salades ou des fraises. La richesse de l'Europe ne vient certainement pas des fraises qui ont été produites, parce qu'elles ont dû, ainsi qu'un service personnel, être toutes consommées improductivement à mesure qu'elles mûrissaient, quoique moins promptement que des services personnels.

Je nomme ici des fraises comme un produit fort peu durable ; mais ce n'est pas parce qu'un produit est durable, qu'il facilite davantage les accumulations. C'est parce qu'il est consommé de manière à reproduire sa valeur dans un autre objet. Car, durable ou non, tout produit est voué à la consommation, et ne sert à une fin quelconque que par sa consommation : (cette fin est, soit de satisfaire un besoin, soit de reproduire une nouvelle valeur). Lorsqu'on se mêle d'écrire sur l'économie politique, il faut préalablement faire sortir de sa tête qu'un produit durable s'accumule mieux qu'un produit fugitif.

du capital, et d'une autre part l'intérêt. L'entrepreneur, en même temps qu'il consomme reproductivement le capital, consomme reproductivement aussi le service du capital. De son côté le prêteur, qui a vendu le service du capital, en consomme improductivement l'intérêt, qui est une valeur matérielle donnée en échange du service immatériel du capital. Faut-il s'étonner qu'il y ait double consommation, celle de l'entrepreneur pour faire ses produits, et celle du capitaliste pour satisfaire ses besoins, puisqu'il y a les deux termes d'un échange, deux valeurs sorties de deux fonds différents, troquées, et consommables, l'une et l'autre ?

Vous dites, monsieur, que la distinction du travail productif et du travail improductif, est la pierre angulaire de l'ouvrage d'*Adam Smith* ; que c'est le renverser de fond en comble que de reconnaître, ainsi que je le fais, comme productifs, des travaux qui ne sont fixés dans aucun objet matériel [a]. Non, monsieur, ce n'est point là la pierre angulaire de l'ouvrage de Smith, puisque, cette pierre ébranlée, l'édifice est imparfait sans être moins solide ; ce qui soutiendra éternellement cet excellent livre, c'est qu'on y proclame à toutes les pages que la *valeur échangeable* des choses est le fondement de toute richesse. C'est depuis lors que l'économie politique est devenue une science positive ; car le prix courant de chaque chose est une quantité déterminée dont on peut analyser les éléments, assigner les causes, étudier les rapports, et prévoir les vicissitudes. En écartant de la définition des richesses ce caractère essentiel, permettez-moi de vous le dire, monsieur, on replonge la science dans le vague ; on la fait reculer.

Loin d'ébranler les célèbres *Recherches sur la richesse des nations*, je les appuie dans ce qu'elles ont d'essentiel ; mais, en même temps, je crois qu'Adam Smith a méconnu des valeurs échangeables très réelles, en méconnaissant celles qui sont attachées à des services productifs qui ne laissent aucune trace parce qu'on les consomme en totalité ; je crois qu'il a méconnu des

a. Malthus, *ibid.*, p. 37.

services très réels également, qui même laissent des traces dans des produits matériels : tels sont les services des capitaux, consommés indépendamment de la consommation du capital lui-même ; je crois qu'il s'est jeté dans des obscurités infinies, faute d'avoir distingué, pendant la production, la consommation des services industriels d'un entrepreneur, des services de son capital ; distinction tellement réelle cependant, qu'il n'est presque pas de société de commerce qui ne contienne des clauses qu'il faut y rapporter.

Je révère *Adam Smith* : il est mon maître. Lorsque je fis les premiers pas dans l'économie politique, et lorsque, chancelant encore, poussé d'un côté par les docteurs de la balance du commerce, et de l'autre par les docteurs du produit net, je bronchais à chaque pas, il me montra la bonne route. Appuyé sur sa *Richesse des nations*, qui nous découvre en même temps la richesse de son génie, j'appris à marcher seul. Maintenant je ne suis plus d'aucune école, et ne partagerai pas le ridicule des révérends pères jésuites qui traduisirent, avec des commentaires, les éléments de *Newton*. Ils sentaient que les lois de la physique ne cadraient pas très bien avec celles de Loyola ; aussi eurent-ils soin de prévenir le public dans un avertissement que, quoique en apparence ils eussent démontré le mouvement de la terre pour compléter le développement de la physique céleste, ils prévenaient qu'ils n'en demeuraient pas moins soumis aux décrets du pape qui n'admettait pas ce mouvement. Je ne suis soumis qu'aux décrets de l'éternelle raison, et ne crains pas de le dire : *Adam Smith* n'a pas embrassé l'ensemble du phénomène de la production et de la consommation des richesses ; mais il a tant fait, que nous devons être pénétrés pour lui de reconnaissance. Grâce à lui, la plus vague, la plus obscure des sciences deviendra bientôt la plus précise, et celle de toutes qui laissera le moins de faits inexpliqués.

Représentons-nous donc les producteurs (et par ce nom je désigne aussi bien les possesseurs des capitaux et des fonds de terre, que les possesseurs des facultés industrielles), représentons-nous-les s'avançant au-devant les uns des autres avec leurs services productifs, ou *l'utilité* qui en est résultée, (qualité immatérielle). Cette utilité, c'est leur produit. Tantôt il est fixé dans un objet matériel, qui se transmet avec le produit immatériel, mais qui, en lui-même, n'est d'aucune importance, n'est rien, en économie politique ; car de la matière dépourvue de valeur n'est pas de la richesse. Tantôt il se transmet, se vend par l'un, et s'achète par l'autre, sans être fixé dans aucune matière : c'est le conseil du médecin, celui de l'avocat, le service du militaire, du fonctionnaire public. Tous échangent l'utilité qu'ils produisent contre celle qui est produite par d'autres ; et, dans tous ceux de ces échanges qui sont livrés à une libre concurrence, selon que l'utilité offerte par *Paul* est plus ou moins demandée que l'utilité offerte par *Jacques*, elle se vend plus ou moins cher, c'est-à-dire qu'elle obtient en échange plus ou moins de l'utilité produite par ce dernier. C'est en ce sens qu'il faut entendre l'influence de la *quantité demandée* et de la *quantité offerte* [a].

Ceci, monsieur, n'est point une doctrine faite après coup pour la circonstance ; elle est consignée en différents endroits de mon *Traité d'économie politique* [b] ; et, au moyen de mon *Epitôme*, sa concordance avec tous les autres principes de la science et avec tous les faits qui lui servent de base, est solidement établie. Elle est déjà professée dans plusieurs parties de l'Europe ; mais je désire ardemment qu'elle entraîne votre conviction et vous paraisse mériter de s'introduire dans la chaire que vous remplissez avec tant d'éclat.

Après ces éclaircissements nécessaires, vous ne m'accuserez point de vaines subtilités si je m'appuie sur des lois que j'ai montrées être fondées sur la nature des choses et sur les faits qui en découlent.

a. Ce que les Anglais appellent « *Want and Supply* ».

b. 4e éd., liv. I, chap. 15 ; liv. II, chap. 1, 2, 3 et 5. Voyez aussi l'Epitôme placé à la fin du même ouvrage, surtout aux mots, *Services productifs, frais de production, revenus, utilité, valeur.*

Les marchandises, dites-vous, ne s'échangent pas seulement contre des marchandises : elles s'échangent aussi contre du travail. Si ce travail est un produit que les uns vendent, que les autres achètent, et que ces derniers consomment, il m'en coûtera peu de l'appeler une *marchandise*, et il ne vous en coûtera pas beaucoup plus d'assimiler les autres marchandises à celle-là, car elles sont des produits aussi. Les confondant alors les unes et les autres sous le nom générique de *produits*, vous pourrez convenir peut-être qu'on n'achète des produits qu'avec des produits.

LETTRE DEUXIÈME

Monsieur,

Je crois avoir prouvé dans ma première lettre, que les produits ne peuvent s'acheter que par des produits ; je ne vois donc point encore de motif d'abandonner la doctrine, que c'est la production qui ouvre des débouchés à la production. Il est vrai que j'ai regardé comme des produits, tous les services qui sortent de nos capacités personnelles, de nos capitaux, de nos fonds de terre ; ce qui m'a obligé d'esquisser de nouveau et en d'autres termes, la doctrine de la production que *Smith* évidemment n'a pas conçue, et n'a pas décrite en son entier.

Cependant, monsieur, je sens en relisant la 3e section de votre chapitre VII [a], qu'il est encore un point dont vous ne voudrez point convenir avec moi. Vous m'accorderez peut-être que l'on n'achète les produits qu'avec d'autres produits ; mais vous persisterez à soutenir que les hommes peuvent, de tous les produits ensemble, créer une quantité supérieure à leurs besoins, et qu'une partie, en conséquence, de ces produits, peut ne pas trouver d'emploi ; qu'il peut y avoir surabondance et engorgement dans tous les genres à

a. Maltus, *ibid.*, p. 351.

la fois. Pour présenter votre objection dans toute sa force, je la transformerai en une image sensible, et je dirai : M. Malthus conviendra volontiers, que cent sacs de blé achètent cent pièces d'étoffe dans une société qui a besoin, pour se vêtir et se nourrir, de cette quantité d'étoffe et de cette quantité de blé ; mais si la même société vient à produire deux cents sacs de blé et deux cents pièces d'étoffe, ces deux marchandises auront beau pouvoir s'échanger l'une contre l'autre, il soutiendra qu'une partie d'entre elles pourra ne pas trouver d'acheteurs. Il faut donc, monsieur, que je prouve en premier lieu que, quelle que soit la quantité produite et la dépression des prix qui en résulte, une quantité produite en un genre suffit toujours pour mettre ses auteurs en état d'acquérir la quantité produite en un autre genre ; et, après avoir prouvé que la possibilité d'acquérir existe, je devrai chercher comment des produits qui surabondent, font naître les besoins de les consommer.

L'entrepreneur qui produit du blé, ou le fermier, après avoir acheté les services productifs du fonds de terre et du fonds capital qu'il occupe, après avoir acheté les services productifs de ses serviteurs, et y avoir ajouté ses propres travaux, a consommé toutes ces valeurs pour en faire des sacs de blé ; et chaque sac, ses propres travaux, c'est-à-dire ses bénéfices, compris, lui revient par supposition à 30 francs. De son côté l'entrepreneur qui produit des étoffes de lin, de laine ou de coton, peu m'importe, le fabricant, en un mot, après avoir consommé de même les services de son capital, les services de ses ouvriers et les siens, a fait des pièces d'étoffes dont chacune lui revient à 30 francs également. Si même vous me permettez d'arriver d'un saut au centre de la question, je vous avouerai que mon marchand d'étoffes représente, dans ma pensée, les producteurs de tous les produits manufacturés ; et que mon marchand de blé représente tous les producteurs de denrées alimentaires et de produits bruts. Il s'agit de savoir si leurs deux produits, en quelque quantité qu'on les multiplie, et quelle que soit la dépression qui en résultera dans les prix, pourront être achetés en totalité par leurs producteurs, qui sont en même temps leurs consommateurs ; et comment les besoins s'élèvent toujours en raison de la quantité produite.

Nous examinerons d'abord ce qui se passe dans l'hypothèse d'une liberté parfaite, qui permet de multiplier indéfiniment tous les produits ; et nous examinerons plus tard les obstacles que la nature des choses ou l'imperfection des sociétés opposent à cette liberté indéfinie de produire ; mais vous remarquerez que l'hypothèse de la production indéfinie est plus favorable à votre cause parce qu'il est bien difficile de placer des produits illimités que des produits restreints ; et que l'hypothèse des produits restreints tantôt par une cause, tantôt par une autre, est plus favorable à la mienne, qui établit que ce sont ces restrictions mêmes qui, en empêchant de certaines productions, nuisent à l'achat que l'on pourrait faire des seuls produits qu'on peut multiplier indéfiniment.

Dans l'hypothèse de la liberté parfaite, le producteur de froment arrive sur le marché avec un sac qui lui revient, son bénéfice compris, à 30 francs ; et le producteur d'étoffes avec une pièce qui lui revient au même prix, et conséquemment avec deux produits qui s'échangeront au pair [a]. Celui des deux qui se vendrait au-delà de ses frais de production, attirerait vers sa production une partie des producteurs qui s'occupent de l'autre, jusqu'à ce que les services productifs fussent également payés dans l'un et l'autre genre : c'est un effet dont on convient généralement.

Il est bon de remarquer que, dans cette hypothèse, les producteurs de la pièce d'étoffe, tous ensemble, ont gagné de quoi racheter la pièce tout entière, ou tout autre produit d'égale valeur. Si elle revient, par

a. Un fermier qui vend un sac de froment 30 francs et qui achète une pièce de calicot de 30 francs, n'échange-t-il pas son sac contre l'étoffe ; et le fabricant qui achète un sac de blé 30 francs, du prix de sa pièce d'étoffe, n'échange-t-il pas son étoffe contre un sac de froment ?

exemple, à 30 francs tout compris, même le profit du manufacturier au taux où l'a fixé la concurrence, cette somme s'est trouvée distribuée entre tous les producteurs de la pièce d'étoffe ; mais en parts inégales, suivant l'espèce et la quotité des services rendus pour en opérer la production. Si la pièce a dix aunes, celui qui a gagné 6 francs peut en acheter deux aunes ; celui qui a gagné trente sous peut en acheter seulement une demi-aune ; mais il demeure constant que la totalité d'entre eux peut acheter la totalité de la pièce. Que, si au lieu d'acheter l'étoffe, ils veulent acheter le blé, ils sont en état de l'acquérir en totalité aussi, puisqu'il ne vaut que 30 francs comme l'étoffe ; tout comme ils peuvent acheter, suivant leurs besoins indifféremment, ou une portion de la pièce d'étoffe, ou une portion équivalente du sac de blé. Celui qui a gagné, dans l'une ou l'autre de ces productions, six francs, peut employer trois francs à un dixième de la pièce et trois francs à un dixième du blé ; toujours est-il vrai que tous les producteurs ensemble peuvent acquérir la totalité des produits.

C'est ici, monsieur, que se placent vos objections. Si les produits augmentent, dites-vous, ou si les besoins diminuent, les produits tomberont à trop bas prix pour pouvoir payer les travaux nécessaires à leur confection [a].

a. Pour qu'on ne m'accuse pas d'avoir dénaturé le sens de l'estimable professeur, en cherchant à le resserrer et à le rendre plus clair, je crois devoir donner en note la traduction exacte de ses passages.

« Si les marchandises ne devaient être comparées et échangées que les unes avec les autres, il serait alors vrai que, pourvu qu'elles augmentassent suivant des proportions convenables, elles pourraient, quelle que fût leur augmentation, conserver la même valeur relative. Mais, si nous les comparons, comme nous le devons, avec le nombre et avec les besoins des consommateurs, une grande augmentation de produits avec un nombre stationnaire de consommateurs et des besoins réduits par la parcimonie, occasionneront de toute nécessité une grande chute dans la valeur des produits estimée en travail tellement que le même produit qui aura *coûté* le même travail qu'auparavant, ne pourra plus en *acheter* la même quantité

Avant de vous répondre, monsieur, je vous préviens que, si, par condescendance, j'emploie votre mot *travail* qui, d'après les explications données dans ma précédente lettre, est incomplet, je comprendrai sous cette dénomination, non seulement le service productif d'un ouvrier et d'un chef, mais encore les services productifs rendus par le capital et par le fonds de terre ; services qui ont leur prix, aussi bien que le travail personnel, et un prix tellement réel que le capitaliste et le propriétaire foncier en vivent.

Ce point entendu, je vous réponds avant tout que les produits, en baissant de prix, ne mettent point les producteurs hors d'état d'acheter le travail qui les a créés, ou tout autre travail équivalent. Dans notre hypothèse, les producteurs de blé, par de plus habiles procédés, créeront double quantité de blé, et les producteurs d'étoffes double quantité d'étoffes ; et le blé comme les étoffes baisseront de moitié. Qu'est-ce que cela ? Les producteurs de blé, pour leurs services qui seront les mêmes, auront deux sacs qui ensemble vaudront ce qu'un seul valait ; et les producteurs d'étoffes auront deux pièces qui ensemble vaudront ce qu'une seule valait. Dans l'échange appelé *production*, les mêmes services auront obtenu, chacun de leur côté, double quantité de produits ; mais ces deux quantités doubles pourront s'acquérir l'une par l'autre comme auparavant, et aussi facilement qu'auparavant, de manière que, sans dépenser davantage en services productifs, une nation où cette faculté productive viendrait à se déployer, aurait une fois plus d'objets à

[...] On avance qu'une demande effective n'est autre chose que l'offre effective que l'on fait d'une marchandise en échange d'une autre. Mais est-ce bien là tout ce qui est nécessaire pour une demande effective ? Quoique chacune des marchandises puisse avoir coûté, pour sa production, la même quantité de travail et de capital, et qu'elles puissent équivaloir l'une à l'autre, cependant elles peuvent, toutes les deux, être abondantes au point de ne pouvoir acheter plus de travail qu'elles n'en ont coûté, ou du moins de n'en pouvoir acheter que très peu au-delà de ce qu'elles en ont coûté. Dans ce cas la demande serait-elle effective ? Suffirait-elle pour engager à continuer la production ? Indubitablement NON. » Malthus, *ibid.*, pp. 355-356.

consommer, soit en blé, soit en étoffes, soit en tout, puisque nous sommes convenus de représenter avec du blé et des étoffes toutes les choses dont l'espèce humaine peut avoir besoin pour s'entretenir. Les produits, dans un tel échange, sont mis en opposition de valeur avec les services productifs ; or, comme en tout échange, l'un des deux termes vaut d'autant plus qu'il obtient une plus grande quantité de l'autre, il résulte que les services productifs valent d'autant plus que les produits sont plus multipliés, et à plus bas prix [a]. Voilà pourquoi la baisse des produits, en augmentant la valeur des fonds productifs d'une nation et des revenus qui en émanent, augmente les richesses nationales. Cette démonstration, qui se trouve en détail au chap. 3 du liv. II de mon *Traité d'économie politique* (4e édition) a rendu, ce me semble, quelques services à la science, en expliquant ce qui jusque-là avait été senti sans être expliqué ; c'est que, bien que la richesse soit une valeur échangeable, la richesse générale est accrue par le bas prix des marchandises et de toute espèce de produits [b].

Jamais probablement une augmentation du double dans la puissance productive du travail n'a eu lieu tout à coup et pour tous les produits à la fois ; mais il est indubitable qu'elle a eu lieu graduellement pour beaucoup de produits et dans des proportions fort diverses. Un manteau de pourpre chez les anciens, à égalité de finesse et de grandeur, à égalité de solidité et d'éclat dans la teinture, coûtait sans doute au-delà du double de ce qu'il coûterait chez nous ; et je ne doute pas que

a. Suivant l'expression anglaise : *When they do not command the same quantity of labour as before.*

b. Cette démonstration, pour le dire en passant, ruine complètement une assertion de M. *Malthus*, que *le bon marché est toujours aux dépens des profits* (p. 370), et ruine par conséquent tous les raisonnements qu'il fonde sur cette base. La même démonstration est de même fatale à toute cette partie de la doctrine de M. *Ricardo*, où il se flatte d'établir que ce sont les *frais de production*, et non la proportion de l'*offre* avec la *demande*, qui règle le prix des produits. Il identifie les *frais de production* avec les *produits*, tandis qu'ils sont en opposition, et que les premiers sont d'autant moindres, que les seconds sont plus abondants.

le blé payé en travail n'ait baissé de moitié tout au moins à l'époque ignorée de l'invention de la charrue. Tous ces produits, coûtant moins de travail, ont été en raison de la concurrence, donnés pour ce qu'ils ont coûté, sans que personne y ait perdu ; et tout le monde y a gagné dans ses revenus.

Mais il faut revenir sur la première partie de votre objection : *Les producteurs de blé et les producteurs d'étoffes produiront alors plus de blé et d'étoffes que les uns et les autres n'en pourront consommer.* Ah ! monsieur, après avoir prouvé que, malgré une baisse de moitié dans la valeur des produits, le même travail pouvait les acheter *en totalité* et se procurer par là une fois plus de moyens d'exister et de jouir, serai-je réduit à prouver à l'auteur justement célèbre de l'*Essai sur la population*, que tout ce qui peut se produire peut trouver des consommateurs, et que, parmi les jouissances que procure la quantité des produits dont les hommes peuvent disposer, ils ne mettent point au dernier rang les douceurs du ménage et la multiplication des enfants ? Après avoir écrit trois volumes justement admirés, pour prouver que la population s'élève toujours au niveau des moyens d'existence, avez-vous pu admettre le cas *d'une grande augmentation de produits, avec un nombre stationnaire de consommateurs et des besoins réduits par la parcimonie* ? (p. 355).

Il faut que ce soit l'auteur de l'*Essai sur la population* qui ai tort, ou bien que ce soit celui des *Principes d'économie politique*. Mais tout nous prouve que ce n'est point celui de l'*Essai sur la population* qui est dans l'erreur. L'expérience comme le raisonnement démontrent qu'un produit, une *chose nécessaire ou agréable* à l'homme, n'est dédaignée que lorsqu'on manque des moyens de l'acheter. Ces moyens d'acheter sont précisément ce qui établit la demande du produit, ce qui lui donne un prix. N'avoir pas besoin d'une chose utile, c'est ne pouvoir pas la payer. Et comment est-on dans l'impuissance de la payer ? c'est lorsqu'on est dépourvu de ce qui fait la richesse, dépourvu d'industrie, ou de terres, ou de capitaux.

Une fois pourvus des moyens de produire, les hommes approprient leurs productions à leurs besoins, car la production elle-même est un échange où l'on *offre* des moyens productifs et où l'on *demande* en retour la chose dont le besoin se fait le plus sentir. Créer une chose dont le besoin ne se ferait pas sentir, ce serait créer une chose sans valeur : ce ne serait pas produire. Or du moment qu'elle a une valeur, son producteur peut trouver à l'échanger contre celles qu'il veut se procurer.

Cette faculté des échanges, particulière à l'homme entre tous les animaux, approprie tous les produits à tous les besoins, et lui permet de tenir compte, pour son existence, non de l'espèce du produit (il l'échangera dès qu'il voudra, s'il a de la valeur), mais de sa valeur.

La difficulté, direz-vous, est de créer des produits qui vaillent leurs frais de production. Je le sais bien ; et, dans ma lettre suivante, vous verrez ce que j'en pense. Mais dans l'hypothèse où nous sommes encore, de la liberté d'industrie, vous me permettrez de vous faire remarquer que l'on n'éprouve de la difficulté à créer des produits qui vaillent leurs frais de production, qu'en raison des prétentions élevées des marchands de services productifs. Or, le haut prix des services productifs dénote que ce qu'on cherche existe ; c'est-à-dire qu'il y a des emplois dont les produits suffisent pour rembourser ce qu'ils coûtent.

Vous reprochez à ceux qui partagent mon opinion de « n'avoir aucun égard à l'influence si générale et si importante de cette disposition de l'homme à l'indolence et à l'oisiveté » (p. 358). Vous supposez le cas où des hommes, après avoir produit de quoi satisfaire à leurs besoins de première nécessité, aimeront mieux ne rien faire au-delà, l'amour du repos l'emportant dans leur esprit sur celui des jouissances. Cette supposition, permettez-moi de vous le dire, prouve pour moi contre vous. Eh ! que dis-je autre chose, sinon qu'on ne vend qu'à ceux qui produisent ? Pourquoi ne vend-on point d'objets de luxe à un fermier qui veut mener une vie grossière ? c'est parce qu'il aime mieux rester oisif que de produire de quoi acheter des objets de luxe. Quelle que soit la cause qui borne la production, que ce soit le défaut de capitaux ou de population, ou de diligence, ou de liberté, l'effet, selon moi, est le même : on ne vend pas les objets qui s'offrent d'un côté, parce qu'on produit trop peu de l'autre.

Vous regardez l'indolence qui ne veut pas produire comme directement contraire aux débouchés, et je suis bien de votre avis. Mais, alors, comment pouvez-vous regarder, ainsi que vous le faites (chap. VII, sect. 9), l'indolence de ce que vous appelez des *consommateurs improductifs*, comme favorable à ces mêmes débouchés ? « Il est absolument nécessaire, dites-vous (p. 463), qu'un pays qui a de grands moyens de production, possède un corps nombreux de consommateurs improductifs. » Comment se peut-il que l'indolence qui refuse de produire soit contraire aux débouchés dans le premier cas, et leur soit favorable dans le second ?

S'il faut parler net, cette indolence leur est contraire dans les deux cas. Qui désignez-vous par ce corps nombreux de consommateurs improductifs, si nécessaire, selon vous, aux producteurs ? Sont-ce les propriétaires de terres et de capitaux ? Sans doute, ils ne produisent pas directement ; mais leur instrument produit pour eux. Ils consomment la valeur à la création de laquelle ont concouru leurs terres et leurs capitaux. Ils concourent donc à la production, et ne peuvent acheter ce qu'ils achètent qu'en raison de ce concours. S'ils y contribuent en outre par leurs travaux, et joignent à leurs profits comme propriétaires et capitalistes d'autres profits comme travailleurs, produisant davantage, ils peuvent consommer davantage ; mais ce n'est point en leur qualité de non-producteurs qu'ils augmentent les débouchés des producteurs.

Désignez-vous les fonctionnaires publics, les militaires, et les rentiers de l'Etat ? ce n'est pas non plus en leur qualité de non-producteurs qu'ils favorisent les débouchés. Je suis loin de contester la légitimité des émoluments qu'ils reçoivent ; mais je ne puis croire que les contribuables fussent très embarrassés de leur argent dans le cas où les receveurs des contributions ne viendraient pas à leur secours : ou leurs besoins seraient plus amplement satisfaits, ou bien ils emploieraient ce même argent d'une manière reproductive. Dans l'un et l'autre cas, l'argent serait dépensé, et favoriserait la vente de produits quelconques égaux en valeur à ce qu'achètent maintenant ceux que vous appelez *consommateurs improductifs*. Convenez donc, monsieur, que ce n'est pas à cause des consommateurs improductifs que la vente est favorisée, mais bien à cause de la production de ceux qui fournissent à leur dépense ; et que, dans le cas où les consommateurs improductifs viendraient à disparaître, ce qu'à Dieu ne plaise, il n'y aurait pas pour un sou de débouchés fermés.

Je ne sais pas mieux sur quel fondement vous décidez (p. 356) que la production ne peut se continuer si la valeur des marchandises ne paie que peu de travail au-delà de ce qu'elles ont coûté. Il n'est nullement nécessaire que le produit vaille au-delà de ses frais de production, pour que les producteurs soient en état de continuer. Lorsqu'une entreprise commence avec un capital de cent mille francs, il suffit que le produit qui en sort, vaille cent mille francs, pour qu'elle puisse recommencer ses opérations. Et où sont, dites-vous, les profits des producteurs ? Le capital tout entier a servi à les payer [a] ; et c'est le prix qui en a été payé, qui a formé les revenus de tous les producteurs. Si le produit qui en est résulté vaut seu-

a. Quelques personnes s'imaginent que, lorsqu'on emploie un capital dans une entreprise, la portion de ce capital qui est employée à l'achat des matières premières, n'est pas employée à l'achat de services productifs. C'est une erreur. La matière première elle-même est un produit qui n'a d'autre valeur que celle qui précédemment y a été répandue par les services productifs, qui en ont fait un produit, une valeur. Quand la matière première est de nulle valeur, elle n'emploie aucune partie du capital ; quand il faut la payer, ce paiement n'est que le remboursement des services productifs qui lui ont donné de la valeur.

lement cent mille francs, voilà le même capital rétabli, et tous les producteurs sont payés [a].

Je n'ai donc pas peur de rendre votre objection plus forte que vous ne l'avez faite, en l'exprimant ainsi : « Quoique chacune des marchandises puisse avoir coûté pour sa production la même quantité de travail et de capital, et qu'elles puissent équivaloir l'une à l'autre, cependant elles peuvent toutes les deux être abondantes au point de ne pouvoir acheter plus de travail qu'elles n'en ont coûté. Dans ce cas la production pourrait-elle se continuer ? indubitablement NON. »

Non ? Et pourquoi, je vous prie ? Pourquoi des fermiers et des manufacturiers qui feraient ensemble pour 60 francs de valeurs en froment et en étoffes, qui, je l'ai démontré, seraient en état d'acheter tout entière cette quantité de marchandise, suffisante pour leurs besoins, ne pourraient-ils pas recommencer après l'avoir achetée et consommée ? Ils auraient les mêmes terres, les mêmes capitaux, la même industrie qu'auparavant ; ils seraient précisément au même point où ils étaient en commençant ; et ils auraient vécu, ils se seraient entretenus de leurs revenus, de la vente de leurs services productifs. Que faut-il de plus pour la conservation de la société ? Ce grand phénomène de la production, analysé, exposé sous ses véritables traits, explique tout.

Après la crainte que vous manifestez, monsieur, que les produits de la société ne dépassent en quantité ce qu'elle peut et veut en consommer, il est naturel que vous voyiez avec terreur ses capitaux s'accroître par l'épargne ; car les capitaux qui cherchent à s'employer procurent une augmentation de produits, de nouveaux moyens d'accumulation, d'où naissent de nouvelles

a. Les profits que fait un entrepreneur dans son entreprise, sont le salaire du travail et des talents qu'il a mis dans son affaire. Il ne continue la même entreprise qu'aussi longtemps que ce salaire est tel qu'il n'en pourrait pas espérer un meilleur dans une autre entreprise. Il est un des producteurs nécessaires, et ses profits font partie des frais nécessaires de la production.

productions : enfin vous me paraissez craindre qu'on ne soit étouffé sous l'amas des richesses ; et cette crainte, je vous l'avoue, ne me tourmente pas du tout.

Etait-ce à vous, monsieur, de reproduire ici les préjugés populaires contre ceux qui ne dépensent pas leurs revenus en objets de luxe ? Vous convenez (p. 351) *qu'aucune augmentation permanente de richesse ne peut avoir lieu sans une augmentation préalable de capital* ; vous convenez (p. 352) que *les travailleurs sont consommateurs aussi bien que les consommateurs oisifs* ; et cependant vous craignez que, si l'on accumule toujours, *on ne puisse consommer la quantité toujours croissante de ces marchandises produites par ces nouveaux travailleurs* (p. 353).

Il faut détruire vos vaines terreurs ; mais auparavant permettez-moi une réflexion sur l'objet de l'économie politique moderne. Elle est de nature à nous guider dans notre marche.

Qu'est-ce qui nous distingue des économistes de l'école de Quesnay ? C'est le soin que nous mettons à observer l'enchaînement des faits qui ont rapport aux richesses ; c'est la rigoureuse exactitude que nous nous imposons dans leur description. Or, pour bien voir et pour bien décrire, il faut, autant qu'on peut, demeurer spectateur impassible. Non que nous ne puissions, que nous ne devions même quelquefois gémir de ces opérations grosses de fâcheuses conséquences, dont nous sommes trop souvent les tristes et impuissants témoins : interdit-on à l'historien philanthrope les douloureuses réflexions que lui arrachent parfois les iniquités de la politique ? Mais un rapprochement, une pensée, un conseil, ne sont pas de l'histoire, et, j'ose le dire, ne sont pas de l'économie politique. Ce que nous devons au public, c'est de lui dire comment et pourquoi tel fait est la conséquence de tel autre. S'il chérit la conséquence, ou s'il la redoute, cela lui suffit ; il sait ce qu'il a à faire ; mais point d'exhortations.

Il me semble en conséquence que nous ne devrions nullement, moi, d'après *Adam Smith*, prêcher l'épargne ; vous, monsieur, d'après milord *Lauderdale*, vanter la dissipation. Bornons-nous donc à noter comment les choses se succèdent et s'enchaînent dans l'accumulation des capitaux.

Je remarque d'abord, que la plupart des accumulations sont nécessairement lentes. Tout le monde, quelque revenu qu'on ait, doit vivre avant que d'amasser ; et ce que j'appelle ici la *vie*, est, en général, d'autant plus dispendieux qu'on est plus riche. Dans la plupart des cas et des professions, l'entretien d'une famille et son établissement emportent la totalité des revenus et bien souvent des capitaux ; et quand il y a des épargnes annuellement faites, elles sont presque toujours dans une faible proportion avec les capitaux actuellement employés. Un entrepreneur qui a cent mille francs et une industrie, gagne, dans les cas ordinaires, et en terme moyen, douze à quinze mille francs. Or, avec un tel capital et une industrie qui vaut autant, c'est-à-dire une fortune de deux cent mille francs, il est économe s'il n'en dépense que dix mille ; il n'épargne donc annuellement que cinq mille francs, ou la vingtième partie de son capital.

Si vous partagez, comme c'est bien souvent le cas, cette fortune entre des personnes dont l'une fournit l'industrie, l'autre le capital, l'épargne est bien moindre encore, parce que alors deux familles, au lieu d'une, doivent vivre des profits réunis du capital et de l'industrie [a]. De toutes manières il n'y a que les très grandes fortunes qui puissent faire de grandes épargnes : et les très grandes fortunes sont rares en tous les pays. Les capitaux ne peuvent donc pas s'augmenter avec une rapidité capable de produire des bouleversements dans l'industrie.

Je ne saurais partager les craintes qui vous ont fait dire (p. 357) : « Qu'un pays est toujours exposé à un

a. Ce cas est bien plus fréquent en France qu'en Angleterre, où le taux des profits industriels et de l'intérêt des capitaux est trop bas pour que, dans les industries ordinaires, les premiers suffisent à l'entretien d'une famille dépourvue de capitaux.

accroissement plus rapide du fonds destiné à l'entretien de la classe laborieuse, que de la classe laborieuse elle-même. » Je ne suis pas effrayé davantage de l'énorme surcroît de produits qui peut résulter d'une augmentation de capital si lente de sa nature. Je vois au contraire ces nouveaux capitaux et les revenus qui en sortent, se distribuer de la manière la plus favorable parmi les producteurs. D'abord le capitaliste, augmentant son capital, voit s'augmenter son revenu ; ce qui l'invite à plus de jouissances. Un capital augmenté dans l'année achète l'année suivante un peu plus de services industriels. Ces services, étant plus demandés, sont un peu plus payés ; un plus grand nombre d'industrieux trouvent l'emploi et la récompense de leurs facultés. Ils travaillent et consomment improductivement les produits de leur travail ; de façon que s'il y a plus de produits créés en vertu de cet accroissement de capital, il y a aussi plus de produits consommés. Or qu'est-ce que cela, si ce n'est pas un accroissement de prospérité ?

Vous dites (p. 352 et 360) que, si les épargnes n'ont d'autre objet que d'augmenter les capitaux, si les capitalistes n'augmentent point leurs jouissances en augmentant leur revenu, ils n'ont point de motif suffisant pour épargner ; car les hommes n'épargnent pas uniquement par philanthropie et pour faire prospérer l'industrie. C'est vrai ; mais qu'en voulez-vous conclure ? S'ils épargnent, je dis qu'ils favorisent l'industrie et la production, et que cet accroissement de produits se distribue d'une manière très favorable au public. S'ils n'épargnent pas, je ne saurais qu'y faire ; mais vous ne pouvez pas en conclure que les producteurs s'en trouvent mieux, car ce que les capitalistes auraient épargné se serait trouvé dépensé tout de même. En le dépensant improductivement, on n'a pas rendu la dépense plus grande. Quant aux valeurs accumulées sans être consommées reproductivement, comme les sommes entassées dans les coffres de l'avare, *Smith*, ni moi, ni personne, n'en prend la défense, mais elles nous effraient peu ; d'abord, parce qu'elles sont bien peu considérables, comparées aux capitaux productifs d'une nation ; et en second lieu, parce que leur consommation n'est jamais que suspendue. Il n'y a point de trésors qui n'aient fini par être dépensés, productivement ou non.

Je ne sais sur quel fondement vous regardez les dépenses reproductives, celles qu'on fait pour creuser des canaux, élever des bâtiments d'exploitation, construire des machines, payer des artistes et des artisans, comme moins favorables aux producteurs, que les dépenses improductives, que celles qui n'ont pour objet que la satisfaction personnelle du prodigue. « Aussi longtemps, dites-vous (p. 363), que les cultivateurs sont disposés à consommer les objets de luxe créés par les manufacturiers, et les manufacturiers les objets de luxe créés par les cultivateurs, tout va bien. Mais si l'une et l'autre classe étaient disposées à économiser dans la vue d'améliorer leur sort et de pourvoir à l'établissement de leurs familles, ce serait tout différent. (C'est-à-dire apparemment que tout irait mal !) « Le fermier, au lieu de se permettre des rubans, des dentelles et des velours, se contenterait des vêtements les plus simples ; mais son économie ôterait au manufacturier la possibilité d'acheter une aussi forte quantité de ses produits, et il ne trouverait plus de débouchés pour les produits d'une terre où rien n'aurait été épargné en travaux et en améliorations. Si le manufacturier de son côté, au lieu de gratifier ses goûts par des consommations de sucre, de raisin [a], de tabac, voulait épargner pour l'avenir, il n'y pourrait réussir, grâce à la parcimonie du fermier et à l'absence de demande des produits des manufactures. »

Et un peu plus loin (p. 365) : « La population nécessaire pour fournir des vêtements à une semblable société, avec le secours des machines, se réduirait à peu de chose, et n'absorberait qu'une faible partie de l'excédent d'un territoire riche et bien cultivé. Il y aurait évidemment un défaut général de demande, soit

a. En Angleterre les raisins sont un objet de luxe.

de produits, soit de population. Et tandis qu'il est certain qu'une passion convenable pour la consommation (improductive) conserverait une juste proportion entre l'offre et la demande, quel que fût le pouvoir de la production, il ne paraît pas moins assuré qu'une passion pour l'épargne doit inévitablement conduire à une production de marchandises qui excéderait ce que l'organisation et les habitudes d'une semblable société, lui permettraient de consommer. »

Vous allez jusqu'à demander ce que deviendraient les marchandises si toute espèce de consommation, le pain et l'eau exceptés, était suspendue pendant six mois seulement [a] ; et c'est à moi, nominativement, que vous adressez cette interpellation.

Dans ce passage et dans le précédent, vous posez encore implicitement en fait, qu'un produit épargné est soustrait à toute espèce de consommation ; tandis que, dans toutes ces discussions, dans tous les écrits que vous attaquez, dans ceux d'*Adam Smith*, de M. *Ricardo*, dans les miens, dans les vôtres même [b], il est établi qu'un produit épargné est une valeur que l'on soustrait à une consommation improductive pour l'ajouter à son capital, c'est-à-dire à ces valeurs que l'on consomme, ou que l'on fait consommer reproductivement. *Que deviendraient les marchandises, si toute espèce de consommation, le pain et l'eau exceptés, était suspendue pendant six mois ?* Eh, monsieur, il s'en

a. « Quelle accumulation de produits ! Quels prodigieux débouchés, selon M. Say, dit M. *Malthus*, un pareil événement ouvrirait ! » Le savant professeur se méprend totalement ici sur le sens du mot *accumulation* : une accumulation n'est point une *non-consommation* ; c'est la substitution d'une consommation reproductive à une consommation improductive. Je n'ai point dit, d'ailleurs, qu'un produit *épargné* était un débouché ouvert ; j'ai dit qu'un produit *créé* était un débouché ouvert pour un autre produit ; et cela est vrai, soit qu'on en dépense la valeur improductivement, soit qu'on la joigne à ses épargnes, c'est-à-dire aux dépenses reproductives que l'on se propose de faire.

b. « Il faut convenir que les produits annuellement épargnés sont aussi régulièrement consommés que ceux qui sont annuellement dépensés, mais qu'ils sont consommés par d'autres personnes », Malthus, *ibid.*, p. 31.

vendrait pour une valeur tout aussi grande ; car enfin ce qu'on ajouterait par là à la somme des capitaux, achèterait de la viande, de la bière, des habits, des chemises, des souliers, des meubles, à la classe des producteurs, que les sommes épargnées mettraient à l'ouvrage. *Mais si l'on se mettait au pain et à l'eau pour ne point employer ses épargnes* ?... C'est-à-dire que vous supposez qu'on s'imposerait généralement un jeûne extravagant, par plaisir et sans dessein !

Que répondriez-vous, monsieur, à celui qui mettrait au nombre des dérangements qui peuvent survenir dans la société, le cas où la lune viendrait à tomber sur la terre ?... Le cas n'est pas physiquement impossible : il suffirait que la rencontre d'une comète suspendît, ou seulement ralentît la marche de cet astre dans son orbite. Néanmoins je soupçonne que vous seriez tenté de trouver un peu d'impertinence dans cette question ; et je vous avoue que vous me sembleriez excusable.

Je conviens que c'est une méthode que ne désavoue pas la philosophie, que celle de pousser les principes à leurs plus extrêmes conséquences, pour en exagérer et en découvrir les erreurs ; mais cette exagération elle-même est une erreur quand la nature des choses toute seule présente des obstacles toujours croissants à l'excès qu'on suppose, et rend ainsi la supposition inadmissible. Vous opposez à tous ceux qui pensent avec *Adam Smith*, que l'épargne est un bien, les inconvénients d'une épargne excessive ; mais ici l'excès porte en lui son remède. Là où les capitaux deviennent trop abondants, l'intérêt qu'en tirent les capitalistes devient trop faible pour balancer les privations qu'ils s'imposent par leurs épargnes. Les placements solides deviennent difficiles à trouver ; on fait des placements dans l'étranger. Le simple cours de la nature arrête beaucoup d'accumulations. Une grande partie de celles qui ont lieu dans les familles aisées, s'arrêtent au moment où il faut pourvoir à l'établissement des enfants. Le revenu des pères se trouvant réduit par cette circonstance, ils perdent des moyens d'accumuler, en même temps qu'ils perdent une partie des motifs qu'ils avaient de le faire. Beaucoup d'épargnes sont arrêtées par des décès. Une succession se partage entre des héritiers et des légataires, dont la position n'est plus la même que celle du défunt, et qui dissipent souvent une partie de l'héritage au lieu de l'augmenter. La portion que s'en attribue le fisc est bien sûrement dissipée, car l'Etat ne la place pas reproductivement. La prodigalité, l'impéritie de beaucoup de particuliers qui perdent une partie de leurs capitaux dans des entreprises mal conçues, ont besoin d'être balancées par les épargnes de beaucoup d'autres. Tout sert à nous convaincre que, dans ce qui a rapport aux accumulations comme pour tout le reste, il y a beaucoup moins de dangers à laisser aller les choses à leur pente naturelle, qu'à vouloir leur donner une direction forcée.

Vous dites (p. 495), que dans certains cas, il est contraire aux principes d'une bonne économie politique de conseiller l'épargne. Eh, monsieur, une bonne économie politique, je le répète, conseille peu ; elle montre ce qu'un capital judicieusement employé, ajoute au pouvoir de l'industrie, de même qu'une bonne agriculture enseigne ce qu'une irrigation bien dirigée ajoute au pouvoir du sol : du reste elle livre aux hommes les vérités qu'elle démontre ; c'est à eux de s'en servir selon leur intelligence et leur capacité.

Tout ce qu'on demande, monsieur, à un homme aussi éclairé que vous, c'est de ne pas propager l'erreur populaire que la prodigalité est, plus que l'épargne, favorable aux producteurs [a]. On n'est que trop porté à sacrifier l'avenir au présent ! Le principe de toute amélioration est au contraire le sacrifice des

a. « Quand il y a plus de capitaux qu'il n'en faut dans un pays, recommander l'épargne est contraire à tous les principes d'économie politique. C'est comme si l'on recommandait le mariage à un peuple qui meurt de faim », Malthus, *ibid.*, p. 495. Comment M. Malthus ne voit-il pas que le mariage fait naître des enfants et par conséquent de nouveaux besoins ; tandis que les capitaux n'ont aucun besoin, et portent au contraire en eux-mêmes les moyens d'en satisfaire ?

tentations du moment au bien-être de l'avenir ? C'est le premier fondement de toute vertu comme de toute richesse. L'homme qui perd sa réputation en violant un dépôt ; celui qui ruine sa santé pour n'avoir pu résister à ses désirs ; et celui qui dépense aujourd'hui ses moyens de gagner demain, manquent tous également d'économie ; et c'est ce qui a fait dire avec toute raison que le vice n'est, au bout du compte, qu'un mauvais calcul.

LETTRE TROISIÈME

MONSIEUR,

Nous avons raisonné, dans l'hypothèse d'une liberté indéfinie qui permettrait à une nation de pousser aussi loin qu'elle voudrait, tous les genres de production ; et je crois avoir prouvé que si cette hypothèse se réalisait, cette nation pourrait acheter tout ce qu'elle produirait. De cette faculté et du désir naturel à l'homme d'améliorer continuellement son sort, naîtrait infailliblement une multiplication infinie d'individus et de jouissances.

Il n'en va pas ainsi. La nature d'une part, et de l'autre les vices de l'ordre social, ont mis des bornes à cette faculté indéfinie de produire ; et l'examen de ces obstacles, en nous ramenant dans le monde réel, servira de preuve à la doctrine établie dans mon *Traité d'économie politique*, que ce sont les obstacles à la production qui seuls empêchent l'écoulement, la vente des produits.

Je n'ai pas la prétention de pouvoir signaler la totalité des obstacles qui s'opposent à la production. Beaucoup de ces obstacles sans doute se découvriront à mesure que l'économie politique fera de nouveaux progrès ; d'autres peut-être ne se découvriront jamais : mais on peut déjà en observer de très puissants, soit dans l'ordre naturel, soit dans l'ordre politique.

Dans l'ordre naturel, la production des denrées alimentaires a des bornes plus sévèrement posées que la production des denrées meublantes et vêtissantes. En même temps que les hommes ont besoin, soit en poids, soit en valeur, de beaucoup plus de produits alimentaires que de tous les autres ensemble, on ne saurait tirer ces produits de fort loin, car ils sont d'un transport difficile et d'une garde dispendieuse. Quant à ceux qui peuvent croître sur le territoire d'une nation, ils ont des limites, qu'une agriculture plus perfectionnée et de plus vastes capitaux engagés dans les opérations agricoles peuvent reculer sans doute [a], mais qui doivent cependant se rencontrer quelque part. *Arthur Young* croit que la France ne produit guère que la moitié des denrées alimentaires qu'elle est capable de produire [b]. Supposez qu'*Arthur Young* dise vrai ; supposez même qu'avec une agriculture plus perfectionnée la France recueillît deux fois autant de pro-

a. Les principaux obstacles aux améliorations agricoles en France, sont, d'abord, la résidence des riches propriétaires et des gros capitalistes dans les villes, et surtout dans une immense capitale : ils ne peuvent pas prendre connaissance des améliorations auxquelles ils pourraient employer leurs fonds ; et ils ne peuvent pas en surveiller l'emploi de manière qu'il fût suivi d'une augmentation de revenu correspondante. En second lieu, ce serait vainement que tel canton reculé dans les terres doublerait ses produits : il peut à peine se défaire de ce qu'il produit déjà, faute de chemins vicinaux bien entretenus et faute de villes industrieuses à portée. Les villes industrieuses consomment les produits ruraux et fabriquent en échange des produits manufacturés qui, renfermant plus de valeur sous un moindre volume, peuvent se transporter plus loin. C'est là le principal obstacle aux accroissements de l'agriculture française. Des canaux de navigation petits et multipliés, des chemins vicinaux bien entretenus, mettraient en valeur les produits ruraux. Mais il faut pour cela des administrations locales choisies par les habitants, et ne s'occupant que du bien du pays. La possibilité des débouchés existe, mais on ne fait pas ce qu'il faut pour en jouir. Les administrateurs, choisis dans l'intérêt de l'autorité centrale, deviennent presque tous des agents politiques ou fiscaux, ou, ce qui est encore pis, des agents de police.

b. A. Young, *Voyage en France*, t. II, p. 98 de l'éd. angl.

duits ruraux sans avoir plus d'agriculteurs [a], alors elle aurait 45 millions d'habitants qui pourraient se consacrer à toute autre occupation qu'aux travaux agricoles. Ses produits manufacturés trouveraient plus de débouchés qu'à présent dans les campagnes, puisqu'elles seraient plus productives ; et le surplus trouverait des débouchés dans la population manufacturière elle-même. On ne serait pas moins bien nourri qu'à présent, mais on serait généralement mieux pourvu d'objets manufacturés ; on aurait de meilleurs logements, plus de meubles, des vêtements plus fins, et des objets d'utilité, d'instruction et d'agrément qui sont maintenant réservés à un bien petit nombre de personnes. Tout le reste de la population est encore grossier et barbare.

Toutefois, à mesure que la classe manufacturière croîtrait, les denrées alimentaires deviendraient plus recherchées et plus chères par rapport aux objets manufacturés. Ceux-ci procureraient des profits et des salaires plus restreints qui en décourageraient la production ; et l'on conçoit ainsi comment les bornes que la nature met aux productions agricoles, en mettraient aussi aux produits manufacturés. Mais cet effet, comme tout ce qui arrive naturellement et par la force des choses, se préparerait de fort loin et serait accompagné de moins d'inconvénients que toute autre combinaison possible.

En convenant de cette borne posée, par la nature elle-même, à la production des aliments, et indirectement à celle de tous les autres produits, on peut demander comment des pays très industrieux, tels que l'Angleterre, où les capitaux abondent, où les communications sont faciles, sont arrêtés dans l'écoulement de leurs marchandises, bien avant que leurs produits

a. Cette supposition est très admissible, puisqu'en Angleterre les trois quarts de la population habite les villes et par conséquent ne se livre point aux travaux champêtres. Un pays qui nourrirait 60 millions d'habitants pourrait donc être fort bien cultivé par 15 millions de cultivateurs ; nombre auquel on porte les cultivateurs de la France actuelle.

agricoles soient arrivés au terme qu'ils ne peuvent plus dépasser. Il y a donc un vice, un mal caché qui les tourmente ?... Il y en a plus d'un probablement, qui se découvriront successivement ; mais déjà j'en aperçois un, immense, funeste, et digne de la plus sérieuse attention.

S'il arrivait qu'auprès de chaque entreprise de commerce, de manufacture ou d'agriculture, un homme, un préposé du fisc, vînt à s'établir ; et que cet homme, sans rien ajouter au mérite du produit, à son utilité, à la qualité qui fait qu'on le désire et qu'on l'achète, ajoutât néanmoins à ses frais de production, qu'en résulterait-il, je vous le demande ? Le prix qu'on met à un produit, même lorsqu'on a les moyens de l'acquérir [a], dépend de la jouissance qu'on en attend, de l'utilité dont il peut être. A mesure que son prix s'élève, il cesse pour plusieurs personnes de valoir la dépense qu'il occasionne ; et le nombre de ses acheteurs diminue.

De plus, l'impôt n'augmentant les profits d'aucun producteur, et cependant augmentant le prix de la totalité des produits, les revenus des producteurs ne sont plus suffisants pour acheter les produits, du moment qu'un accident comme celui que je viens d'indiquer, les fait renchérir.

Représentons-nous cet effet par des nombres, afin de le suivre dans ses dernières conséquences. Il vaut la peine qu'on s'en occupe, s'il peut nous indiquer une des principales causes du mal qui menace tous les pays industrieux du globe. Déjà l'Angleterre, par ses angoisses, avertit les autres nations des douleurs qui leur sont réservées. Elles seront d'autant plus cruelles, qu'un tempérament robuste les provoque toutes plus

a. Les moyens qu'on a d'acquérir sont les profits que chacun tire de son industrie, de ses capitaux et de ses terres. Les consommateurs qui n'ont ni industrie, ni capitaux, ni terres, dépensent ce qu'ils prélèvent sur les profits des premiers. Dans tous les cas chacun a un revenu qui a des bornes ; et, quoique les personnes qui ont un fort gros revenu puissent sacrifier beaucoup d'argent pour de fort minces jouissances, néanmoins on conçoit que, plus la jouissance est chère, et moins on y tient.

ou moins à un très grand développement d'industrie ; il en résultera de très heureux effets s'il n'est pas comprimé, et d'affreuses convulsions dans le cas contraire.

Si l'entrepreneur, producteur d'une pièce d'étoffe, en même temps qu'il distribue tant à lui-même qu'à ses confrères-producteurs une somme de 30 francs pour les services productifs qui ont concouru à la confection de la pièce, est obligé de payer en outre 6 francs au préposé du fisc, il faudra ou qu'il cesse de fabriquer des étoffes, ou qu'il vende la pièce 36 francs [a]. Mais la pièce étant à 36 francs, les producteurs, qui tous ensemble n'en ont touché que trente, ne peuvent plus acheter que les cinq sixièmes de cette même pièce qu'auparavant ils pouvaient acheter tout entière ; celui qui en achetait une aune ne pourra plus en consommer que cinq sixièmes d'aune ; et ainsi des autres.

Le producteur de blé, qui de son côté paie à un autre receveur une contribution de 6 francs pour un sac qui coûte 30 francs de services productifs, est obligé de vendre son sac 36 francs au lieu de trente. Il en résulte que les producteurs de blé et les producteurs d'étoffes, soit qu'ils aient besoin d'étoffes, soit qu'ils aient besoin de blé, ne peuvent, avec le gain qu'ils ont fait, acquérir que les cinq sixièmes de leurs produits.

Cet effet, ayant lieu pour deux produits réciproquement, peut avoir lieu généralement pour tous les produits. Nous pouvons, sans changer l'état de la question, supposer que les producteurs, quelle que soit la production à laquelle ils sont voués, ont besoin successivement de boissons, de denrées équinoxiales, de logements, de divertissements, d'objets de luxe ou de nécessité. Et toujours ils trouveront ces produits plus chers qu'ils ne peuvent les payer, avec leurs revenus tels qu'ils sont, suivant le rang qu'ils occupent parmi les producteurs. Il y aura

a. S'il la diminue en qualité, c'est comme s'il la faisait payer plus cher.

toujours, dans l'hypothèse qui nous sert d'exemple, un sixième des produits qui demeureront invendus.

Il est vrai que les six francs levés par le collecteur, vont à quelqu'un ; et que ceux que le collecteur représente (fonctionnaires publics, militaires, ou rentiers) peuvent employer cet argent à faire l'acquisition du sixième restant soit du sac de blé, soit de la pièce d'étoffe, soit de tout autre produit. C'est bien ainsi, en effet, que la chose se passe. Mais remarquez que cette consommation n'a lieu qu'aux dépens des producteurs ; et que le collecteur, ou ses commettants, s'ils consomment un sixième des produits, obligent par là les producteurs à se nourrir, à se vêtir, à vivre enfin avec les cinq sixièmes de ce qu'ils produisent.

On en conviendra ; mais en même temps on dira qu'il est possible à chacun de vivre avec les cinq sixièmes de ce qu'il produit. J'en conviendrai moi-même si l'on veut ; mais je demanderai à mon tour si l'on croit que le producteur vécût aussi bien au cas que l'on vînt à lui demander, au lieu d'un sixième, deux sixièmes, ou le tiers de sa production ? — Non ; mais il vivrait encore. — Ah ! vous croyez qu'il vivrait ! en ce cas, je demande s'il vivrait encore au cas qu'on lui en ravît les deux tiers... puis les trois quarts... mais je m'aperçois qu'on ne répond plus rien.

Maintenant, monsieur, je me flatte que l'on comprendra facilement ma réponse à vos plus pressantes objections, de même qu'à celles de M. *de Sismondi*. S'il suffit de créer de nouveaux produits, dites-vous, pour pouvoir les consommer, ou les échanger contre ceux qui surabondent, et procurer ainsi des débouchés aux uns comme aux autres, pourquoi n'en crée-t-on pas ? sont-ce les capitaux qui manquent ? Ils abondent : on cherche les entreprises auxquelles on peut en employer avec avantage : il est évident qu'il n'y en a point, dites-vous (p. 499) ; que tous les genres de commerce sont déjà obstrués de capitaux et de travailleurs, qui tous offrent leurs produits au rabais, dit M. *de Sismondi* [a].

Je ne prétends pas que ce soit encore un métier de dupe de se vouer aux arts utiles ; mais convenez, messieurs, que s'il devenait jamais tel, l'effet ne serait pas autre que celui dont vous vous plaignez. Pour acheter les produits qui surabondent, il faudrait créer d'autres produits : mais si la condition des producteurs était trop désavantageuse ; si, après avoir déployé des moyens de production suffisants pour produire un bœuf, on se trouvait n'avoir produit qu'un mouton, et avec ce mouton, si l'on ne pouvait obtenir par un échange contre tout autre produit que la même quantité d'utilité que ce qui s'en trouve dans un mouton, qui voudrait produire avec un tel désavantage ? Ceux qui se seraient livrés à la production auraient fait un mauvais marché ; ils auraient fait une avance que l'utilité de leur produit ne suffirait pas pour rembourser ; quiconque aurait la sottise de créer un autre produit capable d'acheter celui-là, aurait à lutter contre les mêmes désavantages, et se mettrait dans le même embarras. Le parti qu'il pourrait tirer de son produit, ne l'indemniserait pas de ses frais ; et ce qu'il pourrait acheter avec ce produit ne vaudrait pas davantage. C'est alors que l'ouvrier ne pourrait plus vivre de son travail, et retomberait à la charge de sa paroisse [b] ; c'est alors que l'entrepreneur, ne pouvant plus vivre de ses profits, renoncerait à son industrie. Il achèterait des rentes ou bien irait dans l'étranger pour y chercher de meilleures conditions, un travail plus lucratif, ou, *ce qui revient exactement au même*, une production accom-

a. Sismondi, *Nouveaux principes d'économie politique*, liv. IV, chap. 4.

b. L'ouvrier ne peut travailler d'une manière constante, que lorsque son travail paie sa subsistance ; et quand sa subsistance est trop chère, il ne convient plus à aucun entrepreneur de l'employer. Alors on peut dire en économie politique, que l'ouvrier n'*offre* plus son travail productif, quoiqu'il l'offre avec beaucoup d'instances ; mais cette offre n'est pas acceptable aux seules conditions durables auxquelles elle peut être faite.

pagnée de moins de dépenses [a]. S'il y rencontrait d'autres inconvénients, il chercherait un autre théâtre encore pour ses talents ; et l'on verrait les différents pays se jeter à la tête et leurs capitaux et leurs travailleurs, c'est-à-dire ce qui suffit pour porter au plus haut point la prospérité des sociétés humaines, quand elles connaissent leurs véritables intérêts et les moyens de les faire prévaloir.

Je ne me permettrai pas de faire remarquer quels sont les traits de ce tableau qui conviennent à votre pays, monsieur, ou à tout autre ; mais je le livre à votre examen, à l'examen de tous les hommes de bonne foi, de tous ceux qui ont de bonnes intentions, et qui veulent fonder leur repos sur le bien-être de la partie intéressante, laborieuse et utile de l'espèce humaine.

Pourquoi les sauvages du nouveau monde, dont la précaire subsistance repose sur le hasard d'une flèche, refusent-ils de bâtir des villages, d'enclore des terrains et de les cultiver ? c'est que ce genre de vie exige un travail trop assidu, trop pénible. Ils ont tort ; ils calculent mal, car les privations qu'ils endurent sont pires de beaucoup que les gênes que la vie sociale bien entendue leur imposerait. Mais, si cette vie sociale était une galère où, en ramant à tour de bras pendant seize heures sur vingt-quatre, ils ne parvinssent à produire qu'un morceau de pain insuffisant pour les

a. M. *Ricardo* prétend que, en dépit des impôts et autres entraves, il y a toujours autant d'industrie que de capitaux employés, et que tous les capitaux épargnés sont toujours employés, parce qu'on n'en veut pas perdre l'intérêt. Il y a au contraire beaucoup d'épargnes qui ne se placent pas lorsque les emplois sont difficiles, ou qui, étant placées, se dissipent dans une production mal calculée. M. *Ricardo* d'ailleurs est bien démenti par ce qui nous arriva en 1813, où les fautes du gouvernement ruinèrent tout commerce, et où l'intérêt de l'argent tomba fort bas, faute de bons emplois ; et par ce qui nous arrive en ce moment, où les capitaux dorment au fond des coffres des capitalistes. La Banque de France seule a 223 millions en espèces dans ses caisses, somme plus que double de la somme de ses billets en circulation, et six fois plus considérable que celle que la prudence lui conseillerait de garder pour les remboursements éventuels.

nourrir, en vérité ils seraient excusables de ne pas aimer la vie sociale. Or tout ce qui rend plus pénible la situation du producteur, de l'homme essentiel des sociétés, tend à détruire le principe de vie du corps social ; à rapprocher un peuple civilisé d'un peuple sauvage ; à amener un ordre de choses où l'on produit moins et où l'on consomme moins ; à détruire la civilisation, qui est d'autant plus grande que l'on produit et consomme davantage. Vous remarquez en plusieurs endroits, que l'homme est naturellement indolent, et que c'est mal le connaître que « de supposer qu'il voudra toujours consommer tout ce qu'il sera capable de produire » (p. 503). Vous avez bien raison ; mais je ne tiens pas un autre langage, lorsque je dis que l'utilité des produits ne vaut plus les services productifs au prix desquels on est obligé de les payer.

Vous-même semblez être convenu de cette vérité, lorsque vous avez dit dans une autre occasion (p. 342) : « Un impôt peut mettre un terme à la production d'une marchandise, si personne dans la société ne peut consentir à mettre à cette marchandise un prix conforme aux nouvelles difficultés de sa production. » Et ce vice interne, (d'avoir coûté plus de frais de production qu'elle ne vaut), la marchandise le transporte au bout de l'univers. Partout elle est trop chère pour valoir ce qu'elle coûte, parce que partout on est obligé de la payer par des services productifs égaux à ceux qu'elle a coûtés.

Une considération qui n'est pas non plus à dédaigner, c'est que les frais de production ne sont pas seulement accrus par les droits multipliés, par la cherté de tout, mais encore par les usages qui résultent d'un ordre politique vicieux. Si les progrès du luxe et des gros émoluments ; si la facilité d'obtenir des gains illégitimes, par la faveur, dans les fournitures, dans les opérations de finance, forcent le manufacturier, le commerçant, le producteur véritable, pour conserver son rang dans la société, à réclamer des profits disproportionnés avec les services qu'ils rendent à la production, alors ces autres abus tendent à élever par d'autres causes les frais de production, et par conséquent les prix des produits, au-dessus de leur utilité réelle. La consommation en est d'autant plus restreinte ; il faut, pour les acquérir, donner trop de services productifs à la création d'un autre produit, se jeter dans des frais de production trop considérables. Jugez par là, monsieur, du mal qu'on fait en encourageant les dépenses inutiles, et en multipliant les consommateurs improductifs !

Ce qui prouve combien les frais de production sont l'obstacle réel qui s'oppose à la vente, c'est le rapide débit d'un objet qu'un moyen expéditif de production met à bon marché. S'il baisse d'un quart de son prix, la quantité de ce qu'on peut en vendre augmente du double. C'est que tout le monde alors l'acquiert avec moins de travail, moins de frais quelconques de production. Lorsque, par le système continental, il fallut payer pour avoir une livre de sucre, cinq francs, appliqués soit à la production du sucre même, soit à celle de toute autre marchandise qu'on échangeait contre du sucre, la France n'était en état d'en acheter que quatorze millions de livres [a]. Maintenant que le sucre est à bon marché, nous en consommons quatre-vingt millions de livres par an ; ce qui fait environ trois livres par personne. A Cuba, où le sucre est encore à meilleur marché, on en consomme au-delà de trente livres par personne libre [b].

Sachons donc convenir d'une vérité qui nous presse de tous les côtés : lever des impôts exagérés, avec ou sans la participation d'une représentation nationale, ou avec une représentation dérisoire, peu m'importe, c'est augmenter les frais de production, sans accroître l'utilité des produits, sans rien ajouter à la satisfaction que le consommateur peut en tirer ; c'est mettre une amende sur la production, SUR CE QUI FAIT EXISTER LA SOCIÉTÉ. Et, comme parmi les producteurs, les uns

a. Voyez le rapport sur la situation de la France, fait en 1813 par le ministre de l'Intérieur de cette époque. Il avait intérêt à déguiser cette diminution de commerce.

b. Humbolt, *Essai sur la nouvelle Espagne*, t. III, p. 183.

sont mieux placés que les autres pour rejeter sur leurs co producteurs le fardeau des circonstances, elles pèsent sur certaines classes plus que sur d'autres. Un capitaliste peut souvent retirer son capital d'un emploi, pour le consacrer à un autre ; il peut l'envoyer dans l'étranger. L'entrepreneur d'une industrie a souvent assez de fortune pour suspendre ses travaux pendant un temps. Aussi, tandis que le capitaliste et l'entrepreneur restent maîtres des conditions, l'ouvrier est obligé de travailler constamment et à tout prix, même lorsque la production ne lui donne plus de quoi vivre. C'est ainsi, monsieur, que les frais excessifs de production réduisent plusieurs classes de certaines nations, à ne consommer que ce qu'il y a de plus indispensable à leur existence, et les dernières classes à périr de besoin. Or n'est-ce pas, d'après vous-même [a], de tous les moyens de réduire le nombre des hommes, le plus funeste et le plus barbare [b] ?

Ici se présente l'objection la plus forte peut-être, parce qu'elle est appuyée d'un exemple important. Dans les Etats-Unis, les entraves à la production sont peu multipliées, les impôts sont légers ; et là, comme ailleurs, les marchandises surabondent, le commerce manque de débouchés. « Ces difficultés, dites-vous [c], ne sauraient être attribuées à la culture des mauvaises

a. Voyez l'*Essai sur la population* de *Malthus*, livre. II, chap. 11 de la traduction française, et chap. 13 de la 5ᵉ édition anglaise.

b. M. Malthus, toujours convaincu qu'il y a des classes qui rendent service à la société par cela seul qu'elles consomment sans produire, regarderait comme un malheur que l'on parvînt à rembourser aux prêteurs la totalité ou seulement une grande partie de la dette anglaise. Cette opération serait au contraire, selon moi, fort désirable pour l'Angleterre, parce qu'il en résulterait que les créanciers de l'Etat, étant remboursés, tireraient un revenu quelconque de leurs capitaux ; que les contribuables dépenseraient eux-mêmes les 40 millions sterling qu'ils paient maintenant aux créanciers de l'Etat ; que l'impôt étant diminué de 40 millions sterling, tous les produits seraient moins chers ; que la consommation s'en étendrait considérablement ; qu'elle donnerait de l'ouvrage aux ouvriers, au lieu des coups de sabre qu'on leur distribue ; et j'avoue que ces résultats ne me semblent pas de nature à inquiéter les amis du bien public.

c. Malthus, *Principles...*, p. 498.

terres, aux gênes de l'industrie, à l'énormité des impôts. Il faut donc, pour que les richesses augmentent, quelque chose encore indépendamment du pouvoir de produire. »

Hé bien ! le croirez-vous, monsieur ? selon moi c'est encore le *pouvoir de produire*, du moins à l'instant même, qui manque aux Etats-Unis, pour que les Américains puissent disposer avantageusement des produits surabondants de leur commerce.

L'heureuse situation de ce peuple pendant une longue guerre où il a presque toujours joui des avantages de la neutralité, a tourné beaucoup trop son activité et ses capitaux vers le commerce extérieur et maritime. Les Américains sont entreprenants ; ils naviguent à bon marché ; ils ont introduit dans les voyages de long cours, des manœuvres expéditives qui les abrègent, les rendent moins dispendieux, et correspondent à ces perfectionnements qui, dans les arts, diminuent les frais de production ; enfin les Américains ont attiré vers eux tout le commerce maritime que les Anglais n'ont pas pu faire ; ce sont eux qui, pendant bien des années, ont servi d'intermédiaires entre toutes les puissances continentales de l'Europe et le reste du monde. Ils ont même obtenu plus de succès que les Anglais, partout où ils ont été en concurrence avec eux, comme à la Chine.

Qu'en est-il résulté ? une abondance excessive de ces produits que procure l'industrie commerciale et maritime ; et, lorsque la paix générale est venue ensuite libérer la route des mers, les navires français, hollandais, se sont lancés avec une sorte d'ivresse au milieu d'une carrière qui venait de s'ouvrir ; et, dans leur ignorance de l'état où se trouvaient les nations d'outre-mer, de leur agriculture, de leurs arts, de leur population, de leurs ressources pour acheter et consommer, ces navires, échappés à une longue détention, ont porté partout avec abondance les produits du continent de l'Europe, présumant que les autres contrées du globe, qui en étaient sevrées depuis longtemps, en seraient avides.

Mais, pour pouvoir acheter ce supplément extraordinaire, il aurait fallu en même temps que ces autres contrées, de leur côté, eussent pu créer à l'instant des produits extraordinaires ; car, encore une fois, la difficulté n'est point de consommer à New York, à Baltimore, à la Havane, à Rio-Janeiro, à Buenos-Ayres, des marchandises d'Europe. On les y consommerait volontiers si l'on pouvait les y payer. Les Européens demandaient en paiement des cotons, des tabacs, du sucre, du riz ; et cette demande même en faisait monter le prix : et comme, toutes chères qu'étaient ces marchandises, et l'argent qui est une marchandise aussi, il fallait bien en prendre, ou revenir sans paiement, ces mêmes marchandises, devenues plus rares aux lieux de leur origine, devenaient plus abondantes en Europe, et ont fini par l'être trop pour s'y bien vendre, quoique la consommation de l'Europe ait fort augmenté depuis la paix ; de là les retours désavantageux que nous avons vus. Mais supposons pour un instant que les produits agricoles et manufacturés de l'Amérique du Nord et de l'Amérique du Sud fussent tout à coup devenus très considérables lorsque la paix s'est faite, alors leurs populations, plus nombreuses et plus productives, auraient acheté facilement tout ce que les Européens y ont porté, et leur auraient fourni à bon compte des retours variés.

Quant aux Etats-Unis, cet effet aura lieu, je n'en fais aucun doute, lorsqu'ils pourront joindre aux objets d'échange que leur commerce maritime nous fournit [a], une plus grande quantité de leurs produits agricoles [b], et peut-être aussi quelques produits manufacturés. Leur culture s'étend, leurs manufactures se multiplient ; et, par une suite naturelle, leur popula-

a. Les produits commerciaux des Etats-Unis, qu'ils nous fournissent en échange, sont : du sucre de l'Inde, de la Chine et de la Havane, du café, du thé, des nankins, de l'indigo, du gingembre, de la rhubarbe, de la cannelle, de la soie écrue, du poivre.

b. Les produits de leur sol et de leurs arts, qu'ils nous fournissent, sont : du coton, du tabac, de la potasse, du riz, du quercitron (*quercus citrina*), de l'huile de poisson, quelques bois de teinture.

tion croît avec une étonnante rapidité. Encore quelques années, et l'ensemble de leurs industries formera une masse de produits parmi lesquels se rencontreront plus d'articles propres à fournir des retours profitables, ou, du moins, des profits dont les Américains emploieront une partie à l'achat des marchandises d'Europe.

On portera aux Etats-Unis les marchandises que les Européens réussissent à faire à moins de frais ; on rapportera celles que le sol et l'industrie des Américains réussiront à créer à meilleur marché que d'autres. La nature des demandes déterminera la nature des productions ; chaque nation s'occupera de préférence des produits qu'elle fait avec le plus de succès, c'est-à-dire avec le moins de frais de production ; et il en résultera des échanges mutuellement avantageux, et avantageux d'une manière constante. Mais ces améliorations commerciales ne peuvent avoir lieu qu'avec le temps. Les talents et l'expérience que les arts exigent, ne s'acquièrent pas en quelques mois ; il y faut des années. Ce n'est qu'après plusieurs tentatives, que les Américains sauront quels produits manufacturés ils peuvent créer avec succès [a]. Alors on ne leur portera plus ces produits-là ; mais les profits qu'ils tireront de cette production leur procureront les moyens d'acheter d'autres produits européens.

D'un autre côté, les entreprises agricoles, quelque rapide que soit leur extension, ne peuvent que par degrés fort lents offrir, par leurs produits, des débouchés aux produits de l'Europe. A mesure que la culture et la civilisation s'étendent au-delà des monts Alleganys, dans le Kentuky et dans les territoires d'Indiana et des Illinois, les premiers gains sont

a. Les travaux manufacturiers qu'un peuple nouveau peut exécuter avec plus d'avantage, sont, en général, ceux qui donnent des préparations aux matières de son cru ou d'un commerce peu coûteux. Il n'est pas probable que les Etats-Unis fournissent jamais des draps à l'Europe ; mais ils lui fourniront peut-être des tabacs manufacturés, des sucres raffinés ; qui sait même s'ils ne parviendront pas à établir des cotonnades à meilleur compte que l'Angleterre ?

employés à nourrir les colons à mesure qu'ils arrivent des états plus anciennement peuplés, à bâtir leurs habitations. Les profits qui excèdent ces premiers besoins, servent à étendre leurs défrichements ; les suivants, à fabriquer des produits manufacturés pour la consommation locale : et ce ne sont que les épargnes du quatrième ordre, qui s'appliquent à manipuler et transformer les produits du sol pour la consommation lointaine. C'est alors seulement que les états nouveaux nous offrent, à nous Européens, quelques débouchés ; mais on voit que ce ne peut être dans leur enfance : il faut pour cela que leur population ait eu le temps de s'accroître, et que leurs produits agricoles soient devenus assez abondants pour qu'ils soient obligés d'en échanger la valeur au loin. Alors et par le progrès naturel des choses, au lieu de transporter des produits bruts, ils transportent des produits qui ont déjà reçu quelques façons, et qui, offrant par conséquent plus de valeur sous un moindre volume, peuvent supporter les frais d'un long trajet. De tels produits arriveront en Europe par la Nouvelle-Orléans, ville destinée à devenir un des plus grands entrepôts du monde.

Nous n'en sommes pas encore à ce point ; faut-il donc s'étonner que les productions des Etats-Unis n'aient pas encore offert des débouchés analogues à l'élan commercial qui a suivi la paix ? Faut-il s'étonner même que les produits commerciaux amenés par les Américains eux-mêmes dans leurs ports, à la suite d'un développement exagéré de leur industrie nautique, s'y trouvent en surabondance ?

Vous voyez, monsieur, que ce fait n'a rien que de très conforme à la doctrine professée par vos antagonistes.

Revenant à la situation pénible où se trouvent tous les genres d'industrie en Europe je pourrais ajouter au découragement qui résulte des frais de production multipliés à l'excès, les désordres que de tels frais jettent dans la production, la distribution et la consommation des valeurs produites ; désordres qui amènent fréquemment sur le marché des quantités supérieures aux besoins, en écartant celles qu'on y pourrait vendre et dont les vendeurs emploieraient le prix à l'achat des premières. Certains producteurs cherchent à récupérer, par la quantité de ce qu'ils produisent, une partie de la valeur dévorée par le fisc. Certains services productifs ont pu se soustraire à l'avidité des agents du fisc, comme il arrive souvent pour le service des capitaux, qui continuent dans bien des cas à toucher les mêmes intérêts, tandis que les terres, les bâtiments, la main-d'œuvre, se trouvent surchargés. Un ouvrier qui a de la peine à nourrir sa famille, rachète quelquefois par un travail excessif le bas prix de la main-d'œuvre. Ne sont-ce pas là des causes qui dérangent l'ordre naturel de la production, et qui font produire dans certains genres au-delà de ce qu'on aurait fait, à ne consulter que les besoins des consommateurs ? Les objets de nos consommations ne nous sont pas nécessaires au même degré. Avant de réduire à moitié sa consommation de blé, on réduit au quart sa consommation de viande, on réduit à rien sa consommation de sucre. Il y a des capitaux tellement engagés dans certaines entreprises, particulièrement dans les manufactures, que leurs entrepreneurs consentent souvent à en perdre les intérêts, à sacrifier les profits de leur propre industrie, et continuent à travailler uniquement pour soutenir l'entreprise jusqu'à des temps plus favorables, et pour n'en pas perdre le fonds : d'autres fois ils craignent de perdre de bons ouvriers que la suspension de l'ouvrage forcerait à se disperser ; l'humanité seule des entrepreneurs suffit, dans quelques circonstances, pour continuer une fabrication à laquelle les besoins ne répondent plus. De là des désordres dans la marche de la production et de la consommation, plus graves encore que ceux qui naissent de la barrière des douanes et de la vicissitude des saisons. De là des productions inconsidérées, des recours à des moyens ruineux, des commerces bouleversés.

Je remarquerai en même temps que, quoique le mal soit grand, il peut paraître encore plus grand qu'il n'est. Les marchandises qui surabondent dans les marchés de l'univers, peuvent frapper les yeux par leur masse, effrayer le commerce par l'avilissement de leurs prix, et n'être pourtant qu'une fort petite partie des marchandises faites et consommées en chaque genre. Il n'y a pas de magasin qui ne se vidât en peu de temps, si toute espèce de production de la marchandise qu'il contient venait à cesser simultanément dans tous les lieux du monde. On a remarqué, en outre, que le plus léger excès des envois par-dessus les besoins, suffit pour altérer considérablement les prix. C'est une observation du *Spectateur* d'*Addisson* (n° 200), que, lorsque la récolte des blés surpasse d'un dixième ce qu'on en consomme ordinairement, le blé tombe à moitié prix. *Dalrymple* [a] fait une observation analogue. Il ne faut donc pas s'étonner qu'un léger excédent soit représenté souvent comme une surabondance excessive.

Cette surabondance, comme j'en ai déjà fait la remarque, tient aussi à l'ignorance des producteurs ou des commerçants sur la nature et l'étendue des besoins dans les lieux où l'on adresse des marchandises. Durant ces dernières années, il y a eu un grand nombre de spéculations hasardées, parce qu'il y avait beaucoup de nouveaux rapports entre différentes nations. Partout on manquait des données qui doivent entrer dans un bon calcul ; mais de ce qu'on a mal fait beaucoup d'affaires s'ensuit-il qu'il fût impossible, étant mieux instruit, d'en faire de bonnes ? J'ose prédire qu'à mesure que les relations nouvelles deviendront anciennes, et que les besoins réciproques seront mieux appréciés, les engorgements cesseront partout, et qu'il s'établira des relations constantes mutuellement profitables.

Mais en même temps il convient d'atténuer graduellement, et autant que les circonstances de chaque Etat le permettront, les inconvénients généraux et permanents qui naissent d'une production trop dispen-

a. *Considerations on the policy of entails*, p. 14.

dieuse. Il faut que l'on se persuade bien que chacun vendra d'autant plus aisément ses produits, que les autres hommes gagneront davantage ; qu'il n'y a qu'une seule voie pour gagner, c'est de produire, soit par son travail, ou par le travail des capitaux et des terres qu'on possède ; que les consommateurs improductifs ne sont que des hommes substitués aux consommateurs productifs ; que plus il y a de producteurs, plus il y a de consommateurs ; que, par la même raison, chaque nation est intéressée à la prospérité des autres, et que toutes sont intéressées à avoir ensemble les plus faciles communications, car toute difficulté équivaut à une augmentation de frais.

Telle est la doctrine établie dans mes écrits, et qui, je vous l'avoue, monsieur, ne me paraît pas avoir encore été ébranlée. J'ai pris la plume pour la défendre, non parce qu'elle est mienne (qu'est-ce, auprès de si grands intérêts, qu'un misérable amour-propre d'auteur ?) mais parce qu'elle est éminemment sociale, qu'elle montre aux hommes la source des vrais biens, et les avertit du danger de la tarir. Le reste de cette doctrine n'est pas moins utile en ce qu'il nous montre que les capitaux et les terres ne sont point productifs à moins d'être devenus des propriétés respectées ; que le pauvre lui-même est intéressé à défendre la propriété du riche ; qu'il est intéressé par conséquent au maintien du bon ordre, parce qu'une subversion qui ne pourrait jamais lui livrer qu'une proie passagère lui ôterait un revenu constant. Lorsqu'on étudie l'économie politique comme elle mérite d'être étudiée ; lorsqu'on s'est une fois aperçu, dans le cours de cette étude, que les plus utiles vérités reposent sur les principes les plus certains, on n'a rien tant à cœur que de mettre ces principes à la portée de toutes les intelligences. N'augmentons pas leurs difficultés naturelles par des abstractions inutiles ; ne recommençons pas le ridicule des économistes du XVIIIe siècle, par d'interminables discussions sur le *produit net des terres* ; décrivons la manière dont les faits se passent, et mettons à nu la chaîne qui les lie ;

c'est alors que nos écrits acquerront une grande utilité *pratique*, et que le public sera vraiment redevable aux écrivains qui, comme vous, monsieur, ont tant de moyens pour l'éclairer.

LETTRE QUATRIEME

MONSIEUR,

J'ai cherché dans vos *Principes d'économie politique* ce qui pouvait fixer les opinions du public relativement aux machines, et en général relativement aux procédés expéditifs qui, dans les arts, abrègent la main-d'œuvre et multiplient les produits sans augmenter les frais de production. Je désirais y trouver de ces principes arrêtés, de ces formes rigoureuses de raisonnement qui commandent la conviction, et auxquelles votre *Essai sur la population* a accoutumé le public ; mais ce n'est point ici l'*Essai sur la population*.

Il me semble (car je suis réduit à employer quelquefois cette formule après avoir lu vos démonstrations) ; il me semble que tout l'avantage que vous reconnaissez dans les machines, et en général dans les moyens expéditifs de produire, se réduit à celui de multiplier les produits à tel point que, même lorsque leur valeur vénale a baissé, la somme de leur valeur totale surpasse encore ce qu'elle était avant le perfectionnement [a]. L'avantage que vous signalez est incontestable ; et l'on avait déjà remarqué que la valeur totale des marchandises de coton, ainsi que le nombre

a. « Quand une machine est inventée, qui, en épargnant de la main-d'œuvre, fait revenir les marchandises à meilleur marché, l'effet ordinaire est une augmentation de demande (...) telle que la valeur totale de la masse de marchandise ainsi faite excède de beaucoup la valeur totale que la même marchandise avait auparavant, et

des ouvriers occupés à cette industrie, s'étaient accru singulièrement depuis l'introduction des moyens expéditifs. Une remarque analogue avait été faite relativement à la presse d'imprimerie, cette machine employée à la multiplication des livres, produit qui occupe maintenant, sans compter les auteurs, un bien plus grand nombre d'industrieux, qu'au temps où l'on copiait les livres à la main, et qui vaut bien plus en somme que lorsque les livres étaient plus chers.

Mais cet avantage, très réel, n'est qu'un de ceux que les nations ont recueillis de l'emploi des machines. Il n'a rapport qu'à certains produits dont la consommation était susceptible de s'étendre assez pour balancer la diminution de leur prix ; tandis qu'il y a dans l'introduction des machines, un avantage commun à tous les procédés économiques et expéditifs en général : avantage qui serait senti, même lorsque la consommation du produit ne serait pas de nature à prendre la moindre extension ; avantage qui devait être apprécié rigoureusement dans des *principes* d'économie politique. Veuillez me pardonner si, pour me faire entendre, je suis obligé de revenir sur quelques notions élémentaires.

Les *machines* et les *outils* sont, les uns et les autres, des produits qui, aussitôt après leur production, se rangent dans la classe des capitaux, et sont employés à confectionner d'autres produits. La seule différence qu'il y ait entre des machines et des outils, c'est que les premières sont des outils compliqués, et que les outils sont des machines fort simples. Comme il n'existe pas d'outils ou de machines qui engendrent de la force, nous devons encore les considérer comme des moyens de transmettre une action, une force vive

---

que le nombre des ouvriers employés à sa fabrication est accru plutôt que diminué », Malthus, *Principes...*, p. 402.

« Mais nous devons convenir que le principal avantage provenant de la substitution des machines au travail des bras, dépend de l'extension que prend le marché et de l'encouragement qui en résulte pour la consommation ; et que, sans cela, l'avantage de cette substitution est à peu près perdu », *ibid.*, p. 412.

dont nous disposons, vers un objet qui doit en être modifié. Ainsi un marteau est un outil par le moyen duquel nous employons la force musculaire d'un homme pour aplatir, dans certains cas, une feuille d'or ; et les martinets d'une grosse forge sont de même des outils au moyen desquels nous employons une chute d'eau à aplatir des barres de fer.

L'emploi d'une force gratuite qui nous est fournie par la nature, n'ôte pas à une machine sa nature d'outil. La pesanteur multipliée par la vitesse, qui fait la puissance du marteau d'un batteur d'or, n'est pas moins une puissance physique de la nature, que la pesanteur de l'eau qui tombe d'une montagne.

Qu'est-ce que notre industrie tout entière, sinon un emploi plus ou moins bien entendu des lois de la nature ? *C'est en obéissant à la nature*, dit Bacon, *qu'on apprend à lui commander*. Quelle différence voyez-vous entre des aiguilles à tricoter et un métier à faire des bas, si ce n'est que celui-ci est un outil plus compliqué et plus puissant que les aiguilles, mais du reste employant avec plus ou moins d'avantage les propriétés du métal, la puissance du levier, pour fabriquer les vêtements dont nous couvrons nos pieds et nos jambes ?

La question se réduit donc à ceci : est-il avantageux pour l'homme de mettre au bout de ses doigts un outil plus puissant, capable de faire beaucoup plus d'ouvrage, ou de le faire mieux, plutôt qu'un outil encore grossier, imparfait, avec lequel il travaille plus lentement, plus péniblement et plus mal ?

Je croirais faire injure à votre bon sens, à celui de nos lecteurs, si je doutais un instant de la réponse.

La perfection de nos outils, monsieur, est liée à la perfection de notre espèce. C'est elle qui établit la différence qu'on observe entre nous et les sauvages des mers australes, qui ont des haches de caillou, et des aiguilles à coudre faites avec des arêtes de poisson. Il n'est plus permis à quiconque écrit sur l'économie politique, de vouloir borner l'introduction des moyens que le hasard ou le génie mettront entre nos mains ; et cela dans le but de conserver plus de travail à nos ouvriers :

il s'exposerait à ce qu'on employât tous ses propres raisonnements à lui prouver que nous devrions, rétrogradant au lieu d'avancer dans la carrière de la civilisation, renoncer successivement aux découvertes que nous avons déjà faites, et rendre nos arts plus imparfaits, pour multiplier nos peines en diminuant nos jouissances.

Sans doute il y a des inconvénients à passer d'un ordre de choses à un autre, même d'un ordre imparfait à un ordre meilleur. Quelle personne sage voudrait renverser d'un coup les entraves qui gênent l'industrie, et les douanes qui séparent les nations, toutes préjudiciables qu'elles sont à leur prospérité ? Dans ces cas-là, le devoir des personnes instruites ne consiste pas à fournir des motifs pour écarter et proscrire toute espèce de changement, sous prétexte des inconvénients qu'il entraîne ; mais à apprécier ces inconvénients, à indiquer les moyens praticables de les écarter autant que possible ou de les atténuer, afin de faciliter l'adoption d'une amélioration désirable.

L'inconvénient est ici un déplacement de revenu qui, lorsqu'il est brusque, est plus ou moins pénible pour la classe qui voit diminuer le sien. La substitution des machines diminue (quelquefois, mais pas toujours) le revenu de la classe dont le fonds consiste en facultés corporelles et manuelles, pour augmenter le revenu de la classe dont le fonds consiste en facultés intellectuelles et en capitaux. En d'autres termes, les machines expéditives, étant en général plus compliquées, exigent des capitaux plus considérables. Elles obligent en conséquence l'entrepreneur qui les emploie, à acheter plus de ce que nous avons nommé *services productifs des capitaux*, et moins de ce que nous appelons *services productifs des ouvriers*. En même temps, comme elles exigent dans leur direction générale et particulière, peut-être plus de combinaisons et une manutention d'affaires plus considérable, elles réclament plus de ce genre de services productifs d'où naît le revenu des entrepreneurs. Une filature de coton au petit rouet, comme on en voyait dans beaucoup de ménages en Normandie, mérite à peine le nom d'entreprise, tandis qu'une filature de coton en grand est une entreprise majeure.

Mais l'effet le plus important, quoique peut-être le moins aperçu, qui provient de l'emploi des machines et en général de tout procédé expéditif, est l'augmentation de revenu qui en résulte pour les consommateurs de leurs produits ; augmentation qui ne coûte rien à personne, et qui mérite que nous entrions dans quelque détail.

Si le froment se broyait chez nous comme chez les peuples de l'antiquité, à force de bras, j'estime qu'il faudrait vingt hommes pour moudre autant de farine qu'en peut moudre une paire de meules dans nos moulins. Ces vingt hommes, dans les environs de Paris, étant occupés constamment, coûteraient 40 francs par jour ; et à 300 jours de travail dans l'année, ils coûteraient par an .... 12 000 fr.

La machine et les meules coûteraient par aperçu 20 000 fr., dont l'intérêt annuel serait de	1 000
Il ne se présenterait probablement pas d'entrepreneur pour une semblable entreprise, à moins qu'elle ne leur rapportât par an environ	3 000
La façon de la farine qu'on peut obtenir d'une paire de meules dans une année, reviendrait donc par ce moyen, environ à	16 000 fr.
Au lieu de cela, un meunier peut de nos jours trouver à louer un moulin à un tournant, pour	2 000 fr.
Il paie à son garçon meunier	1 000
Je suppose que lui-même gagne pour son intelligence et pour ses peines	3 000
La même quantité de farine peut donc être broyée pour	6 000 fr.

au lieu de 16 000 francs qu'elle aurait coûté si nous suivions encore les procédés des anciens.

La même population peut être nourrie, puisque le

moulin ne diminue pas la quantité de la farine broyée : les profits gagnés dans la société suffisent encore pour payer les nouveaux produits ; car, du moment qu'il y a pour 6 000 francs de frais de production payés, il y a pour 6 000 francs de profits gagnés : et la société jouit de cet avantage essentiel que les hommes qui la composent, quels que soient leurs moyens d'existence, leurs revenus, soit qu'ils vivent de leurs travaux, de leurs capitaux, ou de leurs fonds de terre, réduisent la portion de leur dépense consacrée à payer la façon de la farine, dans la proportion de seize à six, ou des cinq huitièmes. Celui qui dépensait huit francs par an pour sa nourriture, n'en dépense plus que trois ; ce qui équivaut exactement à une augmentation de revenu : car les cinq francs épargnés sur cet objet ont pu être employés à tout autre. Si un perfectionnement égal avait eu lieu sur tous les produits auxquels nous employons nos revenus, nos revenus se seraient véritablement accrus des cinq huitièmes, et un homme qui gagne trois mille francs, soit à faire de la farine, soit de toute autre manière, serait réellement aussi riche que s'il en avait huit et que les procédés perfectionnés n'eussent pas été trouvés.

C'est à quoi M. de *Sismondi* n'a pas fait attention lorsqu'il a écrit le passage suivant : « Toutes les fois, dit-il [a], que la demande pour la consommation surpasse les moyens de produire de la population, toute découverte nouvelle dans les mécaniques ou dans les arts est un bienfait pour la société, parce qu'elle donne le moyen de satisfaire des besoins existants. Toutes les fois, au contraire, que la production suffit pleinement à la consommation, toute découverte semblable est une calamité, puisqu'elle n'ajoute aux jouissances des consommateurs que de les satisfaire à meilleur marché, tandis qu'elle supprime la vie elle-même des producteurs. Il serait odieux de peser l'avantage du bon marché contre celui de l'existence. »

M. de *Sismondi*, comme on voit, n'apprécie pas suf-

a. Sismondi, *ibid.*, t. II, p. 317.

fisamment l'avantage du bon marché, et ne sent pas que ce qu'on dépense de moins sur un produit peut être dépensé en plus pour un autre, en commençant par les plus indispensables.

Jusqu'à présent on ne peut apercevoir aucun inconvénient dans l'invention des moulins à farine ; et l'on y découvre l'avantage d'une diminution dans le prix du produit, qui équivaut à une augmentation de revenu pour tous ceux qui en font usage.

Mais cette augmentation de revenu procurée aux consommateurs est prise, dit-on, sur les profits des dix-neuf malheureux que le moulin a laissés sans ouvrage — C'est ce que je nie. Les dix-neuf travailleurs restent avec leur fonds de facultés industrielles, avec la même force, la même capacité, les mêmes moyens de travail qu'auparavant. Le moulin n'entraîne pas pour eux la nécessité de rester sans occupation, mais seulement de choisir une autre occupation. Beaucoup de circonstances entraînent un inconvénient pareil, sans porter avec elles le même dédommagement. Une mode qui passe ; une guerre qui ferme un débouché ; un commerce qui change de cours, font cent fois plus de tort à la classe des ouvriers, que quelque nouveau procédé que ce soit.

Je suppose qu'on insiste et qu'on dise que les dix-neuf ouvriers vacants, en supposant même qu'ils trouvassent à l'instant des capitaux pour se livrer à une nouvelle industrie, ne vendraient pas leurs produits, parce que la masse des produits de la société serait par là augmentée, sans que la somme de ses revenus le fût. — On a donc oublié que les revenus de la société sont augmentés par le fait même de la production des dix-neuf nouveaux travailleurs ? Le salaire même de leur travail est le revenu qui leur permet d'acquérir le produit de leur travail, ou de l'échanger contre tout autre produit équivalent. C'est ce que mes précédentes lettres établissent suffisamment.

Il ne reste donc, rigoureusement parlant, que l'inconvénient d'être obligé de changer d'occupation. Or les progrès qui se font dans un genre en particulier, sont favorables à l'industrie en général. L'augmentation de revenus qui est résultée pour la société d'une épargne sur ses dépenses, se porte vers d'autres objets. Une seule occupation s'est trouvée interdite à dix-neuf hommes qui jusque-là broyaient du grain ; cent autres occupations nouvelles, ou cent autres extensions des occupations anciennes leur ont été ouvertes. Je n'en veux pour preuve que l'augmentation survenue dans les travaux et la population de tous les lieux où se sont perfectionnés les arts. La grande habitude que nous avons de voir les produits des arts nouveaux nous empêche de les remarquer ; mais combien ne frapperaient-ils pas les anciens habitants de l'Europe, s'ils pouvaient renaître parmi nous ! Représentons-nous pour un moment quelques-uns, même des plus éclairés d'entre eux, tels que Pline ou Archimède, venant se promener dans une de nos villes modernes ; ils se croiraient environnés de miracles. L'abondance de nos cristaux et de nos vitres, nos grands miroirs et leur multiplicité, nos horloges, nos montres de poche, la variété de nos tissus, nos ponts de fer, nos machines de guerre, nos bâtiments de mer, les surprendraient au-delà de toute expression. Et s'ils entraient dans nos ateliers, quelle foule d'occupations dont ils ne pouvaient pas avoir la moindre idée ! Se douteraient-ils seulement que trente mille hommes travaillent en Europe toutes les nuits à imprimer des gazettes qu'on lit le matin en prenant du thé, du café, du chocolat ou d'autres aliments tout aussi nouveaux pour eux que les papiers-nouvelles eux-mêmes ? N'en doutons pas, monsieur ; si les arts se perfectionnent encore, comme je me plais à le croire, c'est-à-dire produisent plus à moins de frais, de nouveaux millions d'hommes dans quelques siècles produiront des choses qui exciteraient dans notre esprit, si nous pouvions renaître alors, une surprise non moins grande que celle qu'Archimède et Pline éprouveraient en revenant parmi nous. Prenons-y garde, nous autres qui barbouillons du papier à la recherche de la vérité : si nos écrits parviennent à nos neveux, la terreur que nous inspirent des perfectionnements qu'ils auront de beaucoup surpassés, pourra bien paraître risible. Et quant aux ouvriers de votre pays, si habiles à la fois et si misérables, nos descendants pourront bien les regarder comme des gens que l'on forçait, pour gagner leur vie, à danser sur la corde avec des poids pendus à leurs pieds. Ils liront dans l'histoire que chaque jour, pour qu'ils pussent continuer leur danse, on proposait quelque nouveau plan, sauf le seul qui eût été efficace : détacher les poids. Nos descendants alors, après s'être moqués de nous, pourront bien finir par nous plaindre.

J'ai dit qu'un perfectionnement heureux pouvait avoir des inconvénients passagers. Ceux qui accompagnent l'introduction des procédés expéditifs, sont heureusement mitigés par des circonstances qui ont été déjà remarquées, et par d'autres qui ne l'ont pas été. On a dit (et vous-même, monsieur, regardez cette circonstance comme pouvant seule surpasser l'inconvénient), on a dit que le bon marché qui résulte d'un procédé économique, en favorise la consommation au point que la même production occupe plus de monde qu'auparavant ; ainsi qu'on l'a observé dans la filature et le tissage du coton. J'ajouterai qu'à mesure que les machines et les moyens expéditifs se multiplient, il devient plus difficile d'en découvrir de nouveaux ; surtout dans un art ancien et qui a déjà ses ouvriers formés. Les machines les plus simples se sont présentées les premières ; de plus compliquées sont venues ensuite ; mais à mesure qu'elles se compliquent, elles coûtent davantage à établir, exigent dans leur confection plus de travaux d'ouvriers, qui dédommagent en partie cette classe, des travaux qu'elle perd à l'emploi du nouveau procédé. La complication et la cherté d'une machine sont des obstacles à une trop prompte adoption. La machine à tondre les draps au moyen d'un mouvement de rotation a coûté dans l'origine, 25 à 30 mille francs. Beaucoup de fabricants ne purent dès l'abord disposer d'une somme pareille ; d'autres balancèrent et balancent encore avant d'en faire l'acquisition ; ils attendent un succès bien confirmé.

Une telle lenteur dans l'introduction des nouvelles machines en sauve à peu près tous les inconvénients. Enfin je vous avoue que j'ai vu presque toujours dans la pratique, les machines nouvelles faire plus de peur que de mal. Quant au bien, il est constant et durable.

M. de *Sismondi* met en opposition ce qui arriverait dans le cas où cent mille tricoteuses avec leurs aiguilles, et mille ouvriers armés d'un métier à bas, fabriqueraient, chacun de leur côté, dix millions de paires de bas. Son résultat est que, dans ce dernier cas, les consommateurs de bas n'économiseraient que 50 centimes par paire, et cependant qu'une fabrication qui alimentait cent mille ouvriers, n'en pourrait plus nourrir que douze cents. Mais il n'arrive à ce résultat que par des suppositions qui ne sont pas admissibles.

Pour prouver que les consommateurs ne paieraient les bas que 50 centimes de moins, il suppose que les frais de production seraient, dans le premier cas, ainsi qu'il suit :

	10	millions, pour achat de la matière première ;
	40	millions, pour salaire de cent mille ouvriers, à 400 fr. par tête.
TOTAL	50	millions, dont 40 distribués aux ouvriers.

Et, dans le second cas, il établit les frais ainsi qu'il suit :

	10	millions, pour les matières premières ;
	30	millions, pour les intérêts du capital fixe et les profits des entrepreneurs ;
	2	millions, pour les intérêts du capital circulant ;
	2	millions, pour les réparations et le renouvellement des machines ;
	1	million, pour le salaire de 1 200 ouvriers.
TOTAL	45	millions, dont un seulement pour les ouvriers, au lieu de quarante.

Or je vois dans cette dépense, 30 millions pour intérêts du capital fixe et pour le profit des entrepreneurs, ce qui supposerait, pour des entreprises capables d'occuper douze cents ouvriers et de rendre 15 pour cent de leurs capitaux, un capital total de deux cent millions, supposition véritablement extravagante.

Un ouvrier ne saurait travailler sur deux métiers à la fois ; mille ouvriers réclameraient donc l'emploi de mille métiers. Un bon métier à bas coûte 600 francs : les mille coûteraient en conséquence six cent mille francs. Ajoutons à ce capital, un autre capital pareil pour les autres ustensiles, les ateliers, etc., nous n'aurons encore besoin que d'un capital de douze cent mille francs. Nous admettons que les intérêts et les profits des entrepreneurs sur ce capital seraient de 15 pour cent ; ce qui est bien honnête, car une industrie courante qui rapporterait davantage, serait, par la concurrence, ramenée à ce taux. Cela étant, nous trouverons pour les intérêts et les profits des entrepreneurs, 180 mille francs au lieu de trente millions !

Même observation sur les deux millions pour frais d'entretien et de réparation ; car quand au lieu de réparer les métiers, on les renouvellerait en totalité chaque année, ils ne coûteraient encore que 600 mille francs.

Le capital circulant non plus, ne coûterait pas deux millions ; car de quoi se compose-t-il, toujours dans l'hypothèse de M. de *Sismondi* ? De la matière première qu'il porte à 10 millions, et des salaires qu'il porte à 1 million : ensemble 11 millions, dont l'intérêt, à 5 pour cent, est 550 mille francs. Mais comme dans cette industrie le produit peut être terminé et vendu en moins de six mois, le capital payé pour l'année, peut être employé deux fois et ne coûterait chaque fois que 275 mille francs, au lieu de deux millions.

Tous ces frais réunis ne font encore que 12 055 000 francs au lieu de 50 millions, qu'en admettant les bases de M. de *Sismondi*, coûteraient les bas faits à l'aiguille. Je suis loin de croire que l'économie pût être aussi forte, car si l'auteur a porté trop haut le capital des machines, il leur a attribué une efficacité trop grande en supposant que par leur moyen douze cents ouvriers feraient autant que cent mille ; mais je dis que si l'économie de cette production était telle, le bas prix des bas ou de tout autre vêtement qu'on pourrait faire à l'instar des bas, en favoriserait tellement la consommation, qu'au lieu de voir les cent mille ouvriers qu'on y suppose employés, tomber à douze cent, on les verrait probablement s'élever à deux cent mille.

Et si la consommation de cet objet en particulier n'admettait pas cette multiplication excessive d'un même produit, la demande augmenterait relativement à plusieurs autres ; car, faites attention, qu'après l'introduction des machines, il se trouve toujours dans la société les mêmes revenus, c'est-à-dire le même nombre de travailleurs, la même somme de capitaux, les mêmes fonds de terre. Or, si au lieu de consacrer, sur cette masse de revenu, 50 millions par an pour des bas, on n'est plus, au moyen des métiers, obligé d'en dépenser que douze, les 38 millions qui restent sont applicables à d'autres consommations, si ce n'est à l'extension de la même.

Voilà ce qu'enseignent les principes, et voilà ce que confirme l'expérience. Les maux que souffre la population de l'Angleterre, et que M. de *Sismondi* déplore avec l'accent d'un véritable philanthrope, tiennent à d'autres causes : ils tiennent principalement à ses lois sur les pauvres ; et ainsi que je l'ai insinué à une masse d'impôts qui rendent la production trop dispendieuse ; tellement que, les produits terminés, une grande partie des consommateurs ne gagnent pas assez pour atteindre au prix qu'on est obligé d'en demander.

LETTRE CINQUIEME

MONSIEUR,

A la lecture de vos *Principes d'économie politique*, l'objet qui le premier a dû fixer mon attention, était cette grande maladie qui tourmente maintenant le genre humain et qui l'empêche de vivre de ses produits. Quoique dans l'ordre des idées, une discussion sur la nature des richesses dût précéder celle-là, pour aider l'esprit à comprendre tous les phénomènes qui se rapportent à leur formation et à leur distribution, je n'ai pas cru devoir lui accorder la préséance, en ce qu'elle semble intéresser plus spécialement ceux qui cultivent l'économie politique comme science, et sans aucune vue d'applications. Cependant je ne puis poser la plume sans vous dire ma pensée sur ce point. Vous m'y autorisez vous-même par la noble franchise avec laquelle vous provoquez des discussions qui puissent éclairer le public. « Il est à désirer, dites-vous (p. 4), que ceux que le public regarde comme juges compétents, s'accordent sur les propositions principales. » On ne saurait donc trop les éclaircir.

Vous blâmez, comme trop vague, la définition que milord *Lauderdale* donne de la richesse en disant que c'est *tout ce que l'homme désire comme pouvant lui être utile ou agréable* ; et selon moi vous avez grande raison.

Je cherche la définition que vous croyez devoir substituer à celle-là ; et je trouve que vous donnez le nom de richesses à tous les objets *matériels* qui sont nécessaires, utiles, ou agréables à l'homme (p. 28). La seule différence que je remarque entre ces deux définitions, consiste dans le mot *matériel* que vous ajoutez à celle de milord *Lauderdale* ; et s'il faut que je vous l'avoue, ce mot me paraît le contraire de la vérité.

Vous devez pressentir mes raisons. La grande découverte de l'économie politique, ce qui la rend précieuse à jamais, c'est d'avoir montré que l'on peut créer de toutes pièces les richesses. L'homme a pu dès lors savoir comment il fallait s'y prendre pour posséder ces bienheureux moyens de satisfaire ses désirs. Mais, ainsi que j'ai déjà eu occasion d'en faire la remarque, il est au-dessus du pouvoir de l'homme d'ajouter un atome à la masse des matières dont se compose le monde. S'il crée de la richesse, la richesse n'est pas de la matière : il n'y a point de milieu. L'homme ne peut, au moyen de ses capitaux et de ses terres, que changer les combinaisons de la matière pour lui donner de l'utilité ; mais l'utilité est une qualité *immatérielle*.

Ce n'est pas le tout, monsieur, je crains que votre définition ne contienne pas le caractère essentiel de la richesse. Permettez-moi quelques explications pour appuyer ma pensée.

Adam Smith, avec tout le monde, a remarqué qu'un verre d'eau qui pouvait être une chose fort précieuse quand on a soif, n'était point une richesse. C'est pourtant un objet matériel, il est nécessaire, utile, ou agréable à l'homme. Il remplit toutes les conditions de votre définition ; et ce n'est pas de la richesse. Ce n'est pas du moins de celle qui fait le sujet de nos études et la matière de votre livre. Que lui manque-t-il pour cela ? d'avoir de la valeur.

Il y a donc des choses qui sont des richesses naturelles, fort précieuses pour l'homme ; mais qui ne sont point celles dont il est donné à l'économie politique de pouvoir s'occuper. Peut-elle les accroître ? Peut-elle les consommer ? Non ; elles suivent d'autres lois que les siennes. Un verre d'eau est soumis aux lois de la physique ; l'attachement de nos amis, notre réputation dans le monde, dépendent des lois de la morale, et échappent à celles de l'économie politique. Quelles sont donc les richesses du ressort de cette science ? celles qui sont susceptibles de création et de destruction, de *plus* et de *moins* ; et ce *plus*, ce *moins*, qu'est-ce encore une fois ? de la valeur.

Vous-même, monsieur, êtes forcé d'en convenir en plusieurs endroits. Vous dites (p. 340) : « Il paraît donc que la richesse d'une nation dépend, en partie, de la quantité des produits obtenus par son travail (elle en dépend tout à fait) ; et en partie de l'adaptation de son travail aux besoins et aux moyens de la population, à l'effet de donner de la valeur à ses produits. » Et à la page suivante vous êtes encore plus positif. Après être entré plus avant dans la question, vous avouez que « il est évident que, dans l'état actuel des choses, la valeur des marchandises (...) peut être regardée comme la seule cause de l'existence de la richesse ». Comment se peut-il dès lors qu'une condition aussi essentielle que la valeur, manque à votre définition ?

Mais cela ne suffit pas : nous ne connaîtrions qu'imparfaitement la nature des richesses, si nous ne parvenions à préciser ce mot *valeur*. Nous suffit-il pour posséder de grandes richesses, d'évaluer très haut les biens que nous possédons ? Si j'ai fait construire une maison que je trouve charmante, et s'il me plaît de l'évaluer cent mille francs, suis-je réellement riche de cent mille francs à raison de cette maison ? Nous recevons un présent d'une personne qui nous est chère ; ce présent est inestimable à nos yeux : s'ensuit-il qu'il nous rende immensément riches ? Vous ne pouvez le penser. Pour qu'une valeur soit une richesse, il faut donc que ce soit une valeur *reconnue*, non par le possesseur, mais par une autre personne. Or, quelle preuve irrécusable peut-on donner qu'une valeur est *reconnue*, si ce n'est lorsque, pour l'avoir, d'autres hommes consentent à donner en échange, une certaine quantité d'autres choses pourvues de valeur. Malgré l'estimation de cent mille francs que j'aurai faite de ma maison, s'il m'est impossible de trouver quelqu'un qui, pour l'avoir, veuille sacrifier au-delà de cinquante mille de ces pièces que nous appelons un franc, je ne puis pas dire qu'elle vaille cent mille francs : elle n'en vaut réellement que cinquante mille ; elle ne me rend riche que de cinquante mille francs, et de tout ce qu'on peut avoir pour cinquante mille francs.

Aussi *Adam Smith* [a], immédiatement après avoir observé qu'il y a deux sortes de valeurs, et avoir nommé, assez improprement à mon avis, l'une *valeur en usage*, et l'autre *valeur en échange*, abandonne-t-il complètement la première, et s'occupe-t-il dans tout le cours de son ouvrage de la *valeur échangeable* uniquement. C'est ce que vous avez fait vous-même, monsieur [b] ; c'est ce qu'a fait M. *Ricardo* ; ce que j'ai fait ; ce que nous avons tous fait ; par la raison qu'il n'y a pas d'autre valeur en économie politique ; que celle-là seule est sujette à des lois fixes, qu'elle seule se forme, se distribue, et se détruit suivant des règles invariables, et qui peuvent devenir l'objet d'une étude scientifique. Par une suite nécessaire, le prix de chaque chose étant sa valeur échangeable estimée en monnaie, il n'y a que des prix courants en économie politique : ce que *Smith* appelle *prix naturel* n'a rien de plus naturel que tout le reste : ce sont les frais de production ; c'est le prix courant des services productifs.

Je ne prétends point le dissimuler : vous avez, monsieur, dans M. *Ricardo*, un puissant et respectable auxiliaire. Il était contre vous dans la question des débouchés ; il combat avec vous dans la question des

a. Smith, *Recherches sur la nature et les causes de la richesse des nations*, Liv. I, chap. 4.

b. « Il est donc évident que la valeur des marchandises, c'est-à-dire *le sacrifice en travail, ou en tout autre article, que les gens consentent à faire pour les obtenir en échange*, etc. » Malthus, *ibid.*, p. 341.

valeurs ; mais, malgré mes relations avec lui et l'estime réciproque dont nous faisons profession l'un pour l'autre, je n'ai pas craint de combattre déjà ses raisons [a] : notre première passion à l'un et à l'autre, et j'ose dire la vôtre, monsieur, n'est-elle pas l'amour du bien public et de la vérité ?

Voici les paroles de M. *Ricardo* : « La valeur diffère essentiellement des richesses ; car la valeur ne dépend pas de l'abondance (des choses nécessaires ou agréables), mais de la difficulté ou de la facilité de leur production. Le travail manufacturier d'un million de personnes produira toujours la même valeur, mais ne produira pas toujours la même richesse. Par des machines plus parfaites, une habileté plus exercée, un travail mieux divisé ; par l'ouverture de nouveaux débouchés donnant lieu à des échanges plus avantageux, un million de personnes peuvent produire deux fois, trois fois autant de *choses nécessaires ou agréables*, qu'elles en pourraient produire dans une autre situation sociale ; et pourtant elles n'ajouteront rien à la somme des valeurs [b]. »

Cet argument, fondé sur des faits qui ne sont point contestés, paraît convenir parfaitement au sens que vous soutenez. Il s'agit de savoir comment ces faits confirment, au lieu de l'infirmer, la doctrine des valeurs, la doctrine qui établit que les richesses se composent de la valeur des choses que l'on possède, en réservant ce mot de *valeur* aux seules valeurs reconnues et échangeables.

Qu'est-ce, en effet, que la valeur, que cette qualité susceptible d'appréciation, susceptible de *plus* et de *moins*, qui réside dans les choses que l'on possède ? C'est la qualité qui nous permet d'obtenir, en échange des choses que nous avons, les choses dont nous avons besoin. Cette valeur est d'autant plus grande,

a. Voyez les notes que j'ai ajoutées à la traduction française que M. *Constancio* a donnée des *Principes d'économie politique* de M. *Ricardo.*

b. Ricardo, *Principes d'économie politique*, 2e éd. anglaise, chap. 20.

que la chose que nous avons peut obtenir une plus grande *quantité* de la chose que nous désirons. Ainsi, quand j'ai besoin d'échanger un cheval que je possède contre du froment dont j'ai besoin, c'est-à-dire quand il me convient de vendre mon cheval pour acheter du blé, si mon cheval vaut six cents francs, j'ai une fois plus de valeur à mettre en blé, que si mon cheval ne valait que trois cents francs ; j'aurai une quantité double de boisseaux de blé, et en même temps cette portion de ma richesse sera le double plus grande. Et, comme le même raisonnement peut être appliqué généralement à tout ce que je possède, il s'ensuit que notre richesse se mesure sur la valeur des choses que nous possédons. C'est une conséquence que personne ne peut raisonnablement repousser.

Vous ne pouvez pas nier de votre côté, me dit M. *Ricardo*, que l'on ne soit *plus riche* lorsqu'on a *plus de choses* agréables et nécessaires à consommer, *quelle que soit d'ailleurs leur valeur.* J'en conviens en effet ; mais n'est-ce pas avoir plus de choses à consommer, que d'avoir la puissance d'en acquérir en plus grande quantité ? Posséder plus de richesses, c'est avoir dans ses mains le pouvoir d'acheter une plus grande quantité de choses utiles, une plus grande *quantité d'utilité*, en étendant cette expression à tout ce qui nous est nécessaire ou agréable. Or cette proposition n'a rien de contraire à ce qu'il y a de vrai dans la définition que M. *Ricardo* et vous, monsieur, donnez de la richesse. Vous dites que la richesse est dans la quantité de choses nécessaires ou agréables que l'on possède : je le dis comme vous ; mais, comme ces mots, *quantité de choses nécessaires ou agréables*, ont une signification vague et arbitraire qui ne peut point entrer dans une définition bien faite, je les précise par l'idée de leur *valeur échangeable*. Alors la limitation de l'idée d'utilité est d'être égale à une autre utilité quelconque que les autres hommes consentent à donner en échange de celle que vous possédez. Dès lors il y a *équation* ; on peut comparer une valeur avec une autre par le moyen d'une troisième : un sac de froment est une richesse égale à une pièce d'étoffe, lorsque l'une et l'autre peuvent s'échanger contre une égale quantité d'écus. Voilà ce qui peut servir de base à des comparaisons, ce qui permet de mesurer une augmentation, une diminution ; en un mot, voilà les bases d'une science. L'économie politique n'existe point sans cela ; c'est cette seule considération qui l'a tirée du domaine des rêveries : elle est si essentielle, que vous lui rendez hommage sans le vouloir, et qu'il n'y a pas un de vos raisonnements où elle ne soit exprimée ou sous-entendue. Autrement, vous auriez fait reculer la science, au lieu de l'enrichir de vérités nouvelles.

En même temps que votre définition et celle de M. *Ricardo* manquent de précision, elles manquent aussi d'étendue ; elles n'embrassent pas la totalité de ce qui fait nos richesses. Quoi ! nos richesses se borneraient aux objets matériels nécessaires ou agréables ! Et nos talents, pour quoi les prenez-vous donc ? Ne sont-ce pas des fonds productifs ? n'en tirons-nous pas des revenus ? des revenus plus ou moins grands, de même que nous retirons un revenu plus grand d'un arpent de bonne terre, que d'un arpent de broussailles ? Je connais des artistes habiles, qui n'ont d'autre revenu que celui qu'ils tirent de leurs talents, et qui sont dans l'opulence. Selon vous, ils ne seraient pas plus riches qu'un barbouilleur d'échoppes.

Il vous est impossible de le nier : tout ce qui a une valeur échangeable fait partie de nos richesses. Elles se composent essentiellement des fonds productifs que nous possédons. Ces fonds sont ou des terres, ou des capitaux, ou des facultés personnelles. De ces fonds les uns sont aliénables et non consommables, comme les terres ; les autres aliénables et consommables, comme les capitaux ; d'autres enfin inaliénables et cependant consommables, comme les talents, qui périssent avec celui qui les possède. De ces fonds sortent tous les revenus qui font vivre la société ; et, ce qui paraît paradoxal quoique parfaitement vrai, tous ces revenus sont immatériels puisqu'ils dérivent tous d'une qualité immatérielle qui est l'utilité. Les différentes utilités sorties de nos fonds productifs se comparent entre elles par leur valeur, que je n'ai pas même besoin de nommer *échangeable*, parce que, en économie politique, je n'en reconnais point à moins qu'elle ne soit échangeable.

Quant à la difficulté qu'élève M. *Ricardo* en disant que, par des procédés mieux entendus, un million de personnes peuvent produire deux fois, trois fois autant de richesses, sans produire plus de valeurs, cette difficulté n'en est pas une lorsque l'on considère, ainsi qu'on le doit, la production comme un échange dans lequel on donne les *services productifs* de son travail, de sa terre et de ses capitaux, pour obtenir des *produits*. C'est par le moyen de ces services productifs que nous acquérons tous les produits qui sont au monde ; et voilà, pour le dire en passant, ce qui donne de la valeur aux produits ; car, après les avoir acquis à titre onéreux, on ne peut pas les donner pour rien. Or, puisque nos premiers *biens* sont des fonds productifs que nous possédons, que nos premiers *revenus* sont les services productifs qui en émanent, nous sommes d'autant plus riches, nos services productifs ont d'autant plus de valeur, qu'ils obtiennent dans l'échange appelé *production*, une *plus grande quantité* de choses utiles. Et, en même temps, comme une *plus grande quantité de choses utiles* et leur *meilleur marché* sont des expressions parfaitement synonymes, les producteurs sont plus riches quand les produits sont plus abondants et moins chers. Je dis les producteurs en général, parce que la concurrence les oblige à donner les produits pour ce qu'ils leur coûtent ; tellement que lorsque les producteurs de froment ou d'étoffes réussissent, par le moyen des mêmes services productifs, à produire une double quantité de blé ou d'étoffe, tous les autres producteurs peuvent acheter une double quantité de blé ou d'étoffe avec une pareille quantité de services productifs, ou, ce qui est la même chose, avec les produits qu'ils en tirent.

Telle est, monsieur, la doctrine bien liée sans laquelle il est impossible, je le déclare, d'expliquer les plus grandes difficultés de l'économie politique et notamment, comment il se peut qu'une nation soit plus riche lorsque ses produits diminuent de valeur, quoique la richesse soit de la valeur. Vous voyez que je ne crains point de réduire mes prétendus paradoxes à leur plus simple expression. Je les dépouille nus et je les livre à votre équité, à celle de M. *Ricardo*, et au bon sens du public. Mais en même temps je me réserve de les expliquer si on les entend mal, et de les défendre avec persévérance si on les attaque injustement.

CATECHISME

D'ECONOMIE POLITIQUE

ou

INSTRUCTION FAMILIERE

Qui montre de quelle façon les richesses sont produites, distribuées et consommées dans la société
[1821]

AVERTISSEMENT

L'ECONOMIE politique n'est pas la politique ; elle ne s'occupe point de la distribution ni de la balance des pouvoirs ; mais elle fait connaître l'économie de la société ; elle nous dit comment les nations se procurent ce qui les fait subsister. Or, comme c'est aux efforts des particuliers que ces choses sont dues ; comme ce sont principalement les particuliers qui en jouissent, on ne doit pas considérer l'économie politique comme l'affaire des hommes d'Etat exclusivement : elle est l'affaire de tout le monde.

On ne peut pas espérer néanmoins que chaque citoyen soit versé dans cette science. Tout le monde ne peut pas tout savoir ; mais il est très possible et très désirable que l'on n'ait en général d'idées fausses sur rien, particulièrement sur les choses que l'on est intéressé à bien connaître.

Tel fut mon motif pour faire imprimer, il y a quelques années, sous le nom de Catéchisme, une instruction familière destinée à rendre communes les principales vérités de l'économie politique ; je voulais les mettre à la portée de toutes les intelligences ; mais on sait combien il est difficile de faire un bon ouvrage élémentaire, et d'être clair sans appeler à son secours les développements, les exemples, et les preuves qui présentent chaque objet sous toutes ses faces et dans tout son jour. Je ne fus point satisfait de cet abrégé, et ce fut avec un vrai regret que je le vis traduit en anglais, en allemand, en espagnol, en italien, avant que je fusse parvenu à le rendre moins indigne de cet honneur ; j'empêchai du moins qu'il ne fût réimprimé en français quand la première édition s'en trouva épuisée, et j'ai attendu pour le publier de nouveau, d'avoir pu le refondre entièrement, le rendre beaucoup plus clair, profiter de quelques critiques judicieuses, et y faire entrer quelques principes qui n'ont été solidement établis que depuis sa première publication.

Lorsqu'on n'expose pas des vérités au nom d'une autorité reconnue, on est obligé non seulement d'avoir raison, mais de prouver qu'on a raison. Or, comment établir ces preuves dans un petit nombre de pages, et de manière à être entendu des esprits les moins exercés ? Il est donc bien nécessaire que les lecteurs qui ne trouveraient pas assez de motifs de conviction dans ce petit livre, aient recours à un ouvrage plus considérable [a] que j'ai constamment corrigé, et auquel il m'est permis de croire que le public a donné son approbation, puisqu'il a passé jusqu'à présent par quatre éditions nombreuses, et qu'après avoir été traduit dans toutes les langues de l'Europe, il est adopté dans l'enseignement de l'économie politique partout où cette science est professée.

Quant aux personnes déjà exercées, dans la crainte que, sur quelques points un peu plus difficiles que les autres, elles ne se rappellent pas à l'instant même les raisons qui servent de fondement à telle ou telle opinion, j'ai ajouté à cette édition quelques notes qui les mettront sur la voie de retrouver des preuves dont les esprits bien faits ne peuvent jamais se passer.

Je sais que quelques têtes nébuleuses s'efforcent encore tous les jours de répandre du louche sur des sujets qu'elles sont incapables de concevoir nettement. Elles obscurcissent une question pour se donner le

a. *Le Traité d'économie politique, ou simple exposition de la manière dont se forment, se distribuent et se consomment les richesses*, 2 vol. in-8.

droit de dire qu'elle n'est point encore éclaircie. On doit peu s'en inquiéter ; c'est l'épreuve indispensable que doit subir toute vérité. Au bout d'un certain temps le bon sens du public fait justice des opinions qui n'ont pour appui que de vieilles habitudes, ou les illusions de l'amour-propre, ou les sophismes de l'intérêt personnel ; et la vérité reste.

CHAPITRE PREMIER *

De quoi se composent les Richesses et ce que c'est que la Valeur

Qu'est-ce que nous enseigne l'économie politique ?

Elle nous enseigne comment les richesses sont produites, distribuées et consommées dans la société [a].

Qu'entendez-vous par ce mot les RICHESSES ?

On peut étendre la signification de ce mot à tous les biens dont l'homme peut jouir ; et sous ce rapport la santé, la gaieté sont des richesses. Mais les seules richesses dont il est question en économie politique, se composent des choses que l'on possède et qui ont une valeur reconnue. Une terre, une maison, un meuble, des étoffes, des provisions, des monnaies d'or et d'argent, sont des portions de richesses. Chaque personne, ou chaque famille possède une quantité plus ou moins grande de chacune de ces choses ; et leurs valeurs réunies composent sa fortune [1].

a. La *société* est l'ensemble des individus et des familles qui entretiennent entre eux des relations pacifiques. La grande société humaine se divise en plusieurs sociétés séparées par divers accidents tels que des chaînes de montagnes, des mers, des gouvernements différents ; on nomme ces sociétés particulières des *nations*.

* Les notes indiquées par des chiffres sont renvoyées à la fin du volume.

La richesse d'une personne est-elle proportionnée à la quantité ou à la valeur des choses qu'elle possède ?

Elle est proportionnée à leur valeur. Une personne qui possède deux aunes de beau drap dont la valeur est de cent francs, est plus riche qu'une personne qui possède dix aunes de toile dont la valeur est de vingt francs [2].

Quelle est la mesure de la valeur des choses ?

C'est la quantité de toute autre chose que leur propriétaire peut se procurer par leur moyen, s'il consent à les échanger. Ainsi un cheval que son propriétaire peut, du moment qu'il le désire, échanger contre vingt pièces d'or, vaut autant que vingt pièces d'or, autant que tout ce que l'on peut avoir pour vingt pièces d'or. Ce serait une richesse moitié moindre, si le cheval ne pouvait procurer à son propriétaire que dix de ces pièces, et par conséquent pouvait lui procurer seulement les choses que l'on peut acquérir avec dix pièces d'or [3].

Pourquoi évalue-t-on plutôt les choses par la quantité de monnaie qu'elles peuvent procurer, que par toute autre quantité ?

Parce qu'en raison de l'usage que nous faisons journellement de la monnaie, sa valeur nous est mieux connue que celle de la plupart des autres objets ; nous savons mieux ce que l'on peut acquérir pour deux cents francs, que ce que l'on peut obtenir en échange de dix hectolitres de blé, quoique, au cours du jour, ces deux valeurs puissent être parfaitement égales, et par conséquent composer deux richesses pareilles.

Est-ce une chose possible que de créer de la richesse ?

Oui, puisqu'il suffit pour cela de créer de la valeur, ou d'augmenter la valeur qui se trouve déjà dans les choses que l'on possède.

Comment donne-t-on de la valeur à un objet ?

En lui donnant une utilité qu'il n'avait pas.

Comment augmente-t-on la valeur que les choses ont déjà ?

En augmentant le degré d'utilité qui s'y trouvait quand on les a acquises...

CHAPITRE II

Ce que c'est que l'Utilité, et en quoi consiste la Production des richesses

Qu'entendez-vous par l'utilité ?

J'entends cette qualité qu'ont certaines choses de pouvoir nous servir de quelque manière que ce soit.

Pourquoi l'utilité d'une chose fait-elle que cette chose a de la valeur ?

Parce que l'utilité qu'elle a, la rend désirable et porte les hommes à faire un sacrifice pour la posséder. On ne donne rien pour avoir ce qui n'est bon à rien ; mais on donne une certaine quantité des choses que l'on possède (une certaine quantité de pièces d'argent, par exemple), pour obtenir la chose dont on éprouve le besoin. C'est ce qui fait sa valeur.

Cependant il y a des choses qui ont de la valeur et qui n'ont pas d'utilité, comme une bague au doigt, une fleur artificielle.

Vous n'entrevoyez pas l'utilité de ces choses, parce que vous n'appelez *utile* que ce qui l'est aux yeux de la raison, tandis qu'il faut entendre par ce mot tout ce qui est propre à satisfaire les besoins, les désirs de l'homme tel qu'il est. Or sa vanité et ses passions font quelquefois naître en lui des besoins aussi impérieux que la faim. Lui seul est juge de l'importance que les choses ont pour lui et du besoin qu'il en a. Nous n'en pouvons juger que par le prix qu'il y met ; pour nous, la valeur des choses est la seule mesure de l'utilité qu'elles ont pour l'homme. Il doit donc nous suffire de leur donner de l'utilité *à ses yeux*, pour leur donner de la valeur.

L'utilité est donc différente selon les lieux et selon les circonstances ?

Sans doute : un poêle est utile en Suède, ce qui fait qu'il a une valeur dans ce pays-là ; mais en Italie il n'en a aucune, parce qu'on ne s'y sert jamais de poêle. Un éventail au contraire a une valeur en Italie, et n'en a point chez les Lapons où l'on n'en sent pas le besoin [4].

La valeur est-elle toujours proportionnée à l'utilité des choses ?

Non ; mais elle est proportionnée à l'utilité qu'on leur a donnée.

Expliquez-vous par un exemple.

Je suppose qu'une femme ait filé et tricoté une camisole de laine qui lui ait coûté quatre journées de travail : son temps et sa peine étant une espèce de prix qu'elle a payé pour avoir en sa possession cette camisole, elle ne peut la donner pour rien, sans faire une perte qu'elle aura soin d'éviter. En conséquence on ne trouvera pas à se procurer des camisoles de laine, sans les payer un prix équivalent au sacrifice que cette femme aura fait [5].

L'eau, par une raison contraire, n'aura point de valeur au bord d'une rivière, parce que la personne qui l'acquiert pour rien, peut la donner pour rien ; et en supposant qu'elle voulût la faire payer à celui qui en manque, ce dernier, plutôt que de faire le moindre sacrifice pour l'acquérir, se baisserait pour en prendre [6].

N'y a-t-il pas des objets qui ne sont capables de satisfaire aucun besoin, et qui cependant ont une valeur ?

Oui ; les fourrages ne peuvent immédiatement satisfaire aucun besoin ; mais ils peuvent engraisser des bestiaux qui serviront à notre nourriture. Les drogues de teinture ne peuvent immédiatement servir ni d'aliment ni d'ornement ; mais elles peuvent servir à embellir les étoffes qui nous vêtiront. Ces choses ont une utilité indirecte. Cette utilité les fait rechercher par d'autres producteurs, qui les emploieront pour augmenter l'utilité de leurs produits. Telle est la source de leur valeur.

Pourquoi un contrat de rente, un effet de commerce ont-ils de la valeur, quoiqu'ils ne puissent satisfaire aucun besoin ?

Parce qu'ils ont de même une utilité indirecte, celle de procurer des choses qui seront immédiatement utiles. Si un effet de commerce ne devait pas être acquitté, ou s'il était acquitté en une monnaie incapable d'acheter des objets propres à satisfaire les besoins de l'homme, il n'aurait aucune valeur. Il ne suffit donc pas de créer des effets de commerce pour créer de la valeur : il faut créer la chose qui fait toute la valeur de l'effet de commerce ; ou plutôt il faut créer l'utilité qui fait la valeur de cette chose.

Les choses auxquelles on a donné de la valeur ne prennent-elles pas un nom particulier ?

On les appelle des Produits ; donner de la valeur aux choses en leur donnant de l'utilité, c'est produire ; et l'action d'où résulte un produit, se nomme Production.

CHAPITRE III
De l'industrie

Vous m'avez dit que produire c'était donner de l'utilité aux choses : comment donne-t-on de l'utilité ? comment produit-on ?

D'une infinité de manières ; mais, pour notre commodité, nous pouvons ranger en trois classes toutes les manières de produire.

Quelle est la première manière dont on produit ?

C'est en recueillant les choses que la nature prend soin de créer, soit qu'on ne se soit mêlé en rien du travail de la nature, comme lorsqu'on pêche des poissons, lorsqu'on extrait les minéraux de la terre ; soit qu'on ait, par la culture des terres et par des semences, dirigé et favorisé le travail de la nature. Tous ces travaux se ressemblent par leur objet. On leur donne le nom d'*industrie agricole.*

Quelle utilité donne à une chose celui qui la trouve toute faite, comme le pêcheur qui prend un poisson, le mineur qui ramasse des minéraux ?

Il la met en état de pouvoir servir à la satisfaction de nos besoins. Le poisson dans la mer n'est d'aucune utilité pour moi. Du moment qu'il est transporté à la poissonnerie, j'en peux faire usage : de là vient la valeur qu'il a, valeur créée par l'industrie du pêcheur. De même la houille a beau exister dans le sein de la terre, elle n'est là d'aucune utilité pour me chauffer, pour amollir le fer d'une forge : c'est l'industrie du mineur qui la rend propre à ces usages, en l'extrayant par le moyen de ses puits, de ses galeries, de ses roues. Il crée, en la tirant de terre, toute la valeur qu'elle a étant tirée.

Comment le cultivateur crée-t-il de la valeur ?

Les matières dont se compose un sac de blé ne sont pas tirées du néant : elles existaient avant que le blé ne fût du blé : elles étaient répandues dans la terre, dans l'eau, dans l'air, et n'y avaient aucune utilité, et par conséquent aucune valeur. L'industrie du cultivateur, en s'y prenant de manière que ces diverses matières se soient réunies sous la forme d'abord d'un grain, ensuite d'un sac de blé, a créé la valeur qu'elles n'avaient pas. Il en est de même de tous les autres produits agricoles.

Quelle est la seconde manière dont on produit ?

C'est en donnant aux produits d'une autre industrie, une valeur plus grande par les nouvelles façons qu'on y ajoute, par les transformations qu'on leur fait subir. Le mineur procure le métal dont une boucle est faite ; mais une boucle faite vaut plus que le métal qui y est employé. La valeur de la boucle par-dessus celle du métal est une valeur produite, et la boucle est un produit de deux industries ; de celle du mineur et de celle du fabricant. Celle-ci se nomme *industrie manufacturière*.

Quels travaux embrasse l'industrie manufacturière ?

Elle s'étend depuis les plus simples façons, comme celle que donne un grossier artisan villageois à une paire de *sabots*, jusqu'aux façons les plus recherchées, comme celle d'un bijou ; et depuis les travaux qui s'exécutent dans l'échoppe d'un savetier jusqu'à ceux qui occupent plusieurs centaines d'ouvriers dans une vaste manufacture.

Quelle est la troisième manière dont on produit ?

On produit encore en achetant un produit dans un lieu où il a moins de valeur, et en le transportant dans un lieu où il en a davantage. C'est ce qu'exécute l'*industrie commerciale*.

Comment l'industrie commerciale produit-elle de l'utilité, puisqu'elle ne change rien au fonds ni à la forme d'un produit, et qu'elle le revend tel qu'elle l'a acheté ?

Elle agit comme le pêcheur de poisson dont nous avons parlé : elle prend un produit dans le lieu où l'on ne peut pas en faire usage, dans le lieu du moins où ses usages sont moins étendus, moins précieux, pour le transporter aux lieux où ils le sont davantage, où sa production est moins facile, moins abondante, plus chère. Le bois de chauffage et de charpente est d'un usage, et par conséquent d'une utilité très bornée dans les hautes montagnes, où il excède tellement le besoin qu'on en a, qu'on le laisse quelquefois pourrir sur place ; mais le même bois sert à des usages très variés et très étendus lorsqu'il est transporté dans une ville.

Les cuirs de bœuf ont peu de valeur dans l'Amérique méridionale, où l'on trouve beaucoup de bœufs sauvages : les mêmes cuirs ont une grande valeur en Europe, où leur production est dispendieuse et leurs usages bien plus multipliés. L'industrie commerciale, en les apportant, augmente leur valeur de toute la différence qui se trouve entre leur prix du Brésil et leur prix d'Europe [7].

Que comprend-on sous le nom d'industrie commerciale ?

Toute espèce d'industrie qui prend un produit dans un endroit pour le transporter dans un autre endroit où il est plus précieux, et qui le met ainsi à la portée de ceux qui en ont besoin. On y comprend aussi par analogie l'industrie qui, en détaillant un produit, le met à la portée des plus petits consommateurs. Ainsi l'épicier qui achète des marchandises en gros pour les revendre en détail dans la même ville ; le boucher qui achète les bestiaux sur pieds pour les revendre pièce à pièce, exercent l'industrie commerciale.

N'y a-t-il pas de grands rapports entre toutes ces diverses manières de produire ?

Les plus grands. Elles consistent toutes à prendre un produit dans un état, et à le rendre dans un autre où il a plus d'utilité et de valeur. Toutes les industries pourraient se réduire à une seule. Si nous les distinguons ici, c'est afin de faciliter l'étude de leurs résultats, et malgré toutes les distinctions, il est souvent fort difficile de séparer une industrie d'une autre. Un villageois qui fait des paniers, est manufacturier ; quand il porte des fruits au marché, il fait le commerce. Mais de façon ou d'autre, du moment que l'on crée ou qu'on augmente l'utilité des choses, on augmente leur valeur, on exerce une industrie, on produit de la richesse.

Pour abréger, l'industrie agricole peut se nommer *agriculture* ; de même que le *commerce* est le nom que l'on donne communément à l'industrie commerciale.

CHAPITRE IV

Des opérations communes à toutes les industries

Comment appelle-t-on les hommes qui entreprennent la confection d'un produit quelconque ?

Ce sont les entrepreneurs d'industrie.

Quelles sont les opérations qui constituent le travail d'un entrepreneur d'industrie ?

Il doit d'abord acquérir les connaissances qui sont la base de l'art qu'il veut exercer.

Que doit-il faire ensuite ?

Il doit rassembler les moyens d'exécution nécessaires pour créer un produit ; et finalement présider à son exécution.

De quoi se composent les connaissances qu'il doit acquérir ?

Il doit connaître la nature des choses sur lesquelles il doit agir, ou qu'il doit employer comme instruments, et les lois naturelles dont il peut s'aider.

Donnez-moi des exemples.

S'il veut être forgeron, il doit connaître la propriété qu'a le fer de s'amollir par le feu et de se modeler sous le marteau. S'il veut être horloger, il doit connaître les lois de la mécanique et l'action des poids ou des ressorts sur les rouages. S'il veut être agriculteur, il doit savoir quels sont les végétaux et les animaux qui sont utiles à l'homme et les moyens de les élever. S'il veut être commerçant, il doit s'instruire de la situation géographique des différents pays ; de leurs besoins, de leurs lois, ainsi que des moyens de transport qui sont à sa portée.

Quels sont les hommes qui s'occupent à recueillir et à conserver ces diverses connaissances ?

Ce sont les savants. L'entrepreneur d'industrie les consulte directement, ou consulte leurs ouvrages.

Ne suffit-il pas à l'entrepreneur de s'instruire des procédés de son art ?

Oui ; mais les procédés même de son art sont fondés sur des connaissances recueillies, mises en ordre, conservées et journellement augmentées par les savants.

Les savants prennent donc part à la production des richesses ?

Indubitablement. Les vérités qu'ils enseignent sont la base de tous les arts.

Qu'arriverait-il, relativement à l'industrie, si les sciences cessaient d'être cultivées ?

On conserverait pendant un certain temps dans les ateliers, la tradition des connaissances sur lesquelles sont fondés les procédés qu'on y exécute ; mais ces procédés se dénatureraient peu à peu entre les mains de l'ignorance ; de mauvaises pratiques s'introduiraient ; on ne saurait pas pourquoi elles sont mauvaises ; on n'aurait aucun moyen de retrouver les bonnes ; enfin l'on ne pourrait attendre les perfectionnements que du hasard [8].

Après s'être instruit de la nature des choses sur lesquelles et par lesquelles il doit agir, que doit faire encore l'entrepreneur d'industrie ?

Il doit calculer les frais qu'occasionnera la confection du produit, en comparer le montant avec la valeur présumée qu'il aura étant terminé ; et il ne doit en entreprendre la fabrication, ou la continuer s'il l'a déjà entreprise, que lorsqu'il peut raisonnablement espérer que sa valeur sera suffisante pour rembourser tous les frais de sa production [9].

Quelles sont les autres opérations industrielles de l'entrepreneur ?

Il doit enfin diriger les travaux des agents salariés, commis, ouvriers, qui le secondent dans la confection des produits.

Désignez-moi quelques classes d'entrepreneurs dans l'industrie agricole ?

Un fermier qui laboure le terrain d'autrui, le propriétaire qui fait valoir son propre terrain, sont des entrepreneurs d'industrie agricole. Dans les branches analogues à l'agriculture, celui qui exploite des mines, des carrières, pour en tirer des minéraux ; ou qui exploite la mer et les rivières pour en tirer du sel, des poissons, du corail, des éponges, etc., est un entrepreneur d'industrie, pourvu qu'il travaille pour son propre compte. S'il travaille pour un salaire, ou à façon, c'est alors celui qui le paie qui est entrepreneur.

Désignez-moi quelques classes d'entrepreneurs dans l'industrie manufacturière ?

Tous ceux qui pour leur propre compte, font subir à un produit déjà existant, une façon nouvelle au moyen de laquelle la valeur de ce produit est augmentée, sont entrepreneurs d'industrie manufacturière. Ainsi le manufacturier n'est pas seulement l'homme qui réunit un grand nombre d'ouvriers en ateliers, c'est encore le menuisier qui fait des portes et des fenêtres, et même le maçon et le charpentier qui vont exercer leur art hors de leur domicile, et qui transforment des matériaux en un édifice. Le peintre en bâtiments lui-même qui revêt l'intérieur de nos maisons d'une couleur plus fraîche, exerce encore une industrie manufacturière.

Il n'est donc pas nécessaire pour être entrepreneur, d'être propriétaire de la matière que l'on travaille ?

Non ; le blanchisseur qui vous rend votre linge dans un autre état que celui où vous le lui avez confié, est entrepreneur d'industrie.

Le même homme peut-il être à la fois entrepreneur et ouvrier ?

Certainement. Le terrassier qui convient d'un prix pour creuser un fossé, un canal, est un entrepreneur ; s'il met lui-même la main à l'œuvre, il est ouvrier en même temps qu'entrepreneur.

Désignez-moi quelques classes d'entrepreneurs dans l'industrie commerciale.

Tous ceux qui sans avoir fait subir une transformation à un produit, le revendent tel qu'ils l'ont acheté, mais dans un lieu et dans un état qui rendent le produit plus accessible au consommateur, sont des entrepreneurs d'industrie commerciale, ou des commerçants. Ainsi ce n'est pas seulement le négociant qui fait venir des marchandises de l'Amérique et des Indes, qui fait le commerce, c'est encore le marchand qui achète des étoffes ou des quincailleries dans une manufacture, pour les revendre dans une boutique ; ou même celui qui les achète en gros dans une rue, pour les revendre en détail dans la rue voisine.

Quels sont dans l'industrie commerciale, les salariés qui remplissent les fonctions d'ouvriers ?

Les matelots, les voituriers (quand ils ne sont pas entrepreneurs, mais agents salariés), les portefaix, les garçons de magasin et de boutique, et en général tous ceux qui reçoivent un salaire fixe pour leur travail.

Quelle différence met-on entre l'industrie et le travail ?

On appelle travail toute action soutenue dans laquelle on se propose un but utile et lucratif. L'industrie est un ensemble de travaux dont quelques-uns sont purement intellectuels, et qui supposent quelquefois des combinaisons très relevées.

Résumez l'objet des opérations qui se rencontrent dans toutes les industries.

1° Les recherches du savant ; 2° l'application des connaissances acquises, aux besoins des hommes, en y comprenant le rassemblement des moyens d'exécution et la direction de l'exécution elle-même ; ce qui forme la tâche des entrepreneurs d'industrie ; 3° le travail des agents secondaires, tels que les ouvriers, qui vendent leur temps et leurs peines, sans être intéressés dans le résultat.

CHAPITRE V

Ce que c'est qu'un capital, et comment on l'emploie

Ne faut-il pas à un entrepreneur d'industrie quelque chose de plus que ses talents et son travail pour entreprendre la production ?

Oui : il lui faut encore un Capital.

Qu'est-ce qu'un capital ?

C'est une somme de valeurs acquise d'avance.

Pourquoi ne dites-vous pas une somme d'argent ?

Parce que ces valeurs peuvent consister dans beaucoup d'objets divers, aussi bien qu'en une somme d'argent.

A quoi sert le capital dans la production ?

Il sert à faire l'avance des frais que nécessite la production, depuis le moment où l'on commence les opérations productives, jusqu'à ce que la vente du produit rembourse à l'entrepreneur l'avance qu'il a faite de ces frais.

Qu'est-ce qu'une avance ?

C'est une valeur que l'on prête ou que l'on consomme [a] dans le dessein de la recouvrer. Si cette valeur

a. Les personnes qui veulent se former une idée juste de la consommation, la trouveront expliquée plus loin, chap. XXIV *sq.*

n'est pas restituée ou reproduite, ce n'est plus une valeur avancée ; c'est une valeur perdue, en tout ou en partie.

Donnez-moi un exemple.

Lorsqu'un homme veut fabriquer du drap, il emploie une partie de ses valeurs capitales à acheter de la laine ; une autre partie à acheter des machines propres à filer, à tisser, à fouler, à tondre son étoffe ; une autre partie à payer des ouvriers ; et le drap, lorsqu'il est achevé, lui rembourse toutes ces avances, par la vente qu'il en fait [10].

Attend-il d'avoir achevé une grande quantité de produits pour se rembourser de ses avances ?

Cela n'est point nécessaire : du moment qu'il a terminé une pièce de drap et qu'il l'a vendue, il en emploie la valeur à une autre avance, comme par exemple, à acheter de la laine ou bien à payer des salaires d'ouvriers ; de cette manière la totalité de son capital est constamment employée ; et ce qu'on nomme le *capital de l'entreprise* se compose de la valeur totale des choses achetées au moyen du capital.

N'y a-t-il pas cependant une partie de la valeur capitale d'une entreprise qui reste en écus ?

Pour ne laisser oisive aucune partie de son capital, un entrepreneur habile n'a jamais en caisse que la somme nécessaire pour faire face aux dépenses courantes et aux besoins imprévus. Lorsque des rentrées promptes lui procurent plus d'argent qu'il ne lui en faut pour ces deux objets, il a soin d'employer le surplus à donner plus d'extension à son industrie.

Comment donne-t-on plus d'extension à une entreprise industrielle ?

En augmentant les constructions qui servent à son exploitation, en achetant une plus forte quantité de matières premières, en salariant un plus grand nombre d'ouvriers et autres agents.

Ne divise-t-on pas les capitaux employés, en plusieurs natures de capitaux ?

On divise le capital d'une entreprise, en Capital engagé et en Capital circulant.

Qu'est-ce que le capital engagé ?

Ce sont les valeurs qui résident dans les bâtiments, les machines, employés pour l'exploitation de l'entreprise aussi longtemps qu'elle dure.

Qu'est-ce que le capital circulant ?

Ce sont les valeurs qui se réalisent en argent, et s'emploient de nouveau plusieurs fois, durant le cours d'une même entreprise. Telles sont les valeurs qui servent à faire l'avance des matières premières et des salaires d'ouvriers. Chaque fois que l'on vend un produit, cette vente rembourse à l'entrepreneur la valeur de la matière première employée, et des divers travaux payés pour la confection du produit [11].

A quelle époque un entrepreneur réalise-t-il son capital engagé ?

Lorsqu'il vend le fonds de son entreprise.

L'usure et la dégradation de valeur qu'éprouvent les machines et les constructions, ne diminuent-elles pas constamment le capital engagé ?

Elles le diminuent en effet ; mais dans une entreprise bien conduite, une partie de la valeur des produits est employée à l'entretien de cette portion du capital, sinon pour lui conserver sa valeur toute entière, du moins pour le mettre en état de continuer toujours le même service ; et comme, malgré les précautions les plus soutenues, le capital engagé ne conserve pas toujours la même valeur, on a soin, chaque fois qu'on fait l'inventaire de l'entreprise, d'évaluer cette partie du capital au-dessous de l'évaluation qu'on en avait faite dans une autre occasion précédente.

Eclaircissez cela par un exemple.

Si l'on a évalué l'année dernière les métiers et les autres machines d'une manufacture de drap à 50 mille francs, on ne les évalue cette année-ci qu'à 45 mille francs, malgré les frais qu'on a faits pour les entretenir ; frais que l'on met au rang des dépenses courantes, c'est-à-dire des avances journalières que la vente des produits doit rembourser.

Vous m'avez donné l'idée de l'emploi d'un capital dans une entreprise manufacturière ; je voudrais me faire une idée de l'emploi d'un capital dans une entreprise agricole.

La maison du fermier, les granges, les étables, les clôtures, et en général toutes les améliorations qui sont ajoutées au terrain, sont un capital engagé qui appartient ordinairement au propriétaire de la terre : les meubles, les instruments de culture, les animaux de service sont un capital engagé, qui appartient ordinairement au fermier. Les valeurs qui servent à faire l'avance des semences, des salaires, de la nourriture des gens et des animaux de service ; les valeurs qui servent à payer les réparations d'outils et de charrettes, l'entretien des attelages et en général toutes les dépenses courantes sont prises sur le capital circulant, et sont remboursées à mesure qu'on vend les produits journaliers de la ferme.

Une même entreprise peut donc être exploitée avec différentes portions de capitaux qui appartiennent à diverses personnes ?

Sans doute : l'entrepreneur paie sous une forme ou sous une autre, la jouissance d'une portion de capital qui ne lui appartient pas. Dans l'exemple ci-dessus, une ferme bien bâtie et améliorée par des fossés de dessèchement ou d'arrosement, et par de bonnes clôtures, se loue plus cher qu'un terrain nu ; d'où il suit qu'une partie du loyer est le prix du service rendu par le sol, et qu'une autre partie est le prix du service rendu par le capital répandu en améliorations sur la terre.

Je voudrais me faire une idée de l'emploi d'une valeur capitale dans une entreprise de commerce.

Un négociant emploie une partie de son capital en soieries, et les envoie en Amérique : c'est une avance, une valeur qui momentanément a disparu pour renaître, de même que le blé qui a servi de semence. Ce négociant donne en même temps à son correspondant d'Amérique l'ordre de vendre ces marchandises, et de lui en faire les retours (c'est-à-dire de lui en renvoyer la valeur) en d'autres marchandises, telles que du sucre, du café, des peaux d'animaux, peu importe. Voilà le capital qui reparaît sous une nouvelle forme. Il faut considérer les marchandises envoyées, comme des matières premières employées à la formation d'un nouveau produit. Le nouveau produit consiste dans les marchandises qui composent les retours.

Le capital au moyen duquel on conduit une semblable entreprise, peut-il encore appartenir à différentes personnes ?

Sans contredit ; en premier lieu le négociant qui fait un envoi en Amérique, peut travailler avec un capital qu'il a emprunté à un capitaliste ; il peut aussi avoir acheté les soieries à crédit ; c'est alors le fabricant de soieries qui prête au négociant la valeur de la marchandise que ce dernier a fait partir.

Vous avez employé l'expression de matière première ; donnez-moi une idée exacte de ce qu'elle signifie.

La Matière première est la matière à laquelle l'industrie donne une valeur qu'elle n'avait pas, ou dont elle augmente la valeur quand elle en avait une. Dans ce dernier cas la matière première d'une industrie est déjà le produit d'une industrie précédente.

Donnez-m'en un exemple.

Le coton est une matière première pour le fileur de coton, bien qu'il soit déjà le produit de deux entreprises successives qui sont celle du planteur de coton, et celle du négociant en marchandises étrangères, par les soins de qui cette marchandise a été apportée en Europe. Le fil de coton est à son tour une matière première pour le fabricant d'étoffes ; et une pièce de toile de coton est une matière première pour l'imprimeur en toiles peintes. La toile peinte elle-même est la matière première du commerce du marchand d'indiennes ; et l'indienne n'est qu'une matière première pour la couturière qui en fait des robes, et pour le tapissier qui en fait des meubles.

Comment un entrepreneur d'industrie sait-il si la valeur de son capital est augmentée ou diminuée ?

Par un inventaire ; c'est-à-dire par un état détaillé de tout ce qu'il possède, où chaque chose est évaluée suivant son prix courant.

Qu'est-ce qu'on appelle le Capital d'une nation ?

Le capital d'une nation, ou le capital national est la somme de tous les capitaux employés dans les entreprises industrielles de cette nation. Il faudrait pour connaître à combien se monte le capital d'une nation, demander à tous les propriétaires fonciers la valeur de toutes les améliorations ajoutées à leurs fonds ; à tous les cultivateurs, manufacturiers et commerçants, la valeur des capitaux qu'ils emploient dans leurs entreprises, et additionner toutes ces valeurs.

Le numéraire d'un pays fait-il partie de ses capitaux ?

En partie. On ne peut mettre au rang de ses capitaux, cette portion de son numéraire employée à l'achat des objets de consommation qui servent à l'entretien des familles et des individus ; et c'est probablement la plus considérable.

CHAPITRE VI

Des instruments naturels de l'industrie

Qu'est-ce que les Instruments naturels de l'industrie ?

Ce sont les instruments que la nature a fournis gratuitement à l'homme, et dont il se sert pour créer des produits utiles. On les appelle des *instruments naturels* par opposition avec les capitaux qui sont des *instruments artificiels*, c'est-à-dire des produits créés par l'industrie de l'homme, et qui ne lui sont pas donnés gratuitement.

Désignez quelques instruments naturels.

Le premier et le plus important de tous est la terre cultivable. Elle a été donnée gratuitement à tous les hommes, mais comme elle ne saurait être cultivée, sans que quelqu'un fasse les avances de travail et d'argent, nécessaires pour sa culture, on a senti, chez tous les peuples civilisés, la nécessité de reconnaître comme propriétaires des fonds de terre, ceux qui se trouvent actuellement en avoir la possession non contestée.

N'y a-t-il pas d'autres instruments, non créés par l'homme, et qui, entre les mains de l'industrie, fournissent des produits ?

On peut ranger dans cette classe, les cours d'eau qui sont devenus des propriétés, et qui font marcher des usines. On peut y comprendre encore les carrières, les mines, d'où l'on tire des marbres, des métaux, et surtout du charbon de terre. Ce sont des espèces de magasins où la nature a préparé et mis en dépôt des richesses, que l'industrie et les capitaux de leurs propriétaires achèvent en les mettant à la portée des consommateurs [12].

N'y a-t-il pas des instruments naturels qui ne sont pas devenus des propriétés, et qui sont demeurés à l'usage de tout le monde ?

Oui : si l'on veut faire du sel, la nature fournit gratuitement l'eau de la mer et la chaleur du soleil qui en opère l'évaporation ; si l'on veut transporter des produits commerciaux, la nature fournit encore la mer ou les rivières comme autant de routes liquides ; elle fournit la force des vents pour pousser les navires. Si l'industrie manufacturière veut construire des horloges ou des montres, la nature fournit de même la gravitation qui fait descendre des poids, ou l'élasticité des ressorts qui fait marcher les rouages [13].

Les instruments naturels qui sont des propriétés, ne se trouvent-ils pas confondus quelquefois avec des valeurs capitales ?

Oui : sur un fonds de terre qui est un instrument fourni par la nature, il se trouve le plus souvent des bâtiments, des améliorations qui sont des produits de l'industrie, et par conséquent des instruments artificiels et acquis. Dans les mines, il y a des puits, des galeries, des machines pour épuiser les eaux, pour monter les produits ; toutes ces améliorations sont des capitaux ajoutés à l'instrument naturel.

Quelle différence caractéristique trouve-t-on entre les fonds de terre et les capitaux ?

Les fonds de terre ne sont pas susceptibles de s'augmenter indéfiniment comme les capitaux ; mais ceux-ci qui se composent de valeurs créées, peuvent se dissiper et se détruire par la consommation, tandis que les fonds de terre ne peuvent être consommés. Un bien-fonds, quelque négligé qu'il soit, conservera toujours le même nombre d'arpents, mais il peut perdre successivement toutes les valeurs capitales qu'on y avait amassées [14]. Du reste les fonds de terre ne sont autre chose que des instruments qui servent à l'industrie d'une manière parfaitement analogue à la manière dont les capitaux lui servent.

CHAPITRE VII

Des Services productifs

Qu'est-ce que des Services productifs ?

Vous avez dû comprendre que l'industrie, les capitaux et les instruments naturels (tels que les fonds de terre), concourent au même but, qui est de donner tantôt à une chose, tantôt à une autre, une valeur au moyen de laquelle cette chose devient un produit. Cela ne peut s'opérer que par une certaine action, un certain travail exécuté par des hommes, par des capitaux, par des fonds de terre. C'est ce travail que l'on appelle un service productif.

Je conçois fort bien le travail de l'homme ; mais j'ai peine à concevoir celui des capitaux et des fonds de terre.

Un capital ne peut-il pas rester oisif ? Une terre ne peut-elle pas demeurer en friche ? Ne peuvent-ils pas, dans une autre supposition, être occupés de manière à seconder l'industrie dans la création des produits ?

J'en conviens.

C'est cette action des fonds productifs, qui constitue les services qu'ils rendent. Il y a dans la production :

Des services rendus par les hommes ; on les nomme services industriels ;

Des services rendus par les capitaux ; on les nomme services capitaux ;

Et enfin des services rendus par les fonds de terre ; on les nomme services fonciers.

Comment nomme-t-on les personnes qui fournissent à la production ces divers services ?

Ceux qui fournissent les services industriels, se nomment des hommes industrieux, ou plus brièvement des industrieux ;

Ceux qui fournissent des capitaux, se nomment des capitalistes ;

Ceux qui fournissent des terres, se nomment des propriétaires fonciers.

Tous sont des producteurs.

Des producteurs ! Les capitalistes et les propriétaires me paraissent ne rien produire.

Non pas directement ; mais ils produisent indirectement par le moyen de leur instrument. Sans eux on manquerait de certains services indispensables pour la production.

La même personne fournit-elle à la fois diverses espèces de services productifs ?

Ce cas arrive très souvent. Un propriétaire qui fait valoir son propre terrain, fournit comme propriétaire, le service foncier ; en faisant l'avance des frais de son entreprise, il fournit le service capital, et comme entrepreneur il fournit le service industriel.

Lorsque ces différents services sont fournis par différentes personnes, par qui sont-ils réunis pour concourir à une même production ?

Par l'entrepreneur qui se charge de cette production.

Rendez cela sensible par un exemple.

Un fermier loue une terre : louer une terre, c'est acheter les services que ce fonds peut rendre pendant la durée du bail. Il emprunte un capital moyennant intérêt : c'est acheter les services que peut rendre ce capital pendant la durée du prêt. Il prend des valets et des ouvriers : c'est acheter le service que ces travailleurs peuvent rendre chaque jour, chaque semaine.

Après avoir acquis ces services, il les consomme reproductivement.

Comment des services peuvent-ils être consommés ?

Des services ont été consommés, lorsque l'emploi qu'on en a fait, n'a pas permis qu'ils fussent appliqués à autre chose. On les dit consommés, parce que les mêmes services ne peuvent être employés de nouveau.

Cependant une terre qui a servi, peut servir de nouveau ; un ouvrier qui a travaillé, peut travailler encore.

D'accord : une terre qui a rendu un service cette année, pourra rendre un service l'année prochaine ; mais celui qu'elle a rendu cette année, est un service consommé, usé, qui a fourni ses produits, et dont il n'est plus possible de tirer aucun parti. De même le service rendu par un ouvrier aujourd'hui, soit qu'il ait produit ou non l'effet qu'on en attendait, est un service consommé, et dont il est désormais impossible de tirer parti ; celui qu'il rendra demain, sera un autre service qui donnera lieu à une autre consommation.

Qu'entendez-vous par consommer des services reproductivement ?

On consomme reproductivement le service d'un ouvrier, d'un verrier, par exemple, lorsqu'on dirige son travail de manière que la consommation de la valeur de sa journée, reproduise dans le verre qu'il a soufflé, une autre valeur qui rembourse, avec profit, à l'entrepreneur l'avance qu'il a faite du prix de la journée. On consomme au contraire improductivement les services que nous rend un domestique, parce que au bout de la journée, il n'est rien sorti du travail d'un domestique qui ait la moindre valeur.

En doit-on conclure que le travail du domestique a été improductif ?

Non ; mais les services rendus par lui, et l'espèce d'utilité qui en est résultée, ont été, à mesure que son travail a été exécuté, consommés par son maître qui s'en est servi pour sa satisfaction personnelle ; tandis que les services de l'ouvrier, et l'utilité qui en est résultée, ont été employés à donner une valeur à un produit. C'est pour cela qu'il ne reste rien de la première de ces utilités produites, et que de la seconde, il reste une valeur qui est une portion de richesses [15].

Qu'est-ce que les Frais de production ?

C'est la valeur des services productifs qu'il a fallu consommer pour créer un produit [a]. L'achat qu'un entrepreneur en fait, n'est de sa part qu'une avance qui est remboursée par la valeur du produit qui en résulte.

Ainsi quand un fabricant de porcelaine entreprend un beau vase pour lequel il dépense en location d'ateliers, en intérêts de sommes empruntées, en salaires d'artistes et d'ouvriers, et pour ce qui regarde ce vase seulement, une somme de 600 francs, s'il a su, au moyen de toutes ces dépenses, exécuter un meuble qui vaille 600 francs, il est remboursé de toutes ses avances par la vente du vase.

Si le vase ne vaut pas plus que les services productifs qui ont été consommés pour le créer, il semble que la valeur qui a été créée, est d'avance annulée par celle qui a été consommée ; et que la société n'en est pas plus riche par l'effet de cette production.

La société n'en est pas plus riche si la valeur consommée a égalé la valeur produite ; mais elle n'en est pas plus pauvre, quoique les producteurs aient vécu par cette consommation. Une valeur pour avoir été consommée en même temps que produite, n'en a pas moins été produite ; et c'est sur des valeurs incessamment produites et consommées, que subsiste la société.

Il me reste un doute : la valeur gagnée par les producteurs était auparavant dans la bourse de celui qui a fait l'acquisition du vase. Elle n'y est plus. Il semble dès lors

a. On verra plus tard (chap. XX, XXI et XXII) sur quelles bases s'établit la valeur, ou le prix courant des services productifs.

que les producteurs ont consommé, non la valeur qu'ils ont créée, mais une valeur anciennement existante.

Cela n'est pas ainsi. La valeur de 600 francs qui était dans la bourse de l'acquéreur, est maintenant sous la forme d'un vase, dans son salon qu'elle décore. Car remarquez bien que nous partons de la supposition que le vase vaut, en valeur courante, autant que la somme qu'on a donnée pour l'acheter ; autrement la production aurait été imparfaite, illusoire en partie.

Si le vase ne vaut qu'autant que les services qu'il a coûtés, où sera le profit de l'entrepreneur ?

L'entrepreneur, en rassemblant divers services productifs et en dirigeant leur emploi dans le but de créer un vase, a exécuté lui-même un travail qui a une valeur. Il a fait l'avance de cette valeur en même temps qu'il a fait l'avance de tous les autres services productifs, et elle fait partie des frais de production du vase. Ainsi quand je dis que ces frais se sont élevés à 600 francs, j'entends que les frais de local, de matière première, de main-d'œuvre, etc. se sont élevés, par exemple, à 550 francs et la coopération de l'entrepreneur à 50 francs. Dès lors ces 50 francs qui sont le prix de ses soins, et qu'on nomme ordinairement son bénéfice, font partie des frais de production.

Que concluez-vous de ces principes ?

Que la production est une espèce d'échange dans lequel on donne les services productifs, ou leur valeur, quand on les achète, pour obtenir en retour les produits, c'est-à-dire ce qui sert à satisfaire nos besoins et nos goûts [16].

Je comprends que nous acquérons les produits qui satisfont à nos consommations par le moyen de nos services productifs : mais d'où tirons-nous nos services productifs ?

De nos Fonds productifs.

Quels sont-ils ?

Nos fonds productifs sont ou nos facultés industrielles d'où les services industriels proviennent ; ou nos capitaux d'où proviennent les avances que l'on fait à la production ; ou bien enfin les instruments naturels qui sont devenus des propriétés (notamment les fonds de terre) d'où proviennent les services fonciers. Je vous ai déjà fait connaître la nature et l'action de ces divers fonds productifs.

A qui devons-nous ces fonds qui sont les sources de nos richesses ?

Les uns sont dus à la nature qui nous les a donnés gratuitement ; tels sont les terres cultivables, la force du corps, celle de l'intelligence [a] ; les autres, tels que les capitaux, sont dus à l'industrie aidée de ses instruments.

CHAPITRE VIII

De la formation des Capitaux

Comment se forment les capitaux ?

Par des épargnes.

Qu'est-ce qu'une épargne ?

Nous épargnons quand nous ne consommons pas pour nos besoins ou pour nos plaisirs, une valeur nouvelle, résultat des profits que nous avons faits. L'épargne est la valeur qui a été ainsi épargnée. C'est par des épargnes successives que l'on forme et que l'on grossit ses capitaux.

a. La force corporelle et l'intelligence sont des dons gratuits que la nature accorde spécialement à l'individu qui en jouit. Les fonds de terre sont des dons gratuits faits en général à l'espèce humaine, qui, pour son intérêt, a reconnu que certains hommes en particulier devaient en avoir la propriété exclusive. (Voyez le chap. XIV, *De la Propriété*.)

Comment l'épargne peut-elle grossir un capital ?

Parce qu'un profit est une valeur nouvellement créée qui provient d'un service productif exécuté, et que cette valeur nouvelle n'étant pas consommée, peut servir à faire les avances que nous avons reconnues être l'unique office des capitaux. Lorsqu'elle est employée ainsi, l'épargne devient une portion d'un capital.

Eclaircissez cette idée par un exemple.

Un bijoutier qui fait pour six mille francs de profits dans une année, s'il se contente de cinq mille francs pour la dépense de lui et des siens, augmentera son capital de mille francs.

Comment peut-il employer cette épargne à des avances productives ?

Il achète une plus grande quantité des matières qu'il façonne, il salarie un plus grand nombre d'ouvriers, etc. Dès lors il travaille avec un plus gros capital ; et l'augmentation de ses profits est le prix du service rendu par le nouveau capital qu'il met en œuvre.

Comment un capitaliste peut-il employer ses épargnes ?

Un capitaliste qui prête ses capitaux, s'il en retire dix mille francs de profits ou d'intérêts au bout de l'an, et s'il n'en dépense que neuf, augmente son capital de mille francs qu'il prête soit aux mêmes emprunteurs, soit à d'autres.

Que peut faire un propriétaire foncier de ses épargnes ?

Pour placer ses épargnes, il peut, soit améliorer son fonds par de nouvelles constructions, soit prêter ses épargnes à un homme capable de les faire valoir et qui lui en paie un loyer, qu'on appelle un intérêt. Dès lors il devient capitaliste en même temps que propriétaire foncier.

S'il emploie ses épargnes à l'achat d'un nouveau morceau de terre, peut-on dire que les capitaux de la société sont augmentés ?

Oui ; car si celui qui a fait l'épargne et qui achète du terrain n'a plus ce capital pour faire des avances à l'industrie, le vendeur du terrain se trouve l'avoir.

Comment fait un salarié pour se former un capital ?

Il est obligé de prêter ses épargnes à un entrepreneur d'industrie ; car il n'y a que les entrepreneurs qui puissent faire valoir un capital.

Un capital peut-il se détruire comme se former ?

Oui ; il suffit pour cela, au lieu de consacrer un capital à des avances qui seront remboursées par des produits, de l'employer à des consommations non productives.

Les sommes épargnées ne font-elles pas tort aux producteurs ?

Non ; si elles sont employées productivement.

Je croirais qu'une dépense supprimée supprime la demande qu'on faisait d'un produit et les profits que les producteurs faisaient sur ce produit.

Une dépense productive, bien qu'elle ne soit qu'une avance, nécessite la demande d'un produit.

Montrez-moi cela par un exemple.

Si j'épargne sur mes profits mille francs, et que je les prête à un entrepreneur de maçonnerie, j'achète moins de ces produits qui servent à ma consommation, jusqu'à concurrence de mille francs ; mais le maître maçon achète pour mille francs de produits, de plus qu'il n'aurait fait. Seulement ce sont des produits différents. Ce sont peut-être des pierres de taille produits du carrier ; des outils de son métier produits du taillandier ; ce sont des journées d'ouvriers, et ces ouvriers emploient leurs salaires en nourriture, en vêtements, qui sont également des produits de différents producteurs. Cette épargne peut donc changer la nature des demandes ; mais elle n'en diminue pas la somme.

N'a-t-elle pas des avantages réels ?

Oui ; elle permet à différents travailleurs de tirer parti de leurs facultés industrielles, de faire des profits qu'ils n'auraient pas faits et de les renouveler sans cesse, parce qu'un capital employé à des avances, rentre autant de fois qu'il est avancé, et chaque fois il est de nouveau employé à acheter des services productifs [a].

Comment peut-on connaître si l'on a augmenté ou diminué son capital ?

Ceux qui n'ont point d'entreprise industrielle peuvent comparer ce qu'ils ont reçu avec ce qu'ils ont dépensé. S'ils ont moins dépensé qu'ils n'ont reçu, leur capital est accru de la différence.

Pour ceux qui ont une entreprise industrielle, il n'y a d'autre moyen qu'un inventaire fidèlement dressé des valeurs qu'ils possèdent cette année, comparé avec un pareil inventaire dressé les années précédentes.

Pourquoi un inventaire est-il nécessaire du moment qu'on a une entreprise industrielle ?

Parce que ce n'est qu'ainsi que l'on peut comparer les avances qu'on a faites avec les rentrées qu'on a obtenues. La majeure partie du capital d'un entrepreneur change de forme dans l'espace d'une année ; les provisions, les marchandises qu'il possédait, sont une valeur qui a été consommée reproductivement. Ce n'est donc qu'en comparant cette valeur avec celle qui en est résultée, que l'on peut savoir si la valeur capitale s'est accrue ou diminuée.

a. Voyez les chap. XXV et XXVI.

CHAPITRE IX

Des produits immatériels

Qu'est-ce qu'un produit immatériel ?

On désigne par ce nom une utilité produite, qui n'est attachée à aucune matière, qui cependant a une valeur, et dont on peut se servir.

Donnez-m'en des exemples.

Un chirurgien fait une opération qui sauve un malade, et sort après avoir reçu ses honoraires. Voilà une utilité vendue, payée, et qui cependant n'a pas été un seul instant attachée à une substance matérielle, comme l'utilité qui est dans un habit, dans un chapeau.

Des musiciens se rassemblent dans une salle, pour donner un concert. Il en résulte un délassement assez désirable pour qu'un auditoire nombreux se réunisse et paie en commun la jouissance qui résulte de cette représentation. Voilà une utilité produite, achetée, et consommée, sans avoir été un seul instant attachée à une substance matérielle.

Voilà des produits immatériels.

Qu'observez-vous relativement aux produits immatériels ?

Qu'ils n'ont d'autre durée que le temps de leur production, et qu'ils doivent nécessairement être consommés au moment même qu'ils sont produits. Une personne qui n'aurait pas entendu un concert qui vient d'être terminé, n'a aucune espérance de pouvoir jouir de son exécution. Pour qu'elle se procure cette jouissance, il faut une production nouvelle ; il faut que le concert soit recommencé.

Les produits immatériels sont-ils des produits de l'industrie ?

Sans doute ; et l'on observe dans l'industrie qui les produit, les mêmes opérations qui concourent à la création des produits matériels : plusieurs genres de connaissances leur servent de base ; il faut que des entrepreneurs appliquent ces connaissances aux besoins des consommateurs ; souvent plusieurs agents sont employés à l'exécution ; enfin pour que l'entrepreneur qui a fait les frais de leur production, ne soit pas en perte, il faut que la valeur du produit lui rembourse le montant des frais qu'il a faits.

Donnez-moi quelques exemples du besoin qu'on a et de l'usage qu'on fait de plusieurs produits immatériels.

Les militaires sont utiles à la communauté en se tenant toujours préparés pour la défendre ; les juges sont utiles en administrant la justice ; les fonctionnaires publics, dans tous les grades, en prenant soin des affaires de la communauté et en veillant à la sûreté publique ; les ministres de la religion en exhortant aux bonnes actions et en consolant les affligés. L'utilité de ces diverses classes est payée au moyen des contributions publiques fournies par la communauté [17].

D'autres classes dont les services fournissent des secours ou des délassements, ne sont payées que par les seules personnes qui jugent à propos d'avoir recours à elles. Telle est la classe des médecins, qui n'est point payée par la communauté, mais par les personnes seulement qui ont recours à leurs conseils. Les avocats sont dans le même cas. Les comédiens et en général les personnes qui travaillent pour le divertissement du public, produisent de même une satisfaction que les seules personnes qui veulent y prendre part, sont tenues de payer, et qui n'existe plus du moment que l'exécution en est achevée.

Les fonds de terre ne produisent-ils pas une utilité qu'on peut appeler immatérielle ?

Oui ; tous les jardins d'agrément qui ne produisent aucun fruit, aucun bois qui aient une valeur jointe à leur matière, procurent du moins une jouissance à ceux qui en font usage. Cette jouissance a un prix, puisque l'on trouve des personnes qui consentent à l'acheter par un loyer ; mais en même temps elle se dissipe à mesure qu'elle est achetée ; la jouissance de l'année qui vient de s'écouler n'a plus aucune valeur et ne peut plus servir, ni se revendre une seconde fois.

N'y a-t-il pas des capitaux qui donnent des produits immatériels ?

Oui ; ce sont ceux qui par leur service procurent des jouissances, mais ne font naître aucune valeur nouvelle.

Donnez-m'en des exemples.

Une maison habitée par son propriétaire est une valeur capitale, puisqu'elle est née d'accumulations, de valeurs épargnées et durables. Cependant elle ne rapporte point d'intérêts à son propriétaire ; mais elle lui rapporte une jouissance, elle a une utilité qu'il pourrait vendre s'il consentait à louer sa maison. Cette maison lui procure tous les ans, non un produit matériel, mais une jouissance qui est un produit immatériel.

On en peut dire autant des meubles durables qui remplissent la maison ; de la vaisselle et des ustensiles d'argent, etc., qui rapportent non un intérêt, mais une jouissance.

Pourquoi ne dites-vous cela que des objets durables ?

Parce que quand la consommation détruit la valeur du fonds, cette valeur n'est plus une valeur capitale, une valeur que l'on retrouve après s'en être servi. Mon argenterie est un capital, parce que après m'en être servi un an, dix ans, j'en retrouverai la valeur principale ; je n'aurai consommé que l'utilité journalière dont elle pouvait être [a] ; mais les chaussures que je porte ne sont pas un capital, car quand je les aurai usées, il ne me restera plus en elles aucune valeur.

a. Une personne à qui on loue de l'argenterie n'acquiert pas la valeur des objets d'argent ; elle acquiert seulement pour tout le temps qu'elle la tient à loyer, l'utilité journalière qui peut naître de l'argenterie.

CHAPITRE X

En quoi consistent les progrès de l'industrie

L'industrie peut-elle être avancée à différents degrés ?

Oui ; il y a des pays beaucoup plus industrieux que d'autres ; et le même pays est plus ou moins industrieux à différentes époques.

Qu'est-ce qui fait qu'un pays est plus industrieux qu'un autre ?

Un pays est plus industrieux qu'un autre lorsque ses habitants savent tirer plus de parti de leurs fonds productifs.

Rappelez-moi ce que vous entendez par les fonds productifs.

Ce sont d'abord les facultés industrielles que la nature donne et que l'exercice perfectionne ; ce sont ensuite les instruments fournis par la nature, et les capitaux acquis par l'épargne.

Qu'est-ce qui fait que l'on tire plus de parti des facultés industrielles ?

C'est principalement la division du travail.

Qu'entendez-vous par la division du travail ?

C'est cet arrangement par lequel les travaux industriels sont répartis entre différents travailleurs, de manière que chaque personne s'occupe toujours de la même opération qu'elle recommence perpétuellement.

Donnez-m'en un exemple.

Dans la fabrication des épingles, c'est toujours le même ouvrier qui passe le laiton à la filière ; un autre ne fait que couper le fil de laiton par bouts d'une longueur pareille ; un troisième aiguise les pointes ; la tête seule de l'épingle exige deux ou trois opérations qui sont exécutées par autant de personnes différentes. Au moyen de cette séparation des emplois, on peut exécuter tous les jours 48 000 épingles, dans une manufacture où l'on n'en terminerait pas 200, s'il fallait que chaque ouvrier commençât et finît chaque épingle l'une après l'autre.

Ne remarque-t-on pas les effets de la division du travail autre part que dans les manufactures ?

On peut les observer partout dans la société où chacun se voue exclusivement à une profession différente, et la remplit mieux que si chacun voulait se mêler de tout.

Qu'en concluez-vous ?

Qu'il n'est pas avantageux de cumuler les occupations diverses ; qu'il convient au chapelier de commander ses habits au tailleur, et au tailleur de commander ses chapeaux au chapelier. Par la même raison, nous devons croire que l'industrie est plus perfectionnée, quand le commerce en gros, le commerce en détail, le commerce avec l'intérieur, le commerce maritime, etc., sont l'objet d'autant de professions différentes.

Comment tire-t-on plus de parti des instruments de l'industrie ?

En les occupant plus constamment et en tirant plus de produits des mêmes instruments. C'est ainsi que l'agriculture est plus avancée là où au lieu de laisser les terres en jachères, on leur procure du repos en changeant de culture. Un manufacturier actif qui exécute ses opérations plus rapidement qu'un autre et qui commence et termine cinq fois ses produits dans le cours d'une année, au lieu de quatre, tire un plus grand service de son capital, puisque avec le même capital il fait cinq opérations au lieu d'une.

N'y a-t-il pas une autre manière de tirer plus de parti des instruments de l'industrie ?

Oui : elle consiste à remplacer des instruments coûteux par d'autres qui nous sont offerts gratuitement par la nature ; comme lorsqu'on fait moudre le grain par la force de l'eau ou du vent, au lieu de faire exécuter ce travail par des bras d'hommes. C'est l'avantage qu'on obtient ordinairement par le service des machines.

Le service des machines est-il avantageux aux producteurs et aux consommateurs ?

Il est avantageux aux entrepreneurs d'industrie aussi longtemps qu'il ne fait pas baisser le prix des produits. Du moment que la concurrence a fait baisser les prix au niveau des frais de production, le service des machines devient avantageux aux consommateurs.

N'est-il pas dans tous les cas funeste à la classe des ouvriers ?

Il ne lui est funeste qu'à l'époque où l'on commence à se servir d'une nouvelle machine ; car l'expérience apprend que les pays où l'on fait le plus d'usage des machines, sont ceux où l'on occupe le plus d'ouvriers.

Les arts, même où l'on a remplacé par des machines les bras des hommes, finissent par occuper plus d'hommes qu'auparavant.

Citez-m'en des exemples.

Malgré la presse d'imprimerie qui multiplie les copies d'un même écrit avec une étonnante rapidité, il y a plus de personnes occupées par l'imprimerie, à présent, qu'il n'y avait de copistes employés auparavant à transcrire des livres.

Le travail du coton occupe plus de monde maintenant, qu'il n'en occupait avant l'invention des machines à filer.

Le service des machines ne tend-il pas au perfectionnement de la société en général ?

Tous les moyens expéditifs de produire ont cet effet à un point surprenant. C'est en partie parce qu'on a inventé la charrue qu'il a été permis aux hommes de perfectionner les beaux-arts et tous les genres de connaissances.

Dites-moi par quelle raison.

Si pour obtenir la quantité de blé nécessaire pour nourrir un peuple, il avait fallu que ce peuple tout entier fût employé à labourer la terre avec la bêche, personne n'aurait pu se vouer aux autres arts ; mais du moment que quarante personnes ont suffi pour faire pousser la nourriture de cent, il est arrivé que soixante personnes ont pu se livrer à d'autres occupations. Elles ont échangé ensuite le fruit de leurs travaux contre le blé produit par les premières ; et la société tout entière s'est trouvée mieux pourvue d'objets de nécessité ou d'agrément.

CHAPITRE XI

Des Echanges et des Débouchés

Qu'est-ce qu'on entend par un Echange ?

Un Echange est le troc d'une chose qui appartient à une personne, contre une autre chose qui appartient à une autre personne.

Les ventes et les achats sont-ils des échanges ?

La Vente est l'échange que l'on fait de sa marchandise contre une somme de monnaie : l'Achat est l'échange que l'on fait de sa monnaie contre de la marchandise.

Quel but se propose-t-on quand on échange sa marchandise contre une somme de monnaie ?

On se propose d'employer cette monnaie à l'achat d'une autre marchandise ; car la monnaie ne peut servir à aucune autre fin qu'à acheter.

Qu'en concluez-vous ?

Que les ventes et les achats ne sont dans la réalité que des échanges de produits. On échange le produit que l'on vend et dont on n'a pas besoin, contre le produit qu'on achète et dont on veut faire usage. La monnaie n'est pas le but, mais seulement l'intermédiaire des échanges. Elle entre passagèrement en notre possession quand nous vendons ; elle en sort quand nous achetons, et va servir à d'autres personnes de la même manière qu'elle nous a servi.

Les échanges sont-ils productifs de richesses ?

Non pas directement ; car rien ne produit de la richesse, que ce qui ajoute à la valeur des choses en ajoutant à leur utilité [18]. Or des objets échangés ont passé dans des mains différentes, sans avoir après l'échange terminé, une autre valeur courante que celle qu'ils avaient auparavant.

Pourquoi donc les échanges jouent-ils un si grand rôle dans l'économie sociale ?

Parce que chaque personne ne se consacrant qu'à un seul genre de production, et une multitude de produits lui étant nécessaires, chaque personne ne consomme jamais qu'une très petite partie de ce qu'elle produit ; et se trouve forcée de vendre tout le reste pour acheter la presque totalité des objets dont elle a besoin.

N'y a-t-il pas des personnes qui achètent sans produire ?

Il n'y a que celles qui vivent de secours gratuits qui puissent acheter sans produire ; et alors elles vivent sur les produits des personnes de qui elles tiennent ces secours.

Un propriétaire foncier n'achète-t-il pas sans produire et sans tenir des secours d'autrui ?

Un propriétaire foncier produit par le moyen de son instrument, de sa terre. Le loyer qu'il en reçoit est le prix du blé ou de tout autre produit qu'il a obtenu pour sa part dans la production à laquelle il a contribué par la collaboration de sa terre.

Il en est de même du capitaliste. L'intérêt de ses fonds est le prix de sa part des produits auxquels ses fonds ont concouru.

Quelle différence mettez-vous entre le prix des produits et leur valeur ?

Le Prix est la quantité de monnaie que l'on peut obtenir pour un produit lorsqu'on veut le vendre. Sa Valeur est la quantité de tout autre produit que l'on peut obtenir en échange du premier ; ou, ce qui revient au même, la quantité de tout autre produit que l'on peut obtenir pour la somme de monnaie qu'on a eue de la vente du premier. D'où il résulte que le prix et la valeur expriment une idée pareille.

Quel est le prix le plus bas auquel un produit puisse être acheté ?

Un produit ne saurait être acheté d'une manière suivie, à un prix inférieur aux frais de production qui sont indispensables pour l'établir. Si chaque livre de café ne peut être amenée dans la boutique où nous l'achetons, sans une dépense de 40 sous, on ne peut, longtemps de suite, vendre une livre de café au-dessous du prix de 40 sous [a].

Le prix d'une marchandise ne baisse-t-il pas en proportion de ce qu'elle est plus offerte, et ne monte-t-il pas en proportion de ce qu'elle est plus demandée ?

Une marchandise, par cela seul qu'elle est plus offerte, c'est-à-dire offerte en plus grande quantité, sans que les autres marchandises le soient davantage,

a. Il ne faut pas oublier ici ce qui a été dit au chapitre VII, que les travaux des divers entrepreneurs (planteurs et négociants) qui ont concouru à cette production, font partie des avances qu'elle a nécessitées ; et que leurs profits n'étant que le remboursement de ces avances, font partie des frais de production.

est à meilleur marché par rapport aux autres ; car le meilleur marché d'une chose consiste dans la possibilité où sont les acheteurs d'en avoir une plus grande quantité pour le même prix.

Par la même raison, du moment qu'elle est plus demandée, elle est plus chère ; car qu'est-ce que la demande d'un produit, sinon l'offre que l'on fait d'un autre produit pour acquérir le premier ? Or du moment que cet autre produit est offert en plus grande quantité pour acquérir le premier, dès ce moment, dis-je, le premier est plus cher [19].

Que signifie en parlant d'une marchandise, ce qu'on appelle : l'étendue de ses Débouchés ?

C'est la possibilité d'en vendre une plus ou moins grande quantité.

Quelles sont les causes qui étendent le débouché d'un produit en particulier ?

C'est d'abord le bon marché auquel il peut être établi par comparaison avec son utilité, avec les services qu'il peut rendre ; et en second lieu c'est l'activité de la production de tous les autres produits.

Pourquoi le bon marché d'un produit étend-il ses débouchés ?

Les familles qui habitent un canton, en contribuant à une production ou à une autre, gagnent chaque année des revenus très divers : les unes cent écus, les autres mille, d'autres cent mille écus et davantage. On fait des gains annuels qui s'élèvent à toutes les sommes intermédiaires ; les plus nombreux sont les plus modiques et les plus gros sont les plus rares. Vous comprenez dès lors qu'un produit se vendra en quantité d'autant plus grande qu'il sera plus utile et qu'il coûtera moins cher ; car ces deux conditions le font désirer de plus de monde, et permettent à plus de monde de l'acquérir.

Pourquoi l'activité dans la production de tous les autres produits augmente-t-elle les débouchés de chaque produit en particulier ?

Parce que les hommes ne peuvent acheter un produit particulier qu'ils ne produisent pas, qu'à l'aide de ceux qu'ils produisent. Plus il y a de gens qui produisent du blé, du vin, des maisons, et plus les gens qui produisent du drap peuvent vendre d'aunes de leur marchandise.

Les producteurs ne sont donc pas intéressés à habiter un pays où l'on produit peu ?

Non sans doute ; il se vend maintenant en France bien plus de marchandises que dans les temps de barbarie, par la raison qu'on en produit beaucoup plus qu'à ces malheureuses époques. Les producteurs en s'y multipliant y ont multiplié les consommateurs ; et chaque producteur, en produisant davantage, a pu multiplier ses consommations.

Nous produisons tous les uns pour les autres. Le fermier, ou fabricant de blé, travaille pour le fabricant d'étoffes : celui-ci travaille pour le fermier ; le quincaillier vend ses serrures au banquier : celui-ci reçoit et paie pour le quincaillier ; le droguiste fait venir des couleurs pour le peintre : le peintre fait des portraits pour le marchand. Tout le monde est utile à tout le monde ; et chacun fait d'autant plus d'affaires, que les autres en font davantage.

Le commerce étranger n'est donc pas indispensable pour ouvrir des débouchés à notre industrie ?

Non ; mais le commerce que nous faisons avec l'étranger étend nos productions et notre consommation. Si nous n'avions pas en France de commerce au dehors, nous ne produirions pas de sucre et nous n'en consommerions pas ; mais par le moyen du commerce avec l'étranger, nous pouvons produire et consommer une immense quantité de sucre ; car en produisant des étoffes que nous échangeons contre cette denrée d'un autre climat, nous produisons notre sucre en étoffes.

Dans quel cas les nations étrangères offrent-elles le plus de débouchés à notre industrie ?

Lorsqu'elles sont industrieuses elles-mêmes, et d'autant plus que nous consentons à recevoir plus de produits de leur industrie.

Notre intérêt n'est donc pas de détruire leur commerce et leurs manufactures ?

Au contraire ; la richesse d'un homme, d'un peuple, loin de nuire à la nôtre, lui est favorable ; et les guerres livrées à l'industrie des autres peuples paraîtront d'autant plus insensées qu'on deviendra plus instruit.

CHAPITRE XII

De la monnaie

Qu'est-ce que la monnaie ?

La Monnaie est un produit de l'industrie, une marchandise qui a une valeur échangeable. Une certaine quantité de monnaie, et une certaine quantité de tout autre marchandise, quand leur valeur est exactement pareille, sont deux portions de richesses égales entre elles.

D'où vient à la monnaie sa valeur ?

De ses usages ; c'est-à-dire qu'elle tire sa valeur de la même source que quelque produit que ce soit. Le besoin qu'on en a, fait qu'on y attache un prix et que l'on offre pour en avoir, une certaine quantité de produit quelconque.

Ce n'est donc pas le gouvernement qui fixe la valeur des monnaies ?

Non ; le gouvernement peut bien ordonner qu'une pièce de monnaie s'appellera *un franc, cinq francs* ; mais il ne peut pas déterminer ce qu'un marchand vous donnera de marchandise pour un franc, pour cinq francs. Or vous savez que la valeur d'une chose se mesure par la quantité de tout autre chose que l'on consent communément à donner pour en obtenir la possession.

Vous dites que la monnaie tire sa valeur de ses usages ; cependant elle ne peut servir à satisfaire aucun besoin.

Elle est d'un fort grand usage pour tous ceux qui sont appelés à effectuer quelque échange ; et vous avez appris (chap. XI) les raisons pour lesquelles les hommes sont tous obligés d'effectuer des échanges, et par conséquent de se servir de monnaie.

Comment la monnaie sert-elle dans les échanges ?

Elle sert en ceci que lorsque vous voulez changer le produit qui vous est inutile, contre un autre que vous voulez consommer, il vous est commode, et le plus souvent indispensable, de commencer par changer votre produit superflu en cet autre produit appelé monnaie, afin de changer ensuite la monnaie contre la chose qui vous est nécessaire.

Pourquoi l'échange préalable contre de la monnaie est-il commode et souvent indispensable ?

Pour deux raisons. En premier lieu parce que la chose que vous voulez donner, en échange, diffère le plus souvent en valeur, de la chose que vous voulez recevoir. Si la monnaie n'existait pas et que vous voulussiez échanger une montre de quatre louis contre un chapeau d'un louis, vous seriez obligé de donner une valeur quatre fois supérieure à celle que vous recevriez. Que si vous vouliez seulement donner le quart de votre montre, vous ne le pourriez sans détruire sa valeur tout entière, ce qui serait encore pis. Mais si vous commencez par changer votre montre contre quatre louis, vous pouvez alors donner le quart de la valeur de votre montre pour avoir un chapeau, et conserver les trois autres quarts de la même valeur pour l'acquisition de tout autre objet. La monnaie, comme vous le voyez, vous est utile pour cette opération.

Quel est le second motif qui fait désirer de se procurer de la monnaie ?

Le second motif est la certitude que vous avez, que la monnaie est une marchandise qui conviendra indubitablement à la personne qui voudra se défaire du produit que vous voudrez acquérir. Vous n'êtes pas certain que celui qui a des chapeaux à vendre aura besoin de la montre que vous pouvez lui offrir ; mais vous êtes certain qu'il recevra volontiers la monnaie dont vous vous êtes rendu possesseur.

D'où peut me venir cette certitude ?

Une marchandise, quand on ne veut pas ou qu'on ne peut pas la consommer immédiatement pour satisfaire un besoin, ne convient qu'à ceux qui en font commerce, à ceux qui sont connus pour en être marchands, et qui savent où sont ses débouchés, ce qu'elle vaut exactement, et par quels moyens on peut réussir à la vendre. Or la monnaie est une marchandise dont tout le monde est marchand, car tout le monde a des achats à faire, et c'est être marchand de monnaie que d'en offrir en échange de toutes les choses que l'on achète journellement. Vous êtes donc assuré qu'en offrant de la monnaie à une personne quelconque, et pour quelque échange que ce soit, vous lui offrez une marchandise dont elle a le placement assuré [20].

Pourquoi, même dans le cas où la marchandise que je reçois vaut bien réellement son prix, considère-t-on celui qui me vend, comme faisant une meilleure affaire que moi qui achète ?

Celui qui vend a deux marchés à conclure pour obtenir la marchandise dont il a besoin, à la place de celle qui est pour lui superflue : il faut qu'il change d'abord celle-ci en monnaie, et qu'il change ensuite cette monnaie contre la chose qu'il veut avoir.

Lorsqu'une fois il a effectué le premier de ces deux échanges, il ne lui reste plus que le second à terminer, et c'est le plus facile, parce que au lieu d'une marchandise qui ne pouvait convenir qu'à un petit nombre de personnes, il a désormais en sa possession de la monnaie, c'est-à-dire une marchandise qui est à l'usage de tout le monde.

Je vois quelle est la source de la valeur de la monnaie ; mais je voudrais savoir quelle cause fixe cette valeur à un taux plutôt qu'à un autre.

C'est la somme, ou si vous voulez, le nombre de pièces qui se trouve dans chaque canton. On donne et l'on reçoit, dans les ventes et dans les achats d'autant plus de pièces qu'il y en a davantage dans le canton. Ainsi le quintal métrique de blé qui se vend aujourd'hui pour 25 pièces d'un franc, se vendrait 50 francs, s'il y avait une fois plus de monnaie en circulation.

Dans cette supposition y aurait-il quelque chose de changé à la richesse du pays ?

Non ; car celui qui recevrait une fois plus de monnaie pour son quintal de blé, serait obligé d'en donner une fois plus pour toutes les choses qu'il voudrait se procurer, et finalement, en échange de son blé, il n'aurait obtenu que la même quantité de produits, la même somme de jouissances. Quant à ceux qui sont possesseurs de monnaie, ayant 50 pièces qui ne vaudraient pas plus que 25, ils ne seraient pas plus riches qu'ils ne le seraient avec 25 pièces.

A-t-on des exemples d'une pareille multiplication et d'une pareille dépréciation des monnaies ?

On a des exemples d'une multiplication et d'une dépréciation bien plus grandes. Avant la découverte de l'Amérique, une même pièce d'argent valait cinq ou six fois plus qu'elle ne vaut à présent ; et lorsqu'on a fait en différents pays, à certaines époques, de la monnaie de papier pour des sommes énormes, la valeur de cette monnaie s'est dégradée en proportion.

La valeur des monnaies peut-elle augmenter comme elle peut diminuer ?

Oui ; ce cas arrive lorsque la quantité de monnaie diminue, ou bien quand le nombre des échanges qui se font journellement dans le canton, vient à augmenter, parce que alors le besoin de monnaie, la demande qu'on en fait, deviennent plus étendus.

Dans quel cas le nombre des échanges augmente-t-il ?

Lorsque le canton devient plus riche ; lorsqu'on crée plus de produits et qu'on en consomme davantage ; lorsque la population croît en conséquence ; comme il est arrivé en France où, depuis la fin du XVIe siècle, la population a doublé, et où la production, et la consommation ont peut-être quadruplé [21].

Comment se manifestent les changements de valeur dans les monnaies ?

Quand la valeur des monnaies hausse, on donne moins de monnaie en échange de toute espèce de marchandises. En d'autres termes le prix de toutes les marchandises baisse.

Quand au contraire la valeur des monnaies décline, on donne plus de monnaie dans chaque achat : le prix de toutes les marchandises hausse.

Se sert-on également de plusieurs sortes de matières pour fabriquer des monnaies ?

On s'est servi suivant l'occasion, de fer, de cuivre, de coquilles, de cuir, de papier ; mais les matières qui réunissent le plus d'avantages pour faire les fonctions de monnaies, sont l'or et l'argent que l'on appelle aussi les métaux précieux. L'argent est le plus généralement employé ; ce qui fait que dans l'usage commun, on dit fréquemment *de l'argent* pour dire *de la monnaie.*

Emploie-t-on la totalité du métal d'argent comme monnaie ?

Non ; on ne se sert ordinairement pour cet usage que

de l'argent qui a reçu une empreinte dans les manufactures du gouvernement.

L'empreinte est-elle nécessaire pour que l'argent serve aux échanges ?

Non pas absolument : en Chine on se sert d'argent qui n'est pas frappé en pièces : mais l'empreinte que le gouvernement donne aux pièces est extrêmement utile, en ce qu'elle évite à ceux qui reçoivent de la monnaie d'argent, le soin de peser le métal et surtout de l'essayer [a] ; ce qui est une opération délicate et difficile.

L'empreinte étant utile, n'ajoute-t-elle pas à la valeur d'une pièce de monnaie ?

Sans doute ; à moins que le gouvernement n'en frappe en assez grande quantité pour qu'une pièce qui porte l'empreinte, baisse de valeur jusqu'à ne pas valoir plus qu'un petit lingot du même poids et de la même pureté.

Une monnaie frappée peut-elle tomber au-dessous de la valeur d'un petit lingot qui l'égale en poids ?

Non ; parce qu'alors le possesseur du lingot, en le fondant, l'élèverait aisément de la valeur d'une pièce à la valeur du lingot. Une monnaie métallique par cette raison, ne peut jamais tomber au-dessous de la valeur du métal dont elle est faite.

Pourquoi les gouvernements se réservent-ils exclusivement le droit de frapper les monnaies ?

Afin de prévenir l'abus que des particuliers pourraient faire de cette fabrication, en ne donnant pas aux pièces le titre et le poids annoncés par l'empreinte ; et aussi quelquefois afin de s'en attribuer le bénéfice, qui fait partie des revenus du fisc [b].

La monnaie d'argent et la monnaie d'or varient-elles dans leur valeur réciproque ?

a. *Essayer*, c'est s'assurer du degré de pureté de l'argent.
b. *Fisc* veut dire le trésor du prince ou celui du public.

Leur valeur varie perpétuellement comme celle de toutes les marchandises, suivant le besoin qu'on a de l'une ou de l'autre, et la quantité qui s'en trouve dans la circulation. De là l'agio, ou bénéfice que l'on paie quelquefois pour obtenir 20 francs en or contre 20 francs en argent.

La même variation de valeur existe-t-elle entre les pièces de cuivre et les pièces d'argent ?

Non pas ordinairement, par la raison que l'on ne reçoit pas la monnaie de cuivre pur, et celle de cuivre mélangé d'argent, qu'on nomme *billon*, sur le pied de sa valeur propre, mais à cause de la facilité qu'elle procure d'obtenir par son moyen une pièce d'argent. Si cent sous qu'on me paie en cuivre ne valent réellement que quatre francs, peu m'importe ; je les reçois pour cinq francs, parce que je suis assuré d'avoir quand je voudrai, par leur moyen, une pièce de cinq francs. Mais quand la monnaie de cuivre devient trop abondante, et que par son moyen on ne peut plus avoir à volonté la quantité d'argent qu'elle représente, sa valeur s'altère, et l'on ne peut plus s'en défaire sans perte [a].

CHAPITRE XIII
Des Signes représentatifs de la Monnaie

Qu'appelez-vous des signes représentatifs de la monnaie ?

Des titres qui n'ont aucune valeur autre que celle que leur procure la somme qu'ils donnent au porteur le droit de se faire payer. Tels sont les promesses, les lettres de change, les billets de banque, etc.

a. On n'a pu faire entrer dans un ouvrage élémentaire comme celui-ci, que les principes les plus importants, et ce qui touche essentiellement aux intérêts du public. Cette matière est développée dans le *Traité d'économie politique*.

Qu'est-ce que les lettres de change ?

Ce sont des mandats fournis par un tireur, et payables par un accepteur qui habite une autre ville du même pays, ou de l'étranger. Le tireur est garant du paiement de la lettre de change ; et l'accepteur, quand il l'a revêtue de son acceptation, en est garant aussi, et solidairement.

A quoi servent les lettres de change ?

Elles évitent les frais et les risques qui accompagnent les transports d'argent.

Comment cela ?

En établissant une compensation entre ce qui est dû réciproquement par deux villes différentes.

Expliquez cet effet par un exemple.

Si un habitant de Bordeaux me doit mille francs, je fais sur lui une lettre de change de cette somme : cette lettre est achetée par une personne qui doit mille francs à Bordeaux et qui s'acquitte en remettant ce titre.

On peut donc vendre et acheter les lettres de change ?

Sans doute ; les vendre, c'est ce qu'on appelle les négocier.

Valent-elles autant que la somme qu'elles portent ?

Quelquefois ; lorsque peu de personnes ont des créances à recevoir dans la ville où elles doivent être payées, et lorsqu'au contraire on a besoin d'y faire passer beaucoup de valeurs. Hors ces cas-là, elles ne valent pas autant que la somme qu'elles portent, d'abord, parce qu'elles ne sont pas payables sur-le-champ ; ensuite parce que celui qui les achète court le risque de n'être pas payé si les tireurs et accepteurs ne sont pas gens solvables.

En quelle monnaie sont acquittées les lettres de change sur l'étranger ?

En monnaie du pays où elles doivent être acquittées : une lettre sur Londres est payée à Londres en livres sterling.

Quand on achète à Paris une lettre sur Londres, en quelle monnaie l'acquéreur la paie-t-il ?

En monnaie de France. Le vendeur et lui conviennent que chaque livre sterling sera payée sur le pied de 24, 25 francs, ou davantage, suivant le degré de confiance que lui inspire le tireur, l'éloignement de l'échéance, et le besoin plus ou moins grand que l'on a de papier sur Londres. C'est ce prix variable de la monnaie étrangère achetée à Paris, qui fait ce qu'on appelle le *cours des changes* de Paris.

Qu'est-ce qu'on appelle le pair du change ?

C'est le prix au moyen duquel la quantité d'or fin, ou d'argent fin, que la lettre de change vous donne droit de toucher dans l'étranger, est précisément égale à la quantité du même métal que vous payez à Paris pour faire l'acquisition de la lettre de change.

Les billets de banque se négocient-ils comme les lettres de change ?

Non ; quand on a la conviction qu'on en touchera le montant en monnaie à l'instant qu'on voudra, on les reçoit comme si c'était de l'argent, et on les donne sur le même pied, si celui à qui l'on doit un paiement, a la même persuasion.

Quelle différence y a-t-il entre une monnaie de papier et un billet de banque ?

Une monnaie de papier est un billet qui n'est point convertissable en monnaie métallique à la volonté du porteur ; un billet de banque est payable, à vue, au porteur.

La plupart des papiers-monnaies portent qu'ils sont de même payés à vue.

Quand cette promesse est effectuée, ce ne sont pas

des papiers-monnaies, mais des billets de confiance ; quand cette promesse est illusoire, ce sont des papiers-monnaies.

Qu'est-ce qui donne de la valeur à un papier-monnaie ?

Différentes causes : notamment la faculté de pouvoir s'en servir pour payer les impôts, pour acquitter ce qu'on doit, et surtout l'absence de tout autre instrument des échanges ; ce qui oblige les gens à avoir recours à celui-là, surtout dans les pays où les ventes et les achats sont en grande activité.

Qu'est-ce qui donne de la valeur aux billets de banque ?

La certitude de pouvoir les convertir à volonté en monnaie.

Quelle assurance le public a-t-il que les billets au porteur d'une banque, seront exactement payés ?

Une banque bien administrée ne délivre jamais un billet sans recevoir en échange une valeur quelconque. Cette valeur est ordinairement de la monnaie, ou des lingots, ou des lettres de change. La partie du gage de ces billets qui est en monnaie peut servir directement à les acquitter. La partie qui est en lingots n'exige que le temps de les vendre. La partie qui est en lettres de change exige qu'on attende à la rigueur jusqu'à leur échéance, pour que la valeur de ces lettres de change puisse servir à l'acquittement des billets. On voit que, si les lettres de change sont souscrites par plusieurs personnes solvables, et si leur échéance n'est pas trop éloignée, les porteurs des billets ne courent d'autres risques qu'un léger retard.

Cependant si, à l'échéance, les lettres de change sont payées avec des billets de banque au lieu de numéraire...

Alors ces billets rentrent dans les coffres de la banque : ils sont remboursés de fait.

Les billets de banque peuvent donc suppléer au numéraire ?

Oui, jusqu'à un certain point, mais seulement dans

les villes où il y a une caisse toujours ouverte pour les rembourser ; car un billet ne vaut de l'argent comptant, que lorsqu'il peut être sur-le-champ converti en argent.

Qu'arrive-t-il quand une banque met en circulation une trop grande quantité de ses billets ?

La quantité de ceux qui viennent se faire rembourser, balance ou surpasse la quantité de ceux que la banque met en circulation, et elle s'expose à de très grands embarras si le discrédit s'en mêle, et si tous les billets se présentent à la fois pour être remboursés.

CHAPITRE XIV

De la Propriété

Qu'est-ce qui fait qu'une chose devient une propriété ?

C'est le droit garanti à son propriétaire d'en disposer à sa fantaisie, à l'exclusion de toute autre personne.

Par qui ce droit est-il garanti ?

Par les lois et les usages de la société.

Quelles sont les choses qui composent les propriétés des hommes ?

Ce sont ou des produits, ou bien des fonds productifs.

Qu'observez-vous relativement aux produits qui composent une partie de nos propriétés ?

Que ces produits doivent être distingués en deux classes. L'une se compose de produits destinés à satisfaire des besoins ou à procurer des jouissances : tels sont les aliments, les vêtements, et tout ce qui se consomme dans les familles ; ces produits ne font partie de notre bien que pendant un temps très court, durant l'intervalle seulement qui sépare leur acquisition de leur consommation ; et comme ils sont voués à une destruction plus ou moins rapide, nous pouvons les négliger dans la revue que nous faisons de nos propriétés.

L'autre classe de produits consiste dans ceux que nous employons à faire des avances à la production. Tels sont ceux qui remplissent les ateliers et les magasins. Comme la consommation de ceux-ci est remboursée par la création d'un nouveau produit, nous pouvons les regarder, quoique consommables, comme un fonds permanent. Ils renaissent perpétuellement, et composent ce que nous appelons nos capitaux.

De quelle manière le propriétaire d'un fonds capital en a-t-il acquis la possession ?

Par la production et par l'épargne. Le capital qui vient d'un don ou d'une succession, a été originairement acquis de la même manière.

N'y a-t-il pas des propriétés capitales qui, quoique formées de produits, sont immobilières ?

Oui ; des améliorations foncières, des maisons, proviennent de valeurs, mobilières d'abord, de matériaux, qui ont été transformées en valeurs immobilières.

Indiquez-moi d'autres propriétés du genre des capitaux ?

La clientèle d'une étude de notaire, la chalandise d'une boutique, la vogue d'un ouvrage périodique, sont des biens capitaux, puisqu'ils ont été acquis par des travaux soutenus et qu'ils sont productifs d'un produit annuel.

Comment évalue-t-on les propriétés qui se composent de capitaux ?

Par leur valeur échangeable, par le prix qu'on pourrait en tirer si on les vendait.

Quel autre fonds productif fait partie de nos propriétés ?

Nos facultés industrielles font encore partie de nos propriétés. Elles se composent des facultés naturelles ou acquises, dont nous pouvons tirer un service productif, et par conséquent un revenu.

D'où tenons-nous ce genre de propriété ?

La force corporelle, l'intelligence, les talents naturels, sont des dons de la nature ; notre instruction, nos talents acquis sont les fruits de nos soins et de nos peines. Cette dernière partie de nos facultés industrielles peut passer pour une propriété capitale, puisqu'elle est le fruit d'un travail exécuté par nous, et d'une avance dont nos parents ont fait les frais en nous élevant jusqu'à l'âge où nous pouvons en tirer parti.

Comment un homme peut-il évaluer cette partie de ses propriétés nommées facultés industrielles ?

Comme on ne peut pas aliéner cette propriété, elle n'a point de valeur échangeable. On peut bien en vendre les fruits qui sont des services productifs ; mais on ne peut pas en vendre le fonds. Néanmoins elle peut s'évaluer par les profits, ou le revenu annuel qu'on en tire. Un simple manouvrier qui tire de ses services trois ou quatre cents francs par an, est moins riche qu'un peintre éminent, ou un habile médecin, qui en tirent vingt mille francs.

Il convient de remarquer que les facultés industrielles sont des propriétés viagères qui meurent avec nous

Quels autres fonds productifs font partie de nos propriétés ?

Les fonds de terre, dans lesquels il faut comprendre non seulement les terres cultivables, mais les cours d'eau, les mines, et en général tous les instruments naturels qui ont pu devenir des propriétés exclusives.

D'où tenons-nous ce genre de propriétés ?

C'est un don que le Créateur a fait au premier

occupant, et dont la transmission est réglée par les lois. Les propriétés foncières qui n'ont pas été transmises légalement depuis le premier occupant jusqu'à leur possesseur actuel, remontent nécessairement à une spoliation violente ou frauduleuse, récente ou ancienne.

Comment évalue-t-on les propriétés foncières ?

Etant transmissibles par la vente, on peut les évaluer par leur valeur échangeable [22].

Quelle est la plus sacrée des propriétés ?

C'est la plus incontestable. C'est celle des facultés industrielles. Elles ont certainement été données à celui qui les possède et à nul autre. Celles de ces facultés qui sont naturelles lui ont été données par la nature ; et celles qui sont acquises, sont le fruit de ses peines. C'est ce genre de propriété qui est méconnu et violé là où l'esclavage est admis.

Après les facultés industrielles, quelle propriété est la plus sacrée ?

C'est celle des capitaux, parce qu'ils sont de la propre création de l'homme qui les possède, ou de ceux qui les lui ont transmis. Les capitaux sont des épargnes : celui qui a épargné, qui a retranché sur sa consommation pour former un capital, pouvait ne pas faire cette épargne ; il pouvait détruire le produit qu'il a épargné. Dès lors il pouvait légitimement anéantir toute prétention qu'une autre personne aurait élevée sur le même produit ; nulle prétention légitime autre que la sienne ne peut donc subsister sur cette propriété.

C'est par une suite du même principe que les propriétaires des fonds productifs doivent être reconnus comme propriétaires des produits qui en émanent ; et en consacrant ce principe, la société consacre une règle hautement favorable à ses intérêts.

Par quelle raison ?

Parce que la société ne vit que par le moyen de ses produits, et que les hommes qui possèdent les fonds productifs les laisseraient oisifs, s'ils ne devaient pas avoir la jouissance de leurs fruits.

Si le propriétaire d'un fonds de terre a la jouissance exclusive des fruits de sa terre, quel avantage en résulte-t-il pour le reste de la société ?

Les fruits d'une terre n'appartiennent pas en totalité au propriétaire du fonds. Ils appartiennent en même temps et à lui, et à ceux qui ont fourni les services de l'industrie et les services du capital qu'il a fallu mettre en jeu pour faire produire le fonds de terre. Ces fruits se partagent suivant les conventions faites entre les producteurs, et la portion qui échoit à chacun d'eux est le produit de son fonds.

Pourquoi est-il avantageux pour la société que les propriétés capitales soient respectées ?

Parce que aucune entreprise industrielle ne peut être formée, et par conséquent aucun produit ne peut être créé, sans des avances faites par le moyen des valeurs capitales. Si une propriété capitale peut se trouver compromise, son propriétaire, au lieu de la consacrer à la production, aimera mieux l'enfouir, ou la consommer pour ses plaisirs ; dès lors les terres que ce capital aurait fait fructifier, les bras qu'il aurait mis en activité, resteront oisifs.

Pourquoi est-il avantageux à la société que les capacités industrielles soient des propriétés respectées ?

Parce que rien ne donne plus d'émulation à l'homme dans l'exercice de ses facultés, que le choix le plus libre dans la manière de les employer, et la certitude de jouir tranquillement du fruit de ses labeurs ; d'un autre côté, les terres et les capitaux ne travaillent jamais plus profitablement pour leurs propriétaires, que là où il se rencontre un grand développement de facultés industrielles.

Quel est le plus intéressé du riche ou du pauvre au maintien des propriétés quelles qu'elles soient ?

C'est le pauvre, parce qu'il a plus besoin de tirer

parti de toutes ses ressources, et qu'il n'a presque aucun moyen d'en tirer parti là où les propriétés ne sont pas respectées. Dans ce dernier cas, les capitaux s'enfuient, les terres restent en friche, et le pauvre meurt de faim. C'est un très grand malheur que d'être pauvre ; mais ce malheur est plus grand encore lorsqu'on n'est entouré que de pauvres comme soi.

CHAPITRE XV

De l'Importation et de l'Exportation des Marchandises

Qu'entend-on par l'importation des marchandises ?

L'importation est une opération commerciale par laquelle un produit est acheté dans l'étranger et apporté dans notre pays.

Qu'entend-on par l'exportation ?

C'est une opération par laquelle un produit est acheté dans notre pays et envoyé dans l'étranger.

Les commerçants qui se chargent de ces opérations sont-ils des nationaux ou des étrangers ?

Ils sont indifféremment nationaux ou étrangers, selon leurs goûts, leurs talents, et les capitaux qu'ils peuvent employer à ces opérations.

Comment les marchandises exportées d'un pays lui sont-elles payées ?

Par des marchandises importées [23]. Un exemple le fera comprendre. Un commerçant français ou américain, ou tout autre, donne l'ordre à un commissionnaire français d'acheter en France, et d'expédier aux Etats-Unis, pour 20 mille francs de soieries. Arrivées aux Etats-Unis, ces soieries se vendent 25 mille francs, je suppose. Le commerçant entrepreneur de cette opération donne l'ordre à son correspondant américain d'employer cette somme en achats de cotons, et d'expédier ces cotons en France, où ils se vendent 30 mille francs.

L'entrepreneur avec le produit des cotons paie les soieries au fabricant français, et l'excédent sert à payer les frais de l'opération et les propres soins de l'entrepreneur qui font partie de ses avances.

Ne serait-il pas plus avantageux pour la France que le commerçant eût fait revenir la valeur des soieries, en métal d'argent plutôt qu'en coton ?

Ce qu'il y avait de plus avantageux pour la France, c'est qu'il y rentrât une valeur la plus forte possible. Si les piastres qui ont été obtenues aux Etats-Unis par la vente des soieries, étant importées en France, eussent valu 29 mille francs, et si les cotons y ont valu 30 mille francs, la France par l'importation des cotons a fait une acquisition plus précieuse que les piastres.

Mais les piastres auraient eu une valeur plus durable.

Une valeur n'est pas plus ou moins durable parce qu'elle est attachée à une matière plus ou moins durable. La valeur, quoique attachée à une matière peu durable, comme le bois à brûler, se perpétue quand un maître de forge fait passer la valeur du bois qu'il brûle, dans son fer fondu.

Les piastres frappées en monnaie française auraient pu devenir des capitaux qui auraient favorisé l'industrie du pays.

Le coton peut faire partie d'un capital français aussi bien que la monnaie française ; la preuve en est que, si le commerçant qui a fait venir pour 30 mille francs de coton, ne veut pas renouveler ses opérations commerciales, et si son intention est de faire des avances à une filature, il peut confier à cette filature son coton, qui sera admis par elle comme un capital de 30 mille francs [a].

Qu'arriverait-il si les commerçants jugeaient à propos de payer en or et en argent toutes les marchandises étrangères que la France peut consommer ?

Il arriverait que l'or et l'argent devenant plus rares en France, ces métaux y auraient plus de prix, c'est-à-dire qu'une once d'argent, par exemple, pourrait y acquérir une plus grande quantité de toute espèce de marchandises.

La monnaie étant plus rare, n'en résulterait-il pas une grande difficulté dans la vente des produits ?

Non ; car la monnaie augmente en valeur à mesure qu'elle diminue en quantité. Quand il y a moins de pièces de monnaie, chaque pièce achète davantage. Supposons pour un instant que toute la monnaie d'argent de la France fût remplacée par de la monnaie d'or. Comme l'or vaut quinze fois plus que l'argent, il faudrait pour faire la même somme de numéraire quinze fois moins de métal : là où il y avait quinze onces d'argent, il n'y aurait qu'une once d'or ; et les mêmes transactions s'opéreraient sans plus de difficulté. De même, si la quantité de l'argent qui est en France, était réduite au quinzième, l'argent y vaudrait alors autant que l'or vaut à présent, et rendrait le même service que si la monnaie d'argent s'y trouvait tout à coup remplacée par la même valeur en monnaie d'or.

La quantité d'argent peut-elle être réduite à ce point par l'effet des opérations commerciales ?

Jamais ; parce que le commerce lui-même trouve son profit à apporter de l'argent dans un pays où il a

a. En se reportant au chap. V (Des capitaux), p. 325, on verra comment les capitaux se perpétuent quoique composés de matières fugitives, et pourquoi la majeure partie des monnaies d'or ou d'argent ne font pas partie des capitaux d'une nation.

une valeur même très peu supérieure à celle qu'il a dans un autre pays [24].

Peut-on par des prohibitions faire entrer dans un pays plus d'or et d'argent que n'en réclament les besoins de ce pays ?

C'est impossible ; parce que du moment qu'il y a quelque part plus d'argent que n'en réclament les besoins, il baisse par rapport à toutes les autres marchandises ; on perdrait à en importer ; et nulle loi ne peut engager les commerçants à faire des opérations qui donnent de la perte.

Que concluez-vous de ces considérations ?

Que ce ne sont point les lois, mais la seule influence des prix, qui font entrer dans un pays l'or et l'argent, ou les en font sortir.

Nous ne devons donc pas craindre de voir notre pays s'épuiser de numéraire par ses achats de marchandises étrangères ?

Cette crainte serait chimérique. De toutes manières un pays ne peut acquérir les produits étrangers qu'avec ce qu'il produit lui-même ; et quand il n'a point de mines d'or et d'argent, c'est toujours, et nécessairement, avec les produits de son sol et de son industrie qu'il s'acquitte envers les autres nations [25].

Qu'est-ce que la Balance du commerce ?

C'est l'état des exportations d'un pays, comparé avec l'état de ses importations.

Si l'on pouvait avoir de pareils états exacts, qu'est-ce qu'ils apprendraient ?

Ce qu'une nation gagne annuellement dans son commerce avec l'étranger. Son gain se compose de l'excédent de ses importations sur ses exportations.

Sur quel motif appuyez-vous cette conséquence ?

Sur ce que les profits des négociants qui trafiquent

avec l'étranger, ne consistent que dans l'excédent de valeur qu'ont les marchandises qu'ils importent par-dessus celles qu'ils exportent.

Pourquoi beaucoup de personnes croient-elles au contraire que le gain d'un pays se compose de l'excédent de ses exportations sur ses importations ?

Parce qu'elles ignorent les procédés du commerce et les sources d'où provient la richesse des nations [26].

CHAPITRE XVI

Des Prohibitions

Quelles sont les prohibitions dont il est ici question ?

Ce sont les défenses faites par les lois d'importer ou d'exporter certains produits.

Sur quels produits s'étendent principalement les prohibitions ?

On prohibe en général la sortie des matières premières et l'entrée des produits manufacturés [a].

Sur quel motif s'appuie-t-on ?

On s'imagine que ce que l'étranger nous paie pour des matières premières, n'est pas tout profit ; et que ce qu'il nous paie pour notre main-d'œuvre, est tout profit.

Cette opinion est-elle fondée ?

Il est très vrai que lorsque l'étranger nous paie 600 francs pour une pièce de drap, il nous rembourse

a. On désigne comme *matières premières*, les produits qui ont encore beaucoup de façons à recevoir avant de pouvoir être consommés, tels que la laine ; et comme *produits manufacturés*, ceux qui n'ont plus de façons à recevoir, ou du moins qui en ont fort peu, tels que les étoffes.

pour 600 francs d'avances qui ont été le prix de services productifs exécutés par des Français. Mais quand il nous paie 600 francs pour une balle de laine, il nous rembourse également pour 600 francs d'avances qui ont été le prix de services productifs exécutés de même par des Français. Dans les deux cas cette somme est tout profit pour la France, puisqu'elle est en totalité gagnée par des Français.

Oui ; mais dans le premier cas, nous ne livrons à l'étranger que 60 à 80 livres de matière ; et dans le second cas nous lui en livrons 300.

Ce n'est pas la matière qui fait l'importance de ce que nous livrons à l'étranger : c'est la valeur de la matière. S'il fallait éviter de vendre des objets pesants et encombrants, il faudrait éviter d'exporter du fer, du sel et d'autres matières qui ont très peu de valeur à proportion de leur volume.

Ne vaudrait-il pas mieux exporter du fer ouvragé que du fer en barres ?

Oui, si l'on pouvait augmenter par là la somme du fer exporté ; mais si dans les deux cas on exporte pour 600 francs de fer, il y a toujours pour 600 francs de services productifs payés à des Français.

Dans les deux cas, les profits s'adressent-ils aux mêmes classes de producteurs ?

Non : quand une demande de fer en barres est adressée par une nation étrangère à la France, il y a plus de profits obtenus par la classe des entrepreneurs, et moins par la classe ouvrière, que si l'étranger demandait pour 600 francs de fer ouvragé. Si la demande prenait habituellement ce cours, le nombre des entrepreneurs français se multiplierait un peu plus, et celui des ouvriers un peu moins ; mais les gains de la nation seraient les mêmes dans l'un et l'autre cas.

La somme des exportations n'est-elle pas plus considérable quand les lois favorisent de préférence l'exportation des objets manufacturés ?

Les lois qui favorisent le plus les exportations, sont celles qui laissent le plus de liberté dans le choix des objets que le commerce envoie au-dehors et qu'il reçoit en retour.

Convient-il en conséquence d'abolir tous les droits d'entrée ?

Non ; car notre commerce avec l'étranger aurait alors un privilège sur notre agriculture et nos fabriques qui, de leur côté, supportent leur part des impôts. L'équité veut que toutes les industries et tous les consommateurs supportent leur part des charges communes.

Faudrait-il supprimer tous les droits d'entrée qui excéderaient cette proportion ?

Si l'on supprimait brusquement les droits exagérés et les prohibitions, on pourrait ruiner les établissements qui ne se sont élevés qu'à la faveur des privilèges que ces droits et ces prohibitions leur assurent. Le bien même veut être exécuté avec prudence.

Quel bien résulterait-il d'un système qui diminuerait autant que possible les entraves et les frais qui accompagnent le commerce avec l'étranger ?

Il en résulterait une plus grande activité dans nos relations commerciales au-dehors, et par conséquent dans notre production intérieure.

Comment y gagnerions-nous une plus grande production intérieure ?

Chaque nation ne peut consommer pour son usage qu'un nombre borné d'objets. Si les habitants de la France ne peuvent chaque année consommer qu'un nombre de cinq millions de chapeaux de feutre, et s'ils n'ont point de commerce extérieur, ils ne pourront fabriquer au-delà de cinq millions de chapeaux de feutre, car un plus grand nombre ne se vendrait pas. Mais s'ils importent du sucre et du café, ils pourront fabriquer peut-être un million de chapeaux en sus, qui seront exportés pour payer du sucre et du café. Ils auront produit pour ainsi dire leur sucre en chapeaux.

Je conçois cet avantage quand il s'agit de nous procurer des denrées que nous ne pouvons pas créer nous-mêmes ; mais quant aux produits que nous pouvons créer chez nous, pourquoi les tirerions-nous de l'étranger ?

Il nous est avantageux de les tirer de l'étranger si, avec les mêmes frais de production, nous obtenons ainsi une plus grande quantité de produits.

Expliquez-moi cela par un exemple.

Si nous tirons d'Allemagne cent mille aunes de rubans de fil, nous importons une marchandise que nous pourrions produire immédiatement nous-mêmes, mais qu'il nous convient mieux d'importer que de fabriquer ; car leur fabrication nous coûterait par supposition sept mille francs, tandis que nous les payons avec deux mille aunes de taffetas qui ne nous coûtent que cinq mille francs de frais de production [27].

C'est fort bien si nous sommes admis à les payer en soieries ; mais ne serions-nous pas en perte s'il fallait les payer en argent ?

Rappelez-vous le précédent chapitre : comme nous n'avons point de mines d'argent, il faut toujours que nous fassions avec des produits de notre sol et de notre industrie, l'acquisition de l'argent que nous payons à l'étranger. De toutes les manières, en dernier résultat, nous ne payons les produits étrangers qu'avec nos produits.

Mais dans ce commerce ne peut-on pas perdre comme gagner ?

Toutes les fois qu'un commerce se soutient, c'est qu'il donne du bénéfice aux commerçants. Il en donne aussi aux agriculteurs et aux fabricants nationaux dont les commerçants achètent les produits. Il convient de même aux consommateurs nationaux qui n'achètent des produits étrangers qu'autant qu'à égalité de qualité et de mérite, ils les obtiennent à meilleur marché. Si tout le monde y gagne, comment la nation y perdrait-elle [28] ?

CHAPITRE XVII

Des Règlements relatifs à l'exercice de l'industrie

Quels règlements fait-on communément relativement à l'industrie ?

Les lois et les règlements que le gouvernement fait à ce sujet, ont pour objet, soit de déterminer les produits dont il faut, ou dont il ne faut pas s'occuper ; soit de prescrire la manière dont les opérations de l'industrie doivent être conduites.

Quels exemples a-t-on de la manière dont un gouvernement détermine la nature des produits ?

Dans l'agriculture, lorsqu'il interdit tel ou tel genre de culture, celle de la vigne, par exemple, ou lorsqu'il donne des encouragements extraordinaires à d'autres cultures, comme à celle du blé.

Dans les manufactures, lorsqu'il favorise certaines fabrications, comme celle des soieries, et oppose des prohibitions ou des gênes à d'autres fabrications, comme à celle des cotonnades.

Dans l'industrie commerciale, lorsqu'il favorise, par des traités, les communications avec un certain pays, et les interdit avec un autre pays ; ou lorsqu'il accorde des privilèges au commerce d'une telle marchandise et prohibe le commerce de telle autre.

Quel but se propose le gouvernement par ces protections et ces entraves ?

D'encourager la création des produits qu'il suppose les plus favorables à la prospérité publique.

Quels sont en réalité les produits les plus favorables à la prospérité publique ?

Ce sont ceux qui acquièrent le plus de valeur par comparaison avec leurs frais de production.

Pourquoi sont-ils plus favorables à la prospérité publique ?

Parce que leur plus haute valeur indique le besoin qu'on en a, et parce qu'une plus grande création de valeur est une plus grande création de richesse.

Leur production a-t-elle besoin d'être encouragée ?

Nullement ; car cette circonstance même la rend plus lucrative qu'une autre.

Quels sont les produits qui ne peuvent se passer d'encouragement ?

Ce sont ceux qu'il ne convient pas de produire, et dont sans cela, les producteurs ne voudraient pas s'occuper. En favorisant leur production, on encourage des opérations moins avantageuses que les autres, et qui emploient des capitaux, des travaux et des soins qui rapporteraient davantage, étant appliqués à d'autres objets.

De quelles manières le gouvernement se mêle-t-il de la manière dont les produits doivent être exécutés ?

Dans les manufactures, l'autorité publique prescrit quelquefois le nombre de gens qui doivent y gagner leur vie, et les conditions qu'ils doivent remplir, comme lorsqu'il établit des corporations, des maîtrises et des compagnonnages ; ou bien elle détermine les matières qu'il faut employer, le nombre de fils que doivent porter la chaîne et la trame des étoffes. Dans l'industrie commerciale, elle prescrit quelquefois la route que devront tenir les marchandises, le port où elles devront débarquer, etc.

Quel est le prétexte sur lequel on se fonde pour établir les corporations et les maîtrises ?

On se flatte de pouvoir exclure les hommes sans probité et sans capacité, du droit d'exercer une profession, et l'on se persuade que le public sera moins souvent trompé dans ses achats.

L'expérience vient-elle à l'appui de cette assurance ?

Nullement ; parce que les hommes sans probité et sans capacité font aussi facilement que d'autres les preuves exigées pour entrer dans une corporation.

Quel est l'effet réel des corporations par rapport au public ?

De lui faire payer plus cher de plus mauvais produits.

Comment cet effet a-t-il lieu ?

En premier lieu toute corporation augmente les frais de production, car les entrepreneurs d'industrie doivent contribuer pour subvenir aux dépenses du corps. En second lieu, la corporation est intéressée à écarter sous différents prétextes autant de concurrents qu'elle peut ; et surtout ceux qui, par leur génie et leur activité, pourraient surpasser leurs confrères. Aussi remarque-t-on que les lieux où les arts industriels font le plus de progrès, sont ceux où tout homme peut librement exercer toutes les industries [29].

Quel est l'effet des corporations relativement aux ouvriers ?

Elles facilitent les combinaisons coupables des maîtres pour établir le prix des salaires plus bas que le taux où il serait porté par la concurrence ; et pour restreindre le nombre des apprentis afin de ne pas se créer des concurrents.

Mais si les ouvriers de leur côté s'entendent pour exiger un certain salaire...

Ce sont alors les ouvriers qui forment une corporation non autorisée, et tout aussi préjudiciable que les corporations autorisées.

Pourquoi nommez-vous ces combinaisons coupables ?

Parce qu'elles violent le droit qu'ont tous les hommes de gagner leur vie comme ils peuvent, pourvu qu'ils ne portent atteinte ni à la sûreté, ni à la propriété d'autrui. Elles violent aussi le droit qu'ont tous les consommateurs d'acheter les choses dont ils ont besoin au prix où une libre concurrence peut les porter.

N'y a-t-il pas d'autres motifs qui doivent faire repousser les corporations et les maîtrises ?

Il y en a beaucoup d'autres ; mais on peut dire en général qu'aucun règlement, aucune loi, ne sauraient produire une seule parcelle de richesse, une seule parcelle des biens qui font subsister la société ; ce pouvoir est réservé à l'industrie aidée de ses instruments (les capitaux et les terres). Tout ce que les lois et les règlements peuvent faire à cet égard, c'est d'ôter aux uns ce qu'ils donnent aux autres, ou de gêner les opérations productives. Dans de certains cas cette gêne est indispensable ; mais on doit la regarder comme un remède qui a toujours des inconvénients et qu'il faut employer aussi rarement qu'il est possible [30].

CHAPITRE XVIII

De la Source de nos Revenus

Qu'appelez-vous nos revenus ?

Ce sont les profits qui se renouvellent journellement, annuellement, et sur lesquels vivent les familles, les individus.

Où est la source de nos revenus ?

Elle est dans nos fonds productifs, qui sont nos facultés industrielles, nos capitaux, nos fonds de terre.

Comment une valeur nouvelle sort-elle chaque jour, chaque année, de ces valeurs permanentes ?

L'action de nos fonds productifs attache une utilité à des produits ; cette utilité leur donne de la valeur ; et cette valeur compose un revenu aux propriétaires des fonds productifs.

Eclaircissez ce fait par des exemples.

Un cultivateur qui fait naître du blé ne le tire pas du néant ; mais il tire du néant l'utilité, la faculté de nourrir qu'il communique aux matières qui composent le blé. De là une valeur nouvelle mise au monde, que ce cultivateur doit à ses facultés industrielles qui sont son intelligence et sa force corporelle ; à sa charrue et à ses animaux de labour, qui font partie de son capital, et à son champ qui fait partie de ses fonds de terre. Dès lors le cultivateur peut vivre de son blé, ou de ce qu'il obtient en échange de son blé.

Comment ce cultivateur peut-il se faire un revenu quand il ne possède ni capital, ni terre ?

Il achète alors les services d'un capital et d'un fonds de terre ; c'est-à-dire qu'il emprunte de l'argent et loue une ferme ; de la même manière qu'il achète les services de ses valets et de ses moissonneurs par le salaire qu'il leur paie : et sur le revenu total de la ferme, il ne lui reste plus, pour son propre revenu, que les profits de son industrie personnelle.

Que concluez-vous de là ?

Que les services productifs que peuvent rendre une industrie, un capital, un fonds de terre, sont le premier revenu de nos fonds ; et que la production n'est qu'un premier échange où nous donnons nos services productifs pour recevoir des produits. Ces produits sont ensuite échangés, contre de l'argent, des vivres, des habits, contre toutes les choses dont la nature nous a fait des besoins ou qui peuvent contribuer à la satisfaction de nos goûts.

Les personnes qui ne possèdent point de fonds productifs, n'ont donc aucun revenu ?

Non.

Comment vivent-elles ?

Sur les revenus d'autrui.

Dans quels cas le revenu d'une personne est-il plus ou moins grand ?

Il est d'autant plus grand que, dans cet échange des services productifs contre des produits, on obtient une plus grande quantité de produits, c'est-à-dire d'utilité produite, et qu'on donne une moins grande quantité de services productifs.

Eclaircissez cela par un exemple.

Si un arpent de terre donne une fois plus de blé qu'un autre arpent, le revenu du premier est double du revenu de l'autre. Un attelage de la même valeur qui dans le même espace de temps, laboure une fois plus de terrain, est un capital qui donne un revenu double de celui d'un autre attelage. Si dans le même nombre de jours, avec un même capital et un même terrain, un cultivateur obtient une fois plus de blé qu'un autre, son revenu industriel est double.

L'augmentation du revenu est le résultat de ce que nous avons nommé les progrès de l'industrie.

Cette augmentation de revenu est-elle toujours au profit de l'auteur de ces progrès ?

Non, pas toujours ; quand le prix courant de ses produits reste le même, le producteur jouit seul de l'augmentation de revenu qui en résulte. Quand la concurrence fait baisser les produits au niveau des frais de production, ce sont alors les revenus des consommateurs qui en sont accrus.

Comment les revenus des consommateurs sont-ils accrus par la baisse d'un produit ?

Quand l'homme qui consacrait 36 francs de son revenu à l'achat d'un sac de farine, n'est plus obligé de le payer que 30 francs, son revenu se trouve accru de 6 francs pour chaque sac de farine qu'il est dans le cas d'acheter, puisqu'il peut employer ces 6 francs à l'achat de tout autre produit.

Le revenu d'une personne peut-il provenir de différentes sources ?

Certainement ; le revenu total de chaque personne, se compose de la somme de toutes les valeurs que cette personne retire de l'exercice et de l'emploi de ses facultés industrielles, de ses capitaux et de ses fonds de terre.

De quoi se forme le revenu d'une nation ?

Le revenu d'une nation est la somme de tous les revenus des particuliers qui la composent [31].

Qu'est-ce que le revenu annuel d'un particulier, d'une nation ?

Ce sont toutes les portions de revenu, tous les profits qu'ils recueillent dans tout le cours d'une année.

CHAPITRE XIX

De la Distribution de nos Revenus

A qui appartiennent les produits journellement créés ?

Ils appartiennent aux industrieux, aux capitalistes, aux propriétaires fonciers, qui soit par eux-mêmes, soit par le moyen de leur instrument, sont les auteurs de ces produits, et que nous avons en conséquence nommés producteurs.

Comment la valeur d'un produit unique se distribue-t-elle entre plusieurs producteurs ?

Par l'intermédiaire des entrepreneurs d'industrie qui, s'étant rendus acquéreurs de tous les services nécessaires pour une opération productive, deviennent propriétaires uniques de tous les produits qui en résultent.

Comment se rendent-ils acquéreurs des services d'une terre ?

En l'affermant. Ils font avec le propriétaire un marché à forfait au moyen duquel ils lui paient une somme fixe, pour l'action de sa terre, qu'ils exploitent dès lors pour leur compte. Le propriétaire renonce au revenu variable qui peut résulter de l'action de sa terre suivant les saisons et les circonstances, pour recevoir en place un revenu fixe qui est le fermage.

Comment les entrepreneurs d'industrie se rendent-ils acquéreurs des services d'un capital ?

En l'empruntant et en payant au capitaliste un intérêt. Le capitaliste change ainsi en un revenu fixe le résultat incertain du service de ce capital que l'entrepreneur fait travailler pour son compte [a].

L'entrepreneur ne se rend-il pas acquéreur aussi de plusieurs genres de travaux industriels ?

Oui ; il acquiert par un traitement ou un salaire, les services des employés, des ouvriers, par qui il a besoin d'être secondé ; et ceux-ci changent ainsi contre un revenu fixe, la part qu'ils peuvent prétendre dans le produit qui résulte de leurs travaux.

Un produit n'est-il pas quelquefois le fruit de plusieurs entreprises successives ?

a. L'intérêt des améliorations et bâtiments qui se trouvent sur un bien-fonds, et qui sont un capital engagé, se confond avec le fermage du bien-fonds. La même observation s'applique aux loyers des maisons d'habitation.

C'est le cas le plus fréquent.

Comment sa valeur se distribue-t-elle alors entre les différents entrepreneurs qui ont concouru à sa production, chacun pour son compte ?

Chaque entrepreneur en achetant la matière première de son industrie rembourse à l'entrepreneur qui le précède, toutes les avances que ce produit a exigées jusque-là, et par conséquent toutes les portions de revenus que ses producteurs ont acquises jusque-là.

Je voudrais en avoir un exemple.

Interrogez l'habit que vous portez : il vous dira qu'il est le résultat en premier lieu de l'entreprise d'un fermier, qui en vendant sa laine, a été remboursé de toutes les avances qu'il a faites lorsqu'il a payé aux différents producteurs de la laine, les diverses portions de revenus auxquelles ce produit leur donnait des droits.

Le prix de cette laine qu'achète un fabricant de draps, a été à son tour une avance que celui-ci a faite. Il y a ajouté d'autres avances, en achetant des drogues de teintures, en payant le service de ses commis, de ses ouvriers ; et il a été remboursé du tout par la vente de son étoffe à un marchand de drap.

Celui-ci qui est entrepreneur d'une entreprise commerciale, a traité le drap comme étant la matière première de son industrie. L'achat qu'il en a fait, a été une avance dont il a été remboursé à son tour par vous, quand vous avez acheté votre habit.

En examinant ainsi la marche de quelque produit que ce soit, on trouvera que sa valeur s'est répandue entre une foule de producteurs, dont plusieurs peut-être ignorent l'existence du produit ; tellement qu'un homme qui porte un habit de drap est peut-être, sans s'en douter, un des capitalistes, et par conséquent un des producteurs qui ont concouru à sa formation.

La société ne se divise donc pas en producteurs et en consommateurs ?

Tout le monde est consommateur, et presque tout

le monde est producteur. Car pour n'être pas producteur, il faudrait n'exercer aucune industrie, aucun talent, et ne posséder ni la plus petite portion de terre, ni le plus petit capital placé.

CHAPITRE XX

Des causes qui influent sur les revenus quels qu'ils soient

Qu'entendez-vous par les causes qui influent sur les revenus ?

J'entends les circonstances qui font que les producteurs gagnent plus ou moins.

Pouvez-vous décrire ici toutes les circonstances qui ont un effet de ce genre ?

Non ; parce qu'elles sont très nombreuses et très compliquées ; mais je peux faire remarquer les principales [a]

Qu'est-ce qui fait en général que les producteurs gagnent davantage ?

Ils gagnent davantage toutes les fois que les produits dont ils s'occupent, sont plus vivement demandés.

Dans quel cas sont-ils plus vivement demandés ?

Ils le sont d'autant plus que la population qui les entoure est plus civilisée, et produit davantage elle-même.

Qu'entendez-vous par une population civilisée ?

J'entends une population qui a les goûts et les besoins d'un peuple civilisé, qui respecte les personnes et les propriétés, habite dans des maisons décentes et meu-

a. J'ai pu en faire remarquer un plus grand nombre dans mon *Traité d'économie politique*, et un plus grand nombre encore dans mes *Cours publics*.

blées, se nourrit d'aliments sains et variés, se couvre de bons vêtements, cultive les arts et les talents de l'esprit.

Pourquoi faut-il qu'une nation ait ces goûts et ces besoins pour faire fleurir la production ?

Parce que les produits destinés à les satisfaire n'ont de l'utilité, n'ont une valeur, que là où ces besoins existent.

Pourquoi avez-vous dit que la seconde condition nécessaire pour que les produits fussent vivement demandés, était que la population environnante produisît beaucoup elle-même ?

Parce que les hommes ne peuvent acheter les produits qui leur sont nécessaires, qu'avec les objets qu'ils produisent eux-mêmes. C'est avec les produits de son industrie, que le maître maçon peut acheter les services productifs d'un horloger en se procurant une montre ; et c'est avec des montres que l'horloger paie les services productifs du maître maçon, en prenant un logement. Il en est ainsi des autres producteurs : tous consomment d'autant plus qu'ils produisent davantage [32].

N'y a-t-il pas une autre cause qui nuit essentiellement à ce que les produits soient vivement demandés ?

Oui ; c'est leur cherté comparée avec la satisfaction qui peut résulter de leur consommation.

Expliquez-moi cet effet.

Les petites fortunes dans tous les pays sont les plus nombreuses, et les premiers produits dont leurs possesseurs s'imposent la privation, sont ceux dont l'utilité n'est pas proportionnée à leur cherté [33]. Aussi voit-on que du moment qu'un produit baisse de prix (comme il arrive quand on parvient à le produire avec moins de frais), et qu'il entre par là dans la région où les fortunes sont plus nombreuses, la demande qu'on en fait s'étend rapidement ; et une demande plus vive améliore les profits des producteurs.

CHAPITRE XXI

Du Revenu des Industrieux

A qui donnez-vous le nom d'Industrieux ?

Aux personnes qui tirent leur principal revenu de leurs facultés industrielles ; ce qui n'empêche pas qu'ils ne soient en même temps capitalistes s'ils tirent un revenu d'un capital quelconque ; et propriétaires fonciers, s'ils en tirent un autre d'un bien-fonds.

Quel classement convient-il de faire parmi les industrieux pour se former des idées justes sur leurs revenus ?

On peut les diviser en deux grandes classes : ceux qui travaillent pour leur propre compte, ou les entrepreneurs d'industrie ; et ceux qui travaillent pour le compte des entrepreneurs et sous leur direction, comme les commis, les ouvriers, les gens de peine.

Dans quelle classe mettez-vous les banquiers, les courtiers, les commissionnaires en marchandises, qui travaillent pour le compte d'autrui ?

Dans la classe des entrepreneurs parce qu'ils exercent leurs fonctions par entreprise, se chargeant de trouver les moyens d'exécution, et les employant à leurs frais. On peut ranger dans la même classe les savants qui recueillent et conservent les notions dont l'industrie fait son profit.

Quelle est la première observation à faire sur les revenus des entrepreneurs d'industrie ?

Qu'ils sont toujours variables et incertains parce qu'ils dépendent de la valeur des produits, et qu'on ne peut pas savoir d'avance avec exactitude, quels seront les besoins des hommes et le prix des produits qui leur sont destinés [34].

Qu'observez-vous ensuite ?

Que parmi les industrieux ce sont les entrepreneurs

d'industrie, qui peuvent prétendre aux plus hauts profits. Si plusieurs d'entre eux se ruinent, c'est aussi parmi eux que se font presque toutes les grandes fortunes [35].

A quoi attribuez-vous cet effet quand il n'est pas l'effet d'une circonstance inopinée ?

A ce que le genre de services par lequel les entrepreneurs concourent à la production, est plus rare que le genre de service des autres industrieux.

Pourquoi est-il plus rare ?

D'abord parce qu'on ne peut pas former une entreprise sans posséder, ou du moins sans être en état d'emprunter, le capital nécessaire ; ce qui exclut beaucoup de concurrents. Ensuite parce qu'il faut joindre à cet avantage des qualités qui ne sont pas communes : du jugement, de l'activité, de la constance, et une certaine connaissance des hommes et des choses.

Ceux qui ne réunissent pas ces conditions nécessaires ne sont pas des concurrents, ou du moins ne le sont pas longtemps, car leurs entreprises ne peuvent pas se soutenir.

Quelles sortes d'entreprises sont les plus lucratives ?

Celles dont les produits sont le plus constamment et le plus infailliblement demandés, et par conséquent celles qui concourent aux produits alimentaires et à créer les objets les plus nécessaires [36].

Pourquoi les profits que font les savants, en leur qualité de savants, sont-ils si peu considérables ?

Parce que les services qu'ils rendent, ne se consomment pas par l'usage qu'on en fait. Quand un savant a enseigné aux artistes que l'on peut purifier les huiles par des acides, ou décolorer les sucres bruts par du charbon animal, les artistes peuvent faire usage constamment de ces utiles procédés sans recourir de nouveau à la source d'où ils les ont originairement tirés ;

et bientôt après, les consommateurs jouissent gratuitement d'une lumière dont tout le monde peut tirer parti, sans qu'il soit besoin d'en faire l'acquisition à prix d'argent.

Quel classement peut-on faire parmi les ouvriers ?

Ils sont ou de simples manouvriers, ou gens de métiers, comme les ouvriers charpentiers, maçons, serruriers, etc.

Qu'observez-vous relativement à leurs salaires ?

Que dans les cas ordinaires, le salaire du simple manouvrier ne s'élève pas au-dessus du taux nécessaire pour le faire subsister lui et sa famille ; parce que pour exécuter son service il ne faut pas d'autre condition que d'être homme, et qu'un homme naît partout où il peut subsister.

Qu'observez-vous relativement au salaire des gens de métier ?

Qu'il est constamment plus élevé que celui des hommes de peine ; car le même nombre des personnes de cette classe ne peut être constamment entretenu qu'autant que leur salaire paie, indépendamment de leur entretien, les frais de leur apprentissage.

De plus, comme leur service exige un peu plus d'intelligence et d'adresse naturelle que le travail du manouvrier, il y a un peu moins de concurrents capables de s'en charger.

Qu'entendez-vous par ce qui est nécessaire pour faire subsister un ouvrier et sa famille ?

J'entends cette somme de consommations faute desquelles les familles de cette classe ne se maintiendraient pas en même nombre. Cette somme dépend des besoins que les habitudes et les opinions du pays ont fait une loi de satisfaire. Cinquante familles d'ouvriers français ne subsisteraient pas de ce qui suffit à cent familles d'ouvriers dans l'Indoustan.

Pourquoi les profits des industrieux baissent-ils quand le prix du blé augmente ?

Parce que les consommateurs en général devant, dans ce cas-là, employer une plus grande partie de leurs revenus en blé, il ne leur en reste pas autant pour l'achat de tout autre produit. La demande des autres produits est en conséquence moins animée.

CHAPITRE XXII

Du Revenu des Capitalistes et des Propriétaires fonciers

Comment fait-on pour tirer un revenu d'un capital qu'on possède ?

On le fait valoir dans une entreprise industrielle, ou bien on le prête à une autre personne plus à portée de le faire valoir dans une semblable entreprise.

Que signifient ces mots : faire valoir un capital ?

Ils signifient faire l'avance des frais de production pour être remboursé de cette avance par le produit qui en résulte.

Comment un profit résulte-t-il de cette opération, pour le capital qui a servi ainsi ?

La valeur du produit qui résulte de l'avance d'un capital et des autres services productifs paie le loyer de cette avance ; et si le prix du produit ne suffisait pas pour cela, sa production ne se continuerait pas, car elle n'indemniserait pas tous les producteurs des sacrifices qu'elle exigerait de leur part.

Quand un entrepreneur s'est servi d'un capital emprunté, qui est-ce qui s'approprie ce profit ?

C'est l'entrepreneur d'industrie ; mais il doit à son

prêteur l'intérêt fixe qu'il s'est engagé à lui payer pour avoir la jouissance de son capital. L'entrepreneur perd ou gagne sur ce marché à forfait, selon qu'il retire de l'emploi qu'il a fait du capital, un profit inférieur ou supérieur à l'intérêt qu'il en paie.

Quelles causes influent sur le taux des intérêts ?

L'intérêt des capitaux prêtés, quoique exprimé par un prix unique, un *tant pour cent* du capital prêté, doit réellement se décomposer en deux parts.

Expliquez cela par un exemple.

Si vous prêtez une somme, et que vous conveniez, avec l'emprunteur, d'un intérêt de six pour cent par année, il y a dans ce loyer quatre pour cent (plus ou moins) pour payer le service que votre capital peut rendre ; et deux pour cent (plus ou moins) pour couvrir le risque que vous courez qu'on ne vous rende pas votre capital.

Sur quoi fondez-vous cette présomption ?

Sur ce que, si vous trouvez à prêter le même capital avec toute sûreté, sur une hypothèque bien sûr, vous le prêterez à quatre pour cent, (plus ou moins). Le surplus est donc une espèce de prime d'assurance qu'on vous paie pour vous indemniser du risque que vous courez.

En mettant de côté cette prime d'assurance qui varie suivant le plus ou moins de solidité des placements, quelles sont les causes qui influent sur le taux de l'intérêt proprement dit ?

Le taux de l'intérêt hausse lorsque ceux qui empruntent ont des emplois de capitaux nombreux, faciles et lucratifs, parce que alors beaucoup d'entrepreneurs d'industrie sont jaloux de participer aux profits que présentent ces emplois de capitaux ; et les capitalistes sont plus portés à les faire travailler eux-mêmes ; ce qui augmente la demande et diminue l'offre qui sont faites de capitaux à employer. Le taux de l'intérêt hausse encore lorsque, par une cause quelconque, la masse des capitaux disponibles, c'est-à-dire des capitaux à employer, vient à diminuer [a].

Les circonstances contraires font baisser le taux de l'intérêt ; et l'une de ces circonstances peut balancer l'autre de telle sorte que le taux de l'intérêt reste au même point, parce que l'une des circonstances tend à le faire hausser précisément autant que l'autre tend à le faire baisser [37].

Quand vous dites que la masse des capitaux disponibles augmente ou diminue, entendez-vous par là la quantité d'argent ou de monnaie ?

Nullement : j'entends les valeurs consacrées par leurs possesseurs à faire des avances à la production ; et qui ne sont pas tellement engagées dans un emploi, qu'on ne puisse les en retirer pour les faire valoir autrement.

Eclaircissez cela par un exemple.

Je suppose que vous ayez prêté des fonds à un négociant, pour qu'il vous les rende lorsque vous les lui demanderez en le prévenant trois mois d'avance ; ou, ce qui revient au même, que vous soyez dans l'usage d'employer vos fonds à escompter des lettres de change ; ne pouvez-vous pas aisément faire travailler ces fonds d'une autre manière, si vous trouvez un emploi qui vous convienne mieux ?

Sans doute.

Dès lors ces fonds sont un capital disponible. Ils le sont encore, s'ils sont sous la forme d'une marchandise de facile défaite, puisque vous pouvez les échanger aisément contre toute autre valeur. Ils le sont encore mieux s'ils sont en écus ; mais vous comprenez qu'il peut y avoir beaucoup de capitaux disponibles outre ceux qui sont en argent.

a. On trouve des exemples frappants de ces deux cas dans mon *Traité d'économie politique*, liv. II, chap. 8.

Je le comprends.

Eh bien, c'est la somme de ces capitaux qui influe sur le taux des intérêts, et non pas les sommes d'argent sous la forme desquelles peuvent se trouver passagèrement ces valeurs capitales lorsqu'il s'agit de les faire passer d'une main dans une autre. Un capital disponible peut être sous la forme d'une partie de marchandise comme sous celle d'un sac d'écus ; et si la quantité de cette marchandise qui se trouve dans la circulation, n'influe en rien sur le taux de l'intérêt, l'abondance ou la rareté de l'argent n'y influe pas davantage.

Ce n'est donc pas de l'argent que l'on paie réellement le loyer quand on paie un intérêt ?

Nullement.

Pourquoi dit-on que c'est l'intérêt de l'argent ?

On le dit à cause des idées peu justes qu'on se forme de la nature et de l'usage des capitaux.

Qu'est-ce que l'intérêt légal ?

C'est le taux fixé par les lois pour les cas où l'intérêt n'a pu être fixé par le consentement des parties ; comme lorsque le détenteur d'un capital en a joui à la place d'un absent ou d'un mineur auquel il en doit compte.

L'autorité publique ne peut-elle fixer une borne aux intérêts dont les particuliers conviennent entre eux ?

Elle ne le peut sans violer la liberté des transactions.

Quelles causes influent sur le taux des fermages ?

La quantité des demandes qui ont lieu pour prendre des fermes à bail, comparée avec la quantité des fermes à donner. On peut observer à ce sujet que la concurrence des demandeurs excède communément les fermes à donner, parce que en tout pays le nombre de celles-ci est nécessairement borné, au lieu que celui des fermiers et des capitaux qui peuvent se consacrer à cette industrie, ne l'est pas nécessairement ; de sorte que là où il ne se rencontre pas des causes plus puissantes pour produire un effet contraire, le taux des fermages se fixe plutôt au-dessus qu'au-dessous du profit que rapporte réellement le service productif des terres.

Qu'observez-vous encore à ce sujet ?

Que le taux des fermages tend néanmoins à se rapprocher du profit des terres, car lorsqu'il l'excède, le fermier, obligé de payer l'excédent ou sur le profit de son industrie, ou sur l'intérêt de son capital, n'est plus indemnisé complètement pour l'emploi de ces moyens de production [38].

CHAPITRE XXIII
De la population

Qu'est-ce qui multiplie en tout pays le nombre des hommes ?

C'est la quantité des choses produites. Les choses produites en se distribuant aux habitants d'un pays de la manière qui a été expliquée, forment leurs revenus ; et chaque classe d'habitants se multiplie à proportion du revenu qu'elle reçoit.

Un même revenu a-t-il le même effet dans toutes les classes indifféremment ?

Non ; dans les classes où chaque personne a plus de besoins, une certaine valeur fait subsister moins de personnes.

Pourquoi dans chaque classe y a-t-il toujours autant d'individus qu'il peut s'en entretenir ?

Parce que les hommes, de même que toutes les espèces animales, et même les plantes, ont beaucoup plus de facilité à propager leur être qu'à le faire subsister.

Les denrées alimentaires ne sont-elles pas plus nécessaires pour maintenir la population que les autres produits ?

Les plus nécessaires sont celles auxquelles la population met le plus haut prix ; et comme c'est la production qui permet à chacun de mettre un prix aux choses dont il a besoin, on peut dire qu'en général la population est en proportion de la production.

Qu'arrive-t-il quand le nombre des naissances met dans un pays plus d'individus que l'état de la production n'en comporte ?

La population dépérit, principalement les individus faibles des classes indigentes : les enfants, les vieillards, les infirmes. Ceux qui ne meurent pas d'un défaut positif de nourriture, périssent faute d'une nourriture suffisamment abondante, ou suffisamment saine ; faute de médicaments dans une maladie, faute de propreté, faute de repos, faute d'un logement sec et chaud, faute des soins dont on ne peut se passer dans les infirmités et dans la vieillesse. Au moment où il leur serait nécessaire de jouir de l'un de ces biens, et qu'ils ne peuvent y atteindre, ils languissent plus ou moins longtemps, et succombent au premier choc.

Les guerres, les épidémies ne nuisent-elles pas à la population ?

Elles la réduisent passagèrement ; mais l'expérience a démontré qu'à la suite d'un fléau qui a emporté un grand nombre de personnes, la population se rétablit très promptement dans sa proportion ordinaire avec la production du pays [39].

Quelle conclusion tirez-vous de ces faits ?

Qu'il n'y a aucun autre moyen d'augmenter la population que de favoriser la production. Encourager au mariage, honorer la fécondité est d'une parfaite inutilité. Le difficile n'est pas de multiplier les enfants ; c'est de les élever.

Qu'est-ce qui détermine la quantité d'habitants qui peuplent un certain canton, une certaine ville ?

C'est le même principe : la somme des produits. Une ville ne produit pas de denrées alimentaires, mais elle peut acheter des denrées alimentaires en proportion de la valeur de ses autres produits.

Une nombreuse population est-elle un avantage pour un pays ?

Oui, quand elle possède les moyens de subsister avec aisance : c'est-à-dire de l'industrie et des capitaux. Sans cela elle est un fardeau.

Quel avantage procurent à un pays des hommes qui y arrivent du dehors avec des capitaux et de l'industrie ?

C'est un nouveau commerce qui s'ouvre. Par la demande qu'ils font aux anciens habitants de leurs produits, ils leur procurent de nouveaux profits, et par les objets qu'ils créent et donnent en échange, ils leur procurent de nouvelles jouissances.

Un pays peut-il empêcher que ses citoyens n'aillent dans l'étranger et n'y emportent leur fortune ?

En supposant que l'on veuille violer le droit que tout homme a sur sa personne et sur ses biens, on peut détenir l'une et confisquer les autres ; il n'y a aucun autre moyen d'empêcher qu'ils n'aillent à l'étranger.

En prohibant la sortie de l'or et de l'argent n'empêche-t-on pas les fortunes de sortir du pays ?

Nullement ; car une fortune se compose de valeurs et l'on peut faire sortir des valeurs sous la forme de certaines marchandises, si d'autres sont prohibées.

Mais celui qui fait sortir une marchandise ne fait-il pas moins de tort au pays que celui qui fait sortir de l'argent ?

Le tort est pareil dans les deux cas ; il est proportionné à la valeur, et non à la nature de la marchandise ; il provient, non de ce qu'une valeur sort du pays, mais de ce qu'il n'en rentre aucun autre en échange, comme dans les opérations du commerce.

Cependant celui qui fait sortir une marchandise, l'a payée auparavant.

C'est vrai ; mais celui qui fait sortir de l'argent l'a payé de même ; il n'emporte le bien de personne.

Quelle est la population la plus avancée dans la civilisation ?

C'est celle qui produit et qui consomme le plus.

Pourquoi est-elle plus avancée ?

Parce que l'existence de chaque individu y est plus considérable, plus complète.

CHAPITRE XXIV

De la consommation en général

Qu'est-ce que consommer ?

C'est détruire l'utilité qui est dans un produit, et par là lui ôter toute sa valeur.

Donnez-moi l'exemple de quelques consommations.

Consommer des vivres, ce n'est pas détruire la matière dont se composaient les vivres, car il n'est pas au pouvoir de l'homme de détruire de la matière : c'est détruire ce qui faisait l'utilité de cette matière ; la propriété qu'elle avait de servir d'aliment.

Consommer un habit, ce n'est pas détruire cet habit, car les parcelles qui s'en sont détachées à mesure qu'il a été usé, ont été répandues dans l'univers et subsistent encore quelque part ; mais c'est détruire toute l'utilité qui se trouvait dans l'habit : de manière que ne pouvant plus être bon pour personne, personne ne consent à offrir aucun autre produit pour en devenir possesseur.

Une consommation se mesure-t-elle sur le poids, le nombre ou la grandeur des objets consommés ?

Non ; de même que la production se mesure par la valeur des choses produites, la consommation se mesure par la valeur des choses consommées. Une grande consommation est celle qui détruit une grande valeur, quels que soient les objets où cette valeur réside. Lorsqu'on fait usage d'objets qui n'ont point de valeur, comme des cailloux, de l'eau, etc., la consommation est nulle.

Y a-t-il des objets ayant une valeur qui ne soient pas susceptibles d'être consommés ?

L'homme ne peut ôter aux choses que la valeur qu'il leur a donnée lorsqu'il en a fait des produits. Ainsi, il peut consommer en totalité une valeur capitale, en consommant, sans reproduction, les produits dont la valeur est employée à faire des avances à la production ; mais il ne peut pas consommer le fonds d'un champ de blé qui est une valeur que la nature a donnée gratuitement à son premier propriétaire [40].

N'y a-t-il pas des produits qui ne sont pas susceptibles d'être consommés ?

Non ; mais il y a de grandes différences dans la rapidité avec laquelle ils sont consommés. La consommation d'une pêche est plus prompte que celle d'une bougie ; celle d'une bougie plus rapide que celle d'un cheval ; une maison sert plus longtemps qu'un cheval, mais elle s'use plus vite qu'un diamant. La valeur des objets qui durent très longtemps, comme celle de la vaisselle d'argent, passe pour une valeur capitale, parce qu'elle se trouve presque aussi grande à la fin de l'année qu'au commencement, et qu'elle se perpétue comme un capital, mais non par le même moyen ; car un capital se perpétue parce que sa valeur se reproduit à mesure qu'elle est consommée ; et la vaisselle d'argent se perpétue parce qu'elle ne s'use pas.

Peut-on consommer deux fois le même produit ?

Non, car une valeur une fois détruite, ne saurait être détruite de nouveau ; il faut qu'il y ait une nouvelle production pour qu'il y ait une nouvelle consommation ; mais un produit peut être consommé en partie, puisqu'on peut détruire une portion seulement de sa valeur. Lorsque après avoir porté un habit qui valait cent francs, on peut encore le revendre cinquante francs, on a consommé la moitié de sa valeur.

Qu'entendez-vous par les consommations privées ?

Ce sont les destructions de valeurs qui ont pour objet de satisfaire aux besoins des particuliers et des familles.

Et par les consommations publiques ?

Celles qui ont pour objet de satisfaire aux besoins communs d'une ville, d'une province, d'une nation.

La réunion des consommations privées et publiques, fait la consommation nationale qui comprend tout ce qui est consommé par une nation, soit pour le public, soit pour les particuliers.

Les consommations privées ou publiques sont-elles de même nature ?

On consomme différents objets pour le public et pour les familles : pour le public des munitions de guerre, des édifices publics : pour les familles, des logements, des vêtements et des vivres ; mais quant à la nature et aux effets des deux consommations, ils sont absolument les mêmes. Ce sont des produits dont la valeur est le fruit d'une production et se trouve détruite par l'usage qu'on en fait.

Qu'est-ce que la consommation annuelle ?

La consommation annuelle du public ou des particuliers est la somme des valeurs qu'ils consomment pour leur usage pendant le cours d'une année. Quand la production annuelle d'une famille n'égale pas sa consommation, la famille s'appauvrit ; elle s'enrichit dans le cas contraire. Si dans la nation la somme des productions annuelles reste en arrière des consommations de l'année, la nation s'appauvrit ; elle s'enrichit dans le cas contraire.

Quels sont les consommateurs d'un pays ?

C'est tout le monde ; car il n'est personne qui puisse subsister sans satisfaire aux besoins qu'exige l'état de vie. Nous consommons des valeurs dans tous les instants de notre existence, même pendant notre sommeil, puisque dans ce temps-là même, nous consommons le lit où nous sommes étendus, le drap qui nous enveloppe, la tuile même qui nous couvre.

CHAPITRE XXV

Des Résultats de la Consommation

Quel est le premier résultat de la consommation ?

C'est la perte de valeur de l'objet consommé, et par conséquent la perte d'une portion de richesse.

Comment le possesseur de l'objet consommé est-il dédommagé de ce sacrifice ?

Il en est dédommagé soit par la jouissance que procure la consommation, si elle est improductive ; soit par un nouveau produit, accompagné d'un profit, d'une augmentation de richesse, si la consommation est reproductive.

Donnez-moi des exemples de l'une et de l'autre consommation.

Quand un boulanger brûle du bois pour cuire son pain, il le consomme reproductivement, parce qu'il ajoute à son pain toute la valeur qu'il ôte à son bois. Mais le bois que nous brûlons pour nous chauffer, est consommé improductivement, car il ne résulte de cette combustion aucune valeur qui remplace la valeur du bois.

Que concluez-vous de ces faits ?

Que, de même que la production peut être considérée comme un échange dans lequel nous donnons nos services productifs pour obtenir en retour un produit, la consommation peut être considérée comme un autre échange où nous donnons un produit (celui que nous perdons) pour obtenir en retour, soit une jouissance, soit un autre produit d'égale valeur.

Si la consommation reproductive ne fait que remplacer un produit par un produit d'égale valeur, quel avantage offre-t-elle ?

En même temps qu'elle remplace les produits consommés, elle distribue entre tous les producteurs des profits égaux à la valeur du nouveau produit créé [41].

Ne consomme-t-on pas autre chose que des produits ?

On peut aussi consommer, productivement ou improductivement, des services. Nous consommons productivement le service d'un ouvrier, lorsque après lui avoir payé sa journée, nous en retrouvons la valeur dans le produit qu'il a façonné par notre ordre ; et nous consommons improductivement le service d'un domestique, d'un musicien, d'un acteur qui nous amuse, parce que la dépense que nous avons faite dans ce cas, n'a reparu dans aucun produit.

Avez-vous fait connaître les principaux effets de la consommation reproductive ?

Oui ; tel a été l'objet de tout ce qui a précédé dans le présent catéchisme.

Ferez-vous connaître les principaux effets de la consommation improductive ?

Oui ; ce sera la matière de ce qui va suivre, jusqu'à la fin de cette instruction, où, par conséquent, le mot de consommation, employé seul, signifiera toujours une consommation improductive.

Tous les produits créés sont-ils nécessairement consommés ?

Ils le sont, non pas *nécessairement*, mais *ordinairement*. On en conçoit la raison : un producteur ne crée un produit qu'autant qu'il peut présumer que ce produit aura de la valeur ; autrement il ne le créerait pas ; il ne ferait pas un sacrifice duquel, dans cette supposition, il ne serait pas dédommagé ; il ne ferait pas un échange pour donner sans rien recevoir. Or qu'est-ce qui procure à ce produit de la valeur ? C'est l'envie qui existe dans un certain nombre de personnes, de donner, pour le posséder, un certain prix ; et si ces personnes en donnent un prix quelconque, c'est pour le consommer ; autrement elles feraient à leur tour un sacrifice sans dédommagement ; ce qui n'est pas dans la nature humaine.

Qu'arrive-t-il quand un produit auquel on a cru donner de la valeur, n'en a point ?

Il résulte de là une perte pour celui qui s'est faussement imaginé qu'il communiquait de la valeur à un objet. C'est ce qui arrive quand on fabrique des marchandises de mauvaise qualité ou de mauvais goût qui ne se vendent pas.

N'y a-t-il pas des consommations qui ne reproduisent aucune valeur, qui ne satisfont aucun besoin ?

Lorsque, dans une tempête, on jette à la mer la cargaison d'un navire, lorsqu'on incendie des magasins qu'on ne veut pas laisser à l'ennemi, on opère des destructions de valeurs qu'on n'appelle pas des consommations. Ce mot semble réservé aux destructions de valeurs d'où il résulte soit une jouissance, soit une nouvelle valeur.

Que doit-on penser d'un système qui conseillerait la consommation, non pour jouir, non pour reproduire, mais pour favoriser la production ?

On doit en penser ce qu'on penserait d'un homme qui conseillerait de mettre le feu à une ville pour faire gagner les maçons. Le résultat de cette action insensée serait de nous priver du bien-être qui accompagne les richesses acquises, afin de nous procurer l'avantage de travailler pour en acquérir d'autres.

CHAPITRE XXVI

Des Consommations privées

Quelle différence faites-vous entre le mot Dépense et le mot Consommation ?

La Dépense est l'achat qu'on fait d'une chose pour la consommer ; et comme la consommation est la suite de cet achat, les mots *dépense* et *consommation* sont souvent pris l'un pour l'autre.

Il convient cependant de remarquer que lorsqu'on achète un produit, on reçoit valeur pour valeur : celle d'une livre de bougie, par exemple, pour celle d'un écu, et qu'on est encore aussi riche après que l'achat est fait qu'auparavant ; seulement on possède en bougie cette portion de richesse qu'on avait en écu. On commence à perdre cette richesse lorsqu'on commence à consommer la bougie ; et ce n'est que lorsque la consommation est achevée, qu'on est plus pauvre d'un écu.

Ce n'est donc pas en achetant, c'est en consommant que l'on diminue son bien, comme c'est en produisant qu'on l'augmente. Voilà pourquoi, dans les familles, le caractère et les talents économiques de la femme qui dirige la plupart des consommations du ménage, servent beaucoup à la conservation des fortunes.

Qu'observez-vous en outre au sujet des dépenses ?

Que dans les dépenses que nous faisons, ce n'est pas la valeur de l'argent qui est perdue : l'argent est acquis par celui qui nous vend le produit, mais il n'est pas consommé ; c'est le produit acquis par nous qui est consommé, et c'est sa valeur qui est détruite. D'où il suit que la richesse des particuliers et même la richesse du public, peuvent être dissipées, même quand la somme des monnaies reste la même ; et que c'est une illusion que de s'imaginer qu'en conservant dans une ville, dans une province, dans un pays, toujours la même somme de numéraire, on y conserve toujours la même richesse. C'est ainsi qu'un négociant serait dans l'erreur, s'il se croyait toujours aussi riche, uniquement parce que tandis qu'il dissipe son bien, il conserve dans sa caisse toujours à peu près la même somme d'argent.

Que doit-on entendre par l'économie dans les dépenses, ou dans les consommations ?

On économise soit en consacrant à une dépense reproductive, une portion de son revenu que l'on pouvait consacrer à une dépense improductive (c'est ainsi que nous avons vu que l'on forme les capitaux) ; soit en résistant à l'attrait d'une consommation présente, pour employer cette portion de revenu à une consommation future mieux entendue : c'est particulièrement de cette dernière économie que nous nous occupons en ce moment.

Qu'appelez-vous des consommations bien entendues ?

Ce sont celles qui procurent le plus de satisfaction en proportion du sacrifice de valeurs qu'elles occasionnent. Telles sont les consommations qui satisfont des besoins réels, plutôt que des besoins factices. A égalité de valeur, des aliments sains, des vêtements propres, des logements commodes sont des consommations mieux entendues que des aliments recherchés, des vêtements et des habitations fastueux. Il résulte plus de vraie satisfaction des premières que des autres.

Que regardez-vous encore comme des consommations bien entendues ?

La consommation des produits de la meilleure qualité en tout genre, dussent-ils coûter plus cher.

Par quelle raison les regardez-vous comme des consommations bien entendues ?

Parce que le travail qui a été employé pour fabriquer une mauvaise matière, sera plus vite consommé que celui qui se sera exercé sur une bonne. Quand une paire de souliers est faite avec de mauvais cuir, la façon du cordonnier, qui est usée en même temps que les souliers, ne coûte pas moins, et elle est consommée en quinze jours, au lieu de l'être en deux ou trois mois, si le cuir eût été bon. Le transport d'une mauvaise marchandise coûte autant que celui d'une bonne, et fait beaucoup moins de profit. Les nations pauvres ont en conséquence, outre le désavantage de consommer des produits moins parfaits, celui de les payer proportionnellement plus cher.

Quelles consommations méritent encore d'être préférées ?

La consommation des objets qui s'usent lentement procure des jouissances moins vives mais plus durables, et l'espèce de bien-être qu'on en retire, contribue davantage au bonheur. Qui oserait comparer la satisfaction que procure la vue d'un feu d'artifice, avec celle que l'on peut retirer de quelques livres choisis, exactement du même prix, et dont on jouira pendant toute la durée de sa vie, qu'on laissera même à ses enfants !

N'y a-t-il pas un choix à faire entre les produits durables ?

Ceux qu'il convient de préférer sont ceux dont l'usage est fréquent, usuel. Il vaut mieux faire de la dépense pour rendre son logement commode, propre, agréable, que pour se procurer des bijoux, des parures dont la vanité pourra bien être fort satisfaite, mais seulement dans quelques rares occasions [42].

Quelle est la plus rapide de toutes les consommations ?

C'est celle que l'on fait des services personnels. Un inutile laquais, si vous évaluez à douze cent francs la dépense annuelle qu'il vous cause, vous coûte autant que le service que vous rendrait une argenterie ou un mobilier de 24 mille francs.

Les consommations faites en commun ne sont-elles pas fort économiques ?

Oui ; et c'est pour cela qu'elles conviennent aux personnes qui ont peu de fortune. Un seul cuisinier prépare le dîner de dix personnes comme celui d'une seule ; le même foyer devant lequel rôtit une pièce de viande, pourrait en rôtir quatre. Avec les mêmes frais on peut donc être mieux traité si l'on vit avec d'autres hommes que vivant isolé.

Quelles sont les consommations que vous regardez comme les plus mal entendues ?

Ce sont celles qui procurent du chagrin ou des malheurs au lieu de satisfaction. Tels sont les excès de l'intempérance ; telles les dépenses qui provoquent le mépris ou les vengeances.

Pourquoi a-t-on fait de l'économie une vertu ?

Parce qu'il faut avoir un certain empire sur soi-même pour résister à l'attrait d'une consommation présente, en faveur d'une consommation future dont les avantages, quoique plus grands en réalité, sont éloignés, sont vagues, et ne frappent pas les sens [43].

Quelle est la qualité morale qui se manifeste le plus dans l'économie ?

C'est le jugement. Il est indispensable pour apprécier l'importance des diverses consommations ; et surtout de celles que pourront réclamer des besoins futurs toujours plus ou moins incertains.

Quelle est la faute où l'on tombe quand on attribue trop d'importance à des besoins futurs et incertains ?

Dans l'avarice ; et lorsqu'on ne leur attribue pas assez d'importance, on tombe dans la prodigalité.

Lequel fait le plus de tort à la société de l'avare ou du prodigue ?

C'est le prodigue ; parce que après avoir dépensé tout son revenu, il ne peut vivre que sur son capital ; et qu'un capital ne saurait être dépensé improductivement, sans ôter un revenu à celui qui en était possesseur, de même qu'aux industrieux dont il mettait le travail en activité.

La consommation n'est-elle pas cependant favorable à la richesse des nations en provoquant la production ?

La consommation ne saurait augmenter les richesses d'une nation, à moins de provoquer la production d'une valeur plus grande que la valeur consommée ; car ce ne peut être en détruisant de la richesse que l'on augmente la quantité des richesses. Mais, comme la consommation est accompagnée d'un dédommagement, et que, si l'on y perd une valeur, on y gagne une satisfaction, toutes les consommations bien entendues qui provoquent la création d'un nouveau produit, sont favorables en ce qu'elles multiplient les satisfactions éprouvées dans la société. Un peuple qui consomme beaucoup et qui reproduit de même, a plus de vie ; il jouit d'une existence plus développée et d'une civilisation plus complète.

Sous ce rapport l'épargne est-elle un mal ?

L'épargne, lorsqu'elle n'est qu'une consommation différée, ne retarde que de bien peu l'activité de la consommation, et quant à l'épargne qui a pour objet l'augmentation du capital, elle est une consommation, puisque l'emploi d'un capital consiste à faire des achats de matériaux ou de travail.

N'y a-t-il pas un autre avantage dans cette dernière épargne, outre qu'elle-même est une consommation ?

Oui ; car ce n'est pas une consommation faite une fois pour toutes : c'est une consommation qui se répète aussi souvent que le capital est remboursé par l'effet de la production.

Eclaircissez cela par un exemple.

Si pour illuminer des fêtes, j'achète pour mille francs d'huile sur mon revenu de cette année, je ne retrouverai plus ces mille francs, et par conséquent je ne pourrai pas les dépenser une seconde fois ; mais si j'emploie cette somme à éclairer des ateliers, elle sera dépensée tout de même ; elle aura de même provoqué une nouvelle production d'huile, et je pourrai dépenser une seconde fois la même somme, car elle me sera remboursée par le produit qui sortira des ateliers.

La consommation reproductive n'a-t-elle pas un autre avantage ?

Elle en a un très grand : celui de mettre des producteurs en état de tirer parti de leurs services productifs. Dans le cas où mille francs d'huile auront servi à éclairer des ateliers, outre que cette valeur sera reproduite, elle le sera avec profit. Je gagnerai à cette reproduction l'intérêt de mon capital, et les travailleurs y gagneront le salaire de leurs peines.

CHAPITRE XXVII

Des Consommations publiques

Quel est le but des consommations publiques ?

De satisfaire des besoins communs à plusieurs citoyens ou à plusieurs familles.

Quels objets consomme-t-on dans ce but ?

Des armes, des munitions comme celles dont on munit les armées ; des provisions, des médicaments comme ceux qu'on donne aux hôpitaux ; mais principalement les services de plusieurs classes nombreuses qui dirigent les affaires publiques : administrateurs, juges, militaires, prêtres, qui font leur profession de servir les peuples.

Qu'entendez-vous par consommer le service de ces diverses classes ?

Leurs travaux, tant intellectuels que manuels, ont une valeur que le public paie et qu'il consomme parce qu'il en jouit ; et cette consommation a l'effet de toutes les autres : elle détruit la valeur achetée et payée en ce qu'un service payé et consommé ne peut plus être employé de nouveau ; il faut qu'un nouveau service soit rendu pour qu'on en puisse tirer un nouvel avantage.

Est-ce le public qui consomme le service des fonctionnaires publics ?

C'est le public ; ou, du moins c'est dans l'intérêt du public, que ce service est consommé ; et les fonctionnaires publics consomment les valeurs qu'en échange de leurs travaux, ils reçoivent du public.

Il y a donc là-dedans une double consommation ?

Oui ; de même qu'à la suite de tous les échanges : mais dans cet échange-ci l'un des deux produits échangés est un produit immatériel (celui du fonctionnaire public), et par conséquent il se trouve consommé à mesure que le service est rendu [44].

Qu'en concluez-vous ?

Que, bien que les fonctionnaires publics soient des travailleurs productifs lorsqu'ils rendent de véritables services, leur multiplicité n'augmente en rien la richesse nationale. L'utilité qu'ils produisent est détruite à mesure qu'elle est produite, comme celle qui résulte pour le particulier du travail des médecins, et des autres producteurs de produits immatériels.

Qui est-ce qui décide de l'utilité du service des fonctionnaires publics, et du prix qu'il convient d'y mettre ?

Ce ne peut être, comme dans les autres consommations, le consommateur lui-même ; car ici le consommateur est le public, c'est-à-dire un être composé d'une multitude d'individus, et qui ne peut exprimer ses besoins et ses volontés que par des fondés de pouvoirs.

Par qui sont institués ces fondés de pouvoirs ?

Par la constitution politique de l'Etat dont l'examen n'est pas de notre sujet. Nous pouvons seulement remarquer que la constitution politique est meilleure là où le même avantage est acquis au public au moyen des moindres sacrifices.

Quel est le principal avantage qu'une nation puisse retirer de ses dépenses publiques ?

La sûreté des personnes et des propriétés ; parce que sans cela il n'existe pas de société.

Quelles sont les dépenses qui pourvoient à cette sûreté ?

Ce sont les dépenses relatives aux forces de terre et de mer destinées à repousser les attaques des ennemis du dehors ; les dépenses des tribunaux criminels qui répriment les attentats coupables des particuliers ; et celles des tribunaux civils qui repoussent les prétentions injustes qu'un citoyen peut élever contre les droits et les propriétés d'un autre citoyen.

Quel avantage retire le public des dépenses relatives à l'instruction publique ?

L'instruction en adoucissant les mœurs rend plus douces les relations des hommes entre eux ; elle donne de l'ascendant à la raison sur la force ; elle enseigne à respecter les droits d'autrui en éclairant chacun en particulier sur les siens ; enfin par son influence sur la production des richesses, elle est favorable à la prospérité publique dont chaque famille prend sa part.

Est-il nécessaire que toute espèce d'instruction soit donnée aux dépens du public ?

Nullement ; les particuliers ont soin d'acquérir à leurs frais celle qui peut leur être utile dans les fonctions sociales qu'ils sont appelés à remplir ; cependant la classe qui ne vit que de son travail manuel, ne pouvant donner à ses enfants la première instruction (celle qui enseigne à lire, à écrire, et à compter), et la société étant intéressée à ce que cette classe soit civilisée, il lui convient, dans bien des cas, de fournir à ses frais cette première instruction [45].

N'y a-t-il pas quelque autre genre de connaissances qu'il importe aux nations de protéger spécialement ?

Les hautes connaissances, par la nature des choses, ne rapportant pas à ceux qui les cultivent, un revenu proportionné aux services qu'elles peuvent rendre, il importe peut-être aux nations d'en favoriser spécialement les progrès dans quelques écoles spéciales [46].

Quel avantage le public se flatte-t-il d'obtenir en salariant un corps de prêtres ?

Il se flatte de trouver en eux des personnes désintéressées, qui prêchent la vertu par leurs paroles et par leur exemple ; qui exhortent les hommes à l'indulgence les uns envers les autres ; et les consolent dans leurs adversités.

Quels avantages une nation retire-t-elle des établissements de bienfaisance, tels que les hospices, les hôpitaux ?

C'est déjà une satisfaction et un honneur que de venir au secours de l'humanité souffrante ; mais de plus, il faut considérer les hospices qui admettent la vieillesse et l'enfance dénuées d'appui, et les hôpitaux ouverts aux malades indigents, comme des maisons au maintien desquelles on contribue quand on est dans un état d'aisance, pour les trouver au besoin dans les moments de détresse. Il faut seulement prendre de suffisantes précautions pour que ces établissements ne favorisent pas le développement de la classe indigente, et ne multiplient pas les besoins en même temps que les secours.

Quels sont les avantages que les nations retirent des travaux et des édifices publics ?

Les uns comme les grandes routes, les ponts, les ports, facilitent les communications, les rapports des hommes entre eux, et développent tous les avantages qui résultent de ces rapports, avantages que je vous ai fait remarquer en plusieurs endroits de cette instruction.

D'autres établissements publics tels que les embellissements des villes, les promenades publiques, sont favorables à la santé des citoyens, ajoutent aux douceurs de leur existence et les entourent d'objets riants et agréables qui contribuent à leur bonheur. Quant aux monuments purement de luxe, ils flattent la vanité nationale et sous ce rapport on ne peut nier qu'ils ne soient productifs de quelques plaisirs ; mais ce qui flatte le plus la vanité d'un peuple judicieux et éclairé, c'est de montrer que chez lui rien n'est négligé de ce qui est utile, et qu'il met la commodité et la propreté fort au-dessus du faste.

En quoi consiste l'économie de ceux qui gouvernent et administrent les nations ?

Elle consiste à renoncer pour le pays à ces avantages qui coûtent plus qu'ils ne valent ; à obtenir ceux qui sont précieux aux meilleures conditions possibles, et surtout à ne point employer les deniers publics au détriment du public et au profit des intérêts particuliers.

CHAPITRE XXVIII

Des Propriétés publiques et des Impôts [47]

D'où viennent les valeurs qui se consomment pour l'avantage du public ?

Elles proviennent soit des revenus que rendent les propriétés qui appartiennent au public, soit des impôts.

Les propriétés publiques sont-elles celles d'une nation toute entière ?

Quelquefois elles appartiennent à la nation toute entière ; d'autres fois à une partie de la nation, à une province, à une ville [48].

En quoi consistent pour l'ordinaire ces propriétés ?

Ce sont ou des capitaux, ou des biens-fonds, mais le plus souvent des biens-fonds, terres, maisons, usines que le gouvernement ou les communes donnent à bail et dont ils consomment le revenu pour l'avantage du public. Quand ce sont des forêts, on en vend la coupe annuelle [49].

Qui est-ce qui paie les impôts ?

Ce sont les particuliers, que sous ce rapport on nomme contribuables.

En quelles valeurs se paie l'impôt ?

Ordinairement en monnaie du pays ; mais quelquefois aussi en nature, c'est-à-dire en produits, ou bien en corvées où le contribuable fournit son service personnel, ou celui de ses gens et de ses bestiaux. De toutes manières, l'impôt se mesure sur ce qu'il coûte au contribuable, et non sur ce qu'il rend au gouvernement.

Dites-m'en la raison.

Parce que la perte que le gouvernement peut faire sur les valeurs dont il impose le sacrifice au contribuable, ne diminue pas l'étendue de ce sacrifice. Si un gouvernement force des cultivateurs à faire des corvées qui les obligent de négliger leurs récoltes, et qu'il en résulte pour eux, outre la perte de leurs journées évaluées à 50 francs, une autre perte de 50 francs pour le dommage qu'ils éprouvent, ils paient réellement une contribution de 100 francs. Et si au moyen de cet impôt le gouvernement exécute un travail qui aurait pu être exécuté par entreprise pour 30 francs, il est constant que le gouvernement, dans ce cas, a levé un impôt de 100 francs, et qu'il n'a reçu qu'une valeur de 30 francs. C'est comme s'il avait consommé, sans avantage pour le public, une valeur de 70 francs.

Sur quelles valeurs se prélèvent les valeurs payées par les contribuables ?

Sur les profits qu'ils tirent de leur industrie, de leurs capitaux et de leurs terres. C'est une portion de leurs revenus que les contribuables ne consomment pas, et qui est transportée au gouvernement, pour être consommée par lui dans l'intérêt du public. Ainsi, quand on parle des revenus d'une nation, si aux revenus gagnés par les particuliers, on ajoutait le montant des impôts, on compterait cette dernière somme deux fois.

Avec quoi les particuliers paient-ils l'impôt quand leurs revenus ne suffisent pas à leurs dépenses et à cette charge ?

Avec une partie de leurs capitaux ; ce qui attaque une des sources de la production. Ce malheur arrive surtout dans les pays où l'impôt est excessif ; et s'il n'entraîne pas le déclin total du pays, c'est parce que les accumulations faites par certains particuliers, balancent ou surpassent les dommages éprouvés par certains capitaux.

Comment est fixée la quote-part de chacun dans la contribution commune ?

Lorsqu'elle n'est pas fixée arbitrairement, on établit de certaines règles pour parvenir à faire contribuer chaque chef de famille proportionnellement à ses revenus.

Suffit-il pour que l'impôt soit équitable, qu'il se trouve réparti dans une égale proportion sur chaque revenu ?

Non ; un impôt qui s'élèverait au dixième des revenus et qui ferait payer 30 francs à un revenu de 300 francs, serait une charge infiniment plus lourde pour ce revenu, que les dix mille francs que le même impôt ferait payer à un revenu de cent mille francs.

Comment connaît-on les revenus des particuliers ?

Si l'intérêt personnel ne portait pas les hommes à déguiser la vérité, il suffirait de demander à chacun ce qu'il gagne annuellement par son industrie, ses capitaux et ses terres ; on aurait la meilleure base de l'impôt : on lui demanderait une part quelconque de son revenu ; ce serait l'impôt le plus équitable, le moins lourd, et celui dont le recouvrement coûterait le moins.

A défaut de ce moyen, quels sont ceux que l'on emploie pour faire contribuer les particuliers autant qu'on le peut, en proportion de leurs revenus ?

On juge des revenus des propriétaires fonciers d'après la valeur locative de leurs terres ; c'est-à-dire d'après le prix qu'elles se louent, ou qu'elles pourraient se louer : de là la contribution foncière. On juge du revenu de ceux dont les revenus se fondent sur l'intérêt de leurs capitaux ou les profits de leur industrie, d'après la nature de leur commerce, l'importance de leur loyer, le nombre des portes et fenêtres qui se trouvent dans leur habitation : de là les patentes, la contribution personnelle et mobilière, l'impôt des portes et fenêtres.

C'est ce qu'on appelle en France les contributions directes parce qu'on les demande directement et nominativement à chaque particulier.

N'impose-t-on pas d'autres charges sur les revenus ?

Oui ; l'on suppose que chacun fait des consommations proportionnées à ses revenus ; et l'on fait payer les possesseurs de certaines marchandises, présumant que le prix de la marchandise augmentera d'autant et que cette contribution retombera sur ses consommateurs.

Dans quelles occasions fait-on payer les possesseurs de ces marchandises ?

Tantôt c'est au moment de leur première extraction, comme on fait en France pour l'impôt sur le sel, au Mexique et au Pérou pour l'impôt sur l'or et l'argent ; tantôt c'est au moment où les marchandises viennent de l'étranger : d'où résultent les droits de douanes ; ou bien de la campagne dans les villes : d'où résulte en France l'octroi ; tantôt c'est au moment où la marchandise est vendue au consommateur, comme lorsqu'on fait payer les droits sur les boissons, sur les billets de spectacles.

C'est ce qu'on nomme en France les contributions indirectes parce qu'elles ne sont pas directement demandées à ceux sur qui l'on suppose qu'elles retombent.

N'y a-t-il pas d'autres manières d'atteindre les revenus des consommateurs ?

Le gouvernement se réserve quelquefois l'exercice exclusif d'une certaine industrie, et à l'aide du monopole, en fait payer les produits beaucoup au-delà de ce qu'ils lui coûtent de frais de production, comme quand il s'attribue la fabrication exclusive et la vente du tabac ; ou bien le transport des lettres par la poste. Dans ce dernier cas, l'impôt n'est pas égal à la totalité des ports de lettres, mais seulement à la partie de ce port qui excède ce qu'il coûterait, si ce service était abandonné à une libre concurrence.

Ne saisit-on pas d'autres occasions encore de lever des contributions sur les facultés des contribuables ?

Oui ; on lève des droits sur certaines transactions qui se répètent souvent dans une société industrieuse et riche. On fait payer un droit d'enregistrement sur les ventes, les baux, les successions, les contrats, les actes de procédures ; un droit de timbre sur les effets de commerce, les quittances, etc.

Les gouvernements trouvent même des profits dans des loteries, des maisons de jeux, et d'autres lieux où il n'y a aucune valeur produite et où par conséquent l'impôt ne fait qu'aggraver les pertes qu'on y éprouve.

Qu'est-ce que les frais de recouvrement ?

Les frais de recouvrement ou de perception se composent de ce que l'on accorde aux receveurs, aux administrations, aux régies, aux fermiers généraux, chargés de faire payer les contribuables. Ces frais sont une charge pour les nations sans procurer aucun des avantages qui devraient être le dédommagement du sacrifice de l'impôt [50].

CHAPITRE XXIX

Des Effets économiques de l'Impôt

Que peut-on désirer de savoir relativement aux effets de l'impôt ?

On peut désirer de savoir sur qui tombe réellement son fardeau, et quel est son résultat par rapport à la prospérité nationale.

L'impôt ne pèse-t-il pas uniquement sur le contribuable qui l'acquitte ?

Non ; quand c'est le producteur d'un produit qui acquitte l'impôt, il cherche à s'en rembourser autant que possible, en vendant ses produits plus cher. Quand c'est le consommateur, il diminue sa consommation ; d'où résulte une diminution de demande et de prix, qui diminue les profits du producteur.

Faites-moi comprendre ces effets par des exemples.

Lorsqu'on met un droit sur l'entrée à Paris du bois de chauffage, le marchand de bois, pour faire payer ce droit par le consommateur, élève le prix de sa marchandise.

Le consommateur de bois paie-t-il par ce moyen la totalité du droit ?

Probablement non ; car les consommateurs de bois, ou du moins une forte partie d'entre eux réduisent leur consommation à mesure que ce produit devient plus cher. En effet, sur quoi payons-nous notre combustible ? Sur notre revenu, quelle qu'en soit la source. Chacun de nous consacre une portion de son revenu à chacune de ses consommations. Celui qui a dix mille francs à dépenser tous les ans, consacre, par supposition 300 francs à son combustible : il obtient pour cette somme douze mesures de bois. Si l'impôt est d'un sixième de la valeur de la denrée, il n'en obtiendra plus pour la même somme que dix mesures.

Il réduira de même sa consommation de vin en raison de l'impôt sur le vin ; son logement en raison de l'impôt sur les loyers ; et il est impossible qu'il fasse autrement ; car s'il n'a que dix mille francs à dépenser, il est impossible qu'il en dépense douze.

Comment cet effet réagit-il sur le producteur ?

La demande qu'on fait en général d'un produit venant à diminuer à la suite de son renchérissement, les profits des producteurs en sont affectés. Si le bois était à 28 francs la mesure, un droit de 4 francs le porterait à 32 ; mais il faudrait pour cela que la consommation restât la même, ce qui n'est pas possible. Dès lors les producteurs de bois seront forcés de renoncer à une partie de leurs profits et de le céder, par exemple, à 30 francs ; l'acheteur paiera ainsi son combustible 2 francs de plus, quoique le producteur le vende 2 francs de moins ; et le droit de 4 francs aura porté sur le revenu de l'un et de l'autre. Car c'est toujours en définitive les revenus des particuliers qui doivent payer l'impôt [51].

Quand on demande l'impôt au consommateur, comment le producteur en supporte-t-il sa part ?

Par une suite des mêmes nécessités. Si un consommateur achète du vin en Bourgogne, les droits qu'on lui fera payer l'obligeront à réduire sa consommation de vin ; et le marchand, pour vendre, sera obligé de réduire son prix. Aussi remarque-t-on que plus les droits font renchérir les produits, moins les producteurs gagnent.

Est-ce toujours d'après des proportions fixes que les producteurs et les consommateurs supporteront leur part des impôts ?

Non, c'est dans des proportions qui varient beaucoup suivant les denrées et suivant les circonstances. Quelquefois l'acheteur d'une denrée fort nécessaire ne diminue pas sa consommation en vertu du renchérissement ; mais comme il ne peut toujours dépenser qu'une somme bornée, il supprime, en tout ou en partie, une autre consommation ; et c'est quelquefois le producteur de sucre qui supporte une partie d'un impôt mis sur la viande.

Qu'observez-vous à ce sujet ?

Que le bois, le sucre, la viande, ce qu'on appelle communément la matière imposable, ne sont en réalité qu'un prétexte à l'occasion duquel on fait payer un impôt, et que tout impôt porte réellement sur les revenus des consommateurs qu'ils diminuent en rendant les produits plus chers, ou sur les revenus des producteurs en rendant les profits moins considérables. Dans la plupart des cas, ce double effet a lieu tout à la fois [52].

L'impôt ne fait-il pas à une nation un tort indépendant de la valeur qu'il fait payer au contribuable ?

Oui, surtout quand il est excessif. Il supprime en partie la production de certains produits. En France, avant la révolution, une partie des provinces payaient l'impôt sur le sel ; d'autres provinces ne le payaient pas. La consommation de sel était, chaque année, dans les premières de 9 livres de sel par tête, et dans les secondes de 18 livres. Ainsi, outre les 40 millions que payaient les provinces soumises à la gabelle, elles perdaient les profits attachés à la production, et les jouissances attachées à la consommation de 9 livres de sel par personne.

D'autres inconvénients ne suivent-ils pas le recouvrement des droits ?

Oui, c'en est un très grave que la nécessité de visiter aux frontières, et quelquefois à l'entrée des villes, les ballots du commerce et les effets des voyageurs. Il en résulte des pertes de temps et des détériorations de marchandises. Ce mal devient d'autant plus grave que les droits sont plus élevés : ce n'est qu'alors que les particuliers sont excités à la fraude et que le fisc est obligé à des rigueurs.

L'impôt n'a-t-il pas le bon effet de favoriser la production en obligeant les producteurs à un redoublement d'efforts ?

Les producteurs ne sont jamais plus excités à produire, que par la certitude de jouir sans réserve du fruit de leurs efforts ; et l'impôt ne les en laisse pas jouir sans réserve. On peut donc conclure qu'il borne plutôt qu'il n'encourage les efforts de l'industrie [53].

Quels sont les autres effets de l'impôt ?

Quand les droits sont excessifs ils provoquent la fraude ; or la fraude est un tort réel que font les fraudeurs aux producteurs qui ne le sont pas ; elle oblige le gouvernement à prendre des moyens de répression qui sont odieux ; à salarier des armées de commis et de gardes, qui augmentent considérablement les frais de perception.

Ne pourrait-on pas obtenir quelques bons effets des contributions, outre les besoins publics qu'elles sont destinées à satisfaire ?

Oui ; en les faisant porter sur les consommations mal entendues. C'est l'effet que produisent les impôts sur les objets de luxe.

Le gouvernement ne rend-il pas au public par ses dépenses, l'argent qu'il lève sur le public par les contributions ?

Lorsque le gouvernement ou ses agents font des achats avec l'argent qui provient des contributions, ils ne font pas au public un don de cet argent. Ils obtiennent des marchands une valeur égale à celle qu'ils donnent. Ce n'est donc point une restitution qu'ils opèrent. Que penseriez-vous d'un propriétaire foncier qui, après avoir reçu de son fermier le loyer de sa terre, prétendrait lui avoir rendu son fermage parce qu'il l'aurait employé tout entier à acheter le blé, le beurre, les laines du fermier ? Ceux qui pensent que le gouvernement rend à la nation par ses dépenses, ce qu'il lève sur la nation par les contributions, font un raisonnement qui n'est pas moins ridicule.

Cependant le gouvernement par ses dépenses rend à la circulation l'argent qu'il a levé.

L'argent qu'il reverse dans la circulation ne vaut pas plus que les objets qu'il achète, en supposant les achats faits selon les prix courants.

Il encourage du moins la production des objets qu'il achète.

Oui ; mais s'il avait laissé cet argent aux contribuables, ceux-ci auraient employé ce même argent à des achats d'où serait résulté un encouragement précisément égal ; et même ceux des objets achetés qu'on aurait employés à des consommations reproductives, auraient eu, outre cet avantage, celui d'ajouter aux capitaux de la nation et de multiplier ses profits.

CHAPITRE XXX

Des Emprunts publics

Dans quel but les gouvernements font-ils des emprunts ?

Dans le but de subvenir à des dépenses extraordinaires que les rentrées ordinaires ne suffisent pas pour acquitter.

Avec quoi paient-ils les intérêts des emprunts qu'ils font ?

Ils les paient, soit en mettant un nouvel impôt, soit en économisant sur les dépenses ordinaires une somme annuelle suffisante pour payer cet intérêt.

Les emprunts sont donc un moyen de consommer un principal dont une portion de l'impôt paie la rente ?

Oui.

Quels sont les prêteurs ?

Les particuliers qui ont des capitaux ou des portions de capitaux dont ils peuvent disposer.

Puisque le gouvernement représente la société, et que la société se compose des particuliers, dans les emprunts publics, c'est donc la société qui se prête à elle-même ?

Oui : c'est une partie des particuliers qui prête à la totalité des particuliers ; c'est-à-dire à la société, ou à son gouvernement.

Quel effet produisent les emprunts publics par rapport à la richesse générale ? l'augmentent-ils ? la diminuent-ils ?

L'emprunt en lui-même ne l'augmente ni ne la diminue ; c'est une valeur qui passe de la main des particuliers aux mains du gouvernement, un simple déplacement. Mais comme le principal de l'emprunt, ou, si l'on veut, le capital prêté, est ordinairement consommé à la suite de ce déplacement, les emprunts publics entraînent une consommation improductive, une destruction de capitaux.

Un capital ainsi prêté n'aurait-il pas été consommé de même, s'il fût resté entre les mains des particuliers ?

Non ; les particuliers qui ont prêté un capital avaient intention de le placer, et non de le consommer. S'ils ne l'eussent pas prêté au gouvernement, ils l'auraient prêté aux gens qui l'auraient fait valoir ; ou bien ils l'auraient fait valoir eux-mêmes : dès lors ce capital aurait été consommé reproductivement au lieu de l'être improductivement. Le capital de la nation se serait trouvé accru.

Le revenu total de la nation est-il augmenté ou diminué par les emprunts publics ?

Il est diminué, parce que tout capital qui se consomme, entraîne la perte du revenu qu'il aurait procuré.

Cependant ici, le particulier qui prête ne perd point de revenu, puisque le gouvernement lui paie l'intérêt de ses fonds : or, si le particulier ne perd aucun revenu, qui peut faire cette perte ?

Ceux qui font cette perte sont les contribuables qui fournisssent une augmentation d'impôt, que l'on emploie à payer au rentier l'intérêt de l'emprunt.

Si le rentier touche d'un côté un revenu que le contribuable fournit d'un autre côté, il me semble qu'il n'y a aucune portion de revenu perdue, et que l'Etat a profité du principal de l'emprunt qu'il a consommé.

Vous êtes dans l'erreur ; il y a dans la société un revenu perdu : celui du capital prêté au gouvernement. Si j'avais fait valoir, ou qu'un entrepreneur d'industrie eût fait valoir pour moi un capital de 10 mille francs, j'en aurais retiré un intérêt de 500 francs qui n'aurait rien coûté à personne, puisqu'il serait provenu d'une production de valeur. On ouvre un emprunt et je prête cette somme au gouvernement. Elle ne sert pas dès lors à une production de valeur ; elle ne fournit plus de revenu ; et si le gouvernement me paie 500 francs d'intérêt, c'est en forçant des producteurs, agriculteurs, manufacturiers, ou négociants, à sacrifier une partie de leurs revenus pour me satisfaire. Au lieu de deux revenus dont la société aurait profité (celui de 500 francs produit par mon capital placé reproductivement, et celui de 500 francs produit par l'industrie du contribuable) il ne reste plus que celui du contribuable que le gouvernement me transfère après avoir consommé à jamais mon capital [a].

Sous quelle forme un gouvernement reçoit-il en général les capitaux qu'on lui prête ?

Il met en vente 3 francs, ou 4 francs, ou 5 francs de

a. Voyez dans mon *Traité d'économie politique*, liv. III, chap. IX, un tableau synoptique de la marche de ces valeurs.

rente annuelle, et il vend cette rente au cours que les rentes qu'il a précédemment vendues, ont actuellement sur le marché. Dans cette vente qu'il fait, il reçoit un capital d'autant plus considérable, que le prix courant des rentes est plus élevé ; lorsque le prix d'une rente de 5 francs est à 100 francs, il reçoit 100 francs de principal pour chaque fois 5 francs de rente qu'il promet de payer ; lorsque le prix d'une rente de 5 francs est à 80 francs, il reçoit seulement 80 francs de principal pour une rente de 5 francs.

Conséquemment il emprunte à des conditions d'autant meilleures, que le prix de la rente est plus haut ; et le prix de la rente est d'autant plus haut, que les capitaux disponibles sont plus abondants, et que la confiance dans la solidité des promesses du gouvernement est mieux établie [54].

Quelles sont les principales formes sous lesquelles un gouvernement paie l'intérêt de ses emprunts ?

Tantôt il paie un intérêt perpétuel du capital prêté qu'il ne s'oblige pas à rembourser. Les prêteurs n'ont dans ce cas d'autre moyen de recouvrer leur capital, que de vendre leur créance à d'autres particuliers, dont l'intention est de se substituer à eux.

Tantôt il emprunte à fonds perdu, et paie au prêteur un intérêt viager.

Tantôt il emprunte à charge de rembourser, et il stipule, soit un remboursement pur et simple, par parties, en un certain nombre d'années, soit un remboursement par la voie du sort, et auquel sont quelquefois attachés des lots.

Tantôt il fait des anticipations, c'est-à-dire négocie, vend des délégations qu'il donne sur les receveurs des contributions. La perte qu'il fait de l'escompte représente l'intérêt de l'avance qu'on lui fait.

Tantôt il vend des offices publics, et paie un intérêt de la finance fournie. Le titulaire ne rentre dans son principal qu'en vendant la charge. Souvent le prix des charges est payé sous le nom de cautionnement.

Toutes ces manières d'emprunter ont pour effet de retirer des emplois productifs, des capitaux qui sont immédiatement consommés pour un service public.

Les gouvernements n'ont-ils pas des moyens de rembourser leurs emprunts, même ceux dont ils ont promis de payer perpétuellement l'intérêt ?

Oui, par le moyen de caisses d'amortissement.

Qu'est-ce qu'une caisse d'amortissement ?

Lorsqu'on met sur les peuples un impôt pour payer les intérêts d'un emprunt, on le met un peu plus fort qu'il n'est nécessaire pour acquitter ces intérêts ; cet excédent est confié à une caisse spéciale qu'on nomme *caisse d'amortissement*, et qui l'emploie à racheter chaque année, au cours de la place, une partie des rentes payées par l'Etat. Comme les mêmes rentes continuent toujours à être payées, l'année suivante, la caisse d'amortissement consacre au rachat des rentes, non seulement la portion d'impôt qui lui est attribuée dans ce dessein, mais encore les arrérages des rentes qu'elle a rachetées jusque-là.

Cette manière d'éteindre la dette publique, par son action progressivement croissante, parviendrait à éteindre assez rapidement les dettes publiques, si les fonds des caisses d'amortissement n'étaient jamais détournés pour d'autres emplois, et si la dette n'était pas alimentée par des emprunts sans cesse renaissants, qui mettent annuellement sur la place plus de rentes que la caisse d'amortissement n'en rachète.

Qu'en concluez-vous ?

Qu'une caisse d'amortissement est plutôt un moyen de soutenir le crédit du gouvernement, qu'une voie pour parvenir au remboursement de la dette publique ; et que le crédit du gouvernement est un moyen qui lui est offert pour consommer des capitaux dont les contribuables paient les intérêts.

Quelle est la situation la plus favorable où puisse être une nation relativement au crédit public ?

C'est lorsqu'elle est toujours en état d'emprunter, et qu'elle n'emprunte jamais.

L'économie des nations est donc la même que celle des particuliers ?

Sans aucun doute. De même que ce serait folie de croire qu'il peut y avoir deux arithmétiques différentes, une pour les individus, l'autre pour les nations, c'est une déraison que de s'imaginer qu'il peut y avoir deux Economies politiques.

NOTES

Ces Notes ne sont pas destinées aux commençants. Elles pourront servir à prouver aux personnes plus avancées, que les notions élémentaires contenues dans ce Catéchisme, sont fondées sur des principes rigoureux.

Note 1, page 313

Dans un ouvrage élémentaire où l'on est obligé d'employer le langage commun surtout en commençant, j'ai dû renoncer à des expressions plus exactes, mais qui supposent dans le lecteur et plus d'instruction et plus de capacité pour réfléchir.

Tous les biens capables de satisfaire les besoins des hommes ou de gratifier leurs désirs sont de deux sortes : ce sont ou des *richesses naturelles* que la nature nous donne gratuitement, comme l'air que nous respirons, la lumière du soleil, la santé ; ou des *richesses sociales* que nous acquérons par des services productifs, par des travaux.

Les premières ne peuvent pas entrer dans la sphère de l'économie politique, par la raison qu'elles ne peuvent être ni produites, ni distribuées, ni consommées.

Elles ne sont pas *produites*, car nous ne pouvons pas augmenter, par exemple, la masse d'air respirable qui enveloppe le globe ; et quand nous pourrions fabriquer de l'air respirable, ce serait en pure perte, puisque la nature nous l'offre tout fait.

Elles ne sont pas *distribuées*, car elles ne sont refusées à personne, et là où elles manquent (comme les rayons solaires à minuit), elles sont refusées à tout le monde.

Enfin elles ne sont pas *consommables*, l'usage qu'on en fait ne pouvant en diminuer la quantité.

Les *richesses sociales*, au contraire, sont tout entières le fruit de la *production*, comme on le voit dans la suite de l'ouvrage ; elles n'appartiennent qu'à ceux entre lesquels elles se *distribuent* par des procédés très compliqués et dans des proportions très diverses ; enfin elles s'anéantissent par la *consommation*. Tels sont les faits que l'économie politique a pour objet de décrire et d'expliquer.

Note 2, page 314

L'idée de la propriété ne peut être séparée de l'idée d'une mesure des richesses, car ce qui fait grande la richesse du possesseur d'un objet, rend petite la richesse de ceux qui ont besoin de l'acquérir. Ainsi quand le blé renchérit, la richesse de ceux qui en ont, devient plus grande, mais la richesse de ceux qui sont obligés de s'en pourvoir, diminue.

Ainsi l'on ne peut pas dire : *tel objet est une grande ou une petite richesse selon qu'il a beaucoup ou peu de valeur* ; mais *la richesse de telle personne ou de telle communauté est grande, quand les objets qu'elles possèdent, ont beaucoup de valeur ; elle est petite dans le cas contraire.*

C'est ce qui fait que les variations dans la valeur réciproque des produits ne changent rien aux richesses d'une nation. Ce qui est gagné d'un côté est perdu de l'autre.

C'est ce qui fait en même temps que toute une nation est plus riche quand les frais de production baissent pour quelque produit que ce soit ; dans ce cas la nation, qui est l'acheteur de ce produit, le paie moins cher, sans que le vendeur y perde ; car le vendeur de son côté acquiert à meilleur compte un objet qu'il produit avec moins de frais.

Note 3, page 314

On sent que l'échange, ou tout au moins la possibilité de l'échange, est nécessaire pour déterminer la valeur d'une chose qui sans cela serait arbitraire. Je peux estimer dix mille francs un jardin que j'affectionne ; mais cette estimation est arbitraire si personne ne consent à m'en donner ce prix ; quand sa valeur échangeable n'est que de cinq mille francs, je ne suis en réalité riche que de cinq mille francs à raison de ce jardin : c'est-à-dire que je peux en le cédant me rendre maître de toutes les jouissances que l'on peut avoir pour cinq mille francs.

Note 4, page 316

C'est l'utilité d'une chose et non les frais de production, qui en fait la valeur ; car un poêle coûterait en Italie des frais de production, et cependant n'y aurait point de valeur ; mais il faut qu'en chaque lieu, l'utilité soit assez grande pour déterminer les hommes à payer les frais de production que coûtera la chose. En Suède un poêle est assez utile pour valoir ses frais de production ; mais il ne les vaut pas en Italie. Comme les choses ne sont pas produites quand elles ne valent pas leurs frais de production ; et que d'un autre côté elles sont produites du moment que les consommateurs consentent à payer ces frais-là, plusieurs auteurs ont écrit que c'étaient les frais qui étaient la cause de la valeur.

Note 5, page 316

Une personne qui fabrique ainsi des choses à son usage, se procure et consomme des richesses dont la valeur n'a pas été contradictoirement débattue et arrêtée entre un vendeur et un acheteur. On n'est point fondé d'après cela à dire que la richesse consiste dans la chose et non dans la valeur de la chose ; ce serait ramener la confusion des richesses naturelles avec les richesses sociales, et embrouiller ce qui est éclairci, comme font certains auteurs.

Un produit que son producteur consomme lui-même, a une

valeur échangeable *possible*, qui est la valeur qu'il aurait si son possesseur voulait le vendre ; il a même une valeur échangeable *réelle*, qui est le travail auquel on s'est livré pour l'acquérir. Voilà ce qui en fait une partie de ce que nous avons nommé *richesses sociales*. Si, aux yeux du possesseur, ce produit vaut fort au-delà du travail qui a été nécessaire pour l'acquérir, on en peut dire autant d'un produit qui ayant été acheté, procure à son acquéreur tant de satisfaction, qu'il vaut à ses yeux beaucoup plus qu'il n'a payé pour l'avoir. C'est une évaluation personnelle et arbitraire qui ne sert nullement de base à l'importance des richesses sociales.

L'exemple rapporté dans le texte fait voir que les richesses sociales ne sont point un don gratuit fait à l'homme ; qu'elles ont nécessairement une valeur ; et qu'il faut toujours les payer soit par un travail qui a un prix, soit par un autre produit qui a un prix également.

On doit en excepter toutefois les produits du fonds de terre qui, comme on le verra ailleurs, sont une valeur que le propriétaire, ou ses prédécesseurs possèdent à titre gratuit et qu'ils ne cèdent pas de même. Les motifs en sont donnés à l'endroit où il en est question.

Note 6, page 316

Un verre d'eau douce peut avoir un très grand prix dans une traversée de mer, lorsque la provision d'eau est épuisée, et quoiqu'il n'ait rien coûté à celui qui se trouve en avoir en sa possession. Cette circonstance extraordinaire qui augmente beaucoup la valeur d'une chose sans qu'on y ait ajouté une nouvelle utilité, n'est point un accroissement, mais un déplacement de richesse. Elle fait passer la valeur du verre d'eau de la poche du passager qui le désire ardemment, dans celle du passager qui consent à s'en passer.

Note 7, page 320

Avant qu'une analyse rigoureuse des opérations productives eût été faite, les auteurs qui ont écrit sur le commerce, ont dit et répété les uns après les autres, que le commerce consiste essentiellement dans l'échange que l'on fait du superflu de ses marchandises contre le superflu des autres ; et que le commerce est profitable en ce que des deux parts on gagne à ce marché. Ce n'est point là le fondement de la production commerciale.

Il n'y a une nouvelle valeur produite que là où il y a une utilité produite et que cette utilité est le fruit d'un service, d'un travail quelconque. Or quelle est l'utilité donnée par le commerçant à la marchandise qu'il me vend ? C'est évidemment de l'avoir mise sous ma main. La localité d'un objet, si je peux m'exprimer ainsi, est une partie de ses propriétés ; on le modifie en le changeant de place ; et on le modifie surtout sous le rapport de son utilité ; car un objet auquel on ne saurait atteindre, ne peut servir.

Cette modification est antérieure au moment de l'échange, car l'échange ne modifie rien. Deux produits, une balle de café d'un côté, une somme d'argent de l'autre, arrivés en présence, sont, après l'échange conclu, au même état qu'auparavant : ils sont au même lieu, et valent toujours leur prix courant du moment. Mais pour que la balle de café vînt là, il a fallu qu'il eût des services rendus par des commissionnaires, des armateurs, des matelots, des commis, par le négociant lui-même qui a conçu l'opération ; les capitaux eux-mêmes employés dans cette affaire ont rendu des services ; voilà une partie des éléments du prix de la marchandise, éléments véritablement productifs, car il fallait que tous ces services fussent rendus pour que le résultat fût obtenu. Le fait de la vente et de l'achat a constaté l'existence de cette valeur, mais ne l'a pas donnée.

C'est cette analyse qui a tiré la théorie de la production commerciale, de la région des systèmes et des idées vagues ; et ceux qui se prévalent de ce que les vrais principes de l'économie politique sont encore trop peu répandus pour reproduire les suppositions gratuites de Condillac à ce sujet, se donnent beaucoup de peine pour remettre dans l'obscurité ce qu'on en a tiré. Ils feraient rétrograder les connaissances humaines si cela était possible.

Dans ce qui précède je mets hors de la question le cas où l'un des deux contractants est dupé par l'autre, et vend, par exemple, dans un lieu donné, du café à dix pour cent au-dessus du cours. Cela ne change rien à la valeur du café. Le profit frauduleux que fait le vendeur en vertu de ce marché, est une perte pour l'acheteur qui a payé à tort, tout autant que l'autre a gagné à tort. Ce n'est point là une valeur produite : c'est une valeur qui a passé d'une poche dans une autre, comme les pertes et les gains du jeu, comme les profits des voleurs.

Note 8, page 322

Il y a bien des découvertes scientifiques qui n'ont point d'application immédiate dans les opérations industrielles. Il ne faut cependant pas les regarder comme nulles par rapport à ces opérations.

1°. Parce qu'une découverte à laquelle on n'a point trouvé encore d'utilité, comme l'électricité galvanique, peut en présenter plus tard.

2°. Parce qu'une connaissance qui n'a point encore d'applications, sert à compléter des notions applicables, à donner des idées plus justes sur certains points qu'il est utile de connaître. Des recherches faites sur la chaleur et sur les gaz, ont conduit à des résultats fort importants pour la théorie et la pratique des machines à vapeur, appelées improprement par le vulgaire pompes à feu.

Note 9, page 322

Les profits de l'entrepreneur lui-même font partie des frais de production, puisque son temps et son travail ont un prix, et font partie des avances qu'il est obligé de faire, et qui, par conséquent, doivent être remboursées par la valeur des produits qui seront le fruit de cet ensemble de travaux.

Note 10, page 326

On voit que c'est la manière dont on emploie, dont on use une valeur, et non la nature de sa substance qui en fait un capital. Si l'on consomme une valeur de manière à ne reproduire aucune autre valeur, cette valeur cessant de se perpétuer, n'est plus un capital ; elle n'existe plus. Mais lorsqu'on la consomme de manière à la reproduire sous une autre forme, pour la consommer de nouveau et la reproduire encore, cette valeur, quoique servant continuellement, se perpétue et forme un fonds permanent qui est ce qu'on appelle un capital.

De l'huile brûlée pour éclairer un bal est une dépense perdue. De l'huile brûlée pour éclairer des ateliers, est une valeur qui se reproduit à mesure qu'elle se détruit, et qui passe dans les produits que l'on fabrique dans ces ateliers.

Ce n'est donc point telle matière, ou telle autre, dont se composent les capitaux d'un pays : ils se composent de toutes les matières employées dans un usage reproductif, et non dans les autres. De la monnaie d'argent amassée pour faire des avances à la production, fait partie d'un capital ; de la monnaie reçue comme un profit et dépensée pour l'usage de la famille, ne fait point partie d'un capital.

Note 11, page 327

Il y a eu de grandes confusions d'idées relativement à la consommation du capital circulant. On a cru que le salaire de l'ouvrier était consommé *reproductivement* par l'entrepreneur qui en fait l'avance, et *improductivement* par l'ouvrier et sa famille qui emploient leurs profits à la satisfaction de leurs besoins. Mais une même valeur consommée deux fois est une absurdité.

Si l'on veut se représenter sous une image sensible ce mécanisme assez compliqué, il faut supposer que l'ouvrier, au lieu de vendre sa journée de travail à un entrepreneur, vient lui vendre une corbeille, fruit de son travail d'un jour. L'entrepeneur, après avoir employé une partie de son capital à l'achat de cette corbeille, la consomme dans son exploitation. L'ouvrier en emporte le prix dans son ménage, et l'y consomme de son côté. On voit qu'il y a là-dedans échange de deux objets, et consommation des deux objets après l'échange effectué. L'une de ces consommations a été opérée reproductivement chez l'entrepreneur, et cette consommation a contribué à la création d'un nouveau produit dont la valeur réintègre son capital. L'autre a été opérée improductivement chez l'ouvrier, où elle a servi à satisfaire aux besoins de sa famille.

Maintenant qu'on substitue à une corbeille vendue, une journée d'ouvrier vendue à un entrepreneur. Le résultat est le même. Dans les deux cas l'entrepreneur consomme la journée de travail de l'ouvrier.

En général, dans toute entreprise industrielle, le capital tout entier est employé à acheter des *services productifs* rendus par des hommes ou par des choses. Voilà les avances. Ces services productifs sont consommés reproductivement dans l'entreprise ; et les produits qui résultent de cette dernière consommation, rétablissent le capital.

Je mets au rang des services que le capital achète, les travaux de l'entrepreneur lui-même, et le service du capital lui-même qui se paie sous le nom d'intérêts.

Note 12, page 331

A l'aide des fonds de terre, des mines, l'industrie met à la portée des consommateurs des produits qui valent plus que les travaux industriels et l'intérêt des capitaux qui ont concouru à les produire. C'est cet excédent qui forme le profit du propriétaire. On peut considérer cet excédent comme le revenu du fonds que la nature a donné gratuitement au premier propriétaire des terres, des mines, etc.

Note 13, page 332

A parler rigoureusement les poids et les ressorts n'ont pas une force qui leur soit propre ; ils ont seulement une propriété qui permet de répandre sur les rouages par petites portions, l'action, fournie tout à la fois, de celui qui a monté les horloges. C'est là la propriété dont il est question ici et qui fait partie des dons gratuits faits à l'homme par le créateur.

Note 14, page 332

C'est ce qui est arrivé dans les environs de Rome moderne, où il y avait autrefois de grandes améliorations et beaucoup de constructions qui ont complètement disparu par l'effet des substitutions et d'un mauvais gouvernement. Ces terres aujourd'hui se louent comme pâturages et ne rapportent à leurs propriétaires que le produit du sol, sans rien qui représente l'intérêt d'aucun capital.

Note 15, page 336

On voit que la création des produits n'exige pas la consommation des fonds productifs (terres, capitaux, talents industriels), mais qu'elle exige la consommation de leurs services, de leur action ; car s'ils n'agissent pas, rien n'est produit. Un champ en friche, un capital dans un coffre, et une réunion d'hommes intelligents et forts, mais avec les bras croisés, ne produiront pas pour une obole de valeurs.

C'est faute de cette analyse rigoureuse que les gens du monde et les écrivains qui parlent d'économie politique sans la savoir, se perdent tous les jours, quand ils veulent expliquer la consommation reproductive des capitaux. Le capital, ou plutôt la valeur capitale, ne se détériore point dans la production, quoique la substance où réside la valeur capitale, se détériore. Un fabricant de draps emploie une partie de son capital à acheter des laines : cette valeur n'est point consommée ; elle est en laine au lieu d'être en argent ; voilà toute la différence. — Le même fabricant fait filer sa laine : cette dépense n'est point une consommation de valeur, bien qu'elle soit une destruction de travail ; car le prix du travail a passé dans le fil de laine, puisqu'il vaut plus que la laine simple. — Le fabricant fait teindre son fil : la valeur de la teinture n'est point consommée, quoique la drogue le soit : elle a passé dans le fil qui vaut plus étant coloré que ne l'étant pas. Il en est de même de toutes les autres avances ; tellement que le produit étant terminé, le capital est encore dans son entier. L'entrepreneur a en draps une valeur qu'il avait en argent lorsqu'il a commencé.

Qu'est-ce donc qui a été consommé reproductivement puisque ce n'est pas le capital ? Ce sont les services de tous les producteurs et de leurs instruments, lesquels ont été achetés au moyen de ce capital, mais sans le détruire, et ce capital a finalement reparu dans la valeur du produit qui est résulté de ces mêmes services.

Note 16, page 337

Le traducteur anglais de mon *Traité d'économie politique*, où ces mêmes principes sont exposés, avec des preuves et des exemples que n'admet point cet ouvrage-ci, m'a reproché de n'avoir pas fait entrer les services productifs (*difficulties of attainment*) comme éléments dans la valeur des produits, tandis qu'un des fondements de mon ouvrage est ce principe que la production est un grand échange où un entrepreneur d'industrie donne *des services productifs* (ou leur prix quand il est obligé de les acheter) pour obtenir en retour *des produits*. D'où il suit que l'entrepreneur ne peut pas, sans y perdre, vendre ses produits à un prix inférieur à ce que les services productifs lui ont coûté. Mais quel motif détermine le consommateur à mettre au produit un prix tel que les services productifs soient remboursés ? L'utilité ; et l'utilité seule ; car il est bien évident que si un ouvrier se donne beaucoup de peine pour faire une chose qui n'est bonne à rien, personne ne voudra payer un prix quelconque pour cette chose.

Quiconque livre ses ouvrages à l'impression, doit s'attendre aux jugements hasardés qu'on en voudra porter ; et s'en inquiéter peu, s'il a raison.

Note 17, page 343

On sent que la multitude des conséquences et des applications que l'on peut faire des principes de l'économie politique, ne peuvent être remarquées ni même indiquées dans un ouvrage du genre de celui-ci, dont le but est seulement de répandre quelques notions justes relativement aux principes fondamentaux de cette science.

De ce que les services rendus par les administrateurs, les juges, les militaires de tous les grades sont des produits immatériels quand ces services sont réclamés par les besoins de la société, il ne s'ensuit pas qu'ils soient des produits quand ils ne servent de rien à la société. Un pays qui salarie un état-major trop nombreux, ou trop bien galonné, consomme des frais de production qui n'ajoutent rien à l'utilité du produit. Il ressemble à une nation qui pour se chauffer, consommerait dans ses cheminées des bûches faites au tour.

Ce serait bien pis si, au lieu de faire payer à la nation un service inutile, on lui faisait payer un tort véritable qu'on lui ferait regarder comme un service qu'on lui rend.

Note 18, page 349

Il convient de donner beaucoup d'attention à ce principe, que rien n'augmente les richesses, que ce qui ajoute à la valeur des choses, en ajoutant à leur utilité. Quand le gouvernement, après s'être réservé la vente du tabac, vous vend trois francs une livre de cette marchandise, qui ne lui revient qu'à un franc, il ne triple pas la richesse que le pays possède en tabacs. Il crée une richesse égale à vingt sous : c'est le prix de l'utilité donnée à ce produit par les producteurs ; et en même temps, il fait payer à chacun de ceux qui veulent consommer une livre de tabac, un droit de quarante sous, pour lequel il ne leur donne rien. Ces quarante sous sont une contribution, un impôt qui passe de la poche du contribuable dans les mains du receveur ; ils sont une richesse précédemment créée, non par les producteurs de tabacs, mais par le contribuable, et que celui-ci sacrifie gratuitement aux besoins de l'Etat.

De même, lorsqu'une gelée tardive endommage la vigne, et fait monter à cent-cinquante francs un tonneau de vin, dont les frais de production et le prix ne s'élevaient qu'à 100 francs, il ne faut pas croire que la richesse du pays soit augmentée. Les cinquante francs que gagnent, dans ce cas, par tonneau, les propriétaires de vin, sont perdus par les consommateurs de cette denrée. L'effet est le même que si les propriétaires avaient vendu leurs tonneaux cent francs chacun, et s'étaient fait payer, en outre, cinquante francs par les acquéreurs, comme une espèce d'indemnité des pertes qu'ils ont à supporter dans les mauvaises années.

Il n'y a de richesse produite que la valeur des services productifs qui ont servi à créer un produit ; car la valeur d'un produit qui excéderait celle des services productifs, serait une richesse naturelle pour laquelle on n'aurait rien donné ; la faire payer dans ce cas, serait recevoir un tribut gratuit. Tel est le nom mérité de tout excès de valeur fondé sur un besoin extraordinaire, sur un monopole, sur l'ignorance où l'acheteur est du prix courant, etc.

Si, par impossible, le gardien d'un prisonnier renfermé dans un cachot lui vendait à prix d'argent la lumière du soleil, certes, le prisonnier achèterait une chose pour lui d'un grand prix ; mais la valeur de cette précieuse lumière ne serait pas une richesse de plus dans le monde. Ce serait un bien naturel et gratuit, étranger aux richesses sociales, que le geôlier vendrait contre une portion quelconque de richesses sociales, de richesses produites, dont il dépouillerait le prisonnier.

M. *David Ricardo*, en Angleterre [a], me reproche de ne pas tenir compte de ce qu'il appelle, d'après *Adam Smith, value in use* (*valeur d'utilité*, ou plutôt *utilité sans valeur, car valeur d'utilité* [b] est à mon gré un contre-sens, et voilà pourquoi j'ai rejeté cette expression de Smith). Certes, ce n'est pas sans dessein ; car je pense que de l'utilité sans valeur n'entre pas dans les considérations relatives aux richesses sociales, ni, par conséquent, dans la sphère de l'économie politique.

M. *David Ricardo*, développe ainsi son idée sur la *valeur d'utilité* : « Quand je donne deux mille fois plus de drap pour une livre d'or que pour une livre de fer, cela prouve-t-il que je trouve deux mille fois plus d'utilité dans l'or que dans le fer [c] ? »

Non : mais en supposant, pour un moment, qu'une livre d'or et une livre de fer rendent à l'homme autant de service l'une que l'autre, malgré l'inégalité de leur valeur, je dis qu'il y a dans une livre de fer :

	1999	degrés d'utilité naturelle, faisant partie des richesses que la nature ne nous fait pas payer, comme la lumière du soleil.
Plus	1	degré d'utilité créé par l'industrie, que l'industrie nous fait payer parce qu'elle le paie elle-même en frais de production ; c'est ce degré d'utilité qui est la seule valeur qui fasse partie des richesses sociales, unique objet de l'économie politique.
	2000	degrés d'utilité en tout.

Tandis que, dans une livre d'or, il y a

2000 degrés d'utilité, créés par l'industrie, faisant partie des richesses sociales, et, par conséquent, entrant dans la sphère de l'économie politique.

a. D. Ricardo, *On the principles of political Economy*, 2e éd., p. 336.

b. *Smith*, avec son bon sens ordinaire, après avoir seulement nommé cette *valeur d'utilité*, ne la fait jamais entrer dans ses considérations d'économie politique.

c. D. Ricardo, *ibid.* 332.

Et dans la société la livre d'or vaut deux mille fois autant que la livre de fer, parce qu'il faut deux mille fois autant de frais de production pour créer l'or que le fer, et que l'utilité qu'on lui trouve suffit pour faire consentir un certain nombre de personnes à payer ce prix-là.

Note 19, page 351

Le prix en monnaie de deux produits n'est que l'expression, en un seul mot, des quantités de chacun d'eux mutuellement offertes et acceptées en échange l'une de l'autre. Je m'explique.

Chaque producteur se présente avec son produit sur le marché de chaque lieu [a], pour échanger ce produit contre un autre (car on sait fort bien que les ventes et les achats ne sont que des échanges, et que, dans la réalité, on échange les produits que l'on vend contre ceux que l'on achète). Si j'offre quatre hectolitres de blé à 15 francs l'hectolitre (les quatre valant, par conséquent, 60 francs), et si j'obtiens en échange deux aunes de drap à 30 francs (valant de même 60 francs), le prix des deux produits n'est-il pas l'expression abrégée de deux aunes et de quatre hectolitres, c'est-à-dire de la quantité des deux produits qui ont une égale valeur, et qui peuvent s'échanger l'un contre l'autre ?

Admettons maintenant le cas où, pour les mêmes frais de production (c'est-à-dire avec le même fermage payé, avec la même main-d'œuvre payée, etc.), un producteur de blé n'obtienne que trois hectolitres, au lieu de quatre. Pour rentrer dans ses frais de production, en supposant que le prix des draps, ou de toute autre marchandise, soit resté le même, il demandera 20 francs pour chaque hectolitre de blé, et le prix commun de 60 francs pour trois hectolitres et pour deux aunes d'étoffe, sera encore l'expression abrégée de la quantité des deux produits qui s'échangent l'un contre l'autre.

On voit par là comment la valeur d'une chose augmente en proportion de ce qu'elle est moins offerte (tout le reste étant d'ailleurs en même position) ; et comment sa valeur diminue en proportion de ce qu'elle est plus offerte ; c'est-à-dire offerte en plus grande quantité. La seule quantité qu'on offre et qu'on demande, est l'expression de la valeur.

La quantité d'une marchandise qui est offerte en échange dans toutes les transactions particulières, est une conséquence de la quantité générale de la même marchandise qui est sur le marché.

Note 20, page 355

On voit que la monnaie n'est pas seulement un *signe* des valeurs, mais une valeur par elle-même ; qu'elle est susceptible de toutes les variations que subissent toutes les autres choses évaluables, et par les mêmes causes. Elle est seulement exposée à moins de dépréciation par l'usage qu'on en fait, que la plupart des autres meubles, et

a. Dans l'acception usuelle, le mot *marché* signifie le lieu où l'on se rassemble pour vendre et acheter. En économie politique, il faut étendre cette signification à tout le canton, et même à tout le pays où l'on trouve à vendre une marchandise. La France est un marché pour le coton d'Amérique : les Etats-Unis sont un marché pour les soieries de Lyon.

il faut qu'elle soit bien vieille et bien usée, pour qu'on ne puisse pas la *revendre* sur le même pied qu'on l'a *achetée*, quand sa valeur n'a pas été altérée par d'autres causes que celle-là.

Elle n'a pas non plus les qualités qui peuvent en faire une *mesure des valeurs* ; et, rigoureusement parlant, il n'y a point de mesure des valeurs. Au moment où un échange se conclut, la quantité d'un des termes de l'échange est la mesure de la valeur de l'autre ; lorsqu'on échange cent livres de blé contre dix pièces d'un franc, les cent livres de blé valent dix francs, et les dix francs valent cent livres de blé ; mais si à quelques lieues de là, cent livres de blé valent onze francs, ce peut être tout aussi bien parce que les francs valent *moins* que parce que le blé vaut *plus*.

On peut à la vérité comparer la valeur de deux objets qui sont en présence, en les évaluant l'un et l'autre en écus, parce qu'au même moment et au même lieu, un écu vaut autant qu'un autre, et deux écus valent le double d'un seul. Je dirai donc en conséquence qu'une maison de dix mille francs vaut vingt fois plus qu'un cheval de cinq cent francs ; mais qui ne voit qu'alors les francs n'indiquent rien de plus qu'un rapport de nombres, et que la comparaison de ces deux valeurs serait tout aussi bonne, en disant qu'elles sont l'une à l'autre dans le rapport de 10 000, à 500 ou de 20 à 1 ?

Il est vrai que lorsqu'on me dit qu'un cheval vaut 500 francs, j'ai une idée un peu plus nette de la quantité de divers objets qu'il peut procurer à son maître s'il veut s'en défaire, que si on l'évaluait en blé ou en sucre. D'où vient cela ? de ce que nous avons une plus grande habitude de la valeur courante de la monnaie, que de toute autre marchandise, et que nous savons à peu près tout ce qu'une certaine somme pourrait nous procurer si nous voulions en disposer. Mais cette somme ne vaut elle-même que les diverses quantités de diverses choses qu'elle peut acheter ; ce qui rend sa valeur perpétuellement variable. Il n'en est pas de même d'un mètre, d'un hectolitre, qui sont des grandeurs fixes, invariables, indépendantes des objets qu'on mesurera par leur moyen.

On peut donc se servir de la monnaie pour se faire une idée de ce que peut valoir une chose, ici et à présent ; mais elle ne sert presque en rien pour indiquer la valeur d'une chose dont nous sommes séparés par les temps et par les lieux. Une maison de dix mille francs en Bretagne vaut beaucoup plus qu'une maison de dix mille francs à Paris ; car elle procurerait à qui voudrait l'échanger beaucoup plus de choses, qu'une somme de dix mille francs n'en vaudrait à Paris. Les 12 000 livres de revenu que M. Daubigné (frère de Mme de Maintenon) mangeait à Paris en 1686, lui procuraient une existence qu'on n'aurait pas actuellement pour 40 000 francs.

Note 21, page 357

Si le nombre des échanges et le besoin qu'on a de monnaie ont fort augmenté, on peut demander pourquoi la valeur de l'argent a baissé depuis la fin du XVIe siècle. C'est parce que l'approvisionnement d'argent fourni par les mines d'Amérique a surpassé l'augmentation survenue dans les besoins. On n'a aucune notion sur la quantité d'argent qui se trouvait répandue dans le monde quand l'Amérique a été découverte ; on sait fort imparfaitement ce que les diverses mines de l'univers en ont fourni depuis cette époque ; mais si la quantité de monnaie d'argent et d'argenterie de luxe, qu'on emploie maintenant, a quadruplé, et si néanmoins, comme il paraît, l'argent est tombé environ au cinquième de son ancienne valeur, il faut que la quantité de ce métal qui circule maintenant en France, ait vingtuplé ; car s'il n'avait que quadruplé, il aurait conservé sa même valeur. Il faut donc que sa quantité soit cinq fois plus que quadruple, s'il est tombé au cinquième de son ancienne valeur.

Note 22, page 366

Les choses qui composent nos fonds productifs ne satisfont immédiatement à aucun besoin, ne procurent aucune jouissance ; ils n'ont point d'utilité immédiate, mais ils ont une utilité indirecte, et c'est ce qui fait leur valeur. Un champ ne procure aucune satisfaction ; mais il produit du blé qui peut satisfaire l'appétit. La demande qui a lieu pour le blé établit la demande de ce qui peut procurer cette denrée.

Note 23, page 368

Pour que l'on puisse payer avec des lettres de change sur l'étranger des marchandises qu'on aurait tirées de l'étranger, il faut qu'on y ait envoyé préalablement une valeur réelle pour faire les fonds de la lettre de change. Dès lors il est clair que l'on paie l'étranger avec cette valeur réelle, et non avec la lettre de change, qui n'est que le signe d'une créance. J'appelle valeurs réelles les choses qui portent en elles-mêmes leur valeur. L'or et l'argent sont des valeurs réelles et ne sont point des signes.

Note 24, page 371

Les commerçants s'aperçoivent de la différence de valeur de l'argent d'un pays dans l'autre, en comparant les retours que procure l'argent, avec les retours que procurent les autres marchandises. Un négociant, qui délibère s'il fera passer d'Espagne en France, des piastres ou du vin de Malaga, compare ce que mille piastres achèteront en France, de la marchandise qu'il veut acquérir, avec ce qu'en achètera le vin de Malaga. Si par exemple, mille piastres vendues en France suffisent pour y acheter cent pièces de toile de Bretagne, et si du vin de Malaga coûtant en Espagne mille piastres après avoir été vendu en France, n'y peut acheter que quatre-vingt-seize pièces de toile, il a quatre pour cent à gagner à envoyer des piastres ; et ce sont des piastres qu'il enverra, en supposant les mêmes frais dans les deux cas.

Note 25, page 371

Lorsque les métaux précieux, par l'effet des paiements qui se font aux étrangers, deviennent rares dans notre pays au point de faire monter leur valeur seulement de deux ou trois pour cent, l'intérêt du commerce est d'en faire venir. Or le commerce ne peut faire venir des métaux précieux sans les payer, sans envoyer l'équivalent de leur valeur en produits de notre pays. Il est de la dernière évidence que nous ne pouvons nous acquitter qu'avec nos produits, ou ce qui revient au même, avec ce que nous acquérons par le moyen de nos produits.

Un pays qui comme le Mexique s'acquitte avec du métal d'argent, de ses achats à l'étranger, s'acquitte encore avec les produits de son sol et de son industrie, puisque l'argent est un produit de son sol et de son industrie.

Note 26, page 372

Ce qui égare le jugement de beaucoup de personnes, relativement à la balance du commerce, c'est qu'elles considèrent une nation par rapport aux autres, comme un marchand en boutique par rapport aux chalands. Il y a une fort grande différence. Un marchand est une personne unique qui ne fait qu'un seul genre d'affaires et ne peut recevoir sans désavantage en paiement, les objets qui ne sont pas de son commerce. Le marchand de chapeaux désire que l'apothicaire le paie en argent, parce qu'il n'a pas besoin de ses pillules ; l'apothicaire désire à son tour que l'opticien le paie en argent parce qu'il n'a pas besoin de ses lunettes. Mais une nation ne reçoit jamais en paiement que les marchandises qui ont du débit chez elle ; et elle ne les reçoit jamais que par les mains de ceux qui en sont marchands. Lorsque la Hollande paie la France en drogueries, quels sont ceux qui font venir ces drogueries de Hollande ? Ce sont des droguistes, et ils sont bien aises de les recevoir, parce qu'elles sont la matière de leur commerce et les objets mêmes sur lesquels ils fondent leurs bénéfices.

Note 27, page 375

Au sujet de cette question, voici l'objection que répètent pour l'ordinaire les personnes dont l'esprit ne saisit pas l'ensemble et la liaison des vérités qui sont la base de l'économie politique : « Ne vaut-il pas mieux, disent ces personnes, fabriquer chez nous cent mille aunes de rubans de fil, si leur fabrication occupe un plus grand nombre d'ouvriers, puisque alors cette fabrication, dût-elle nous coûter plus cher, fait gagner plus de monde, et que ce que la nation se paie à elle-même n'est pas une pure perte ? » Cette objection est fondée sur le même raisonnement, qui conduirait à moudre le blé à force de bras, pour faire gagner des tourneurs de meule. « Qu'importe, pourrait-on leur dire, que l'on paie la farine plus cher, puisque ce surplus de prix fait gagner plus de monde, et se trouve payé à la nation par elle-même ? »

On voit que ce raisonnement conduit à créer de la peine pour avoir une occasion de la payer ; tandis qu'il vaut mieux créer les produits au meilleur marché, et employer le surplus des moyens de production à d'autres créations. On a prouvé ailleurs que les progrès de l'industrie consistent à produire, avec moins de peines, conséquemment à meilleur marché ; et qu'un progrès dans l'industrie (et par conséquent dans l'industrie commerciale) est en définitive favorable même à la classe ouvrière. Voyez au chap. 10, p. 345, sur *ce qui constitue les progrès de l'industrie*, les raisons qui militent en faveur des procédés expéditifs dans les arts.

Note 28, page 376

On a élevé contre la liberté du commerce, un grand nombre d'objections qui supposent, dans leurs auteurs, l'ignorance ou l'oubli de quelques-unes des vérités précédemment établies.

Par exemple, on a dit qu'un négociant qui achète des marchandises étrangères, emploie une partie de son capital à faire travailler les ouvriers étrangers. *Réponse* : Un acheteur ne prête aucune partie de son capital à son vendeur. Celui-ci, après une vente n'a toujours que le même capital qu'il avait auparavant. Seulement une portion de ce capital qui était en marchandises est changée contre de l'argent. De son côté, le négociant français qui a acheté des marchandises étrangères, ne s'est départi d'aucune portion de son capital ; c'est de ce capital qu'il se sert en se procurant, pour y gagner, des objets de commerce. Et si, comme il arrive fréquemment, le manufacturier étranger lui a vendu à crédit, c'est l'étranger qui au contraire prête à la France ; d'où il suit qu'alors au contraire cette portion du commerce français marche à l'aide de capitaux étrangers.

On a considéré les prohibitions comme des représailles ; on a dit : *Si toutes les nations à la fois voulaient supprimer les douanes au moyen desquelles elles protègent leur industrie, rien de mieux : les sacrifices auxquels nous nous soumettrions en faveur des autres, trouveraient un équivalent dans les profits que nous ferions avec eux ; mais accorder aux autres nations un avantage qu'elles vous refusent, c'est une duperie.*

Ici l'on pose en fait ce qui est en question ; ou plutôt ce qui est résolu d'une manière opposée. Ce n'est point un sacrifice que l'on fait en admettant des produits étrangers, *même sans réciprocité* ; c'est une bonne affaire ; c'est vendre ceux de nos produits que nous vendons le mieux, pour avoir en échange des objets de consommation que nous ne pouvons d'aucune autre manière acquérir à aussi bon compte. C'est troquer ce qui vaut *moins* contre ce qui vaut *plus*. Quand même une nation étrangère repousse une partie de vos produits pour accueillir les autres, elle ne saurait vous faire du tort ; car le commerce est toujours libre de ne pas faire les affaires qui ne lui conviennent pas ; et l'on peut être certain que notre nation gagne toujours, même dans les affaires, quelles qu'elles soient, qu'une politique exclusive lui permet de traiter ; car, du moment qu'il convient à des négociants de continuer ces affaires, c'est parce que les valeurs qu'ils reçoivent remplacent avantageusement celles qu'ils donnent.

Et vous, quand les lois étrangères font tort par des prohibitions, à quelques-unes de vos branches de commerce, vous voulez, par représailles, faire tort à celles qui vous restent ! C'est mal connaître la nature des choses et mal raisonner.

Note 29, page 378

Les communautés d'arts et métiers dans leurs actes et dans leurs réclamations auprès de l'autorité, partent toujours de ce faux principe que les intérêts de la communauté sont aussi ceux du public. Le fait est que les intérêts de la communauté ne coïncident avec ceux du public qu'en ce qu'il convient à une communauté de créer de l'utilité parce que cette création fait son revenu, et qu'il convient au public d'acheter cette utilité. Leurs intérêts sont opposés en ce qu'il convient à la communauté de donner au public le moins d'utilité qu'elle peut, parce qu'elle coûte à créer, et de recevoir en échange, le plus d'argent, c'est-à-dire le plus qu'il est possible des autres produits que le sien.

Rien ne facilite ce résultat aussi bien que les communautés. Les syndics, ou chefs de la communauté, sont en général des gens enrichis dans leur métier. Les relations qu'ils ont avec le gouvernement augmentent encore leur influence sur les entrepreneurs plus jeunes qui ont leur chemin à faire. Toute innovation dans un art choque leurs habitudes, et tout ce qu'on fait de mieux que ce qu'ils ont fait, est un reproche pour eux.

Note 30, page 379

Un fabricant qui met à sa marchandise une étiquette trompeuse, qui prend le nom d'une manufacture accréditée, ou même d'une ville connue pour une certaine fabrication, commet une fraude que l'autorité réprime avec justice.

Il est bon de soumettre à une épreuve, à une marque, les marchandises, comme les objets d'orfèvrerie, dont la vente frauduleuse compromettrait gravement les intérêts des particuliers. Mais il ne faut pas que les certificats de ce genre entravent plus qu'il n'est besoin les opérations de l'industrie, ni que leur prix soit disproportionné avec l'avantage que le public en retire.

L'autorité publique, à qui le public confie la défense des ses droits, peut et doit par la même raison, proscrire toute industrie qui ne serait pas innocente, ou dont les erreurs seraient sans remède. Un homme qui élève une enseigne de médecin, sans connaître les premiers éléments de l'art de guérir ; un apothicaire qui vend des drogues sans les connaître, tendent des pièges à la crédulité du public. Ce malheur n'a pas de suites graves dans les transactions ordinaires de la société. On ne retourne pas chez un marchand qui vend de mauvaises étoffes pour de bonnes, un faux-teint pour un bon-teint ; et le marchand ne s'approvisionne plus dans une manufacture qui lui fait perdre ses pratiques. Mais quand un homme est tué par un charlatan, à quoi lui sert son expérience ?

Note 31, page 382

Les contributions publiques ne font point partie des revenus d'une nation puisqu'elles ne sont point une production, mais un simple transfert de valeur. Cependant il convient de faire ici une observation.

La contribution, cette valeur qui diminue le revenu du contribuable pour former le revenu du fisc, ne compte pas dans le revenu du contribuable, bien qu'elle soit réellement le fruit de ses fonds productifs. Une contribution foncière sort bien réellement d'un bien-fonds, mais le propriétaire, ni son fermier, ne la comptent point parmi leur revenu. Il semblerait dès lors que ne la comptant pas parmi les revenus des contribuables, et ne comptant pas ceux du fisc, elle ne serait pas comptée du tout. Mais voici le revenu privé dont elle fait partie : le fonctionnaire public qui est payé par le fisc, vend son temps et ses travaux au gouvernement ; et le traitement qu'il en retire, fait son revenu ; revenu légitimement acquis par son industrie, et qu'il faut comprendre dans les revenus des fonds productifs de la nation.

Il faut donc comme on voit, lorsqu'on ne fait pas entrer le montant des contributions dans les revenus généraux de la nation, y faire entrer le salaire de tous les services qu'achète le gouvernement.

En d'autres termes, le revenu d'une nation est le montant de tous les services rendus par les hommes, les capitaux et les terres de cette nation, ou ce qu'on appelle son *produit brut*, la valeur totale de chacun de ses produits, matériels et autres. Ce produit brut équivaut exactement au *produit net* de chaque particulier ; car la valeur d'un sac de blé qui est un produit brut, donne un produit net au propriétaire de la terre, un produit net à son fermier, un produit net à chacun des travailleurs ; et l'ensemble de tous ces produits nets équivaut à la valeur brute du sac de blé.

Note 32, page 386

On comprend pourquoi une mauvaise récolte en blé est funeste pour la demande des produits des manufactures et du commerce. Quand les revenus du grand nombre suffisent à peine pour payer ses vivres, il ne lui reste plus rien pour payer des meubles, des vêtements, du sucre et du café.

Note 33, page 386

On se rappelle que la production est un échange où nous donnons des services productifs pour recevoir des produits. Nous donnons des services productifs même pour recevoir les produits que nous acquérons par un échange ; car ce que nous donnons en échange, est le fruit de nos services productifs. Or il y a beaucoup d'objets qu'il serait possible de produire, mais qui étant produits, ne vaudraient pas les services qu'ils auraient coûtés. Ces objets ne sont ni demandés, ni produits.

Cette observation peut nous expliquer ce qui est arrivé quand, ainsi qu'on a pu le voir en Angleterre, d'énormes impôts ont rendu trop chers certains produits. La demande en a cessé dans beaucoup de classes de la société ; de là la mévente de tant d'objets manufacturés.

Note 34, page 387

Cette règle n'est pas sans exceptions. Les fonctionnaires publics peuvent être considérés comme des hommes qui se chargent des affaires du public moyennant un traitement, c'est-à-dire un revenu fixe.

Note 35, page 388

Comme l'entrepreneur prend à son compte tous les risques et toutes les chances heureuses de la production, il peut être ruiné par les uns, et enrichi par les autres ; quoique la prudence et l'habileté contribuent beaucoup à diminuer les risques et à multiplier les chances heureuses.

Une fortune acquise par un héritage, par le jeu, par une faveur de cour, une spoliation, n'est pas une fortune *faite* ; c'est une richesse perdue par les uns et gagnée par les autres. Il n'y a donc de moyen de faire véritablement une fortune nouvelle, que les entreprises industrielles, ou des épargnes longtemps soutenues sur les revenus que l'on a, quelle qu'en soit la source. Mais ce dernier moyen n'opère qu'avec lenteur.

Note 36, page 388

Il se fait quelquefois de gros gains par des produits de luxe et des superfluités ; mais aussi, les mêmes objets entraînent beaucoup de pertes. Sur dix maisons qui se vendent à Paris ou aux environs, il y en a neuf achetées par des quincailliers, des merciers, des bouchers, des meuniers, contre une achetée par des bijoutiers, des modistes, etc. On peut conclure de ce fait, que les premiers font plus constamment fortune. Un gros capital, employé dans une vaste entreprise avec une intelligence rare, ne rapporte presque jamais, en proportion, autant qu'un petit capital que fait travailler une intelligence ordinaire dans une entreprise qui pourvoit aux besoins journaliers de la population.

Adam Smith met au nombre des professions qui font de gros profits, celles qui sont accompagnées de quelque danger, de quelque désagrément, et celles dont les produits n'ont pas un débit soutenu et certain. Mais on ne peut pas dire que, dans ces professions, les profits soient plus considérables s'ils ne sont qu'une indemnité ou du désagrément de la profession, ou des interruptions et des pertes auxquelles elle est exposée.

Note 37, page 392

L'économie politique n'est point tenue d'entrer dans les raisons d'amitié, de parenté, de reconnaissance, qui portent les hommes à se départir des avantages qu'ils pourraient prétendre en cédant la jouissance de leurs fonds. Dans les applications chacun est obligé d'apprécier l'influence de ces causes purement morales, pour savoir jusqu'à quel point elles modifient l'action des lois générales, constantes, universelles, qui sont les seules que l'économie politique puisse faire connaître.

Note 38, page 394

Depuis le milieu du siècle dernier, il y a eu de très grandes controverses élevées sur la source des profits des propriétaires fonciers.

Les économistes du dix-huitième siècle prétendaient qu'il n'y avait point de nouvelles richesses mises dans le monde, si ce n'est le produit des terres, et que tous les profits de l'industrie n'étaient que des démembrements de ceux des propriétaires fonciers.

Adam Smith pense que les terres concourent avec l'industrie à la production des richesses.

Des publicistes plus récents, comme MM. *de Tracy, Ricardo*, sont d'avis que les terres ne créent aucune richesse ; et que l'industrie fait tout ; M. *Buchanan* va même jusqu'à dire que le revenu du propriétaire foncier n'est pas un revenu nouveau, mais une portion du revenu des consommateurs, qui passe dans la poche du propriétaire.

M. *Malthus* maintient que le revenu du propriétaire foncier naît de ce que la terre peut donner un produit supérieur aux frais de sa culture.

Ces controverses qui remplissent des volumes, ont à mes yeux fort peu d'utilité, et dégénèrent en disputes de mots, qui les font ressembler un peu trop aux disputes de l'école. Leur plus grave inconvénient est d'ennuyer le lecteur et de lui faire croire que les vérités de l'économie politique ont pour fondement des abstractions sur lesquelles il est impossible de se mettre d'accord.

Mais ce n'est point cela. Les vérités inattaquables de l'économie politique ne sont nullement des points de droit, toujours plus ou moins sujets à discussion, suivant le jour sous lequel on les envisage : ce sont des choses de fait qui *sont* ou *ne sont pas* ; or on peut parvenir à dévoiler entièrement un fait ; c'est en cela que consistent les véritables progrès de cette science.

Dans le sujet qui nous occupe, le fait est, selon moi, qu'il y a dans du blé une utilité que l'industrie, sans le concours d'un champ, ne parviendrait jamais à créer. En vendant du blé à un consommateur, on ne lève donc pas un tribut sur sa bourse : on lui livre pour son argent, une utilité dont une partie, tout au moins, est due à la coopération du sol. De vrai, si le champ n'appartenait à personne, et si le fermier ne payait aucun loyer, cette utilité serait livrée gratuitement au consommateur ; mais cette supposition ne saurait représenter un cas réel ; car un cultivateur se battrait avec un autre pour labourer un champ qui n'aurait point de propriétaire, et le champ resterait en friche. Le blé serait encore plus cher : il serait infiniment cher ; car on n'en aurait point du tout. Le propriétaire rend donc un service, puisqu'il concourt à ce que nous ayons du blé. Son service est commode pour lui, j'en conviens ; mais nous ne pouvons pas nous en passer.

Reste à savoir ce qui détermine le prix que l'on met à ce service. Je pense que c'est la quantité de blé que le public demande, proportionnellement avec la quantité qu'on en peut faire. Après l'utilité du blé, qu'est-ce qui multiplie cette demande ? c'est incontestablement la quantité des autres produits que fournit la société. Le propriétaire d'un pays désert ne trouvera point de cultivateur qui consente à lui payer un fermage pour avoir la permission d'exploiter sa terre. Si la société produit beaucoup, au contraire, elle offrira, pour avoir un boisseau de blé, *plus* de produits, *plus* de valeurs, que n'*en coûtent les travaux de sa production*. De là, dans le blé, cet excédent de valeur qui, dans une société populeuse et productive, donne naissance au fermage.

Si c'est ainsi que la chose se passe, si elle ne peut pas se passer autrement, à quoi servent les controverses ?

Note 39, page 395

Il résulte de ce fait que les spécifiques, les préservatifs, comme la vaccine, n'exercent aucune influence sur le nombre des êtres humains dont les nations se composent. Mais ces moyens de conserver ou de rendre la santé influent d'une manière très favorable sur le sort de l'espèce humaine. Quand les êtres humains sont moissonnés par un fléau, leur place est bientôt remplie, mais ce n'est pas sans qu'il y ait beaucoup de souffrances endurées et par ceux qui survivent, et par ceux qui périssent, et par ceux qui doivent les remplacer. Une population qui n'est entretenue que par des naissances nouvelles, présente, toute proportion gardée, moins d'hommes faits : elle est moins virile ; en même temps elle est plus pauvre ; car un homme fait est un capital accumulé qui rend un profit ; tandis qu'un enfant n'est qu'une charge qui absorbe des profits pendant de nombreuses années, au lieu d'en donner.

Note 40, page 398

La valeur des bâtiments, des améliorations ajoutées à un fonds de terre, est ici distinguée de la valeur du fonds. La première est une valeur capitale qui se consomme, qui peut se détruire entièrement, et qui finirait toujours par être détruite, si elle n'était pas entretenue par des réparations qui sont des épargnes. Quant à la valeur du fonds, elle ne peut se consommer.

Note 41, page 401

La consommation reproductive n'est pas un amusement ; c'est un travail qui reproduit un capital. Ce travail est payé par le capital qui en fait l'avance : voilà le profit, voilà le revenu des producteurs. C'est ce travail (auquel on peut assimiler celui des capitaux et des terres) qui est le seul produit nouveau jeté dans la société ; qui est la valeur que les producteurs consomment et qui les fait vivre. Quant à la valeur du produit créé, c'est seulement le remboursement, la réintégration d'une valeur qui existait auparavant : la valeur capitale.

C'est une des parties les plus épineuses de l'économie politique ; mais il faut absolument s'en rendre maître, sous peine de ne rien comprendre à plusieurs phénomènes sociaux.

Voyez la note 15, p. 432.

Note 42, page 406

Si, dans les consommations improductives, les plus lentes sont, en général, celles qui font le plus de profit, il n'en est pas de même dans les consommations reproductives. Ici, comme la valeur est reproduite au moment de la consommation, plus celle-ci est prompte, et plus la reproduction l'est aussi. L'opération étant plus prompte, le capital est plus vite rentré, et recommence par conséquent plutôt une nouvelle opération. Il en résulte une économie sur les frais de production, ou, ce qui revient au même, plus de produits obtenus par les mêmes services productifs.

Note 43, page 406

L'économie ne s'applique pas aux seules richesses ; l'homme peut économiser son pouvoir, son crédit, son temps, sa santé, comme ses richesses. Relativement à tous ces biens, l'économie consiste à ne pas sacrifier l'avenir au présent ; à deviner quand le cours ordinaire des choses doit amener des circonstances où nous recueillerons de ce que nous aurons économisé, plus d'avantages que nous n'en pouvons recueillir dans le moment actuel.

Note 44, page 409

On demande quelquefois par qui se trouve consommé le service d'un commis qui se rend dans un des bureaux du ministère et qui en sort sans avoir fait le moindre acte utile pour le public. Ce commis est précisément dans le cas d'un réverbère qui brûle dans un chemin que personne n'a parcouru. Il n'a pas été utile, mais il fallait qu'il fût là pour servir au moment où son service pouvait devenir nécessaire. Un soldat en vedette est utile même lorsque l'ennemi ne paraît pas. C'est aussi l'utilité d'une armée permanente en temps de paix. Une nation dont les intérêts sont convenablement soignés, ne se met pas dans le cas de recourir souvent à une utilité éventuelle qui coûte aussi cher qu'une utilité positive.

Note 45, page 411

L'instruction première dont le texte fait sentir les avantages, peut maintenant être donnée à très peu de frais par la méthode expéditive qu'on a mise en usage avec beaucoup de succès dans l'enseignement mutuel ; mais cette première instruction est peut-être encore le moindre des bienfaits que les nations recueilleront de cet enseignement. Ce qu'on n'a pas assez remarqué, c'est son heureuse influence sur les habitudes morales les plus utiles à la société.

Dans la méthode qui lui sert de base, il est impossible à l'écolier paresseux et incapable d'y obtenir de l'avancement ; et il n'est pas moins impossible que le plus laborieux, le plus instruit n'y devienne pas le premier de ses confrères. Les élèves s'y forment à l'utile vertu de se rendre justice à eux-mêmes, de la rendre aux autres, et de ne compter que sur leur mérite pour parvenir.

Dans les vieilles écoles où l'on ne sait fixer l'attention des enfants que par des menaces et des punitions, le talent dont ils tirent le plus d'avantages est celui de flatter leur pédagogue ; leurs principaux efforts tendent moins à être véritablement sages et instruits qu'à le paraître. De là des habitudes d'hypocrisie et de bassesse. On dégrade leurs sentiments pour augmenter leur instruction ; et quelle instruction ! Dans les nouvelles écoles, actifs, gais, intelligents, ils apprennent à employer tous leurs moments ; l'oisiveté mère des vices, leur est insupportable ; lorsqu'ils grandissent ils trouvent aisément une profession ; et les tribunaux n'entendent jamais parler d'eux.

Note 46, page 411

Ce qui est dit ici relativement à l'instruction publique ne doit s'entendre que d'une véritable instruction, de celle qui enseigne des faits positifs, qui fait connaître la véritable nature de chaque chose, et la liaison constatée des causes avec leurs effets. Tout enseignement fondé sur une autre base que l'expérience ; tout enseignement où, comme dans l'ancienne école, on s'occupe des mots plutôt que des choses, et des formes de l'argumentation plutôt que de la vérité, n'étant propre qu'à dépraver l'entendement et le bon sens d'un peuple, est funeste à la société et tend à la barbarie.

Note 47, page 412

Le mot de *contributions* dont l'idée suppose quelque chose de volontaire, est préféré quand on parle des pays où de véritables représentants de la nation, nommés par elle et identifiés avec tous ses intérêts, consentent les charges publiques, comme lorsqu'il est question des Etats-Unis, de l'Espagne, du Portugal, etc. Mais le mot d'*impôt* convient aux pays gouvernés despotiquement, où les charges publiques sont un tribut imposé par le prince, comme en Turquie, en Autriche, etc. La même expression peut convenir aussi aux pays qui n'ont qu'une représentation fictive, dont la majorité est nommée en réalité par des grands, ou des privilégiés, comme l'Angleterre.

Note 48, page 413

Les propriétés publiques qui appartiennent à des portions de la nation, comme celles des provinces, des villes, ne sont jamais administrées tolérablement que par les autorités locales qui, plus près des regards de leurs administrés, sont plus facilement contenues par le frein salutaire de l'opinion publique.

Note 49, page 413

Au premier aperçu il semble que c'est, pour une nation, un puissant avantage que d'avoir de grands domaines qui lui rapportent de gros revenus. Cela serait en effet, si les dépenses étaient toujours rigoureusement réduites à ce que le bien du public exige impérieusement. Alors les ressources que le fisc, ou le trésor public, trouverait dans les domaines, serait autant de moins qu'il lèverait en contributions. Mais les choses sont souvent arrangées par l'autorité politique de manière que la seule borne des impôts est dans les facultés des contribuables, et que les peuples paient toujours tout ce qu'il est possible de leur faire payer sans qu'ils se fâchent. Ce que je dis là n'est pas une critique qui porte plus sur une forme de gouvernement que sur une autre, car les nations se conduisent toutes à peu près de la même manière. Dès lors quand le public, ou le prince, possèdent des domaines, le revenu des domaines se consomme tout entier, et le contribuable n'en paie pas un sou de moins.

Il y a même des publicistes qui pensent que c'est un malheur pour les nations que de posséder de grands domaines, parce que les revenus en sont nécessairement administrés par les gouvernements, ce qui les rend trop indépendants des peuples ; et que de grands revenus assurés mettent le pouvoir en état de former de grandes entreprises, qui sont presque toujours de grandes calamités. Mais ces considérations sortent des questions économiques (les seules qui nous occupent en ce moment) pour entrer dans les questions politiques.

Note 50, page 417

Lorsque les intérêts nationaux sont mal défendus, l'économie dans les frais de recouvrement n'est point une diminution de charge pour les peuples. Il n'est pas un seul pays en Europe où l'on ait autant simplifié la perception des impôts et où elle coûte aussi peu qu'en Angleterre ; mais chacune des économies de ce genre n'a servi dans ce pays qu'à multiplier les dépenses du gouvernement, et les contribuables n'en ont pas payé un sou de moins.

Il est à remarquer que le budget des dépenses est le seul où l'intérêt de la nation soit opposé à l'intérêt des fonctionnaires publics. En effet le gouvernement ne peut rien dépenser, aucun traitement ne peut être payé, que cet argent ne sorte de la bourse des contribuables. Mais dans le budget des recettes, leurs intérêts sont pareils. Le peuple doit désirer que l'on préfère les impôts qui altèrent aussi peu que possible les sources de la production, parce que c'est la production qui subvient aux besoins des familles : l'administration doit le désirer également, parce que plus les revenus des particuliers sont considérables, plus les rentrées du trésor sont abondantes. Le peuple désire qu'on fasse choix des impôts qui pèsent le moins sur le contribuable : l'administration forme le même souhait ; car ce sont ces impôts-là dont la recette souffre le moins de difficultés. Le peuple désire que chaque impôt en particulier soit également réparti : l'administration ne le désire pas moins ; car ce sont les impôts équitablement répartis, qui offrent le moins de non-valeurs et dont la recette va aussi loin qu'elle peut aller. Tous les intérêts sont semblables en ce qui regarde les meilleurs moyens de recevoir. Ils sont trop souvent opposés dans ce qui concerne le choix des dépenses. Aussi est-ce par la nature des dépenses publiques, que l'on peut connaître si une nation est représentée, ou si elle ne l'est pas.

Note 51, page 418

Des écrivains anglais ont nié que l'impôt en général diminuât la demande, et par conséquent les profits des producteurs. Il se fondent sur cette considération que le montant de l'impôt, en même temps qu'il est ravi à quelqu'un, est donné à quelque autre : à des fonctionnaires publics, à des militaires, à des rentiers, qui, pour subvenir à leur entretien, demandent à acheter les produits que le contribuable ne peut plus acheter. L'expérience prouve contre ces écrivains, et les bonnes doctrines expliquent les résultats de l'expérience.

En supposant pour un moment que la demande du vin, par exemple, restât la même, en dépit des droits sur les vins, il faudrait payer cette denrée plus cher de tout le montant de l'impôt ; et un fabricant de draps, par exemple, ne pourrait plus consommer pour le même prix qu'une quantité de vin moins considérable. Mais qu'on exagère un moment cet effet pour le rendre plus sensible. Le prix du vin ne pourrait-il pas par ce moyen être porté à un taux tel qu'il faudrait, pour acheter chaque bouteille, faire un sacrifice disproportionné à la satisfaction qui peut résulter de la consommation de cette bouteille ? Et si cela arrivait, si, par exemple, chaque fabricant de drap était obligé de fabriquer une aune de drap pour acheter une bouteille de vin, la demande qu'on ferait de cette boisson ne diminuerait-elle pas ?

Or cet effet, sans être aussi exagéré, a lieu jusqu'à un certain point pour tous les produits quand les impôts sont excessifs. Ils renchérissent tous les produits ; et pour une partie des consommateurs, les produits ne valent plus alors le sacrifice qu'on a rendu nécessaire à quiconque veut en jouir : dès lors diminution générale dans la demande ; diminution dans la quantité produite et dans la quantité consommée ; dans les profits des producteurs et dans les jouissances des consommateurs.

Note 52, page 419

La vraie, la seule *matière imposable* ce sont les revenus des particuliers. Quand un pays croît en richesses et que les revenus y sont chaque année plus considérables que l'année précédente, les recettes du fisc, qui ne sont qu'une portion des revenus du public, augmentent, sans que les tarifs des impôts soient augmentés. Il s'opère plus de productions et de consommations ; partant plus de transports de marchandises, plus de ces échanges, de ces actes qui sont des occasions pour l'autorité de demander une contribution.

Note 53, page 420

Un ouvrage élémentaire n'admet point les développements qui restreignent dans des cas particuliers une proposition qui est vraie en thèse générale. Il se peut que la cherté de la main-d'œuvre, fruit des prohibitions et des impositions de l'Angleterre, ait favorisé la découverte et l'adoption de plusieurs instruments naturels et de plusieurs moyens expéditifs qui sont de véritables conquêtes pour l'industrie. Aussi quand ce pays sera déchargé du poids des abus, et que ses vastes moyens de production seront employés uniquement à son profit, il est vraisemblable qu'il jouira d'une prospérité fort grande.

Note 54, page 424

On a souvent répété que le bas intérêt auquel un gouvernement peut emprunter, est un indice de la bonne administration du pays, et de l'approbation que le public donne à ses mesures. C'est seulement un indice de l'opinion qu'ont les capitalistes que le gouvernement acquittera exactement les intérêts de sa dette ; et les capitalistes conçoivent cette opinion du moment que le gouvernement est assez puissant pour faire exactement rentrer les contributions, avec lesquelles il acquitte les intérêts de la dette. Les changements politiques causent en général une baisse dans les fonds, par la crainte qu'ils répandent chez les créanciers de l'état, qu'une nouvelle administration, quoique meilleure pour le public, n'ait pas, surtout dans ses commencements, assez de force pour faire rentrer les contributions. Sous ce rapport, l'intérêt des rentiers est opposé à l'intérêt général.

TABLE

GF – TEXTE INTÉGRAL – GF

96/02/50682/C-II-1996 – Impr. MAURY Eurolivres SA, 45300 Manchecourt.
N° d'édition FG087901. – Février 1996. – Printed in France.